”Genom att analysera villkoren för social reproduktion och därmed för stabilitet och förändring försöker jag visa traditionens och rutiniseringens betydelse i samhällslivet. Vi får inte överlåta traditionen på de konservativa!

Sedimenteringen av institutionella former i långsiktiga sociala utvecklingsprocesser är ett oundvikligt drag i alla samhällstyper, hur snabba förändringar de än genomgår. Endast genom att förstå detta begreppsligt i stället för att förneka det kan vi närma oss studiet av social förändring överhuvudtaget.”

Anthony Giddens, 1979

Anita Göransson

Från familj till fabrik

Teknik, arbetsdelning och skiktning i svenska fabriker 1830-1877

Arkiv avhandlingsserie 28

Denna avhandling ingår som nr 11
i serien Umeå Studies in Economic History

Sättning Micromax, Lund
Tryck Studentlitteratur, Lund 1988
ISBN 91 7924 0399

Innehåll

Förord

Denna undersökning är ett resultat av många års arbete i flera etapper. Idén till en undersökning av fabriksarbetarnas rekrytering och formering samt mekaniseringens betydelse för arbetets utveckling föddes i samband med att ett större projekt planerades vid Ekonomisk-historiska institutionen i Lund om fabrikssystemets uppkomst i Sverige under 1800-talet. Projektet finansierades av Riksbankens Jubileumsfond och leddes av Carl- Axel Nilsson. Den omfattande materialinsamlingen till min undersökning har skett inom ramen för det projektet samt med stöd från institutionen i Lund. Dessutom genomförde jag inledningsvis en kartläggning av ett viktigt källmaterials (mantalsuppgifterna) förekomst och källvärde i form av ett separat projekt finansierat av Statens råd för samhällsforskning och lett av Anna Christina Ulfsparre och Carl-Axel Nilsson. Jag vill tacka projektkamraterna i Lund för samarbetet och särskilt Carl-Axel Nilsson för värdefulla synpunkter, som han gett även på det senare arbetet.

Undersökningens slutliga uppläggning och fullbordan har delvis kunnat ske inom ramen för en halvtidstjänst vid Kvinnovetenskapligt forum vid Umeå universitet samt under en period även vid Ekonomisk-historiska institutionen i Umeå, dit mitt avhandlingsarbete på senare år varit förlagt. Förutom de redan nämnda instanserna som stött mitt arbete vill jag här tacka Beklädnadsarbetarnas förbund och Landsorganisationen, Henry Lindbergs stiftelse, Linderotska fonden, Kempefonden, Länsförsäkringar Västerbottens och Sparbanken Norrlands fond för social och ekonomisk forskning samt Humanistisk-samhällsvetenskapliga forskningsrådet för ekonomiskt stöd till mitt arbete.

Ulf Olsson har som handledare framfört värdefulla synpunkter, och jag tackar för hans insatser. Jag vill också tacka Ingrid Åberg och Bernt Kennerström för deras synpunkter, som var en stor hjälp under arbetets gång. En förutsättning för arbetet har vidare varit att medarbetarna vid Riksarkivet, landsarkiven och stadsarkiven varit så tillmötesgående. Ett särskilt tack till Heléne Gunnarsson vid landsarkivet i Vadstena för hennes generösa bistånd. Min kollega i det ursprungliga projektet Anna Svenson och jag excerperade ett stort material tillsammans, och jag tackar henne både för det samarbetet och för de diskussioner vi haft. Vidare ett tack till Elisabet Abramowicz och Gunilla Hede, som hjälpt mig med excerpering.

Umeå i september 1988
Anita Göransson

Inledning

Bakgrund, begrepp och syften

Under 1800-talet växer det industrikapitalistiska produktionssystemet fram och etableras i flera steg i Sverige. Det kapitalistiska produktionssättet finns då redan etablerat inom jordbruket. Parallellt växer flera industrialiseringstyper fram i landet. Dessa anknyts på olika sätt till det kapitalistiska produktionssättet, tills detta utvecklar en dominerande form – den moderna storindustrin – vilken inte kan sägas omedelbart slå ut övriga former men med tiden starkt underordnar och påverkar dem.

De olika industrialiseringsformer som här avses är hantverk, hemslöjd (till husbehov och till avsalu), förlagssystem, hantverksfabrik (eller manufaktur) och mekaniserad fabrik. Det förekommer också blandformer.[1]

Fabrikssystemets framväxt och lönearbetets utbredning även utanför jordbruket ger upphov till en arbetsorganisation och sociala relationer, som fortfarande präglar det svenska samhället. För att förstå lönearbetets organisation och centrala skiktningar bland lönearbetarna i dag är det viktigt att undersöka deras historia, dvs de etablerade förhållanden, de nya och gamla intressemotsättningar och maktförhållanden, under vilkas påverkan fabriksarbetet utformades.

Hantverksfabriken står i nära samband med det rena hantverket och dess arbetsorganisation och de förhållanden, som råder i det förkapitalistiska samhället, medan den mekaniserade fabriken är bättre anpassad till det kapitalistiska produktionssättet och det rena lönearbetet som norm. På 1800-talet sker en tendentiell övergång inom industrin från en förkapitalistiskt präglad eller kapitalistiskt embryonal produktionstyp, vars arbetsorganisation är frigjord från det förkapitalistiska jordbrukssamhällets arbetsorganisation men ännu präglad av den.

Undersökningen bygger på en jämförelse mellan hantverksfabriken och den mekaniserade fabriken. Det är den förändring, som mekaniseringen och därmed sammanhängande omvandling av arbetsorganisationen i fabriken utgör, som här får fungera som indikator på industrikapitalismens genomförande.

Med *mekanisering* avses här den omvandling av arbetsprocessen, som tillkomsten och användningen av en central kraftkälla innebar. Men även användningen av enkla mekaniska hjälpmedel kan påverka arbetet och arbetarens villkor. I den meningen kan mekaniseringen av fabriksarbetet sägas ha skett i flera små steg, innan den slutliga omvälvningen kom i form av den centrala kraftkällan – vattenkraften eller ångmaskinen.

Undersökningen gäller uppkomsten av ett lönearbetande fabriksarbetarskikt, som småningom reproducerar sig självt och som utvecklar särdrag (skiktningar och interna styrkeförhållanden), som ännu i dag präglar samhällsstrukturen.

Detta skeende måste betraktas i samband med förändringarna i själva arbetet och de ramar, som sätts av detta. Därför studeras också arbetsprocessens utveckling och arbetarnas villkor och anställningsförhållanden. Men arbetets utveckling är inte en autonom process. Den präglas i det kapitalistiska produktionssättet av förhållandet mellan arbete och kapital likaväl som av avsättningsmarknadens utveckling och förhållandet mellan kapitalen, arbetsmarknadens utveckling och förhållandet mellan arbetargrupper, den tekniska och ekonomisk-sociala utvecklingen i andra länder med flera faktorer i det omgivande samhället. I övergången till det kapitalistiska produktionssättet finns dessutom sedan tidigare etablerade relationer mellan framför allt jordägare och olika typer av arbetare. Det finns också en i lag och praxis reglerad fördelning av jord och olika typer av andra produktionsmedel och arbetsuppgifter efter stånd och kön (och i viss mån ålder).

Denna undersökning är koncentrerad till förhållandet dels mellan kapital och arbete, dels mellan olika arbetargrupper eller skikt av arbetare.

Mellan kapital och arbete befinner sig *hushållet.* Hushållet utgör själva skärningspunkten, där kapitalägarnas efterfrågan på arbetskraft möter lönearbetarnas nödtvång att sälja sin arbetskraft för att försörja sig och de medlemmar i hushållet, som på grund av ålder eller handikapp inte kan försörja sig själva. Hushållet var den traditionella produktionsenheten, antingen produktionen gällde jordbruk enbart eller i kombination med hantverk, hemslöjd e d. Hushållet utgör en pool av arbetskraft och resurser, vars sammansättning växlar över tiden. I den mån man saknar egna produktionsmedel är man hänvisad till att arbeta med andras, dvs sälja sin arbetskraft. I det förkapitalistiska samhället ingick de egendomslösa huvudsakligen i de jordägandes hushåll eller stod åtminstone under deras husbondevälde. Att bilda eget hushåll förutsatte tillgång till produktionsmedel, främst jord. I det samhälle, där industrikapitalismen växer fram, har emellertid lönearbetet börjat breda ut sig. Kapitalistiska produktionsförhållanden råder redan inom jordbruket, där allt större grupper och skikt är hänvisade till att arbeta för dem som äger jorden, särskilt i de bördigaste regionerna. Det växande reella lönearbetet underminerar de traditionella anställningsförhållandena. Det finns nu hushåll, som består av lönearbetare och andra egendomslösa med olika typer av anställningsförhållanden. Familjejordbruket, som främst litar till familjemedlemmarnas arbetskraft, var dock länge den dominerande organisationsformen i det svenska jordbruket.

I undersökningen skiljer jag mellan familj och hushåll. Med *familj* menar jag kärnfamilj, dvs en eller två föräldrar och deras barn. Det är alltså här en biologisk reproduktionsenhet. Med *hushåll* menar jag den ekonomiska reproduktionsenheten, dvs alla personer som har en gemensam försörjning och delar bostad och måltider. I hushållet inkluderas alltså även andra släktingar, fosterbarn, tjänstefolk, lärlingar m fl. I undersökningen är det främst den ekonomiska försörjningsgemenskapen som studeras. Därför är hushållsbegreppet här mer relevant än familjebegreppet.

Hushållen kan förväntas ha olika sammansättning och karaktär beroende på sin ställning i produktionen, vilken präglar försörjningsmöjligheterna och arbetets utformning. Förhållandet mellan makar, generationer, mellan husbondefolk och tjänstefolk och mellan män och kvinnor torde därmed också präglas av denna. Vi kan omvänt förvänta oss olika hushållstyper anknutna till de olika produktionstyper, som inledningsvis nämnts.

När det nya industrikapitalistiska produktionssystemet växer fram, är det från början inte givet hur arbetet skall se ut, vilken arbetsorganisation, som blir slutligt etablerad och vem de nya arbetsuppgifterna definitivt tillfaller. Det står en kamp om utformningen av uppgifterna likaväl som om vilka personer (eller kategorier), som skall utföra dem, hur, när och mot vilken del i produktionsresultatet, som de skall utföras osv. Men de gamla, redan etablerade maktpositionerna ger naturligtvis fortfarande ett försteg åt dem, som innehar dem. Det som redan finns, ger utgångsläget för kampen, men de nya framväxande förutsättningarna ger nya styrkeförhållanden, som bestämmer utfallet i den sociala förändringen. En grundläggande sådan uppdelning, som redan finns i utgångsläget, är mäns och kvinnors olika positioner i förhållande till arbete, resurser och makt. Hushållets organisationsform, vari ofta ingår en familjeenhet, präglade könens inbördes relation men hade också genom sin mönsterbildande funktion betydelse för det framväxande lönearbetets organisation och könens relation däri.

Genom att studera en övergångsperiod söker jag ta fasta på den historiska föränderligheten. Detta sker i två syften. Det första är att söka kartlägga *ursprunget* till aspekter hos lönearbetet och lönearbetarklassen, som utvecklats under framväxten av det industrikapitalistiska produktionssystemet. Det andra är att söka fixera de *faktorer*, som bildar ett generellt mönster, när det gäller att reproducera maktförhållanden i övergången från ett produktionssystem till ett annat (eller möjligen rättare: från en arbetsorganisation till en annan). I det första fallet särskiljs diskontinuerliga drag, i det andra kontinuerliga. Dock menar jag att även kontinuiteten studeras bäst i övergången, i diskontinuiteten. I det nya kan vi se spåren av det gamla.

Det första syftet med undersökningen gäller det historiskt *specifika* för en viss situation. Det andra gäller att på ett *principiellt* plan försöka dra slutsatser. Det återstår att se hur det lyckas.

Teoretiska utgångspunkter och centrala begrepp

Det centrala objektet för den ekonomisk-historiska vetenskapen – som jag uppfattar den – är människornas sätt att försörja sig: hur försörjningen organiseras och de relationer och maktförhållanden, som uppstår ur olika former av organisering. Den gäller med andra ord ekonomisk och social utveckling, särskilt på lång sikt.

Denna undersökning utgår från människornas försörjning som grund för deras generaliserade handlande. Kampen om resurserna (produktionsmedel och överskott) och de maktförhållanden, som bestäms av dess utgång och variationer, är centrala i samhällsförändringen. Inte minst gäller det makten över det mänskliga arbetet och dess utformning. Makten över resurser är avgörande för olika gruppers och individers ställning i samhället. Det centrala maktmedlet är produktionsmedlen. Men man får också viss makt (över den egna situationen) genom tillgång till det producerade överskottet, dvs även konsumtionsmedel. Med materiella resurser kan man köpa sig mer utrymme i tid och rum och en högre materiell levnadsstandard. Man kan köpa utbildning till sina barn och därmed påverka deras framtida placering i samhället. Det finns en relation mellan erhållna konsumtionsmedel och arbetsinsats, men den är inte direkt. Den förmedlas bl a genom samhällets interna maktförhållanden och de värderingar, som dessa alstrar beträffande olika arbetsinsatser. Olika grupper söker öka sin andel av överskottet (och makten över den egna arbetssituationen) genom att minska sin utbytbarhet genom monopolisering av positioner, begränsning av tillträdet till vissa utbildningar eller till marknaden, även genom diskriminering, ideologier osv. Makten över arbetet är central. Den avleds ur makten över produktionsmedlen överhuvudtaget och har småningom allt mer delegerats från kapitalägarna till ett skikt, som är dem närstående. I det utvecklade kapitalistiska samhälle vi lever i har makten över informationen blivit allt mer betydelsefull. Denna avleddes under en tidigare period från den självständige producenten till kapitalägarna eller närstående skikt. Men redan på 1800-talet var tillgången till både produktionsinformation och till den framväxande offentligheten begränsad och skiktspecifik. I dag har de skikt som lever av sin tillgång till kunskap eller information (om produktionsteknik, marknader och annat) vuxit både kvantitativt och i betydelse. Deras eventuella egenintressen har gett upphov till forskning och debatt.

Klass som historisk-analytisk kategori

Förändringar i produktionsförhållanden och i teknologi och arbetsorganisation har samband med förändringar i arbetskraftens sammansättning och rekrytering.

Klass och socialt kön är i ett historiematerialistiskt perspektiv centrala kategorier, därför att de betecknar grupper av människor med olika grundläggande förhållande till den samhälleliga försörjningens organisering: ägande av produktionsmedel, ställning i den samhälleliga arbetsdelningen och makt över det producerade överskottet. Dessutom har kvinnor och män olika uppgifter i släktets biologiska och sociala reproduktion.

Klassbegreppet har en lång tradition som grundläggande distinktion i samhällsvetenskaperna. En utvecklad analys av den kapitalistiska ekonomins framväxt gjordes av Karl Marx. Jag har i undersökningen utgått från hans typologi av industrialiseringsformer.

Marx' teoribildning är utvecklad med arbete och makt som centrala kategorier. Dessutom ligger en empirisk analys av 1800-talets textilindustri i England till grund för stora delar av hans argumentation rörande utvecklingen av förhållandet kapital-arbete. Hans typologi torde därför kunna betraktas som särskilt relevant för den industribransch, som också dominerar min undersökning. Typologin avser emellertid idealtyper (teoretiska förenklingar). Empiriska undersökningar kan mycket väl finna övergångs- eller mellanformer eller kombinationer av de produktionsformer, som idealtyperna renodlar.

I min undersökning använder jag den grundläggande klassdistinktion, som Marx utgått från och som utgörs av människors olika ställning i förhållande till produktionsmedlen. Den är central för en undersökning, som behandlar människors möjligheter och strategier för att optimera sin försörjning, och hur dessa strategier bidrar till den sociala reproduktionen av klassers, skikts och sociala köns olika ställning.

Emellertid har jag också gjort finare distinktioner inom klasskategorin för att kunna urskilja de skiktningar bland fabriksarbetare, som utkristalliserar sig med industrikapitalismens etablering och arbetsdelningens utveckling. Till grund för dessa distinktioner ligger utbildning, ställning i arbetet (överordnad, självständig eller underordnad) samt i produktionsprocessen (förberedning, omvandling, efterberedning; administration, underhåll m m).

Vidare har jag försökt integrera de centrala historiematerialistiska antagandena med antaganden om det sociala könets betydelse och om det sociala könssystemets utformning och effekter. Den marxistiska teorin är i likhet med annan etablerad samhällsteori bristfällig i detta avseende, vilket begränsar dess analytiska värde. Men under de senaste årtiondena har en rik flora av teoretiska ansatser på olika sätt sökt behandla dessa aspekter och deras allmännare konsekvenser. Jag skall nedan undersöka vilka möjligheter det finns att använda de historiematerialistiska klassikerna tillsammans med de nyare teoriansatserna rörande det sociala könssystemet för att analysera industrikapitalismens framväxt och dess utformning av nya sociala relationer.

Socialt kön som historisk-analytisk kategori

I varje samhälle finns förutom klassindelningen ytterligare en djupgående uppdelning, som rör tillgång till produktionsmedel (formell och reell), makt över överskott och arbete (mängd och utformning) och det åtnjutande av samhällelig auktoritet, som dessa resurser medför. Denna uppdelning går efter kön.

Att se kön som socialt och historiskt föränderlig struktureringsprincip är inte nytt. Men först under de senaste årtiondena har den kommit att ligga till grund för en systematisk och expanderande forskningsinriktning. Den främsta effekten av denna forskning har hittills varit att påvisa existensen av ytterligare en socialt och kulturellt konstruerad dimension i samhället. Allt tydligare har man sett en social systematik bakom utformningen av kvinnlighet och manlighet. Denna systematik bestämmer vad som är lämpliga och möjliga positioner för kvinnor respektive män. De sociala relationerna mellan kvinnor och män utgör ett mönster, som kan kallas *det sociala könssystemet.* I samband härmed har man också undersökt den sociala och kulturella konstruktionen av (eller de sociala krafternas påverkan bakom) en rad andra begrepp, t ex arbete, kvalifikation och utformningen av teknisk förändring.

Under senare år har den empiriska historiska och ekonomiska forskningen gett oss redskap för att nyansera och förfina analysen.

Det finns olika sätt att se på det sociala könsbegreppets teoretiska ställning och dess analytiska värde. Man har hittills kanske främst studerat hur kvinnlighet och manlighet påverkas av ekonomiska, sociala och kulturella förhållanden. Härigenom har ett stort forskningsområde öppnats med avseende på variationer i tid och rum och orsakerna till dem. Men man skulle också kunna vända på problematiken och studera hur detta hierarkiska sociala system kan tänkas påverka ekonomiska, sociala och kulturella förhållanden i sin tur. Det skulle kunna gälla faktorer som teknisk utveckling, industrialiseringens olika former och deras lönsamhet och regionala spridning, sammanhållning och organisering av yrkesgrupper och klasser, ja, kanske även övergången mellan produktionssätt och styrkeförhållandena mellan olika klasser, statsmaktens utformning osv.

Det sociala könssystemet har påverkats och förändrats över tiden, men det påverkar och förändrar också i sin tur. Här skall jag försöka studera det äldre könssystemets betydelse för det nya produktionssättet och den utformning som könssystemet fick där. Jag utgår från att produktionssättets krav förmedlas på olika sätt till olika klasser och därmed även till hushållen och till enskilda kvinnor och män.

Teorier om socialt kön

Det finns olika uppfattningar om vilka grundfaktorer som är viktigast för den sociala reproduktionen av könssystemet. De uppfattningarna kan i sin tur anknytas till olika sätt att betrakta och definiera den sociala relationen mellan könen. Det sociala könssystemet innebär således enligt somliga ett dominans- eller över- och underordningsförhållande mellan könen, enligt andra är det även fråga om en tillägnelserelation.

Förutom olika vetenskapsteoretiska synsätt finns inom forskningsinriktningen olika uppfattningar om det sociala könsbegreppets analytiska värde och teoretiska ställning. Hur stort förklaringsvärde har egentligen könskategorin?

De faktorer som setts som centrala för att förklara könets betydelse som social struktureringsprincip eller just det uttryck som den tar sig i kvinnornas principiella underordning, har varierat.

Diskussionen har dock gått i riktning mot historiskt och klassmässigt nyanserade synteser. Den växande empiriska forskningen har starkt bidragit till det.

A. Historiematerialismen och det sociala könssystemet

Den historiematerialistiska utgångspunkten i kvinnorörelsens idédebatt under slutet av 1960- och början av 1970-talet bör ses mot bakgrund av dess framväxt som en del av men samtidigt som en reaktion mot den mansdominerade studentvänstern. Även de samhällsstrukturella problemen i samband med kvinnors ökade lönearbete samtidigt med barnafödandets spridande (vilka gav upphov till den nya kvinnorörelsen) bidrog till att *arbetet* sågs som den centrala kategorin.

Bland klassikerna lyftes särskilt Friedrich Engels och Alexandra Kollontaj fram, som betonat privategendomens respektive arbetsdelningens betydelse för mäns och kvinnors historiskt varierande inbördes sociala och ekonomiska ställning.[2] De betonade också den klassmässiga variationen, vilken pekade på produktionssättets betydelse.

Marxistisk teori har anspråk på generellt förklaringsvärde när det gäller långsiktig samhällsförändring. Den är materialistisk och grundar sig alltså på konkreta samhällsförhållanden. Den problematiserar maktförhållandena och undersöker faktorerna bakom makt. Och slutligen har den mänsklighetens frigörelse som det politiska målet: teorins hela syfte är att undersöka de materiella förhållandena bakom maktens fördelning för att ändra på den. Alla dessa drag hos marxismen stämde väl överens med den nya kvinnorörelsens syften. Teorin har problematiserat just den typ av begrepp som könsteoretiker intresserar sig för, t ex makt, ideologi, alienation, arbetets utveckling.[3]

Vad har då dess klassiska texter att säga om det sociala könssystemet?

Marx och Engels förlade orsaken till kvinnornas underordning till familjens funktion som kapital- eller egendomsrelation i borgarklassen. Man sökte därför förklaringen i privategendomens uppkomst, dvs den privata äganderätten till produktionsmedel. Den ledde enligt Engels till att männen inrättade den mansdominerade kärnfamiljen för att kunna kontrollera sina arvingars/barns härkomst. Det kom att befästa mannens äganderätt till den privata egendomen och hans kontroll av hustruns sexualitet och i förlängningen därav hennes rörelsefrihet. Engels kallade detta ”kvinnornas historiska nederlag”.

Denna underordning betraktades följaktligen som i det kapitalistiska samhället avledd ur klassförhållandet och beroende av borgarklassens intresse av legitima arvingar till sitt kapital. Kvinnornas underordning skulle alltså upphävas genom att privategendomen avskaffades. Arbetarklassens män antogs däremot inte ha något intresse av kvinnors underordning, då de inte hade något viktigt arv att lämna. Lönearbetets utveckling betraktades snarast ur strategisk synvinkel. Kvinnorna antogs med sitt ökande lönearbete komma att få samma samhälleliga ställning och utveckla samma lönearbetarmedvetande som de manliga lönearbetarna. Det skulle leda till att mannens dominerande ställning inom familjen underminerades. Manliga och kvinnliga lönearbetare skulle tillsammans genom en revolutionär omdaning avskaffa privategendomen och därmed klassförhållandet. Det skulle automatiskt leda till jämställdhet mellan könen, eftersom ju kvinnornas underordning sågs som direkt avhängig klassförhållandet.

Enligt detta synsätt erkänns kvinnornas underordning men problematiseras inte i förhållande till männens överordning inom arbetarklassen. Den enda tillägnelserelationen i samhället är den mellan kapital och arbete; mellan män och kvinnor råder ett över- och underordningsförhållande, vari ingen av parterna betraktas som agent.

Det finns vidare endast ett socialt positionssystem eller hierarki, nämligen klasstrukturen, vari kvinnor i egenskap av lönearbetare i princip har samma ställning som män. Marx och Engels verkar emellertid samtidigt betrakta kvinnors ansvar för hemarbetet som en "naturlig" arbetsdelning, men deras skrifter uttrycker en ambivalens på denna punkt.[4]

Hos Engels är familjeformen problematiserad som historiskt skiftande.[5] Könsteoretiska forskare har ofta utgått från Engels' påpekande av de två grundläggande behov, som alla mänskliga samhällen är organiserade kring, nämligen frågan om försörjningen (produktionen av livsmedel, kläder, bostad, verktyg) och frågan om barnafödandet (produktionen av nya människor).[6] Detta dubbla perspektiv följer dock inte med i den vidare analysen. Man skulle kunna betrakta Engels' analys som ett steg i riktning mot att integrera kunskapen om könsuppdelningens betydelse i den centrala teorikärnan. Men steget togs aldrig fullt ut. Hos Marx är detta faktum en källa till oklarheter i den centrala analysen.

Man skulle kunna formulera två kritikpunkter gentemot den marxistiska politiska ekonomin utifrån könsstruktureringens perspektiv.

1. Den sociala könsstrukturen är inte problematiserad som sådan. Även om kvinnornas underordnade ställning uppfattas som ett problem, så ses inte uppdelningen som problematisk. Det gäller den

föremål för diskussion och olika uppfattningar kan sägas ha utvecklats på denna grund. En viktig skillnad mellan klassbegreppet och det sociala könsbegreppet är naturligtvis att vardera könet är unikt involverat i den biologiska reproduktionsprocessen. Män och kvinnor är inte utbytbara kategorier i den processen eller i den kärleks- och familjerelation, som brukar organisera och styra den. Relationen mellan könen kan därför inte reduceras till den typ av relation, som finns mellan klasser eller etniska grupper i ett samhälle, även om både klass, kön och etnisk tillhörighet brukar ligga till grund för över- och underordningsförhållanden och utnyttjas i strävanden efter konkurrensbegränsning och monopolisering av privilegier.[12]

C. Socialt kön, sexualitet och biologisk reproduktion

Den privata äganderätten till produktionsmedlen sågs alltså av Marx och Engels som den yttersta orsaken till kvinnornas underordning.

Arbetsdelningen mellan könen sågs av andra, t ex Alexandra Kollontaj, som en central förklaringsgrund. I samhällen, där kvinnors arbete hade avgörande ekonomisk betydelse, fick kvinnorna en starkare ställning jämfört med samhällen, där deras arbetsinsats inte var lika betydelsefull.[13] På detta sätt försökte hon förklara skillnader mellan olika produktionssätt och skillnader mellan klasser och skikt med utgångspunkt i försörjningens/produktionens organisering och klassernas olika uppgifter i samhällsekonomin. Men en ekonomi som vilar på slavarbete ger inte därmed slavarna en stark ställning. Kollontajs analys problematiserar en väsentlig aspekt men utelämnar faktorer, som rimligen bör spela in, såsom demografiska förhållanden och sexualitetens och barnafödandets sociala organisering. Man skulle kunna säga att det ytterst varit demografiska förändringar i arbetskraftsutbudet, som legat bakom de förändringar i könsarbetsdelningen, som hon studerat. Men det räcker inte som förklaring till maktförhållandet mellan könen. Demografisk förändring som sådan förklarar inte varför den manliga arbetskraften ses som primär och den kvinnliga som sekundär. Orsakerna till över- och underordningsförhållandet får man söka på annat håll.

Genom att kontrollera antalet födda har människorna genom historien kunnat påverka både tillgången på arbetskraft och försörjningsutrymmet. Även barnens roll som arvingar var viktig – för dem som ägde något att lämna i arv.[14] Men det är först på senare år som sambandet mellan det sociala könssystemet och demografiska och ekonomiska förhållanden har problematiserats.

I slutet av 1960-talet myntade amerikanska feminister uttrycket patriarkat i betydelsen mansdominans överhuvudtaget och påpekade att kvinnornas underordning funnits före kapitalismens uppkomst och redan därför inte kunde antas hänga ihop med denna. De hävdade att kvinnors biologiska förmåga att föda barn var grunden för kvinnornas underordning genom historien. Den ursprungliga arbetsdelningen var den mellan könen i fortplantningen. Huvudmotsättningen i samhället gick enligt dem inte mellan klasserna utan mellan könen. Klassmotsättningen var avledd och beroende av denna huvudmotsättning. Enligt radikalfeministerna var könskampen drivande i den historiska utvecklingen och överordnad klasskampen.[15] De påpekade mansdominansens långa historia och den biologiska könsskillnadens betydelse.

Somliga har sett könens olika uppgifter i fortplantningen som en sorts biologiskt-materiell grund för olika social ställning.[16] Andra har betonat den sociala organiseringen och kontrollen av fortplantning och sexualitet som en historiematerialistisk grund för männens överordning.[17] För att själva få en viktigare roll i och närmare kontroll över människosläktets reproduktion än naturen medgett dem, har männen inrättat sociala institutioner (t ex kärnfamiljen, lagstiftning om abort, om utomäktenskaplig sexualitet, om preventivmedelsinformation, barnbidrag och andra familjepolitiska instrument).[18]

Denna sociala organisering har ibland kallats reproduktionssätt, och man har menat att varje samhälle har såväl en organisering av sin produktion av försörjningsmedel som en organisering av produktionen av nya människor. Båda systemen borde därför studeras som socialt konstruerade i historiska undersökningar, särskilt sådana som gäller kvinnors respektive mäns villkor. Utifrån detta synsätt blir det viktigt att ta hänsyn till de samhälleliga intressen, som i en viss historisk situation präglar den sociala organiseringen av den biologiska reproduktionen och hur samhällets makthavare därmed bedömer t ex kvinnors rättigheter inom och utom äktenskapet, deras rätt att skilja sig, synen på kvinnors respektive mäns sexualitet m m. Man har vidare diskuterat relationen mellan produktionssätt och ”reproduktionssätt” som ett led i de tidiga försöken att finna lagbundenheter eller entydiga kausalsamband bakom reproduktionen av kvinnors underordning.

Antropologer har betonat utbytets socialt sammanhållande funktion i olika samhällen. Mäns utbyte sinsemellan av kvinnor har framhävts som ett sätt att binda en stam eller ett samhälle samman.[19] Claude Lévi-Strauss ser detta utbyte som själva kärnan i släktskapssystemen, vilka i sin tur bestämmer med vem man får gifta sig och vilka sexuella relationer som är tabubelagda. Vad detta innebär i termer av kvinnors underordning och förtingligande har problematiserats av Gayle Rubin.[20] Kvinnor utbyter inte presenter; de utgör presenter.

Funktionen hos kvinnorna att som omyndiga objekt sammanbinda män ur olika släkter kan spåras i olika samhällstyper och klasser, inte minst inom den uppåtstigande borgerligheten under industrikapitalismens inledningsskede.

D. Hemarbetet – en tillägnelserelation?

På 1960-talet började hemarbetet betraktas som ett teoretiskt problem, både i neoklassisk och marxistisk ekonomisk teori. Bland marxister betraktades det till en början som en eftersläpning av hantverksmässig produktion från ett förkapitalistiskt produktionssätt. *Produktivkrafterna* sågs som outvecklade inom hushållet. Hemarbetet betraktades här som en positionsbestämmande faktor, som kvinnor och män hade olika relation till. Kvinnor utförde den typen av arbete men inte män. I debatten postulerades detta men problematiserades inte. I stället diskuterades hemarbetets ställning i den kapitalistiska ekonomin.

Genom att använda den historiematerialistiska distinktionen mellan produktion och reproduktion sökte man förklara mäns och kvinnors tendentiellt olika positioner i samhället.[21] Att det mansdominerade produktionsarbetet i ett kapitalistiskt samhälle är överordnat det kvinnodominerade reproduktionsarbetet – vilket ju ligger redan i begreppens formulering – skulle förklara kvinnornas underordning. Det var alltså arbetsområdenas och arbetstypernas hierarki – inte könens – som var primär, enligt denna uppfattning. Arbetsdelningen mellan betalt och obetalt arbete liksom mellan vård, utbildning, städning m m å ena sidan och tillverkningsarbete å den andra sågs härigenom som grundproblemet. Distinktionen mellan privat (kvinnodominerad) sfär och offentlig (mansdominerad) sfär användes på motsvarande sätt som bidragande förklaring till kvinnors bristande auktoritet och villkorliga rättigheter i offentliga sammanhang.

Dessa uppdelningar har senare setts som problematiska även om de samtidigt erkänts som fruktbara i specifika sammanhang. Distinktionen mellan produktion och reproduktion kan bli omöjlig eller meningslös t ex i en historisk undersökning av perioder och samhällen, som är inriktade på produktion av bruksvärden, inte primärt på produktion av bytesvärden för en marknad.

Åter andra har sett kvinnors obetalda hemarbete som grund för att betrakta kvinnor som en särskild klass i förhållande till män. Bl a har här framlagts uppfattningen att hemarbetet skulle vara organiserat könshierarkiskt och ligga till grund för ett särskilt (i vår tids västerländska samhällen) mansdominerat produktionssätt eller patriarkat.[22]

Därmed betonade man de *produktionsförhållanden*, som sågs som rådande i hushållet och betraktade dem som en tillägnelserelation, vari männen tillägnar sig kvinnors arbete.[23]

Marxisternas svar på den radikalfeministiska utmaningen, vilken skulle kunna kallas biologisk materialism, var att försöka finna en historiematerialistisk grund för kvinnornas specifika underordning i det kapitalistiska samhället. Man utgick nu från hemarbetets ställning i den utvecklade kapitalistiska ekonomin. På 1970-talet försökte ekonomer och sociologer bestämma hemarbetets funktion i förhållande till kapitalet. Somliga marxister hävdade att kapitalet indirekt tjänar på det genom att tjänster och varor, som produceras i hemmet inte behöver köpas över marknaden, vilket skulle ha drivit upp lönerna.[24] En del hävdade mot denna bakgrund dess ställning som ett särskilt, utomkapitalistiskt produktionssätt, som just på grund av sin utanförställning i analogi med t ex subsistensjordbruket bidrar till kapitalets lönsamhet genom att arbetskraftens reproduktion inte behöver ske inom ramen för de kapitalistiska produktionsförhållandena.[25] Andra sade att det kunde betraktas som ett särskilt produktionssätt, som är stödjande i förhållande till det kapitalistiska, vilket senare frambringat det i den form det har i dag.[26]

Sammanfattningsvis kan vi säga att de klassiska historiematerialistiska texterna, som ser klassförhållandet som en tillägnelserelation, där borgarklassen utsuger arbetarklassen, inte betraktade relationen mellan män och kvinnor som annat än underordning av kvinnorna inom borgarklassen under männen i samma klass. Man erkände att familjen i arbetarklassen var mansdominerad men menade att lönearbetet höll på att göra kvinnorna likställda.

Radikalfeministerna ser sexualitetens och fortplantningens organisering som grund för underordning och – somliga – även för tillägnelse. Det är särskilt Marielouise Janssen-Jurreit som sett kvinnors uppfostrans- och socialisationsarbete som ett arbete, vars produkt männen senare tillägnar sig genom att ta över de färdigsocialiserade barnen, kanske särskilt sönerna.[27] För den här aktuella undersökningsperioden skulle sönerna då kunna ses som de arvingar/den arbetskraft, som fäderna kan använda i sin verksamhet i borgarklassen, medan döttrarna representerar en annan typ av investering, som ger avkastning i form av en användbar måg med branschkännedom, utbildning, kapital eller viktiga kontakter. Vad barnen representerar för arbetarklassen enligt denna syn torde snarare vara de arbetsförtjänster de kan bidra med, innan de bildar egna hushåll. Barnen – och släkten överhuvudtaget – torde också fungera som en sorts pensionsförsäkring eller säkerhetsnät vid sjukdom, arbetslöshet och andra kriser i den lönearbetande klassen.

Diskussionen om hemarbetet gällde uttryckligen huruvida detta arbete utgör grund för en tillägnelserelation eller inte. De ortodoxa marxister, som deltog i debatten, hävdade att det inte gjorde det, vare sig i förhållande till kapitalet eller männen. Hemarbetet var nödvändigt för produktionssättets och samhällsformationens reproduktion, men det ansågs inte skapa mervärde och kunde därför inte enligt Marx' terminologi kallas utsugning. Andra hävdade att det indirekt kunde sägas vara en form av tillägnelse från kapitalets sida, nämligen genom att det bidrog till att skapa varan arbetskraft, som sedan såldes på arbetsmarknaden. Åter andra (enkannerligen Christine Delphy) menade att det utgjorde grunden för patriarkatet i form av en tillägnelserelation mellan män och kvinnor. Hon särskilde två system av tillägnelse, nämligen kapitalismen (eller förhållandet mellan kapital och arbete) och patriarkatet (eller förhållandet mellan män och kvinnor – främst i äktenskapet).[28]

Heidi Hartmann har också sett männens intresse av kvinnors hemarbete som grunden för deras ansträngningar att marginalisera kvinnorna på arbetsmarknaden. Hon ser dock även arbetsmarknadens uppdelning och kampen om dess positioner som central i männens strävan efter både kontroll av kvinnors arbetskraft och monopol på de privilegierade positionerna i samhället.[29]

Frågan om huruvida det finns ett eller två system hänger ofta ihop med vilken bas man ser som central för kvinnors underordning eller för det sociala könssystemet. De som ser sexualiteten och fortplantningen som basen för en könsrelaterad maktstruktur kommer vanligen fram till att det finns två maktstrukturer i varje samhälle.[30] Detsamma gäller som vi sett dem som hävdat hemarbetet som en tillägnelserelation.

Det är naturligtvis svårare att göra sannolikt att det finns två helt separata system, om man ser arbetet eller arbetsdelningen som grund för dominans- eller tillägnelseförhållandet mellan könen. Därmed är detta ju samtidigt grund för både klass- och könsstrukturerna. Heidi Hartmann har särskilt två maktstrukturer i samhället, en klassrelaterad och en könsrelaterad. De är enligt henne historiskt sammanvuxna men analytiskt särskiljbara. Det kapitalistiska patriarkatet utmärks av en anpassning mellan de två strukturerna men även av motsättningar. Mäns familjeförsörjarlön och kvinnors deltidsarbete kan ses som olika varianter av lösning på konkurrensen mellan (arbetarklassens) män och kapital om kvinnors arbetskraft. Genom sin definition av patriarkatet som ett socialt system med en hierarki bland männen, vilkas inbördes solidaritet (för att inte säga homosocialitet[31]) gör det möjligt för dem att kontrollera kvinnors arbetskraft (och födande av ny arbetskraft), har hon hävdat en och samma samhälleliga bas för klass- och könsförhållandena, nämligen arbetet och förhållandet till arbetet. Men samtidigt ser hon mäns primära intresse av kvinnors hemarbete som en separat bas. Detta gör det möjligt för henne att särskilja de två systemen analytiskt.

Hennes försök att på detta vis äta kakan och ha den kvar har kritiserats från olika håll. Iris Young har förespråkat en nedbrytning av det traditionella historiematerialistiska klassbegreppet för att i stället bygga upp det utifrån arbetsdelningen i samhället, även könsarbetsdelningen. Young kan därför sägas företräda en ensystemuppfattning gentemot Hartmanns tvåsystemteori.[32]

Å andra sidan har Hartmann också kritiserats från det andra hållet för att hon otillräckligt särskilt de två systemen. Anna Jónasdóttir har hävdat nödvändigheten av att grundligare särskilja de två systemen genom att erkänna och analytiskt definiera *olika* baser för de båda systemen.[33] Som bas för könssystemet vill hon sätta kärleken mellan män och kvinnor. Den patriarkala utformningen av den i vårt samhälle innebär att män har större rätt till kvinnors psykiska kraft (stöd, tröst o d) än kvinnor har rätt att vänta från män. Kanske kan det ses som en idealistisk variant på de mer traditionella radikalfeministiska synsätten, som hävdar den sociala organiseringen av den biologiska reproduktionen och könslivet som basen för kvinnornas underordning.

I de ansatser som studerar det sociala könssystemet har man alltså utgått från samma mänskliga behovsstruktur som Engels en gång gjorde. Men man försöker dela upp den i olika delar, som var och en ses som bas för en social systematik, vardera med sina egna huvudkrafter och historiska variationer. Och man betonar ofta olika delar.

För den här undersökningen måste problemet anpassas till förhållandena på 1800-talet och formuleras utifrån övergången från familjearbete till industriarbete – från formell reglering av ekonomin till informell och strukturell styrning.

Industrialisering och socialt kön

Med industrikapitalismens framväxt utvecklas ett nytt positionssystem, där det från början inte är självklart vare sig exakt hur positionerna utformas eller vem de skall besättas med. Men i det samhälle där denna förändring sker finns redan positionshierarkier och vedertagna samband mellan positioner och individkategorier, liksom ideologier som begränsar och styr individerna till olika positioner eller positionskategorier.

I vilken mån styr de rådande positionerna och värderingarna utformningen av de nya positionerna, så att de anpassas till eller utformas med tanke på att besättas med en viss kategori, män, kvinnor eller barn?

Om man vill bedöma industrikapitalismens effekter för människorna, så blir problemet med de olika positionssystemen viktigt liksom problemet med kvinnornas underordning. Hur skall man t ex bedöma en persons överflyttning från torparlivet till fabriksarbete? Hur skall man bedöma att döttrar övertagit faderns yrke – men sedan det mekaniserats? Är det fråga om skiktspecifik reproduktion – eller en social rörlighet, uppåt eller nedåt, jämfört med tidigare generation?

Tidigare forskning om kapitalism, industrialisering och socialt kön har i enlighet med det inledande kunskapsintresset främst gällt de effekter industrialisering och kapitalism haft för det sociala könssystemet. Liksom i den traditionella debatten om levnadsnivåns utveckling har somliga betonat industrialiseringens och kapitalismens positiva effekter, medan andra pekat på försämringar för kvinnorna relativt männen. "Optimisterna" har särskilt pekat på att kvinnor i växande utsträckning börjat lönearbeta och därmed fått en mer självständig ekonomisk ställning, medan även successiva legala reformer i industrikapitalismens spår gjort kvinnorna formellt jämställda med männen. Till denna sida kan man räkna – förutom "moderniserings"teoretiker – både neoklassiska (t ex Hartwell) och marxistiska ekonomer och historiker (t ex Engels), vilket kan tyckas anmärkningsvärt, eftersom ju marxisterna i den tidigare levnadsnivådebatten brukat höra till "pessimisterna", vilka betonat de negativa effekterna av industrikapitalismen (jfr t ex Hobsbawm).[34] Bland de negativa effekterna har man t o m ibland nämnt just ökat kvinno- och barnarbete. Ambivalensen är med andra ord påfallande. Ivy Pinchbeck betraktade industrikapitalismen som i princip positiv för kvinnornas ställning. Men hon tycks koppla ihop det med den manliga familjeförsörjarlönens framväxt. Hon poängterar att hela familjen traditionellt var och en arbetade för sitt uppehälle i mån av förmåga. Men den ojämna utvecklingen av lönearbetet ledde till att kvinnor och barn i allt högre utsträckning blev arbetslösa eller undersysselsatta. Det problemet kunde lösas antingen genom att det skapades arbete för dem eller att mannen fick en inkomst som även räckte till övriga familjemedlemmar. Själv rekommenderade hon som sagt det sistnämnda. I verkligheten prövades dock först olika sätt att skaffa arbetsinkomster åt de arbetslösa familjemedlemmarna. Först senare prövades den andra vägen till försörjning via mannen-husfadern.[35] "Pessimisterna" bland forskare om könsuppdelningen har betonat den begränsning av kvinnors möjligheter och rättigheter, som borgarklassens hegemoni medförde, t ex genom lagstiftning (jfr Code Napoléon).[36]

Diskussionen om industrialisering, kapitalism och socialt kön skulle kunna tolkas så att man vanligen sett socialt kön och förändringar däri som något som skall förklaras. Men man skulle också kunna se socialt kön som något, som kan bidra till att förklara, t ex förändring eller utformningen av förändring. Det sociala könssystemet både påverkar och påverkas av historisk förändring och samhälleliga förhållanden.

Det fanns i det samhälle där kapitalismen växte fram och industrialiseringen skedde, en grundläggande social könsstruktur, vars asymmetriska och hierarkiska utformning dessutom var reglerad i lag. Den dominerande uppfattningen i samhället var att den (om möjligt i ännu högre grad än klasstrukturen) var naturgiven eller möjligen bestämd av Gud. Den kunde alltså inte ändras, ens om det vore önskvärt. Denna allt genomsyrande och bestämmande sociala könsstruktur var särskilt kopplad till olika former av arbete, värdering av arbete och möjligheter till offentlig verksamhet. Den kan inte ha varit utan betydelse för det nya produktionssättet och produktionssystemets framväxt. Tvärtom torde den starkt ha bidragit till dess utformning, inte minst dess regionala variationer.

Två principiella synsätt finns beträffande framväxten av industrikapitalismen: teorin om *komparativa fördelar* betonar regional specialisering och utbytet (och därmed handelns och marknadens betydelse och kanske den internationella utvecklingen), medan teorin om den *ursprungliga ackumulationen* betonar tillväxten av överskott inom jordbruket (och därmed tillägnelserelationen och produktionen och kanske den inhemska utvecklingen).[37] De olika synsätten behöver inte utesluta varandra. Hur kommer det sociala könssystemet in i dessa teorier?

A. Teorin om komparativa fördelar

Den förstnämnda teorin tar fasta på de regionalt ojämna förutsättningarna för jordbruk och vissa andra näringar och pekar på de komplement, som därför utvecklas i trakter med svag jordbruksproduktion, t ex i form av textiltillverkning och metallslöjd i hemmen.[38] I dessa näringar fanns en strikt uppdelning efter kön. När värdet av det ena könets (t ex kvinnors) arbete för hushållets försörjning ökade, påverkade detta deras allmänna ställning och självmedvetenhet. Men könsarbetsdelningen varierade också mellan regioner.[39] Principen tycks också ha kunnat medföra att betydelsefulla näringar kunde leda till att den vedertagna könsarbetsdelningen bröts. Det kunde även gälla traditionella kvinnoarbeten, som även män kunde ta upp om de var tillräckligt betydelsefulla ekonomiskt. Annars har ju det motsatta varit vanligare. Eftersom könsuppdelningen var utformad på ett sätt som gjorde att kvinnorna var underordnade, innebar det en större prestigeförlust för män att överta kvinnors arbetsuppgifter än för kvinnor att överta mäns.

I Halland där stickning gav hög relativ inkomst till hushållen, ägnade sig dock således även män åt stickning. I kustregioner där männens fiske gav huvudförsörjningen, ägnade sig kvinnorna åt jordbruket. Samtidigt påverkade arbetets relativa betydelse genom könsarbetsdelningen mäns och kvinnors relativa ställning. I regioner där hushållen var ekonomiskt beroende av kvinnornas förlagsarbete för industrin, torde det ha betytt att kvinnorna genom sina inkomster fick en starkare ställning än i områden, där deras arbete huvudsakligen skedde inom hushållet utan att tillföra extra inkomster från marknaden. Samtidigt betydde möjligheterna till lönearbete att t ex kvinnliga tjänstehjon hade ett alternativ till huslig tjänst, vilket kan ha stärkt deras förhandlingsläge gentemot husbönderna.[40]

Den ekonomiska förstärkning som möjligheterna till lönearbete i förlag eller på fabrik gav både torparnas familjer och deras ev tjänstehjon, kan ha medverkat till deras ovillighet att flytta. För torparna innebar det alltså en förstärkt ekonomi, för tjänstehjonen dessutom ett alternativ till huslig tjänst.[41]

Industrialiseringen i form av begynnande hemslöjd till försäljning och förlagsarbete kan alltså ha påverkat könsuppdelningen. Men det torde också ha varit så att regioner med utvecklad hemslöjd gav en särskilt flexibel arbetskraft för intresserade förlagskapitalister och fabriksägare. Att förlägga Rydboholms bomullsfabrik till en region med i relation till jordbruket övertalig befolkning (åtminstone med fluktuationer i sysselsättningen), som livnärde sig delvis på andra näringar, innebar att man förstärkte och utvecklade en sorts dual ekonomi. Arbetarna hade i princip sin försörjning eller del av försörjning från jordbruket. Det bör ha utgjort en fördel för fabriksägaren på två sätt. Dels kunde sannolikt lönenivån hållas nere, eftersom lönen inte behövde reproducera arbetarens hela arbetskraft[42] ; dels var arbetskraften i princip försörjd på något slags överlevnadsnivå, ifall konjunkturerna eller andra produktionsstörningar gjorde det nödvändigt med tillfälliga inskränkningar. På andra orter kunde det i sådana lägen vara nödvändigt för fabriksägarna att betala ut åtminstone del av lön till de arbetare, som man ville ha kvar tills det blev bättre tider.

Så gjorde tex ägarna till malmöfabrikerna under bomullskrisen i samband med det nordamerikanska inbördeskriget.[43] Men om arbetarna var bofasta med en liten torva, så behövdes inte det. Om männen huvudsakligen arbetade i jordbruket, kunde kvinnornas arbetskraft användas för tex vävning på förlag eller i fabrik. På detta sätt var det möjligt att tack vare könsarbetsdelningen i jordbruket utnyttja en till största delen kvinnlig arbetskraftsresurs genom att anpassa industrialiseringsprocessen i dessa områden till rådande förhållanden.[44] Det skulle också tillsammans med det låga löneläget kunna förklara att systemet var segt och konkurrenskraftigt. Könsuppdelningen skulle på det sättet också kunna sägas ha påverkat industrialiseringens utformning och kanske dess utvecklingstakt.

En annan effekt av väverskornas torparbakgrund skulle dock kunna tänkas vara just att de inte var totalt beroende av vävarbetet. Härigenom kan det uppstå brist på arbetskraft och kraftiga svängningar i omsättningen på arbetarna. Det visar sig också i undersökningen av Rydboholm att detta är ett problem för fabriksägarna under det inledningsskede, som här är aktuellt. Fabriksledningen företar åtgärder för att försöka binda arbetskraften fastare till fabriken.[45]

På motsvarande sätt skulle man kunna tänka sig att det mansdominerade men ofta familjebaserade hantverket, som var etablerat i städerna (men också i viss mån genom sk gärningsmän eller självförsörjare på landet), har utgjort en annan industrialiseringstyp. I hantverket var husfadern den utbildade och skråanslutne hantverkaren, som ledde arbetsprocessen. Han assisterades av familjemedlemmar, lärlingar och gesäller m fl. Emellertid var det inte några vattentäta skott mellan hantverk och manufaktur. I manufakturen utgick man från den arbetsprocess, som hantverket utvecklat.

Men rekryteringen torde ha skilt sig. Så kunde tex kvinnor bli manufakturarbetare, medan de däremot åtminstone från 1600-talet och framåt inte kunde bli antagna som lärlingar för att senare upptas i skråna. Att man kunde få sin utbildning inom manufakturen kan alltså ha gjort den attraktiv för grupper, som saknade tillträde till skråna. Samtidigt gav det manufakturägarna möjlighet att undvika de skråutbildade hantverkarna med deras vedertagna löner och privilegier i arbetet för att i stället utbilda specialarbetare på färre moment och anställa dem under tjänstehjonsstadgan, vilket tillät att de användes även till andra göromål än det rena hantverket.

Medan det skråbundna hantverket i den svenska textilindustrin var mansdominerat, var förlagsarbetet kvinnodominerat. Nedan skall undersökas hur det förhöll sig i hantverksfabrikerna (manufakturerna) och de mekaniserade fabrikerna.

B. Teorin om den ursprungliga ackumulationen

Teorin om den ursprungliga ackumulationen skulle också kunna diskuteras i förhållande till det sociala könssystemet. Det har påpekats att hushållets mansdominerade konstruktion, som gav husfadern den ekonomiska, politiska och juridiska makten över övriga familjemedlemmar, kan sägas ha inneburit en tillägnelserelation mellan husfadern och de övriga.[46] I den mån hustru, barn, andra släktingar och tjänstefolk inte fick en ersättning för sin arbetsinsats, som motsvarade denna i värde, kan man tala om att husfadern tillägnade sig ett överskott, som han disponerade. Kvinnors omyndighet och tjänstehjonens/lärlingarnas lönevillkor (i princip föga mer än kost, logi och kläder) borde därför ha påskyndat kapitalackumulationen och bidragit till dess centralisering.

Vi har redan diskuterat husbondeförhållandet som tillägnelserelation. Här skall bara än en gång betonas att de båda teorierna inte utesluter varandra. Komparativa fördelar torde starkt ha bidragit till den s k ursprungliga ackumulationen, eftersom den innebär en regional och skiktmässig koncentration av resurser och produktionsmöjligheter liksom överskott och utveckling av kapital, specialiserad kunskap och andra förutsättningar för produktion. För båda dessa teorier torde det sociala könssystemet ha grundläggande betydelse.

Undersökningens utgångspunkter

Socialt kön, klass och hushåll

Jag har försökt utforma en teoretisk ansats, där produktionssätt, klasstillhörighet och könssystemets historiska utformning ses som bestämmande för hushållens och individernas ställning och möjligheter. Jag vill försöka spåra omvandlingen av det gamla i det nya.

En utgångspunkt som jag finner rimlig är att olika produktionssätt ger olika baser för kvinnornas underordning.[47] Olika faktorer kan härigenom ha större eller mindre betydelse för reproduktionen av maktförhållandet inom olika produktionssätt, beroende på vilka produktionsmedel som är viktigast, hur produktionsförhållanden och ägandeförhållanden ser ut och produktivkrafternas utvecklingsnivå och styrkeförhållandena.

I och med att produktionssättet betraktas som viktigt för utformningen av det sociala könssystemet, måste även antas att grunden för underordningen (eller ställningen i maktförhållandet) varierar med ställning *i förhållande till* produktionssättet, dvs efter klasslinjer. Det är rimligt att anta att (männen i) en klass, som lever på att ackumulera kapital, har andra intressen att bevaka för reproduktionen av sin ställning än (männen i) en klass, som är beroende av lönearbete. Försörjningssättet påverkar könsarbetsdelningen och maktförhållandet mellan män och kvinnor i hushållet och i klassen.

Denna utgångspunkt i tanken på en historiskt och systematiskt varierande utformning av det sociala könssystemet efter produktionssätt och klasstillhörighet låter sig logiskt kombineras med uppfattningen om hushållens varierande ställning efter förhållande till produktionssätt och klass. Hushållet kan ses som det samhälleliga könssystemets organisation par préférence på mikroplanet, i synnerhet i det förkapitalistiska samhälle, där arbetet ännu främst organiseras inom ramen för hushållet.

Jag utgår följaktligen från att industrikapitalismens två huvudkrafter – borgerligheten och industriarbetarna – utmärks av olika hushållsformer, beroende på hushållens olika funktioner i de olika klasserna eller skikten. Hushållen har olika sammansättning och olika interna maktförhållanden mellan medlemmarna. Borgerligheten äger kapital, fabriksarbetarna säljer sin arbetskraft. Hushållet inom borgerligheten kan antas ha ett kapitalackumulerande och -bevarande syfte, medan överlevandet eller försörjningen måste vara arbetarhushållets främsta syfte.

Grunden för könssystemets bestämning av över- och underordningsförhållandet har här antagits variera mellan klasser och produktionssätt. Patriarkatbegreppet har härigenom skjutits åt sidan som ett för denna undersökning ofruktbart analysredskap annat än som en term för männens generella överordning inom ramen för den aktuella samhällsformationen. I en diskussion om patriarkalism (eng paternalism) kontra patriarkat använder jag det i den nu nämnda meningen. Jag menar att patriarkatbegreppet där tillför en dimension till diskussionen, som annars vore svårt att språkligt handskas med. Det formulerar männens dominans och inbegriper dessutom en solidaritet mellan män, som det sociala könssystemet som begrepp inte självklart uttrycker. Dess analytiska värde är dock starkt begränsat, eftersom det inte är historiskt och socialt tillräckligt preciserat.

Produktionstyper

Utifrån en historiematerialistisk ram särskiljs i undersökningen två huvudtyper av produktion för den inhemska konsumtionsvarumarknaden, nämligen hantverksfabriken och den mekaniserade fabriken.

Hantverksfabriken (eller manufakturen) är den produktionsform, där arbetarens hantverkskunnande ännu är basen för tillverkningen, men de enskilda arbetarna/producenterna är samlade under ett tak och använder redskap och råvara, som ställts till förfogande av en utomstående ägare, kapitalisten.

Framväxten av en massmarknad för konsumtionsvaror under 1800-talet gör det möjligt och lönsamt att standardisera och öka produktionen som svar på den växande efterfrågan från en bredare allmänhet. Det leder till ett intresse för att ändra tekniken för produktionen. Den nya arbetsorganisationen och tekniken kan anpassas till en annan sorts arbetskraft. I syfte att förbilliga produktionen blir särskilt de arbetsmoment utsatta för förändringsintresse, som drar mest i lönekostnad och/eller som utgör flaskhalsar i produktionsprocessen som helhet.

Den *mekaniserade* fabriken har en arbetsorganisation, där tillverkningen uppdelats i moment som utförs av specialarbetare med hjälp av maskiner. Dessa maskiner drivs av en central kraftkälla (t ex en ångmaskin) och har byggts bl a i syfte att standardisera produkterna och öka produktiviteten. Hantverkskunnandet hos den enskilde arbetaren har omvandlats till en kunskap om hur maskinen drivs och en kontroll av maskinens arbete. Arbetarna är inte längre hantverkskunniga och har heller inte överblick över alla stadier i produktens skapande. Det ställs andra kvalifikationskrav på dem: ofta innebär det en kortare och/eller mer specifik utbildning, mindre möjlighet till personligt omdöme och mindre möjlighet att anpassa arbetsprocessen till t ex variationer i råvarans kvalitet. Men somliga maskiner kräver ny kunskap (lika kvalificerad som tidigare men med annan inriktning), en överblick över ett snabbt och kanske komplicerat händelseförlopp, koncentration och en snabb reaktionsförmåga.

En allmän uppfattning är att mekaniseringen ledde till en homogenisering av arbetskraften (se t ex Marx) genom att olika arbetsmoment kom att likna varandra och ställde likartade krav på arbetarna jämfört med de tidigare vitt skilda hantverksyrkena. En maskinskötare var en maskinskötare oavsett vilken uppgift maskinen hade i produktionsprocessen. Härigenom – menar man – lades grunden för de gemensamma intressena hos arbetarna, som ledde till en organisering gentemot kapitalägaren. Men samtidigt kan hävdas att den allt mer utvecklade arbetsdelningen ledde till en skiktning bland fabriksarbetarna. Mycket har skrivits om uppkomsten av en s k arbetararistokrati, nämligen ett skikt som med sina kvalificerade yrkeskunskaper och välorganiserade kollektiv kunde behålla en fördelaktig ställning i förhållande till den stora massan av mindre kvalificerade och jämförelsevis mindre gynnade arbetare, som saknade en stark organisationstradition.

Dessa två utvecklingslinjer är enligt min mening fullt förenliga. I undersökningen studeras därför likheter och skillnader i olika avseenden mellan yrkesgrupper och hur den tekniska förändringen påverkar dessa – och påverkas av dem. Härigenom får man underlag för en diskussion om graden av homogenisering respektive skiktning bland fabriksarbetarna.

Denna diskussion bör kunna bidra till förståelsen av den framväxande organiseringen och dess problem, även om dessa faller utanför ramen för denna undersökning.

Undersökningens uppläggning

Tre problemområden

Undersökningen har formen av en kartläggning av fabriksarbetarnas karaktäristika i olika branscher och produktionstyper, regioner och perioder. Syftet som formulerats i allmänna termer ovan har konkretiserats till att söka svar på frågan om fabriksarbetarskiktets formering som relativt homogent skikt i sig å ena sidan och skiktningar bland fabriksarbetarna å andra sidan.

Faktorer som ses som centrala för denna bedömning är organiseringen av relationen kapital och arbete, särskilt arbetets utveckling, och organiseringen av relationen män och kvinnor, dvs förutom könsarbetsdelningens utveckling även hushållets utformning och uppgifter.

De tre problemområden. som huvudsakligen berörs är arbetsdelningen mellan könen, hushållets som arbetsorganisation och försörjningsenhet samt reproduktionen och rekryteringen av fabriksarbetarskiktet. De kan alla sägas vara aktualiserade av vår egen tids och vårt eget samhälles situation. Vi antas också leva i ett övergångssamhälle, där industriproduktionens primat i någon mening håller på att vika för tjänsteproduktionens. Det förorsakar förändringar i arbetets organisation och arbetsdelningen mellan könen. Lönearbetets utbredning och själva arbetets karaktär förändras, liksom yrkesstrukturen. Man diskuterar huruvida det är en klassomvandling som pågår. Hushållens sammansättning och arbetskraftsutbud har förändrats. Man talar om nya samlevnadsformer.

Alla dessa företeelser hade motsvarigheter under 1800-talet. Då fanns en successiv övergång från jordbruksarbete till industriarbete. Hushållens försörjningsansvar förändrades. Kvinnors respektive mäns arbetsuppgifter ifrågasattes. Man diskuterade lönearbetets innebörd, klassomvandlingens faror. Man fruktade att jordbruksarbetets primat skulle få vika för industriarbetets. Yrkesstrukturen förändrades liksom arbetsdelningen mellan könen.

Dagens diskussion och den samhällsförändring, som gett upphov till den, har inspirerat denna undersökning. Samtidigt har dagens forskning om lönearbetets problem och klassomvandlingen i dag och om arbetsdelningen mellan könen efter 1950 gett empiriska resultat och teoretiska ansatser, som kan prövas på tidigare social förändring. Särskilt gäller det den expansiva forskning om kön som social struktureringsprincip, vilken bedrivs för äldre och nyare tid.

Mina tre huvudproblem utgör aspekter av den industrikapitalistiska arbetsorganisationens utveckling och ger den dess karaktäristika. Jag ser dessa tre aspekter som grundläggande för arbetets (och fabriksarbetarskiktets) utformning. Men också för industrikapitalismens kapitalackumulationsprocess och historiska utformning har både könsarbetsdelning, hushåll och rekryteringsstruktur viktiga konsekvenser.

A. Arbetsdelningen mellan könen

Jag vill undersöka ifall och i så fall hur könsarbetsdelningen förändras genom framväxten och etableringen av industrikapitalismen. Den samtidiga förekomsten av olika industrialiseringstyper och den regionalt ojämna utvecklingen av dem kan tänkas stå i samband med variationer i denna arbetsdelning, som i sin tur också bör kunna anknytas till demografiska faktorer. Detta har dock inte kunnat undersökas närmare här. Institutionella förhållanden är också en viktig utgångspunkt, eftersom lagstiftningen traditionellt avsåg att styra arbetsuppgifter och resurser efter stånd, kön och i viss mån ålder. Under 1800-talet ändras de institutionella förhållandena i enlighet med det nya ekonomiska systemets krav, vilket även påverkar lönearbetets förutsättningar. Arbetskraften blir successivt en rörlig vara, som säljs över en marknad.

Det finns redan i början av 1800-talet en etablerad uppdelning av arbetsuppgifter i fabrikerna mellan kvinnor och män. Hur påverkas denna av mekaniseringen under 1850-talet, främst av textilfabrikerna? Denna förändring utgör det första problemområdet. För att kunna diskutera det kartlägger jag arbetsprocessens förändringar samt förändringar i arbetarnas villkor och deras sammansättning och karaktäristika.

B. Hushållet som arbetsorganisationsmönster och försörjningsenhet

Det andra problemet är hushållet, dels som det i särklass mest betydelsefulla mönstret för arbetsorganisation i det samhälle, där industrikapitalismen växer fram, dels som försörjningsbas eller -nätverk och resursfördelare bland hushållsmedlemmarna.

Även sammansättningen av arbetarna kan tänkas förändras i och med mekaniseringen och den moderna industrikapitalistiska arbetsprocessens etablering. Hur påverkar detta hushållens försörjningsmöjligheter?

Distinktioner måste göras mellan hushåll med olika ställning i den samhälleliga produktionen. Även hushåll som skiljer sig kraftigt från lagens norm (t ex ensamstående mödrar med barn) måste särskiljas.

Hushållet som *arbetsorganisation* kan tänkas prägla arbetets organisering i hantverksfabrikerna, eftersom hushållet traditionellt var den arbetsenhet människorna kände och levde i. Det fanns även könsrelaterade arbetskollektiv, där män gjorde vissa arbetsuppgifter tillsammans, kvinnor andra. Detta betraktar jag inte som ett motargument; tvärtom kan det tolkas som en tidigare form av könshierarkisk strukturering av arbetet med utgångspunkt i lagfästa auktoritetsmönster, utbildningsprivilegier och offentlighetsmonopol men också starka ideologiska föreställningar, t ex olika arbetsuppgifters värdering.

Detta bör kunna undersökas med avseende på arbetsprocessens uppdelning i moment och deras fördelning och anknytning/prägling efter kön och ålder (och utbildning, men denna är i sin tur avledd av kön, ålder och stånd.)

Hushållens försörjningsmöjligheter kan tänkas variera med sammansättning (över livscykeln och mellan olika familjetyper) och kvalifikationsnivå samt efter region och typ av försörjningsmöjligheter (näringslivsstruktur) på orten. Det relativa löneläget kan också tänkas spela in. Tidigare forskning har hävdat att fabrikerna kunnat rekrytera arbetare från landsbygden genom att erbjuda högre löner än jordbruksarbetet.[48]

Sannolikt inverkade även hushållets totala inkomstmöjligheter på olika orter.[49] Det torde t ex ha varit fördelaktigare för en okvalificerad proletär eller halvproletär familj att försörja sig med hjälp av allas arbete i staden Norrköping än på enbart husfaderns arbete inom jordbruket på den östgötska landsbygden. Strukturen och omfånget på arbetskraftsefterfrågan torde dock ha förändrats under seklets lopp.

C. Rekryteringen och reproduktionen av fabriksarbetarskiktet

Det tredje problemet gäller vilka grupper och skikt det är som arbetar i hantverksfabrikerna respektive de mekaniserade fabrikerna. Det bör vara till stor del landsbygdens/jordbrukets (övertaliga) arbetskraft, som försörjer sig genom fabriksarbete. Men det kvalificerade fabriksarbetet, dvs de hantverksutbildade arbetarna – varifrån kom de? I Norrköping fanns gamla manufakturtraditioner. Man kan där tänka sig att det tidigt förekommer en skiktspecifik reproduktion av hantverksarbetarna. Men när mekaniseringen sker i fabrikerna och arbetskraften sannolikt förändras till sin kvalifikationsnivå, ändras då också rekryteringen med avseende på arbetarnas sociala och geografiska bakgrund? Eller har då proletariseringen och urbaniseringen gått så långt att det finns en skiktspecifik fabriksarbetarreproduktion? I vilken mån innebär denna en dekvalificering av yrken och deklassering av hantverkarfamiljer? Hur inverkar en förändring på arbetarskiktets könssammansättning?

Min huvudtes när det gäller den långsiktiga utvecklingen är att det på en gång sker en homogenisering av arbetarna *och* en skiktning, nämligen i huvudsak efter kvalifikations- och könsgränser, vilka hänger nära samman. Homogeniseringen skulle därför ske bland de mindre kvalificerade, inom textilfabrikerna i första hand de kvinnliga arbetarna, medan de kvalificerade, manliga arbetarna avsöndrar sig genom arbetsposition och anställningsvillkor till ett övre skikt, – en arbetararistokrati med familjeförsörjarlön.

Analysnivåer

Förhållandet mellan könen är ett asymmetriskt, hierarkiskt förhållande, som i likhet med annan social systematik kan urskiljas på tre analytiska nivåer.

På *samhällelig* nivå är det sociala könssystemet ett strukturellt maktförhållande. Individen upplever detta som svårpåverkbart eller givet. Men det är socialt konstruerat och därmed historiskt föränderligt.[50] Hit hör i dag företeelser som könsuppdelningen på arbetsmarknaden, kvinnors huvudansvar för hemarbetet, kvinnors deltidsarbete, männens dominans på alla ekonomiska och politiska maktpositioner i samhället.

På *gruppnivå* (eller interaktionsnivå) är det en social relation mellan individer och grupper av individer, vilken upprätthålls av subjekten/aktörerna och genom vilken det strukturella maktförhållandet på makronivå ytterst reproduceras och/eller undermineras. På denna nivå utövas alltså den dagliga kollektiva praktiken.

Denna nivå kan delas i två efter *artikulationsgrad.* Å ena sidan kan man urskilja en institutionell nivå, där gruppintressena är formellt organiserade och strategierna mer eller mindre väl formulerade.[51] Som exempel kan tas mansdominerade fackföreningars agerande mot kvinnliga arbetare under arbetarrörelsens framväxt. Hit skulle jag också vilja föra kvinnoorganisationers handlande samt statligt agerande t ex i form av lagstiftning. Denna nivå är därför särskilt betydelsefull i det förkapitalistiska samhället.

Å andra sidan kan man urskilja informellt agerande på denna nivå, vars effekter kan vara mycket genomgripande men som inte grundas i medvetna strategier eller planerat handlande.[52] Detta kan yttra sig i mobbning, marginalisering m m av kvinnor på arbetsplatser men också i kvinnornas eget agerande för överlevnad, försvar eller fördelars vinnande. Denna nivå skulle därför kunna ses som mer betydelsefull i vårt samhälle, där olika behandling av de sociala könen är lagstridig – formell jämställdhet råder – och kamp och konkurrens därför måste ta sig informella, icke-artikulerade uttryck.

På *individnivå* är det en psykisk struktur hos den enskilda individen, en socialt och kulturellt konstruerad identitet, som i sig rymmer moment av anpassning och förhållningssätt till rådande maktstrukturer, både klass- och könsrelaterade.[53] På samhällelig och individuell (psykisk) nivå upplevs det sociala könssystemet oftast som givet och föga påverkbart. Det sociala mönstret är lättast att upptäcka på interaktionsnivån (gruppnivån). Det är också den nivå, där politisk handling tar form. Samtliga nivåer är dock socialt bestämda och därmed historiskt föränderliga.

Det kan vidare finnas motsättningar och dålig anpassning mellan olika nivåer. Om det inte vore så, skulle systemet kunna ses som statiskt.

Samtliga nivåer är naturligtvis relevanta i denna undersökning. Den samhälleliga nivån och gruppnivån kommer dock att fokuseras mest. Det är interaktionen mellan samhällets givna strukturer och förändringen i dessa å ena sidan och hushållens, yrkesgruppernas och arbetarkategoriernas handlande/strategier å den andra, som undersökningen strävar efter att bedöma.

Människorna är emellertid bärare av strukturerna även inom sig: vi är socialpsykologiskt disponerade för vår etablerade, förväntade sociala placering; våra medvetanden är sålunda bl a klass- och könsmässigt strukturerade. För att handlandet skall förändras, bör medvetandet först ha påverkats. Och det är genom den kollektiva dagliga praktiken, som strukturerna upprätthålls eller förändras.

Under den här aktuella undersökningsperioden är människorna disponerade för sin plats i hushållet och därigenom till olika placering i förhållande till offentligheten och i förhållande till andra hushållsplacerade människor. En husbonde beter sig exempelvis annorlunda i förhållande till en annan husbonde än i förhållande till sitt eget eller någon annans tjänstehjon. Den sociala hierarkin och grupptillhörigheten sitter i människans erfarenheter, förväntningar, värderingar, beteende, smak, uppfattning om sina egna möjligheter och begränsningar. Giddens påpekar att individer och positioner inte kan särskiljas. Jag är benägen att hålla med honom på historisk nivå. Men jag tror att man måste kunna göra den analytiska distinktionen, eftersom annars den nivå, där konkurrensbegränsningen (och kapitalackumulationen) sker, blir osynlig. Funktioner kan med andra ord skapas genom strukturell ekonomisk förändring. Utformningen av dess positioner kan emellertid ske med tanke på att en viss grupp individer skall besätta dem. Många arbetsmarknadsteorier och utbildningsteorier har sökt handskas just med detta faktum. Jag återkommer nedan till dem.

Operationalisering av problemen

A. Arbetets förändring
Förändringen av arbetsprocessen kartläggs för några branscher, särskilt textilindustrin. Effekterna för yrkesstrukturen och lönestrukturen diskuteras.

B. Könsarbetsdelning
Könsarbetsdelningen kartläggs dels i hantverksfabrikerna, dels i de mekaniserade fabrikerna. Hur påverkades efterfrågan av arbetare av förändringarna i teknik och arbetsorganisation? Hur påverkades och påverkade könsarbetsdelningen händesleförloppet?

C. Försörjning
Lönenivåerna och anställningsförhållandena är hushållens förutsättning för försörjning. Dessa kartläggs för fabriker i olika branscher och med olika mekaniseringsgrad och för olika yrken, även över tid. Hur förändrades försörjningsmöjligheterna bland fabriksarbetarna med mekanisering och förändrad könsarbetsdelning? Påverkades hushållens arbetskraftsutbud av sådana förändringar? Vad hände med de patriarkalistiska relationerna, med husfaderlighetens ideologi och dess materiella uttryck?

D. Rekrytering och rörlighet
Här kartläggs den sociala och geografiska bakgrund arbetarna har i olika yrken, branscher och produktionstyper. Förändrades rekryteringen och rörligheten bland arbetarna med den förändrade könsarbetsdelningen, mekaniseringen och den fortskridande urbaniseringen?

2. Metod och material

Metod, material och urval

Undersökningen rör i princip hela landet och alla branscher, även om både den historiska utvecklingen och urvalsprincipen gjort att södra och mellersta Sverige dominerar liksom textilindustrin, där fabrikssystemet först tillämpas. Även mekaniska verkstäder, tobaksfabriker och grafisk industri är dock med.

Perioden som undersöks är fasen, som föregår den industriella expansionen på 1870-talet, som ofta setts som industrikapitalismens genombrottsperiod. Det sammanhänger med att undersökningen är koncentrerad till de fabriker, som producerade för hemmamarknaden och då främst konsumtionsvaror. Avsikten är att studera den inhemska utvecklingen av förutsättningar för ett industrikapitalistiskt skeende. Dessa förutsättningar bör redan ha varit goda, när exportindustriernas uppsving i slutet av seklet befäste den industrikapitalistiska utvecklingen i Sverige. I detta avseende anknyter undersökningen till en nyare strömning inom ekonomisk historia, som tillmäter hemmamarknaden större betydelse för det industriella genombrottet än som tidigare varit brukligt.

Tidigare forskning har ofta gällt exportbranschernas framväxt, särskilt från 1870 och framåt, samt den organiserade arbetarrörelse, som ungefär samtidigt tar form. Min undersökning har främst koncentrerats till förutsättningarna inom landet både för den industrikapitalistiska utvecklingen i form av fabrikssystemets upprättande och för arbetarorganiseringen (i form av arbetarkollektivets formering men också skiktningar inom det). Inriktningen på fabrikssystemet innebär också att det rena hantverkets arbetare och jordbrukets olika proletära och halvproletära grupper inte undersökts, annat än i förekommande fall som rekryteringskälla för fabriksarbetare.

Urvalsmetod

För att undersöka de tre problemområdena har jag gjort ett urval av dels hantverksfabriker, dels mekaniserade fabriker, som grundats under två perioder på 1800-talet. Urvalet har skett på så sätt att samtliga fabriker, som framstår som nygrundade i Kommerskollegii fabriksstatistik under perioderna 1830-40 respektive 1853-63 har excerperats. Endast fabriker över en viss storlek har medtagits, nämligen för den första perioden fabriker med 10 eller fler anställda, och för den andra perioden fabriker med 20 eller fler anställda. Fabriksstatistiken och hantverksstatistiken har egna och över tiden skiftande kriterier för hantverk respektive fabriksproduktion. Här har alltså valts fabriker med förhållandevis många arbetare, eftersom undersökningen inriktar sig på fabriksproduktion, dvs den mer kollektiva arbetsprocessen i dess olika former. Denna begränsning har företagits för att undvika att rent hantverk kommer med i denna fabriksundersökning.

Perioder

De två perioderna 1830-40 och 1853-63 är valda så att de omfattar vardera en hel konjunkturcykel. De infaller dessutom före respektive efter den period, då den viktigaste mekaniseringen av fabrikerna sker, nämligen införandet av en central kraftkälla. Den tidiga perioden är en tid av expansion inom textilproduktionen. Särskilt i Norrköping som utgör en tyngdpunkt i materialet både på grund av fabrikernas och arbetarnas antal och källmaterialets kvalitet, startas många nya hantverksfabriker, i synnerhet i yllebranschen (klädesfabriker). Den senare perioden som slutar med bomullskrisen, präglas av utveckling till större enheter och övergång till ny teknik och arbetsorganisation. Valet av dessa två perioder bör därför rimligen ge förutsättningar för en jämförelse av olika faktorer under skilda betingelser.

Därefter har mantalsuppgifter (det primärmaterial till mantalslängderna, som utgörs av listor över arbetare) för dessa fabriker excerperats för vissa år. Visst bortfall har skett dels av fabriker som vid närmare kontroll (i husförhörslängder, andra mantalsuppgifter, monografier) visat sig inte vara nygrundade; dels av fabriker, för vilka mantalsuppgifter inte kunnat påträffas, t ex för att de representerar en produktionstyp för vilken inga mantalsförteckningar ingavs, såsom garverier, skeppsvarv och tegelbruk med tillfällig eller säsonganställd arbetskraft. Några har vidare visat sig enbart uppta en liten del av de anställda arbetarna. Slutligen har ett visst bortfall skett av fabriker, för vilka mantalsuppgifter inte kunnat påträffas, trots att detta teoretiskt borde varit möjligt.

Mantalsuppgifterna har sedan excerperats för det första år efter fabrikens grundande, för vilket sådan uppgift kunnat påträffas. Dessutom har för de flesta fabriker även två eller fler mantalsuppgifter för senare år excerperats. Det ursprungligen excerperade urvalet omfattade 180 fabriker. Efter den första bortsållningen återstod 100 fabriker. För sammanlagt 66 av dessa fabriker har mantalsuppgifter påträffats.

För 1830-talets fabriksurval har användbara mantalsuppgifter för 39 av 54 nygrundade fabriker påträffats, vilket motsvarar 72 %. För den senare perioden har mantalsuppgifter påträffats för 27 av 46 fabriker, dvs 59 %. Bortfallet beror som nämnts på att mantalsuppgifter visat sig inte kunna påträffas eller visat sig bristfälliga; så förekommer det att de endast avser fabriksägarens hushåll eller sk inom hus boende arbetare, särskilt i Stockholm.

Det har vidare visat sig att nygrundningen av fabriker sker ojämnt med avseende på regioner, branscher, produktionstyp och perioder. Dessutom finns stora variationer beträffande hur väl mantalsuppgifterna bevarats och vilken kvalitet de håller. Detta beror på 1) att särskild lagstiftning gällde för städerna Stockholm, Göteborg, Malmö och Norrköping, 2) hur lagstiftningen efterlevdes i olika regioner och 3) att det fanns stort utrymme för mantalsförrättarens godtycke.[1]

Det slutliga urvalet omfattar 66 fabriker av varierande storlek med sammanlagt cirka 2 000 arbetare anställda. Eftersom i stort sett varje fabrik undersökts vid flera tidpunkter och det fanns en relativt kraftig omsättning av arbetare, har antalet arbetare som ingår i undersökningen, kommit att totalt uppgå till 5 084. Dessutom har de sammanlagt 48 fabriksägarna undersökts i vissa avseenden. De flesta mantalsuppgifterna i urvalet härrör från åren kring 1840 respektive kring 1860.

Det är användningen av mantalsuppgifterna – ett riksomfattande källmaterial –, som gjort det möjligt att undersöka fabriksarbetarskiktet som helhet men ändå på individnivå utan att vara hänvisad till företagsarkiv, vilka i allmänhet är dåligt bevarade eller saknas för denna tidiga period. Mantalsuppgifternas registrering av de enskilda arbetarna gör det möjligt att identifiera dessa i andra källmaterial. Inte minst gäller detta kvinnliga arbetare, som annars sällan anges med yrkestitel i t ex kyrkoböckerna eller i mantalslängderna.

A. Intensivundersökningen

Ett mindre urval fabriker – 19 st – som främst representerar bomulls- och yllebranscherna samt mekaniska verkstäder har sedan intensivstuderats.[2] Härigenom har 2 085 arbetare och deras familjer intensivundersökts med hjälp av flera källmaterial (förutom mantalsuppgifter eller -längder även kyrkoböcker, hallrättsarkiv och företagsarkiv). De utgör totalt 41 % av det större urvalet. Genom att jämföra de olika källmaterialens kvalitet och syften kan man bedöma deras tillförlitlighet.

Intensivundersökningen gäller i huvudsak år 1845 och 1877. Det sista år som undersökningen omfattar är 1877, vilket avser en mekaniserad yllefabrik (Drags AB i Norrköping), vilken omorganiseras under den andra undersökningsperioden och år 1877 är helt mekaniserad och därför tagits med för jämförelses skull.

För åren 1845 och 1877 föreligger också uppgifter om löner och andra anställningsvillkor, särskilt för yllefabriker och mekaniska verkstäder i Norrköping, vilka är viktiga för undersökningen. Även löneuppgifter för Rydboholms bomullsväveri 1844-45 har använts. Slutligen har uppgifter insamlade av 1876 års tull- och traktatkommitté fått tjäna som jämförelseunderlag.

B. Urvalets fördelning över branscher och produktionstyper

Hur fördelar sig då urvalets först excerperade 100 nygrundade fabriker respektive de funna 66 mantalsuppgifterna över branscher och produktionstyper?

Av de 54 nygrundade fabriker jag utgick från på 1830-talet tillhörde 46 (eller 85%) textilbranschen och 7 övriga branscher. För 32 (eller nära 70%) av textilfabrikerna och för samtliga 7 av de övriga har mantalsuppgifter påträffats.

För perioden 1853-63 gäller att jag utgick från 46 fabriker, varav 23 (eller 50%) tillhör textilbranschen och de 23 övriga branscher. Jag har påträffat mantalsuppgifter för 15 (eller 65%) av textilfabrikerna och 12 av de övriga (dvs 52%).

På 1830-talet dominerar alltså textilbranschen de nygrundade fabrikerna stort, medan dess dominans är mindre under den senare perioden, då det finns en större spridning av nygrundandet över andra branscher. För "övriga branschers" landsortsfabriker tycks således mantalsuppgifter i minst utsträckning ha bevarats.

Det slutgiltiga urvalet av mantalsuppgifter gäller alltså 66 fabriker, varav 39 (eller 60%) grundades under perioden 1830-40 och 27 (eller 40%) under perioden 1853-63 (inklusive Drags yllefabrik, som inte är nygrundad men genomgår stark förändring på 1850-talet).[3]

Tabell 2.1.

Period	*Textilfabriker*	*Övriga*	*Totalt*
Period I	32	7	39
Period II	15[1]	12	27
Totalt	47	19	66

Källa: Fabriksberättelser, mantalsuppgifter.

1. Inkl Drag.

Över orter och branscher fördelar sig de påträffade mantalsuppgifterna på följande sätt.

Tabell 2.2.

Period I	*Textilfabriker*	*Övriga*	*Totalt*
Stockholm	7	2	9
Göteborg	3	0	3
Malmö	0	0	0
Norrköping	16	2	18
Övriga städer och landsbygden	6	3	9
Totalt	32	7	39
Period II			
Stockholm	0	2	2
Göteborg	0	0	0
Malmö	2	0	2
Norrköping	11	2	13
Övriga städer och landsbygden	2	8	10
Totalt	15	12	27

Källa: Fabriksberättelser, mantalsuppgifter.

I Norrköping grundades alltså hälften av de nya textilfabrikerna under den första perioden och hela 71 % under den andra perioden.

C. Nygrundningskriteriet

Syftet med att välja nygrundade fabriker har varit att finna en enkel princip för urvalet, vilket samtidigt skulle spegla den nya produktionen – fabrikssystemet i dess olika former. Nygrundning kunde antas ske både inom den äldre omekaniserade fabrikstypen och den nyare mekaniserade fabrikstypen under båda perioderna, varigenom alltså även den äldre produktionstypen kunde förväntas bli representerad i urvalet. Av särskilt intresse har nygrundningskriteriet ansetts vara för undersökningen av arbetarnas rekrytering. Varifrån kommer arbetarna till en nystartad fabrik?

D. Metod

I huvudsak är det fråga om en tvärsnittsundersökning, där arbetare i olika produktionstyper, branscher och regioner jämförs. Men jämförelser sker också över tiden, eftersom de flesta fabriker undersökts vid upp till tre olika tillfällen. Mindre urval av arbetare har också följts individuellt över tid, främst en grupp barnarbetare vid Strömma bomullsspinneri i Blekinge samt en grupp klädesarbetare i Norrköping, bådadera tillhörande den tidiga periodens urval.

Urvalet har utformats i syfte att möjliggöra jämförelse mellan arbetare och arbetsvillkor i de hantverksmässigt organiserade fabrikerna respektive de mekaniserade fabrikerna. Då urvalet omfattar även mekaniserad bomullsspinning och bomullsvävning under den tidiga perioden och ett antal hantverksfabriker under den senare perioden, är det möjligt att åtminstone i någon mån isolera mekaniseringsgraden som faktor från övriga faktorer, vilka med tiden utvecklas så att den omgivande miljön under den senare perioden i viktiga avseenden skiljer sig från hur det var under den tidiga perioden, t ex genom den allt mer utbredda och diversifierade fabriksindustrin och lönearbetets och urbaniseringens successiva etablering.

E. Material

Källmaterialen till denna undersökning är i huvudsak fem. Det större sammanhanget ges av Kommerskollegii sammandrag av årsberättelser, som insänts från hallrätter och magistrater i hela landet. Vidare har mantalsuppgifter från de utvalda fabrikerna excerperats innehållande namn, adress, hushållets sammansättning (under senare delen av 1800-talet även löner) för samtliga arbetare.

Dessa två material ger tillsammans en översiktlig bild av fabriksarbetets utbredning och vilka personer det gällde. Kommerskollegii fabriksstatistik uppger vanligen fler arbetare vid varje fabrik än mantalsuppgifterna gör men ibland färre. Under senare delen av 1800-talet föreskrevs att det genomsnittliga antalet arbetare skulle uppges.[4]

Ytterligare två källmaterial har använts, nämligen för den tidiga perioden Norrköpings hall- och manufakturrätts fabriksförteckningar från oktober 1845, vilka täcker samtliga fabriker och fabriksarbetare vid den tiden och i större utsträckning upptar minderåriga arbetare, och för den sena perioden har vi hjälp av folkförteckningar (identiska med mantalsuppgifterna) och lönelistor ur Drags yllefabriks ABs företagsarkiv. Mantalsuppgift lämnades i oktober eller november (efter den traditionella flyttningsdagen) över de arbetare som just anställts för nästkommande år. Uppgiften från hallrätten är också daterad i oktober men upptar i regel fler arbetare än mantalsuppgiften, nämligen även barn under 16 år, bokhållare och fabrikslärlingar, nyanställda samt vissa diversearbetare. Enligt lag skulle dock mantalsuppgiften uppta samtliga anställda, både mantalsskrivna och icke mantalsskrivna. Delvis är det här fråga om en omsättning av arbetare under årets lopp.

Beträffande några fabriker har även husförhörslängderna kunnat ge information. Viss komplettering av bilden för den senare perioden har erhållits från primärmaterialet till 1876 års tull- och traktatkommittés utredning. I denna del kan undersökningen sägas vara beroende av att lönematerial funnits bevarat för vissa år, som annars inte är idealiska att jämföra. Under mitten av 1840-talet rådde högkonjunktur i textilindustrin, medan 1870-talets sista år var krisår. Jag har dock ansett mig kunna använda uppgifterna i det begränsade syfte det här gäller, nämligen att ge en uppfattning om den interna lönestrukturen i fabrikerna och jämföra hur olika yrken värderas i förhållande till varandra och hur de skiljer sig åt mellan olika typer av produktion.

Det har varit särskilt fördelaktigt för undersökningen att uppgifterna för Norrköpings stad är utmärkt väl bevarade för hela seklet och av god kvalitet.

Kapitalägare och arbetare: skiktens storlek

A. Befolkningens storlek och allmänna karaktäristika

Under tiden 1750 till 1850 fördubblades som bekant Sveriges befolkning till antalet, medan jordbrukets underklasser – de proletära och halvproletära skikten – fyrdubblades.[5]

Under 1800-talets första hälft var cirka 10% av befolkningen bosatt i städerna, vilket var mindre än i de flesta europeiska länder. Under den senare hälften av seklet började andelen stadsbor växa. Från drygt 9% 1830 blev den cirka 13% omkring 1875. Först under de sista decennierna kom den starka folkökningen i städerna.[6]

Under hela 1800-talet var kvinnorna fler än männen i städerna – cirka 54%.[7] Civilståndsfördelningen förändrades också under seklet. Allt fler kvinnor, särskilt i borgerlighet och småborgerlighet, förblev ogifta.[8] Stora barnkullar under 1820-talet ledde till en ökning i den yngre befolkningen under 1830- och 1840-talen. Samtidigt sjönk giftermålsfrekvensen, och antalet ogifta kvinnor mellan 20 och 45 år växte med 60% mellan 1830 och 1850. Under andra hälften av 1800-talet var ålders- och civilståndsfördelningen bland kvinnorna stabil. Under hela perioden var efter 1870 knappt hälften gifta i åldern 20-40 år, något fler på landsbygden och en mindre men långsamt stigande andel i städerna (från 37 % 1870 till 43 % 1920).[9] Under senare hälften av 1800-talet tycks nära hälften av döttrarna inom de högre klasserna ha förblivit ogifta, skriver Qvist.[10] Det ger en viktig bakgrund till arbetskraftsutbudets utveckling och de kvinnopolitiska reformerna under seklet.

B. Klass- och ståndsstrukturen

I mitten av 1700-talet fördelade sig de fyra stånden och jordbruksproletariatet utanför dem ungefär som följer.[11] Av befolkningen på 1,8 miljoner var hälften bönder, en halv procent tillhörde adeln, knappt 10 % var präster och 2 % var borgare, till vilket stånd räknades fabrikörer, köpmän, hantverkare m fl. 20 % tillhörde jordbrukets underklass, dvs att de var backstugusittare, jordtorpare, inhyseshjon, tjänstehjon och daglönare. Som bruksfolk räknades 3 % och manufakturarbetare 2 %. Fattighjonen var 2 %. Cirka 70 % av befolkningen var alltså jordbrukande i någon mening, dvs bönder, halvproletärer eller proletärer på landsbygden. Vidare fanns tjänare, gruvarbetare, sjöfolk, lanthantverkare, stadshantverkare och gesäller, vilka kategorier vardera utgjorde ”någon eller några procent”.

Den ojämförligt största gruppen i vad vi skulle kunna kalla underklassen var tjänstehjonen. De fanns huvudsakligen inom jordbruksarbete och husligt arbete. Deras arbetsförhållanden (för att inte säga hela liv) reglerades av legostadgan. Den hade alltså stor betydelse, störst på de stora godsen och bland borgerligheten, som hade flest tjänare.

C. Fabriksägarna

Om andelen fabriksarbetare av olika typer i befolkningen var mycket liten, så var fabriksägarna naturligt nog ännu färre. Det avspeglas i undersökningens urval. Antalet fabriker i urvalet är som nämnts 66. Under perioden 1830-40 finns i princip en eller någon gång två ägare till varje nygrundad fabrik. Under perioden 1853-63 finns ofta flera ägare till just textilfabrikerna, som då kunde anta formen av aktiebolag.

D. Fabriksarbetarskiktets storlek och könsfördelning

Manufakturarbetarna var cirka 18 000 vid mitten av 1700-talet enligt Wohlin, vilket dock torde kunna betraktas som en grov uppskattning.

Uppgifterna om det totala antalet fabriksarbetare under 1800-talet är behäftade med osäkerhet. De olika källmaterialen använder olika kriterier. Är man intresserad av könsfördelningen, tillstöter ytterligare problem, eftersom den inte tagits upp i alla material. Yngve Fritzell har undersökt yrkesstatistiken från 1845 och framåt och i enuppsats diskuterat materialets kvalitet och de svårigheter det kan innebära att använda det.[12] Genom att anpassa Tabellkommitténs respektive Kommerskollegii statistikserier till varandra, har han fått fram en grov uppgift om arbetarnas fördelning över textilbranschen och övriga branscher samt kvinnors och mäns fördelning över branscherna. Antalet gifta kvinnor som arbetar utanför hemmet är svårt att uppskatta, eftersom "hustrur" endast i undantagsfall ingår i denna statistik.[13] Men vi kan få en uppfattning om utbredningen av fabriksarbetet och arbetarnas könsfördelning och branschfördelning. Nedanstående uppgifter är delvis hämtade ur och delvis bearbetade på underlag ur Fritzells undersökning.[14]

Tabell 2.3. Antal yrkesaktiva män och ogifta kvinnor[1] Tusental.

	1840		1855		1870	
	Män	*Kvinnor*	*Män*	*Kvinnor*	*Män*	*Kvinnor*
Landsbygd	805	388	928	445	969	437
Stad	90	68	112	84	136	104
Totalt antal yrkesaktiva	895	456	1 040	529	1 105	541
Andel kvinnor		33,8 %		33,7 %		32,9 %

Källa: Bearbetning av uppgifter i Fritzell 1973.

1. Över 10 år.

(De ogifta) kvinnornas andel var alltså hela tiden ungefär en tredjedel av de yrkesarbetande.

Hur många av de yrkesaktiva arbetade då i fabrikerna?

Tabell 2.4. Fabriksarbetarnas antal och andel av de yrkesaktiva.

	1845				1855			
	Antal fabriker	Antal arbetare			Antal fabriker	Antal arbetare		
		Land	Stad	Totalt		Land	Stad	Totalt
Inom textil-fabrikerna								
Enl KK	234				200			
Enl Fritzells beräkning		1 900	5 692	7 592		3 080	8 031	11 111
Övriga fabriker som KK upptar[1]								
Enl KK	1 068				1 417			
Enl Fritzells beräkning		3 930	3 136	7 066		8 130	4 984	13 114
Andra fabriker								
Enl KK	1 087				819			
Enl Fritzells beräkning		10 700	2 642	13 342		13 600	5 210	18 810
Hela fabriks-industrin		16 530	11 470	28 000		24 810	18 225	43 035

1. Socker, tobak, papper, läder, färgerier, glas, porslin, mek verkstäder.

Källa: Bearbetning av uppgifter ur Fritzell 1973.

En jämförelse av antalet fabriksarbetare med antalet ”yrkesaktiva” visar att fabriksarbetarna år 1855 utgjorde 2,7 % av de yrkesaktiva totalt sett. I städerna utgjorde fabriksarbetarna samma år 9,3 % och på landet endast 1,8 % av samtliga ”yrkesaktiva”.

Det är alltså fråga om ett mycket litet skikt. Men det är det skikt, som representerar det nya, embryot till den arbetarklass, som skulle växa sig stark vid fabrikerna under slutet av 1800-talet.

I vilken utsträckning fanns kvinnor bland fabriksarbetarna?

Tabell 2.5. Antal och andel kvinnor av totala antalet arbetare vid fabrikerna.

	1845			1855		
	Totalt	*Därav kvinnor*		*Totalt*	*Därav kvinnor*	
Textilfabriker	7 592	3 279	43,2	11 111	5 194	46,7
Övriga fabriker som KK tar upp	7 066	271	3,8	13 114	788	6,0
Andra fabriker	13 342	1 316	9,9	18 810	2 438	13,0
Hela fabriksindustrin	28 000	4 866	17,4	43 035	8 420	19,6

Källa: Fritzell 1973.

Av alla (ogifta) kvinnor, som arbetade vid fabrikerna fanns alltså 67% i textilindustrin år 1845 och 62% år 1855. Under de tio åren mellan 1845 och 1855 växte kvinnornas andel bland textilarbetarna något, men i högre utsträckning än förut gick de till andra branscher. Det var dock först under andra hälften av seklet som kvinnorna i samband med mekaniseringens utbredning blev kvantitativt dominerande inom textilindustrin.

För senare delen av 1800-talet har Lennart Jörberg beräknat fabriksarbetarnas fördelning på kön och branscher med utgångspunkt från det otryckta primärmaterialet till Kommerskollegii industristatistik.[15] En grov tendens för utvecklingen av kvinnors industriarbete och särskilt i textilindustrin framgår av tabell 2.6.

Andelen kvinnliga industriarbetare ökade stadigt under seklet. I textilindustrin växte kvinnornas andel till en majoritet av arbetarna vid mitten av 1800-talet. I andra branscher ökade kvinnors andel först men var konstant under 1870-talet. År 1880 fanns det nästan lika många kvinnor i alla andra branscher tillsammans som i textilindustrin.

Här bör påpekas att hemindustrin inte alls är medtagen. Både vävning och annat arbete på förlag samt hemspinning för yllefabrikerna var kvinnodominerat arbete, som inte finns redovisat i statistiken.

De kvinnliga fabriksarbetarna fanns alltså i stor utsträckning i textilbranschen under hela 1800-talet. Vill man undersöka kvinnliga fabriksarbetares villkor, är det främst till textilindustrin man skall vända sig.

Tabell 2.6. Andel kvinnor i fabriksarbete, särskilt textilarbete under 1800-talet. Procent.

	1845	*1855*	*1872*	*1880*
Antal industriarbetare	28 000	43 035	44 996	54 466
därav kvinnor	4 866	8 420	14 021	15 734
Andel kvinnor	17,4	19,6	31,2	28,9
Antal textilarbetare	7 592	11 111	14 644	13 620
därav kvinnor	3 279	5 194	8 516	8 302
Andel kvinnor	43,2	46,7	58,2	61,0
Antal i övriga branscher	20 408	31 924	30 352	40 846
därav kvinnor	1 587	3 226	5 505	7 432
Andel kvinnor[1]	7,8	10,1	18,1	18,2

1. Andelen kvinnor varierade kraftigt mellan branscher. Den var tex stor i livsmedelsindustrin och kemisk industri (tändsticksindustri) men nästan försumbar i verkstadsindustrin.

Källa: Fritzell 1973, Jörberg 1985.

Urvalets storlek och representativitet

Hur fördelar sig då urvalets arbetarantal över perioder och regioner? De insamlade mantalsuppgifterna upptar totalt 5 053 arbetare, varav 1 722 hänför sig till den tidigare perioden och 3 331 till den senare perioden. Detta avspeglar det faktum att den andra perioden kvantitativt domineras av de mekaniserade fabrikerna, vilka som regel har ett betydligt större genomsnittligt antal arbetare. I görligaste mån har här hänsyn tagits till de fall, då en person förekommer på flera mantalsuppgifter för samma fabrik, och därför kan antas att en obetydlig del – om ens någon – av arbetarnas omsättning kommit med. Däremot kan förekomma att en och samma arbetare finns upptagen på mantalsuppgifter för flera olika fabriker, därför att han eller hon arbetat vid olika fabriker vid olika tidpunkter.

Grovt sett kan alltså urvalets antal antas vara det från omsättning rensade antalet anställda.

687 personer i mitt urval är klädesarbetare i Norrköping under 1830-talet. Det motsvarar 36 % av det genomsnittliga klädesarbetarantalet (1 909 st) i staden under 1830-talet.

Norrköpings dominans

År 1830 fanns enligt KKs sammandrag totalt 99 klädesfabriker, varav 89 i städerna och 10 på landet. Av dessa låg 52 eller drygt hälften i Norrköping. Den tidiga ylleindustrin är alltså ett typiskt stadsfenomen, och staden Norrköping har den i särklass starkaste prägeln av denna industrigren, där fabrikssystemet tidigast organiserade arbetet.

År 1840 fanns enligt samma källa totalt 116 klädesfabriker i landet, varav 106 i städerna och 10 på landet. I Norrköping fanns samma år 75 st, dvs nästan 65% av samtliga i landet. I mitt urval finns för samma tid 16 klädesfabriker upptagna från Norrköping, vilket således utgör mellan 21 och 31% av det genomsnittliga beståndet klädesfabriker under 1830-talet. De utgör alltså en betydande andel av hela urvalet både kvantitativt och kvalitativt, det senare därför att yllebranschen skall undersökas särskilt noga med avseende på teknik, arbetsdelning, lönestruktur m m. År 1830 fanns 56% av landets 2698 klädesarbetare i Norrköping jämfört med 66% av totalt 3476 klädesarbetare 1840.

3. Fabriksarbetarna – arbetsdelning och skiktningar

Jag har antagit att arbetarna i textilbranschen, där fabrikssystemet först tillämpades, kan betraktas som en kärna eller ett avant-garde till den arbetarklass i sig, som småningom uppstod. Den första kollektivarbetaren bör ha varit textilarbetaren. Här skall därför studeras i vilken utsträckning man kan tala om ett fabriksarbetarskikt i sig i fabrikerna. Det finns emellertid också skäl att anta att det tidigt fanns skiktningar bland fabriksarbetarna. Detta skall också undersökas.

Skiktningar bland fabriksarbetarna

Arbetararistokratibegreppet och könsarbetsdelningen

Utifrån de valda utgångspunkterna tas här upp två typer av skiktningar i arbetarklassen. Den ena är avskiljandet av ett mindre utbytbart och mer privilegierat skikt från det mer utbytbara och mindre välavlönade kollektivet av arbetare, dvs utvecklingen av en sorts *arbetararistokrati.* Den andra är den horisontella och vertikala *könsarbetsdelningen.* Dessa två typer av skiktningar kan antas hänga ihop på två sätt. Det kan antas att de kvalificerade arbetarna främst utgörs av män, medan de flesta kvinnor definieras som okvalificerad arbetskraft. Det vill säga att arbetsmarknaden har en hierarkisk könsarbetsdelning. De yrkeskvalificerade, självmedvetna manliga arbetarna, som kan kallas arbetararistokrati, var också den grupp som hade ekonomiska möjligheter att närma sig borgerlighetens familjeideal: förvärvsarbetande man med hemmafru och barn, som utbildade sig och inte behövde bidra till hushållets försörjning under uppväxten.[1] Den manliga arbetararistokratins framväxt och etablering kan antas ha förstärkt den hierarkiska könsarbetsdelningen både mellan hem- och förvärvsarbete och på själva arbetsmarknaden genom att betona kvinnoarbetets sekundära karaktär och lägre värde samtidigt med ideologin om den domestika kvinnligheten.

De kvinnliga arbetarna fanns uteslutande i den lättare utbytbara, mer homogena massan av lönearbetare. Inom textilindustrin torde mekaniseringen just ha främjat en homogenisering av de anställda, kort sagt: uppkomsten av kollektivarbetaren.

A. Debatten om arbetararistokratin

Debatten om uppkomsten under andra hälften av 1800-talet av en s k arbetararistokrati i England syftade till att förklara tendenser till reformism och anpassning till det rådande samhällssystemet, som samtiden kunde iaktta hos de övre skikten i arbetarklassen. Den gällde särskilt de skikt av arbetare, som var yrkesutbildade, relativt välavlönade och väl organiserade. Engels satte också deras ställningstagande för det rådande samhället i samband med Englands kolonialvälde och de monopolprofiter, som detta gav. Härigenom höjdes levnadsstandarden för den engelska arbetarklassen, vilket i sin tur gjorde den ointresserad av en socialistisk omvälvning.

Hobsbawm försökte empiriskt avgränsa de skikt, som kunde anses utgöra arbetararistokratin.[2] I detta försök utgick han från lönen och analyserade enbart manliga hushållsföreståndare, "heads of working-class families".[3] Därmed använde han egentligen två kriterier för arbetararistokratin, även om han inte säger det uttryckligen. Män i kvalificerade yrken skulle a priori kunna antas både ha högre löner än okvalificerade män och i större utsträckning ha bildat familj.

En neoklassiskt influerad kritiker som Pelling har påpekat att hushållens inkomster inte kan likställas med den manlige hushållsföreståndarens lön, eftersom ofta flera hushållsmedlemmar bidrog till den gemensamma försörjningen.[4] Om man i stället utgår från hushållens totala inkomster kommer ett betydligt större skikt att kunna räknas till arbetararistokratin. Denna argumentation leder diskussionen bort från själva arbetsprocessen och ställningen i produktionen. Den ansluter till ett synsätt som förbinder social skiktning främst med erhållen del av överskottet, på fördelningsnivån. Denna är förvisso en viktig grund för skiktningar inom klassen, även om ställningen i produktionen och de kvalifikationer och organisationstraditioner, som yrket i fråga har, starkt spelar in. Den är intressant också som mätare på arbetsvärdering, marknadsvärde och organisationsstyrka, vilka faktorer påverkar möjligheterna att hävda den egna positionen. Den grupp som får stor del av överskottet, har lyckats hävda sin ställning väl.

Arbetararistokratidebatten gäller i stor utsträckning just levnadsstandarden. Mayhew påpekade särskilt lönesättningens betydelse som kriterium för arbetararistokratin: hantverkarnas traditionella och regionalt varierade priser skilde sig från det okvalificerade lönearbetets marknadsbestämda priser.[5] Det vill säga den grad till vilken man förmådde sätta marknadskrafterna ur spel eller kanske rättare: påverka sitt pris/marknadsvärde genom att begränsa tillträdet till yrket. Mayhew betraktade alltså det traditionella hantverket som bas för arbetararistokratin. En liknande syn har John Foster i sin undersökning av reformism och revolt i tre engelska industristäder.[6]

Pelling har en viktig poäng när han påpekar betydelsen av hushållsmedlemmarnas totala inkomster. Om nämligen den ekonomiska levnadsstandarden skall ses som avgörande, bör man se på den totala inkomstbilden. Men den måste sättas i samband med de olika hushållstyper/familjeformer, som utvecklas i olika skikt av arbetarklassen. De skikt som var ekonomiskt bäst ställda, kan antas åtminstone delvis ha haft möjlighet att imitera borgerlighetens familjemönster genom att hustruns och barnens arbetsinsatser inte var nödvändiga för hushållets överlevnad eller standard. Eftersom den rådande uppdelningen av lönearbetet efter kön och ålder samt lagstiftningen gjorde att både kvinnors och barns arbetsmarknad och inkomstmöjligheter generellt var mer begränsade och sämre än männens –, torde det ha varit attraktivt för dem att slippa lönearbeta. I stället kunde hustrun liksom borgarens fru vårda hemmet och barnen, och barnen kunde utbilda sig under längre tid, vilket kunde ge dem möjligheter till socialt avancemang – det senare en strävan, som vanligen brukat anses utmärka småborgerligheten.

Därför kan det bli missvisande att utgå från fördelningsnivån, eftersom övriga hushållsmedlemmars ställning i arbetslivet och deras egen ekonomiska ställning och organisationstillhörighet och förhandlingsstyrka vanligen skiljer sig kraftigt från den manlige hushållsföreståndarens. Vidare skiljer sig deras position inom hushållet från hans liksom levnadsstandard, deltagande i beslut m m. Det är med andra ord fråga om hur man skall definiera arbetararistokraten. Kan detta ske enbart med utgångspunkt från hans lön?

Snarast borde i så fall familjer, där hustru och barn också har inkomster, a priori räknas bort från arbetararistokratin. Det implicerar ju att husfaderns ställning i yrkeslivet inte var särskilt fördelaktig, samtidigt som det torde ha påverkat den interna maktbalansen i hushållet till hans nackdel. Det torde därför vara alldeles riktigt av Hobsbawm att studera enbart familjefäder som arbetararistokrater. Men det förutsätter att de övriga hushållsmedlemmarna saknar inkomster. Jag föreslår alltså här att familjeförsörjarlön i stor utsträckning kan ses som en effekt av en mans yrkesposition som arbetararistokrat.

I det följande kommer jag inte att ansluta till någon av de specifika definitionerna av arbetararistokratin i den tidigare debatten om arbetarreformismens orsaker. I stället använder jag begreppet som en allmän beteckning för de yrkesgrupper, som avskiljer sig från de övriga i en rad avseenden, nämligen utbildning, yrkesposition och lön. Senare skall undersökas huruvida de också skiljer sig från de övriga genom sin sociala och geografiska rekrytering, civilstånd och hushållssituation. Övriga hushållsmedlemmar räknas här inte in. Hustrur och döttrar betraktas som snarast koopterade. De är inte arbetararistokrater i kraft av sin yrkesposition. Deras position i fördelningsstrukturen är villkorlig – beroende av deras relation till manliga arbetararistokrater.

De män, som i Förenta staterna drev kravet på familjeförsörjarlön på 1800-talet, såg det uttryckligen som rättvisekrav och en utjämning av klasskillnader gentemot borgerlighetens män att även arbetarklassens män skulle få möjlighet att etablera den familjeform som karaktäriserades av hemmafruinstitutionen. De som artikulerade detta krav, tycks främst ha varit yrkeskunniga metallarbetare.[7]

Jag skall längre fram i kapitlet undersöka huruvida arbetarna i olika typer av produktion skilde sig från varandra. Var det så att de metall- och träarbetare, som ansvarade för textilfabrikernas maskiner, tillsammans med de mekaniska verkstädernas hantverksutbildade arbetare utgjorde en betydelsefull stomme i en särskiljbar arbetaristokrati? Kan detta skikt redan före den fackliga och politiska organiseringen sägas ha företett objektiva särdrag, som verkade i riktning mot ett avskiljande som privilegierat skikt?

B. Debatten om könsarbetsdelningen

Vidare kan det hävdas att den uppdelning av lönearbetet efter kön, som utvecklades under industrikapitalismens framväxt, måste ha gynnat manskollektivet genom att stora delar av underordnade, okvalificerade arbetsuppgifter samt inte minst det mesta av det tjänstehjonsstadgereglerade hushållsarbetet (pigtjänst) utfördes av kvinnor. Manskollektivets monopol på och företräde till kvalificerade och överordnade positioner i den hierarkiska arbetsdelningen liksom på många yrkesområden i den horisontella arbetsdelningen, begränsade kvinnors arbetsmarknad, avancemangsmöjligheter och särskilt deras möjligheter till bättre betalda och kvalificerade arbetsuppgifter. Denna kvinnornas underordning i lönearbetet var länge även formell, reglerad i lagar om t ex skråväsendet och tillträdet till statliga ämbeten.

Vi har vidare anledning att i enlighet med tidigare forskning vänta att det mekaniserade fabriksarbetet i stor omfattning utfördes av yngre kvinnor. I andra sammanhang har visats att en mycket stor del av 1800-talets arbetarklass bestod av kvinnor – mestadels ogifta och okvalificerade kvinnor.[8] När de kvalificerade, yrkesutbildade arbetarna organiserade sig och hävdade sina privilegier gentemot de okvalificerade, passade könsuppdelningen och kvinnors traditionella underordning som hand i handske som motivering för att denna lätt särskiljbara grupp, som ju redan hade ett sämre utgångsläge i konkurrensen om industrikapitalismens arbetsuppgifter, även i fortsättningen skulle ha underordnade positioner. Den framväxande borgerlighetens nya ideologi om den sociala kvinnlighetens innehåll och gränser bör ha blivit ett mäktigt vapen mot kvinnor i konkurrensen om lönearbetet.

Könsuppdelningen bör därför på två sätt ha påverkat utformningen av arbetararistokratin, dels genom könssystemet inom hushållet, dels könssystemet på arbetsmarknaden. På båda dessa sätt bör man kunna se den manliga arbetararistokratins framväxt och kvinnors marginalisering och underordning som två sidor av samma mynt. Den har dock hittills mig veterligt inte undersökts i det sammanhanget.[9]

Teorier om könsarbetsdelningens orsaker

Det finns olika uppfattningar om industrikapitalismens effekter för könsmaktssystemet som sådant. Att det kapitalistiska produktionssättet innebar en uppdelning av samhällsekonomin i en församhälleligad produktion och en produktion, som fortfor att ske i hemmen, har tagits till utgångspunkt för olika slutsatser.

Under de senaste decennierna då gifta kvinnors förvärvsarbete utanför hemmet blivit det normala, har modellerna för människors arbetsmarknadsbeteende utvecklats och reviderats. När arbetsmarknaden efter 1950 i växande utsträckning blev tvåkönad, blev det nödvändigt att anpassa modellerna till denna verklighet. Särskilt blev förhållandet mellan hemarbete och lönearbete aktuellt.

A. Marginalisering genom hemarbete

Det finns olika uppfattningar om kausalsambandet mellan ställningen i familjen och hemarbetet å ena sidan och i förvärvsarbetet å den andra. En uppfattning hävdar att det är kvinnors ansvar för hemarbete och familj, som leder till deras underordnade och/eller marginella ställning på arbetsmarknaden, till arbetsdelningen mellan könen överhuvudtaget i lönearbetet.

I den neoklassiska ekonomiska teorin infördes hushållet för att förklara kvinnors från män avvikande beteende. Olika aspekter av kvinnors ansvar för hushållsarbete och barnomsorg togs in i modellen för att förklara kvinnors underordning och särbehandling i olika avseenden på arbetsmarknaden. Männens beteende betraktades som norm.

Man utgår i teorin från individernas relativa ekonomiska effektivitet i olika arbetsuppgifter och hävdar att hushållet i enighet och utifrån en strikt privatekonomisk kalkyl bestämmer att kvinnor är mer effektiva i hemarbete och män i förvärvsarbete. Modellen rör sig på fördelningsnivån och har försökt förklara hushållets arbetskraftsutbud, särskilt varför gifta kvinnor förvärvsarbetar. Man sökte förklaringen i det enskilda hushållets ekonomi. Det var hushållets arbetskraftsutbud, som de sökte förklara. Främst kan nämnas Beckers tidsallokeringsmodell och Mincers studier av gifta kvinnors arbetskraftsutbud.[10] De uppdelningar och skiktningar som kan iakttas på arbetsmarknaden hänfördes därmed till faktorer utanför marknaden.

Humankapitalteorin utvecklades för att förklara individernas olika löner genom deras olika produktivitet såsom i sista hand härledd från deras investeringar i utbildning, tidigare yrkeserfarenhet m m. Man kan enligt denna teori förklara även den horisontella arbetsdelningen med hjälp av kvinnors familjeansvar. Om kvinnor avbryter sitt lönearbete för att en tid ägna sig åt privat barnomsorg, så – skulle det kunna hävdas – är detta ett avbrott som upprätthåller deras kunnighet i barnavård och liknande arbetsuppgifter. Å andra sidan skulle avbrottet inneburit att deras humankapital blivit obsolet, om de haft ett tekniskt yrke, där förändring sker snabbt och kunskapen inte upprätthålls, medan man sköter hem och barn. Det skulle utifrån detta synsätt vara rationellt för kvinnor att välja vårdyrken och icke rationellt att välja tekniska yrken. Men man skulle också kunna hävda att en kvinna som räknar med avbrott borde kunna förväntas ha en instrumentell syn på arbetet, dvs söka högsta möjliga inkomst under de perioder då hon förvärvsarbetar genom att välja ett höglöneyrke. Den synpunkten har också diskuterats, och då har hävdats att kvinnor väljer yrken med relativt hög ingångslön men utan karriärmöjligheter framför långsamma karriärvägar, där ingångslönen är lägre.

Den neoklassiska riktningen har utvecklats för att beskriva det industrikapitalistiska samhället utifrån ett liberalt perspektiv, som förutsätter att människorna har jämlika utgångspunkter och en valfrihet, som endast påverkas av den ekonomiska rationaliteten. Människors olika positioner bedöms som beroende av marknadsförhållandena och av deras olika produktivitet som lönearbetare, vilken i sin tur anses bero på att de investerat olika mycket i sitt humankapital (utbildning, yrkeserfarenhet m m). Sociala skillnader och historisk eller strukturell förändring problematiseras inte och maktperspektivet saknas. Alla de hushåll, som inte består av två makar, faller vidare utanför modellens norm.

Teorin anlägger ett konsensusperspektiv, som kanske inte bör överdrivas. Makarna i många hushåll har strukturellt ojämlika villkor för sitt lönearbete. Under den period som här studeras sätter lagen olika gränser för deras lönearbete respektive familjeansvar. Tidigare forskning har vidare påvisat både kvinnors större ansvar för obetalt hemarbete och deras lägre levnadsstandard inom familjen sedan 1800-talet, mätt i livsmedelsintag, kläder, fritid, nöjen m m.[11] De ojämlika levnadsvillkoren och arbetsinsatserna bör modifiera konsensusperspektivet, även om man å andra sidan inte heller kan utgå från att ojämlikhet föder konflikt.[12] Men de samhälleliga maktförhållandena organiserar och påverkar även relationerna inom det enskilda hushållet.

Kanske skulle man i detta avseende kunna applicera den tes, som Walter Korpi utvecklat när det gäller konflikter på arbetsmarknaden, nämligen att först en viss styrkeposition leder till att den underordnade kan hävda ett motsatt intresse eller ta en konflikt. Är däremot styrkepositionerna alltför olika, måste den underlägsne räkna med nederlag eller alltför höga kostnader för att en konflikt skall bli tänkbar.[13] Den reglerade underordning som kvinnor under 1800-talet försattes i genom äktenskapet, bör enligt denna logik starkt ha främjat anpassning – alternativt det ogifta ståndet. Det senare alternativet har förfäktats av Margareta Matovic i hennes undersökning av s k stockholmsäktenskap.[14] Hon hävdar där att dessa icke legaliserade samboförhållanden var ett uttryck för kvinnors intresse att undvika den ekonomiska, juridiska, politiska och sociala omyndighet, som äktenskapet innebar.

Efterfrågesidan, dvs ekonomisk struktur och förändring samt kapitalägarnas preferenser, har i allmänhet inte problematiserats i de utbudsorienterade arbetsmarknadsteorierna. Varför efterfrågas olika typer av arbetskraft till olika arbetsuppgifter? Varför är det just kvinnor som investerar mindre i utbildning eller satsar på mindre produktiva yrken? De problematiserar inte heller varför just kvinnor är (eller skulle vara) mer ekonomiskt effektiva i hemarbetet. De beskriver bara ett samband som säger att kvinnor generellt sett ”väljer” att investera mindre i utbildning, därför att de avser att ägna sig åt hemarbete. Och kvinnor ”väljer” att hemarbeta (är relativt mer effektiva i det), därför att de investerat mindre i utbildning.

Maktförhållandet, värdehierarkin, kvalifikationskriterierna och definitionen av produktivitet tas för givna. Vidare ses produktiviteten som en funktion av utbildningen. Att olika arbetsuppgifter och yrken har olika produktivitet – har konstruerats för att ha olika produktivitet – problematiseras inte.[15] Ändå var det just strävan efter att systematisera sådana inbyggda produktivitetsskillnader, som var grundsyftet bakom utvecklingen av arbetsdelningen och taylorismen.

Men det finns också ansatser som försökt ta hänsyn till andra faktorer än människors föregivet fria val efter ekonomisk rationalitet. De kan sägas på olika sätt ha försökt ta med maktaspekten.

De sk institutionella teorierna har sitt ursprung i sekelskiftets England, där främst kvinnliga ekonomer påpekade betydelsen av de mansdominerade fackföreningarnas agerande och av lagstiftningen, tex arbetarskyddslagstiftningen, som kom att utformas så att den utestängde kvinnor från vissa kvalificerade och välbetalda arbeten, som de tidigare haft (typograf), samtidigt som den inte omfattade de yrken, där den väl behövdes (hemsömmerskor mm). Även tillträdet till utbildning reglerade kvinnors tillgång till kvalificerade yrken. Dessa forskare var därmed de första som pekade på motsättningen mellan män och kvinnor i kampen om de kvalificerade yrkena. I sin strävan att studera löneskillnaderna mellan män och kvinnor för samma arbetsuppgift kom de också att påvisa den långtgående uppdelningen av arbetsmarknaden mellan könen, vilken försvårade en bedömning av löneskillnaderna.

Man skulle kunna se de senaste decenniernas patriarkatdebatt som en fortsättning och systematisering av sekelskiftets diskussion. Heidi Hartmann har betonat de manliga fackföreningarnas agerande mot kvinnlig konkurrens. Mekanismerna för marginalisering förlägger hon alltså till arbetsmarknaden. Hon ser männens motiv som åtminstone delvis en strävan efter att få hemarbetet utfört åt sig. Det hela är för henne en fråga om konkurrensbegränsning med den samtidiga privata fördelen av att någon utför hemarbetet. Det fanns härigenom enligt henne en ohelig allians mellan arbetarklassens män och kapitalägarna.

Om institutionalisterna förlade hindren för kvinnors fria arbetsmarknadstillträde till antingen institutionella mer eller mindre opersonliga mekanismer eller till de organiserade manliga arbetarnas intresse av konkurrensbegränsning, så har andra betonat arbetsgivarnas agerande för att öronmärka och rangordna arbeten. Det finns en rad ansatser som försöker förklara arbetsgivarnas beteende när det gäller efterfrågan på en viss sorts arbetskraft. Bland teorierna om segmenteringen av arbetsmarknaden finns den om den duala arbetsmarknaden. Den betonar arbetsgivarnas intresse av och makt att konstruera arbetsuppgifter, som är mer eller mindre produktiva, för att sedan kunna laborera med en primär (kvalificerad, högavlönad, beständig – oftast manlig och vit) arbetskraft och en sekundär (billigare, mindre kvalificerad, lättare utbytbar), ofta kvinnor, svarta eller invandrare.[16] Den uppdelningen innebär samtidigt en begränsning av kvinnors arbetsmarknad; kvinnor finns i betydligt färre yrken än män. Detta leder i sin tur till sk crowding (överfyllnad) av denna och därmed lägre löner där.

Diskrimineringsteorierna har vidare framhävt attitydernas betydelse hos arbetsgivare, arbetskamrater, kunder. Dessa teorier utvecklades ursprungligen för att gälla rasdiskriminering men tillämpas också på könsdiskriminering.[17]

De nämnda modellerna – utom segmenteringsteorierna – utgår från att det är faktorer *utanför* (arbets)marknaden, som bestämmer individernas olika positioner på marknaden. Barron och Norris har betonat den tjänande roll, som de menar att kvinnor tillägnar sig inom ramen för familjen och för med sig ut i arbetslivet. Marknaden ser man däremot som opartisk. Den fördelar resurser efter produktivitet, dvs de egenskaper som individen för med sig till marknaden.

De utbudsorienterade modellerna hänför sig till individnivån, medan de efterfrågeorienterade (såsom institutionalistiska, segmenterings- och diskrimineringsteorier) kan sägas hänföra sig till vad jag i kapitel 1 kallat gruppnivå genom att de problematiserar de artikulerade eller oartikulerade, mer eller mindre kollektiva strategier, som resulterar i könsuppdelning, särskilt kvinnors underordning, i arbetet. De betonar därmed olika aspekter, som inte behöver utesluta varandra. Men samtidigt renodlar de aktörsperspektivet.

Även i den i kapitel 1 nämnda hemarbetsdebatten sågs hemarbetet som bestämmande för kvinnors position i lönearbetet. Det var det som skulle förena alla kvinnor i kampen mot kapitalismen. Hemarbetsdebatten förhöll sig särskilt till den marxistiska politiska ekonomin, vilken också implicerar att kvinnors hemarbete ger dem handikapp som lönearbetare. Det kan sägas vara en gemensam grundsyn hos både neoklassiker och åtminstone 1960- och 1970-talens marxister att kvinnors primära ansvar för hemarbetet ses som orsaken till deras marginalisering på arbetsmarknaden.

Marx och Engels såg dock arbetsdelningen i hemarbetet som naturlig och satte den inte i samband med kvinnornas ställning i lönearbetet. De tog för givet att kvinnors lönearbete skulle växa; vad som skulle hända med hemarbetet tog de inte upp. Alexandra Kollontaj däremot menade att hemarbetet borde församhälleligas och därigenom frigöra kvinnorna för lönearbete och politiskt arbete. Men hon utgick från att även det församhälleligade hemarbetet skulle utföras av kvinnor, t ex städpatruller. Clara Zetkin var den enda av de tidiga socialisterna, som ansåg att hemarbetet skulle delas av män och kvinnor, vilket hon dock inte vann något gehör för i den tidiga arbetarrörelsen.[18]

I kapitel 1 har i korthet den marxistiska teorins möjligheter och begränsningar diskuterats, eftersom den har bredare anspråk på förklaringsvärde än de specifika arbetsmarknadsteorierna. Här kan betonas att den utgår från efterfrågan av arbetskraft. Om neoklassikerna frågade sig varför gifta kvinnor förvärvsarbetade, så frågade sig marxisterna varför de inte gjorde det – i större utsträckning. Kvinnorna var ju historiskt den billigare arbetskraften.[19]

Den neoklassiska teorin präglas av att den behandlar problem i ett senare skede i industrikapitalismens utveckling, medan den marxistiska teorin gäller de långsiktiga mekanismerna i allmänhet och 1800-talets industrikapitalism i synnerhet. Neoklassicismen utgår från ett idealt jämviktsläge, en statisk situation, medan marxismen problematiserar historisk förändring, en dynamisk situation. Vidare rör de sig på olika abstraktionsnivåer. Detta är ytterligare faktorer, som gör det svårt att direkt jämföra skolorna som modeller.

B. Marginalisering i lönearbetet

Det finns även ansatser, som vill förlägga den primära underordningsprocessen till arbetsmarknaden. Sylvia Walby hävdar att det är kampen om positionerna i lönearbetet och den marginalisering, som kvinnor utsätts för på arbetsmarknaden och på de enskilda arbetsplatserna, som driver dem till att föredra ansvaret för hemarbetet.[20] Heidi Hartmanns analys skulle kunna tolkas till stöd för en sådan uppfattning, där strukturaliteten i form av ojämna maktförhållanden i samhället och konkurrensen om kvalificerade arbetsuppgifter och attraktiva positioner driver bort kvinnor från de centrala positionerna och underordnar dem. Det skulle kunna resultera i att det blir relativt sett mindre olönsamt och mer attraktivt för kvinnor att hemarbeta, då det lönearbetande hushållets totala inkomster så tillåter. Hon betonar emellertid männens intresse av service i hemmet som ett direkt motiv för kvinnors marginalisering i lönearbetet.[21] Hon hänvisar till tidigare forskning om olika aktioner mot kvinnliga arbetare från fackföreningarnas sida i England och Förenta staterna. Men det finns också exempel på att arbetsgivarna använde kvinnlig arbetskraft med mindre hantverksskicklighet och lägre lönekrav för att ersätta en hantverksutbildad och dyr manlig arbetskraft. Det gällde cigarrarbeterskor, som hämtades från Europa till Förenta staterna.[22]

Cynthia Cockburn har betonat männens strävan efter kontroll av tekniken inom olika yrken som en drivkraft bakom hierarkiseringen och kvinnors marginalisering i förhållande till teknikkontroll. Samtidigt som hon betonar männens roll i konstruktionen av det sociala könsmaktsystemet, utgår hon i polemik mot 1970-talets betoning av hemarbetets roll från att det skapas både i familjen och i arbetslivet.

Vidare har en undersökning visat hur manliga mulspinnare i England genom trakasserier försökte hålla kvinnor utanför sitt yrke.[23] Även nyare forskning har visat att marginalisering av kvinnor på mansdominerade arbetsplatser kan ske genom informella mekanismer på ett sätt, som hindrar förändringsförsök och ständigt återupprättar den rådande könsarbetsdelningen till männens fördel.[24]

Som motiv till att manliga arbetare strävar efter att utestänga kvinnor från sina yrkesområden eller arbetsplatser har anförts flera närbesläktade faktorer. Rädslan att kvinnors traditionellt lägre löner skulle leda till att männen utkonkurrerades från yrket eller att deras löner sjönk är ett sådant motiv. Ett annat är att kvinnor "smittar" de yrken de kommer in i, så att dessa betraktas som mindre kvalificerade just därför att kvinnor arbetar där. Det argumentet bygger på att män och mäns verksamheter i samhället värderas högre än kvinnor och deras verksamhet. Det skulle också kunna uttryckas som en strävan efter att bevara yrket exklusivt gentemot mindre kvalificerade grupper – en professionaliseringsstrategi. En grundläggande del i denna strategi brukar vara att utestänga kvinnor från yrket. Det kan som framgått ske med olika argument och olika taktiker. En taktik har bestått i att de yrkesskickliga arbetarna hindrat att mindre kvalificerade arbetare fått assistera dem: ett sätt att avvärja potentiell konkurrens i dess linda.[25]

Den sociala manligheten och en specifik manskultur har vidare använts som en gemenskapsskapande faktor (s k social bonding), som samtidigt haft funktionen att utestänga kvinnor.[26] Att yrken identifieras med det ena eller andra könets särdrag och tillskrivs en social könskaraktär är ett effektivt sätt att begränsa tillträdet till det ena könet. Samtidigt åsätts yrket ett könsrelaterat värde på samhällets skala.

Yrkena är strukturerade efter kön och den specifika professionaliteten eller yrkeskunnigheten i olika yrken sätts i samband med vad som uppfattas som manliga respektive kvinnliga särdrag. Samtidigt som yrkena blir könspräglade bidrar denna process till att skapa och prägla de två sociala könen i samhället – med arbetets organisering och arbetsdelningens utformning som bas. I denna process intar kontrollen över tekniken är central plats som manligt definierad och monopoliserad.[27] Även fysisk styrka och kontroll av den egna kroppen – färdigheter som i vårt samhälle särskilt pojkar övas i – tillskrivs i vissa lägen en betydelse och ett värde, som kan användas som argument för att somliga yrkesutövare skall erhålla en större del av det samhälleliga överskottet än andra och en bättre social position. Kravet på fysisk styrka kan ofta undanröjas med hjälp av teknisk förändring. Så sker i somliga yrken men inte i andra. Detta krav ligger vidare till grund för högre lönekrav på vissa arbetsområden – men inte på andra.[28] Kravet på fysisk styrka kan därför användas för att utestänga kvinnor från ett yrke. Men det är inte tillräckligt som förklaring till att så sker.

När man medvetet strävat efter att anställa personer av det andra könet har det lättast skett i samband med en förändring av arbetsorganisationen. Då kan det hävdas att arbetet samtidigt ändrat könskaraktär. Hur godtyckliga sådana könsidentifikationer varit och är finns många exempel på. Är en stickbeskrivning mindre teknisk än en beskrivning av en motor?

Att yrkeskulturer samtidigt är kvinno- eller manskulturer har på senare år börjat uppmärksammas. Effekterna av den kulturella uppdelningen har diskuterats även i samband med mobilisering och organisering av kvinnliga och manliga arbetare, inte minst när det gäller sammanhållningen och solidariteten mellan arbetare av olika kön.[29]

Det historiska perspektivet – struktur och institution

Ingen av ansatserna ovan har behandlat perioden före fackföreningarnas uppkomst i slutet av 1800-talet. Historiematerialistisk teori har dock ett längre historiskt perspektiv. Som vi sett i kapitel 1 kan den inte sägas ha problematiserat könsuppdelningen på ett systematiskt sätt. Den rör sig visserligen på en högre abstraktionsnivå än de neoklassiska m fl modellerna, men även så borde den ha påverkats om den integrerat skiktningen mellan könen. Modellerna för dagens arbetsmarknadsuppdelningar betonar olika faktorer. Att balansen mellan utbud och efterfrågan av viss arbetskraft påverkar dess lön är en viktig faktor bakom strävan hos olika yrkesgrupper och andra kategorier att minska konkurrensen om vissa positioner och de därmed förknippade resurserna. Brist på viss arbetskraft leder gärna till relativt högre löner. Men samtidigt är det lika ovedersägligt att kampen om positioner och resurser tagit sig andra (icke-marknads)uttryck. Även medel som lagstiftning, utbildningsmonopol och olika typer av inskränkningar i tillträdet till yrken eller arbetsområden har använts. Senare har naturligtvis förekomsten av organisationer haft mycket stor betydelse. Tidigare forskning har också påvisat starka ideologiska moment i bedömningen av kvalifikationer, arbetsvärdering o d.[30]

Tilly och Scott har betonat den historiska kontinuiteten i kvinnors arbete. Med utgångspunkt i hushållet som ekonomisk enhet har de rubricerat olika historiska faser efter förändringarna i hushållets funktionssätt. De talar dock inte om hushåll utan om familj. De skiljer mellan familjeekonomin, då familjen producerade sina försörjningsmedel och alltså var arbetsenhet såväl som försörjningsenhet; familjelöneekonomin, då familjen slutat producera själv men har en gemensam inkomstförsörjning; och familjekonsumtionsekonomin, då familjens viktigaste uppgift är att vara konsumtionsenhet.[31]

För en undersökning av den här aktuella tiden är det viktigt att betona hushållets roll som arbetsenhet och lagstiftningens betydelse för arbetets fördelning. Samtidigt är det fråga om en brytningstid, där marknadsmekanismer får allt större spelrum för att mot slutet av seklet ge plats åt en ny typ av organisering, som återigen syftar till konkurrensbegränsning.

Jag har valt att utgå från den historiskt etablerade sociala struktur, där hushållet var den minsta enheten företrädd av husfadern. Kvinnors omyndighet hindrade inte deras arbete inom ramen för hushållet. Det var först då de ekonomiska förutsättningarna förändrades och industrikapitalismens två huvudkrafter började växa fram, som de tidigare institutionella begränsningarna fick en annan effekt. I en köpmans eller fabriksägares hushåll fick hustruns omyndighet och bristande rättskapacitet helt andra konsekvenser än den haft i familjejordbrukets hushåll. Den blev också en annan än den var i lönearbetarnas hushåll, där mannens monopol på kapitalförvaltning saknade betydelse och där hans rätt att bestämma över hustruns yrkesarbete och inkomst sannolikt var en chimär i den försörjningssituation som hushållet hade.

Troligen är det också mot bakgrund av husbondeväldet som 1800-talets försörjarbegrepp skall ses. Husfaderns yttersta försörjningsansvar, som det kom till uttryck i försvarsstadgan, får snarast ses som det yttersta husbondeansvaret, inte ett sätt att befria hustru och barn från arbetsplikten, plikten att bidra till hushållets försörjning. En gift kvinna, som var bosatt på landet, ägde enligt försvarstadgan laga försvar, dvs hon behövde inte ta tjänst utanför sitt hushåll. (Detsamma gällde den som skötte barn eller gamla föräldrar.) Men hon hade säkert full sysselsättning inom ramen för sitt eget hushåll. När småningom arbetet inom det egna hushållet i allt mindre utsträckning producerade värden för marknaden och borgerlighetens icke-producerande fruar blev ett ideal för arbetarklassens övre skikt – då kanske förutsättningar för tanken på en familjeförsörjarlön och ett hemmafrusystem etablerades i större skala. Men innan dess torde försörjarbegreppet i huvudsak ha överensstämt med legostadgans husbondebegrepp. Det vill säga att ansvaret och makten var två sidor av samma relation.

A. Hushållet som traditionell arbetsorganisation

Den dominerande etablerade arbetsorganisationen i det förkapitalistiska samhället var hushållet med dess hierarki och uppdelning av arbetsuppgifter efter kön och ålder. Det yttre samhällets formella regler tillskrev husfadern full handlingsmyndighet utåt och i hela hushållets namn och stor makt och auktoritet över hushållets övriga medlemmar inåt. Denna arbetsenhet dominerade inom jordbruket och dess kompletterande näringar såsom hemslöjden. Även inom hantverket kunde hushållet sägas vara den primära organisationsformen. Liksom inom jordbruket skedde arbetet inom ramen för hushållet lett av husfadern, som representerade hushållet utåt. Han representerade samtidigt yrket gentemot andra yrken i offentligheten. Hantverket krävde inte heller samma kvalifikationer eller marknadstillträde av övriga hushållsmedlemmar, som det gjorde av husfadern-arbetsledaren. Inom hushållet skedde utbildning och nyrekrytering till yrket, under den här aktuella perioden oftast dock genom att lärlingar och/eller gesäller värvades utifrån.

Det fanns också andra former av arbetsorganisation i det förkapitalistiska samhället, såsom enkönade arbetslag t ex inom bergsbruket. Denna arbetsform förekom även inom jordbruket, t ex i säsongbetonade arbetsuppgifter som krävde en kollektiv punktinsats. Arbetsdelningen mellan könen gjorde då att en utökning av arbetsstyrkan resulterade i enkönade arbetarkollektiv.

Inom handeln slutligen hade de offentliga transaktionerna satts i system, professionaliserats och genom arbetsdelningen och männens försteg i offentligheten i stort sett monopoliserats av männen. Enstaka kvinnor förekom som företagsledare t ex inom grosshandeln och hantverket, dock främst under tiden före 1800-talet. Kvinnors uppgifter tycks inom den egentliga borgerligheten senare mer entydigt ha varit definierade som reproduktiva, dvs ägnade familjens biologiska och sociala reproduktion. Småföretagande blev dock genom dispensgivning under slutet av 1700-talet och början av 1800-talet en allt vanligare förekommande försörjning för kvinnor.[32]

B. Lagstiftningen och marknaden

De institutionella förhållandena – främst lagstiftningen – kodifierade den praxis, enligt vilken hushållet var arbetsenhet, ledd av husfadern. Förhållandet mellan husbonde och tjänstefolk var reglerat i lag efter en princip, som innebar lydnad och underordning från den anställde och överordning, ansvar och makt från husbondens sida. Den patriarkalism som detta förhållande utmärktes av karaktäriserades just av husbondens ansvar och den underställdes omyndiga ställning. Tjänstehjonets ställning kan snarast liknas vid ett oansvarigt barns. Husbondens faderliga plikt var att förse det med kost, kläder och lämpliga dygder, även då det var sjukt eller av andra skäl föga arbetsfört. I gengäld skulle hjonet visa arbetsvillighet, lydnad, nykterhet och anspråkslöshet. Husbondeväldet genomsyrade samhället.

När det kapitalistiska produktionssättet etablerades, befanns det äldre anställningsförhållandet – tjänstehjonsstadgan – vara hindrande för verksamhet med fluktuerande arbetskraftsbehov. Olika typer av produktion visade sig ha olika intressen när det gällde arbetarnas anställningsförhållanden. Somliga betonade vikten av en stabil arbetskraft. Andra hade intresse av en flexibel och rörlig arbetarstyrka. Styrkeförhållandena ledde till att den gamla legostadgan successivt luckrades upp. Detsamma gäller skråstadgan och övrig lagstiftning, som reglerade anställningsförhållanden på specifika områden. Först märktes de nya kraven på arbetskraften genom den särskilda lagstiftning, som omgav manufakturerna, det nya industrikapitalistiska produktionssättets förridare. Manufakturernas lokalisering styrdes och konkurrensen begränsades genom privilegietilldelning för grundandet av dem. Arbetarna befriades från skatter och militärtjänst. Öronmärkta statliga lån med fördelaktiga villkor utdelades. Produktionen kontrollerades. Arbetarna var av olika slag. Dels fanns de utlärda, kvalificerade arbetarna, som fortfarande genomgick en lärotid och underkastades examination. Dels fanns outbildade arbetare, som lydde under tjänstehjonsstadgan. Inget hindrade dock att en arbetare lärdes upp inom manufakturen till att klara vissa moment utan att få fullständig hantverkarutbildning. Och det var detta som var poängen ur fabriksägarnas synpunkt, samtidigt som det bäddade för konflikter mellan manufakturerna och de skråorganiserade arbetarna och deras monopolkrav. Det blev härigenom möjligt att anställa mindre kvalificerade arbetare och/eller kvinnliga arbetare, vilka redan på grund av sitt kön betalades lägre löner. Det vill säga att skråets yrkesmonopol och kvalifikationskrav båda kunde kringgås. De kvalifikationskrav och den tillträdeskontroll, som skråorganisationerna använt för att upprätthålla yrkets position och villkor, blev härigenom underminerade.[33] Man skulle här kunna fråga sig i vilken mån det var fråga om en omdefinition av i grunden inte alltför olika kvalifikationskrav. Kvalifikationsbegreppet är ju relativt.

En gammal etablerad form av konkurrensbegränsning blev härigenom successivt undanröjd. Detta yrkesförbud för kvinnor hade redan tidigare kringgåtts genom s k bönhaseri. Den viktigaste faktorn under övergångsperioden var den institutionaliserade lägre kvinnolönen, som gjorde det ekonomiskt fördelaktigt för kapitalägare att försöka anställa kvinnlig arbetskraft i stället för manlig. Qvist betonar också det moment av konkurrensbegränsning, som låg i restriktioner för kvinnliga företagare. De fick t ex inte anställa manlig arbetskraft i nämnvärd utsträckning, vilket begränsade konkurrensen om arbetskraften och hindrade kvinnors företag från att växa.[34] Härigenom begränsades även konkurrensen om kapital och marknader.

När lagstiftningen ändrades i enlighet med det nya systemets krav gav det möjligheter att ändra den könsarbetsdelning, som skråtvånget tidigare kodifierat inom hantverket. Arbetskraften blev en vara, som köps och säljs över marknaden. I detta läge bör det ha funnits ett intresse hos olika arbetargrupper att begränsa den växande konkurrensen, t ex genom att begränsa sin egen utbytbarhet, faktiskt eller ideologiskt. I den mån det fanns arbetskraft av olika typer borde det förstärka eller legitimera en sådan strävan.

Det brukar hävdas att den nya arbetsorganisationen med standardiserad massproduktion som bas gynnade framväxten av en homogen (och småningom organiserad) arbetarklass – ett fabriksarbetarskikt, vilket i sin tur bemöttes med olika strategier från fabriksägarnas sida – dels i syfte att motivera en uppdelning av arbetet, som band upp attraktiv arbetskraft till fabriken och legitimerade lägre löner för den stora massan, dels i syfte att splittra kollektivet, inte minst genom avskiljande av det bäst organiserade skiktet. Denna lönenedpressning skulle i sin tur ha möjliggjort att högre löner kunde betalas ut till ett litet skikt.[35]

Vilken roll spelade den redan etablerade könsuppdelningen i denna process?

Låt oss utifrån hushållsperspektivet – dvs den äldre organisationen av arbetsenheten och försörjningsenheten – betrakta dels könsarbetsdelningens utveckling, dels framväxten av ett urskiljbart, privilegierat arbetarskikt, en arbetararistokrati i sig.

Vilken roll har det äldre, etablerade könssystemet spelat för utformningen av industrikapitalismens könsarbetsdelning och annan hierarkisk skiktning bland fabriksarbetarna?

Sammanfattning

Tre delproblem har utkristalliserats här:

1. Fanns det en tydlig *könsarbetsdelning* i 1800-talets tidiga fabriker? Vilka uttryck tog den sig i så fall i hantverksfabriker respektive mekaniserade fabriker? Kan den urskiljas och mätas i skillnader i arbetsuppgifter, kvalifikationsnivå, lön, försörjningsansvar och social rekrytering?
2. I vilken mån kan man urskilja ett *privilegierat skikt,* som avskiljer sig från den stora massan av fabriksarbetare med hjälp av samma kriterier som under punkt 1? Fanns här skillnader mellan hantverksfabriker och mekaniserade fabriker?
3. I vilken mån sammanfaller könsarbetsdelningen med den eventuella skiktningen mellan mer och mindre privilegierade arbetare?

Könsarbetsdelningen i fabrikerna – en översikt

Det innebär naturligtvis en förenkling att renodla efterfråge- och utbudsperspektiven. Men det underlättar diskussionen. Låt oss därför först betrakta efterfrågesidan. Jag använder tvärsnittsperspektiv för att kartlägga fabriksarbetarna och deras karaktäristika såsom köns-, ålders-, kvalifikations- och yrkesstrukturerna.

För att se vilka faktorer som verkar viktigast att studera i en undersökning av könsarbetsdelningen, kartläggs här först hur denna ser ut i olika fabrikstyper och branscher.

Könsarbetsdelningen i olika fabrikstyper. Textilindustri.

Tabell 3.1. Könsarbetsdelningen efter fabrikstyp. Textilindustri.

Fabrikstyp	*Andel kvinnor*	*N*
Omekaniserad ylleproduktion 1830-talet	17	300
Omekaniserad ylleproduktion 1850-talet	20	246
Mekaniserad ylleproduktion 1877	51	658
Mekaniserat bomullsspinneri 1830-talet[1]	59	39
Mekaniserat bomullsväveri 1845	60	58
Mekaniserad bomullsproduktion 1850-talet	67	107

Källa: Mantalsuppgifter.

Mekaniserade textilfabriker hade övervägande kvinnlig arbetarstyrka, både i fabriker som grundades under den senare delen av 1800-talet och i den tidiga periodens bomullsspinneri och det första mekaniserade bomullsväveriet, Rydboholms bomullsväveri, som grundades 1833-34. Omekaniserade yllefabriker hade övervägande manlig arbetarstyrka under båda perioderna, medan den mekaniserade yllefabriken hade en knapp kvinnlig majoritet bland arbetarna.

Det är tydligt att mekaniseringsgraden hade betydelse för arbetsdelningen mellan könen. Skillnad fanns också mellan ylle- och bomullsproducerande fabriker.

Könsarbetsdelningen mellan branscher. 1830-talet.

Den fas, som här först studerats inom klädesbranschen, kännetecknades av hantverksfabrikens produktionstyp, där hantverkskunnigheten ännu var central. Men samtidigt fanns moment i arbetsprocessen, som var mindre kvalificerade.

Urvalet av fabriker grundade 1830-40 omfattar sammanlagt 1 725 arbetare, varav 1 273 män och 452 kvinnor.[36]

Tabell 3.2. Könsarbetsdelningen i 1830-talets fabriker. Procent.

	Omek kläde	Omek bomull[1]	Mek bomull	Övrig textil	Mek verkst	Övriga branscher	Alla
Män	81,4	62,1	45,9	28,6	97,2	95,4	73,8
Kvinnor	18,6	37,9	54,1	71,4	2,8	4,6	26,2
	100	100	100	100	100	100	100
N	789	433	85	119	212	87	1 725

Källa: Mantalsuppgifter.

1. Gruppen Omekaniserad bomull består främst av omekaniserade väverier, bl a Jonsereds fabriker, där det förutom väverskor fanns en grupp manliga segelduksvävare. Men här ingår i denna tabell även Strömma bomullsspinneri, som var mekaniserat.

Könsfördelningen var i regel mycket ojämn inom branscherna. Endast i mekaniserad bomullsproduktion var den någorlunda jämn, vilket dock inte betyder att män och kvinnor fanns inom samma yrkesområden. Mellan olika branscher varierade vidare könsfördelningen kraftigt.

Mekaniska verkstäder hade nästan uteslutande manliga arbetare. De enstaka kvinnorna var en städerska och en uppasserska. Detsamma gäller gruppen Övriga branscher. Den rubriken står för sockerbruk, tobaksfabriker, såp- och tvålfabrik samt repslageri.

I de omekaniserade fabrikerna med undantag av gruppen Övrig textil övervägde männen också kraftigt. Kvinnliga arbetare dominerade gruppen Övrig textil samt det vid denna tid enda mekaniserade bomullsväveriet.

Rubriken Övrig textil står för band-, strump- och sidenfabriker. Tre siden- och sidenbandsfabriker hade övervägande kvinnor anställda och endast ett fåtal män. Sidenvävningen hade på 1790-talet övergått från att vara ett manligt till att bli ett kvinnligt hantverk i samband med att släta och jämna tyger började vävas. Hantverksfabrikerna började då anställa kvinnor, eftersom dessa traditionellt hade lägre lön. De manliga sidenvävargesällerna förstod alltför sent att det låg i deras intresse att kräva lika lön för lika arbete. När de gjorde det, var de i praktiken redan utkonkurrerade.[37] De flesta anställda i det tidiga 1800-talets sidenfabriker var kvinnor. Förutom sidenväverskorna fanns vinderskor, dragerskor, silkesrederskor och spolerskor. Enstaka gesäller, särskilt verkgesäller, fanns dock i några av de fabriker, som här undersökts. I flera fabriker leddes arbetet av en s k verkgesäll, vilket antyder att fabriksägaren själv inte var yrkeskunnig i produktionen utan företrädesvis stod för kapitalet och försäljning, dvs kontakter med råvaru-, kapital- och produktmarknader. Dessa fabriker låg alla i Stockholm, dit sidenproduktionen var koncentrerad – nära sin största avsättningsmarknad: hovet och de högre skikten.

Strumpfabriken hade främst manliga arbetare, nämligen en strumpvävargesäll, sju lärlingar och några ospecificerade arbetare, varibland några kvinnor.

Övriga branscher står för ett antal fabriker från olika branscher: två sockerbruk hade enbart manliga (specificerade) arbetare. En såp- och tvålfabrik (kemisk fabrik) hade mest manlig arbetskraft, däribland en laborant, som uppenbarligen stod för den kemisk-tekniska kunskapen, samt en direktör, som närmast företrädde ägaren. Övriga anställda var ospecificerade arbetare. Ett repslageri idkades tillsammans med segelduksvävning. Det var här fråga om hantverksmässigt arbete. Verkstaden hade enbart manliga arbetare. Förutom en verkmästare och en garnsorterare fanns sex segelduksvävare och tre repslagargesäller. Ägaren hade samtidigt egen försäljning, och den sköttes av en bodjungfru.

Könsarbetsdelningen mellan branscher. 1850- och 1860-talen samt 1877

Låt oss jämföra dessa siffror med motsvarande uppgifter för de fabriker i urvalet, som grundades under perioden 1853-63. Här har också medtagits Drags yllefabrik, som ombildades till aktiebolag och successivt mekaniserades under perioden. För Drag ingår även mantalsuppgiften för år 1877, då hela produktionsprocessen var mekaniserad.

Urvalet av fabriker grundade 1853-63 omfattar 3 359 anställda, varav 1 666 män och 1 693 kvinnor.

Tabell 3.3. Könsarbetsdelningen i 1850-talets fabriker. Procent.

	Omek kläde	Mek ylle	Mek bomull	Mekaniska verkstäder	Övriga branscher	Alla
Män	77,4	49,4	30,7	100	51,2	49,6
Kvinnor	22,6	50,6	69,3	0	48,8	50,4
Totalt	100	100	100	100	100	100
N	509	658	1 272	176	744	3 359

Källa: Mantalsuppgifter.

Könsfördelningen inom branscherna var fortfarande mycket ojämn i de omekaniserade branscherna. Inom mekaniserade yllefabriker och övriga branscher var den i stort sett jämn.

Medan den första periodens fabriker sammantaget hade en överväldigande manlig dominans, övervägde i den andra periodens fabriker de kvinnliga arbetarna, om än mycket knappt.

Den första periodens omekaniserade bomulls- och segelduksväverier hade manlig dominans bland arbetarna, medan den senare periodens mekaniserade bomullsväverier och -spinnerier hade en kraftig kvinnlig dominans. Här hade uppenbart förändringar skett i arbetsorganisationen.

Det är tydligt att de mekaniserade fabrikerna oavsett period rekryterade övervägande kvinnor, medan de omekaniserade rekryterade övervägande män. Mekaniseringsgraden slår alltså igenom beträffande könsfördelningen – oavsett period.

De mekaniska verkstäderna var helt manliga arbetsplatser under båda perioderna.

Rubriken Övriga branscher står här för en litografisk fabrik med manlig majoritet bland arbetarna, ett bryggeri med nästan enbart manlig arbetarstyrka och ett kombinat av pappers-, smide- och bomullstillverkning, smide m m - Holmens bruks AB. Männen dominerade smidet och pappersproduktionen utom lumpsamlandet, som var kvinnligt, och kvinnorna dominerade bomullsproduktionen.

Övriga branscher skiljer sig åt sinsemellan. Någon förändring mellan perioder kan inte undersökas, eftersom de flesta fabrikerna i denna grupp i urvalet enbart hänför sig till antingen den ena eller den andra perioden. Dock fanns nygrundade tobaksfabriker under båda perioderna. Den skillnad som där kan iakttas i könsfördelningen mellan fabriker, kan dock inte hänföras till olika perioder. 1841 och 1862 fanns tobaksfabriker med övervägande manlig arbetarstyrka och 1857 fanns en med kvinnlig majoritet bland arbetarna (Walls snus- och tobaksfabrik i Norrköping). I stället torde skillnaden bero på huruvida vickelmakerskor anställdes eller cigarrmakarna saknade dessa assistenter.

Sammanfattning

Två förhållanden kan noteras redan vid första anblicken av arbetarstyrkans sammansättning i fabrikerna på 1800-talet. Det ena är den långt drivna specialisering, som finns redan i 1830-talets hantverksfabriker. Det andra är den strikta och systematiska uppdelningen av arbetsuppgifter mellan män och kvinnor.

Av alla arbetare i Norrköpings textilfabriker i urvalet (som är medtagna på den första återfunna mantalsuppgiften, som inlämnats efter fabrikens grundande) är i omekaniserade fabriker under 1830-talet endast 1/6 kvinnor, medan motsvarande siffra för mekaniserade fabriker på 1850-60-talen är 55 % kvinnor.

Den övervägande manliga arbetarstyrkan i de omekaniserade yllefabrikerna byttes mot en övervägande kvinnlig arbetarstyrka i och med mekaniseringen. Den kvinnliga övervikten var dock liten.

Under den senare perioden grundades fortfarande omekaniserade klädesfabriker. Den äldre tekniken och produktionsorganisationen var länge konkurrenskraftig. Där fanns också fortfarande samma manliga övervikt bland arbetarna. De hantverksfabriker som grundades under den senare perioden var emellertid som regel större mätt i antal anställda och antal vävstolar.

Uppenbarligen skedde en förändring i arbetsdelningen mellan könen mellan de två perioderna. Från att främst ha rekryterat manlig arbetskraft övergick textilfabrikerna till att anställa huvudsakligen kvinnlig arbetskraft. Vidare antyder materialet ett samband mellan mekaniseringsgrad och könsarbetsdelningens utformning. Men på denna nivå kan man inte närmare studera arten av mekaniseringen. I stället måste arbetsprocessen undersökas och yrkesstrukturens förändring genom mekaniseringen.

Mekanisering och könsarbetsdelning

Tidigare forskning har visat att mekanisering är en socialt konstruerad företeelse, som måste ses mot bakgrund av både ägarens ekonomiska intresse och kontrollintresse samt olika intressen hos de anställda, i synnerhet under en period då många viktiga moment eller hela arbetsprocesser var avhängiga av en mer eller mindre högt utvecklad hantverksskicklighet hos en del arbetare.[38] Eftersom det sociala könssystemet tar sig olika uttryck och är omgivet av olika styrkeförhållanden och konkurrensförhållanden vid olika tidpunkter och i olika situationer, måste antas att ändringar av arbetsorganisationen kan ha olika karaktär och olika effekter för det sociala könssystemet på olika arbetsplatser och i olika yrken och branscher. Mekanisering kan i sig inte tas till intäkt för att anta att manlig arbetskraft byts mot kvinnlig.

Teknologins sociala bestämning

I kampen om kontrollen över arbetsprocessen har utvecklingen av ny teknik och ny arbetsorganisation ingått som en central faktor.[39] Kapitalägaren har strävat efter att frigöra sig från beroendet av den enskilde arbetarens yrkeskunskaper, erfarenhet och omdöme för att i stället själv kunna kontrollera arbetstakt, arbetstid, produktionens effektivitet och produktens kvalitet. Man har strävat efter en jämn, kontinuerlig framställning av produkter med jämn, förutsägbar kvalitet till lägsta möjliga kostnad.

Under förlagssystemet när de direkta producenterna i sina hem med egna arbetsredskap bearbetade förläggarens råvara och till honom levererade den färdiga produkten, hade denne små möjligheter att kontrollera arbetsprocessen och produktens kvalitet. Genom att samla förlagsarbetarna-hantverkarna till en fabrikslokal (hantverksfabrik eller manufaktur), ägd av kapitalägaren, för att de där skulle arbeta med redskap och råvara som också ägdes av denne och i syfte att åstadkomma produkter som han kontrollerade, – så kunde han bättre kontrollera arbetsprocessen. Detta blev intressant när en växande efterfrågan ställde krav på ökad produktion.

Arbetsprocessen i hantverksfabriken var fortfarande hantverksmässig. Den byggde på hantverkarens yrkeskunnighet, på hans förhållande till arbetsmedlen. Samtidigt som det fanns en lönerelation mellan arbetare och kapitalägare, präglades därför arbetsorganisationen i hantverksfabriken också av hantverkets sociala relationer.

Det var inte ovanligt att en fabrik omfattade både färgeri och spinneri. Vidare kunde något eller några moment vara mekaniserade, medan andra ännu utfördes hantverksmässigt.[40]

I den fullt utvecklade mekaniserade fabriken är förhållandet arbetsmedel-arbetsföremål det centrala i arbetsprocessen. Maskinerna är tekniskt integrerade och har en gemensam kraftkälla. Kontrollen över produktionens organisering och produktens försäljning är centraliserad till kapitalägaren. Själva arbetsprocessen är uppdelad på ett sätt som gör att den enskilde arbetaren inte har överblick över hela processen utan enbart utför något eller några moment i framställningen.

Fyra huvudargument för denna horisontella arbetsdelning i fabrikerna kan redan tidigt på 1800-talet urskiljas i litteraturen (t ex Smith 1776, Ure 1835, Babbage 1832).[41] För det första – menade dessa skribenter – kan den enskilde arbetaren när han har en enda arbetsuppgift, bli mycket skickligare på att utföra denna. För det andra kan han arbeta snabbare genom att det inte blir spilltid eller avbrott i samband med övergången till olika arbetsmoment. För det tredje kan arbetaren lättare få uppslag till förbättringar och uppfinna nya maskiner och arbetsrutiner som underlättar och påskyndar arbetet – om han koncentrerar sig på en enda arbetsuppgift. För det fjärde slutligen blir det i ett system grundat på köp och försäljning av arbetskraft möjligt för köparen att genom uppdelning av arbetet i mindre delar anpassa arbetskraftens kvalitet till den specifika uppgiften och slippa köpa onödigt kvalificerad och dyr arbetskraft. Segmenteringsteorierna anknyter just till detta faktum.

Dessa principer sammanfattar de ekonomiskt motiverade argumenten för en uppdelning av arbetet. Men det fanns andra motiv som tog sin utgångspunkt i den sociala maktkampen – i kampen mellan klasserna om arbetsprocessens utformning och arbetslönens form och storlek samt i kampen mellan olika skikt eller kategorier inom arbetarklassen, särskilt mellan könen, om de förmånliga positionerna i arbetsdelningen. De olika typerna av argument hänger ihop och kan inte särskiljas. I Taylors version av arbetsdelningens principer blev sammanvävningen av kostnadsminimerande och maktrelaterade motiv nästan total. Under slutet av 1800-talet formulerade han sitt program för arbetsdelningens utveckling. Det centrala syftet var att öka produktionen, förbilliga den och att öka företagsledningens kontroll över arbetsprocessen. Genom systematisk mätning, övervakning och utformning av arbetsuppgifterna (*scientific management*) drevs specialiseringen och den vertikala arbetsdelningen vidare.[42] Det var företagsledningens uppgift att samla kunskaper och färdigheter i hur arbetet skulle utföras. En särskild avdelning skulle planera arbetet och överhuvudtaget utföra de intellektuella momenten. Arbetaren skulle i stället få detaljerade instruktioner om hur arbetet skulle utföras, om arbetstakt osv.

Denna tolkning av arbetsdelningens principer gjorde hierarkin mellan intellektuellt och manuellt arbete explicit och motiverad. Dessutom integrerades härigenom kapitalägaren och hans närmaste medarbetare bättre i själva produktionsprocessen än tidigare.

Att kapitalistens behov att placera sig som mellanhand mellan den direkte producenten och marknaden var en faktor bakom den tidiga arbetsorganisatoriska utvecklingen hävdar Stephen Marglin.[43] Genom förlagssystemet löser kapitalisten problemet med att skaffa sig en roll i produktionsprocessen och motiverar samtidigt sin plats i dess hierarkiska struktur. Hantverksfabrikens uppkomst ser Marglin som ett led i kapitalägarens strävan att stärka sin kontroll över de direkta producenterna. Ett problem med förlagssystemet är nämligen från kapitalägarens-förläggarens sida sett att producenterna har möjlighet att själva bestämma sitt arbetskraftsutbud. Deras arbetskraftsutbudskurva är bakåtlutande, dvs de väljer att sluta arbeta när de tjänat tillräckligt. Dessutom har de möjligheter till extra "löneförmåner" via svinn av råvaror eller produkter, som de kan sälja för egen räkning. Kapitalisten kontrollerar inte effektivt vare sig arbetstiden eller råvaran eller produkten. Genom att samla arbetarna under ett tak kan han råda bot på detta. Förutsättningen för att förlagssituationen skall uppfattas som problematisk i dessa avseenden torde dock vara att efterfrågan och den potentiella lönsamheten ökar. Det finns också ekonomiska lägen, där förlagsarbetet är särskilt lämpligt. Framför allt, skulle jag vilja hävda, är inte fabrikssystem och förlagssystem utbytbara i alla lägen. Redan arbetskraftsutbudets storlek, elasticitet och karaktär torde bestämma detta.

Marglin betonar alltså maktmotiven bakom den tekniska och arbetsorganisatoriska utvecklingen. "Den ångdrivna fabriken gav oss inte kapitalisten; kapitalisten gav oss den ångdrivna fabriken," sammanfattar han.

William Lazonick har påpekat den kontinuerliga processen av samverkan, motsättningar och kompromisser mellan kapitalister och arbetare rörande form och innehåll i den tekniska och arbetsorganisatoriska förändringen.[44] Han utgår därvid från sin undersökning av arbetslaget kring self-actormulstolen i Lancashire. Han tar fasta på kapitalisternas behov av nära kontroll över de yngre, mindre kvalificerade arbetarna (trådfästarna som assisterade spinnarna-maskinskötarna) och de förstnämndas utsatta läge i den hårda internationella konkurrensen, som inte medgav några produktionsavbrott till följd av konflikter med arbetarna. Det var dessa två faktorer som ytterst gjorde att arbetslaget spinnare-trådfästare med ursprung i hantverket fortlevde så länge i fabrikerna. Spinnarnas starka organisation lyckades uppskjuta införandet av ringspinningen i Lancashire bl a genom att acceptera en intensifiering av arbetet, mest på trådfästarnas bekostnad men även sin egen.

Undersökningar som Marglins och Lazonicks betonar momentet av social kamp i utvecklingen av ny teknik och i arbetsdelningens förändring. Spinnarna i Lazonicks undersökning insåg att deras starka ställning i arbetsdelningen inte längre var grundad i teknisk nödvändighet, i kapitalistens behov av deras yrkesskicklighet. Det var i stället deras starka organisering och förmåga att upprätthålla distansen till trådfästarna (de mindre kvalificerade, som tidigare kunnat avancera till spinnare – en möjlighet som nu successivt försvann) som var grunden till deras starka förhandlingsposition i ett läge, då kapitalägaren inte hade råd med en konflikt. Hobsbawm räknade just spinnarna i den brittiska bomullsindustrin till arbetararistokratin.[45]

Det hot som mulspinnarna stod inför när de tvingades acceptera en arbetsintensifiering och som de till slut dukar under för, var ringspinningstekniken. För ringspinning behövdes inte hantverksutbildning utan arbetet gavs till en ny kategori: lägre betalda kvinnor utan den traditionella hantverksskolningen. I Förenta staterna sköttes ringspinningen helt av kvinnor. Mulspinnarna försvarade alltså sin position som hantverkare gentemot mindre kvalificerade arbetare och sökte upprätthålla sitt yrkesmonopol och kontrollen över tillträdet till det. Men enligt Lazonick var ju inte yrkeskunnandet avgörande. Deras organisatoriska styrka räckte tydligen till att bevara monopolet på mulspinningen i Lancashire, men i andra regioner, t ex Skottland och även i Förenta staterna, arbetade kvinnor som mulspinnare. Till den varierande organisatoriska styrkan måste variationer i det lokala arbetskraftsutbudet starkt ha bidragit. Argumenten mot att kvinnor skulle sköta mulstolar varierade mellan hänvisningar till deras klena fysik, klena nerver, bristande tålamod och hindrande klädsel. Faktum kvarstår att kvinnor arbetade som mulspinnare både i England, Skottland och Förenta staterna, dock mestadels effektivt bekämpade medelst mobbning från de manliga mulspinnarnas sida och – mindre effektivt – medelst upprepade förbud från myndigheternas sida.[46]

På 1970-talet kom Harry Bravermans arbete om dekvalificeringen av arbetet och blev utgångspunkt för mycket debatt och en rad empiriska undersökningar av olika branscher och yrken.[47] Det blev utgångspunkt även för svenska undersökningar om sambandet mellan teknisk förändring och yrkesstrukturens utveckling, även om hur könsarbetsdelningen påverkats.[48] Resultaten stärker uppfattningen om de sociala maktförhållandenas betydelse för arbetsdelningens utformning. Tekniken ingår som en faktor i det sociala sammanhanget. Den utvecklas och tillämpas i en socioekonomisk situation.

Det sociala könssystem som finns i samhället vid varje tidpunkt, utgör en maktstruktur, som också måste antas påverka teknikutformningen och den ekonomiska verksamhetens utformning. De resultat som undersökningar av den svenska utvecklingen visar kan sammanfattas med att kvinnors underordning tycks vara en stabil princip: om en teknisk innovation eller annan förändring av arbetsorganisationen införs är tendensen den att de mer rutinartade och av maskinen bestämda arbetsmomenten tilldelas kvinnor och avlönas lågt, medan de mer självständiga momenten, vari arbetaren tar hjälp av en maskin han kontrollerar, är högre avlönade och tilldelas män.[49]

Hushållet som arbetsorganisation

Arbetsenheten i hantverksfabriken hade sitt ursprung dels i hantverkets institutionaliserade organisation med mästare, gesäller och lärlingar, som arbetade tillsammans inom mästarens hushåll under hans ledning och med assistans av övriga hushållsmedlemmar (familj, andra släktingar och tjänstefolk), dels i annan familjebaserad produktion, där hantverket utgjorde komplement till jordbruksnäringen och där familjemedlemmarna hade olika uppgifter i tillverkningsprocessen.

Arbetsorganisationen hade i princip samma struktur i båda dessa typfall. Den yrkesutbildade (ev skråanslutne) vävaren fungerade som arbetsledare och som hans assistenter främst i arbetet med beredning av råvaran och putsning av den färdiga produkten, hantlangning och annan service fungerade hustru, barn, tjänstefolk alternativt lärlingar. Lärlingar och gesäller utbildades genom arbetet till självständiga hantverkare som till sist själva kunde nå mästartiteln. I hemproduktionen hade hustrun hand om spinningen.[50]

Det fanns alltså redan före hantverksfabrikens uppkomst en arbetsdelning, som styrde olika arbetsuppgifter till hushållets olika medlemmar efter kön och ålder. Den specifika utformningen kunde variera mellan olika regioner. I hushåll som kombinerade hantverksproduktion med jordbruksarbete, kunde hantverksskickligheten hos det ena eller andra könet styra över en större del av jordbruksarbetet till det andra.[51]

Endast män hade tillträde till den formaliserade skråbaserade yrkesutbildningen. Familjen-hushållet utgjorde en produktions- och konsumtionsenhet. Även om mannen-vävaren som arbetsledare mottog inkomsten, sågs den som ersättning för det gemensamma arbetet. Varje hushållsmedlem förväntades med sitt arbete bidra till hushållets försörjning.[52] Att mannen företrädde hushållet utåt – juridiskt, ekonomiskt, politiskt – var uttryck för en patriarkal lagstiftning (med det mansdominerade hushållet som minsta sociala enhet) men innebar inte att kvinnan frånkändes kompetensen att sköta dessa uppgifter. Det visar det faktum att hon naturligt ersatte mannen, då han av något skäl var oförmögen att utföra dem.[53]

Att hushållet (familjen) fortsatte att fungera som arbetsenhet – om än i krympande omfattning – även i hantverksfabrikerna var utmärkande för den engelska utvecklingen.[54] Hela familjer anställdes och fortsatte att arbeta i fabriken på samma sätt som de förut arbetat i hemmet. Det bidrog också till att barnarbetet var mer utbrett i England. I första hand togs dock barnarbetarna från fattighus och liknande inrättningar.[55] I Förenta staterna – där familjesystemet även gick under namnet ”det engelska systemet” – var det lokalt utbrett i Rhode Island och Connecticut, som alltså hade fler barnarbetare i fabrikerna än östra Massachusetts och New Hampshire, där i stället relativt fler kvinnor var sysselsatta.

Lazonick hävdar att det var graden av *auktoritet* som krävdes av en arbetare för en viss uppgift, som bestämde om en man eller kvinna rekryterades. Så förklarar han att vävarna i hemindustrin/förlagssystemet i England var män. Vävaren var arbetsledare och kunde kontrollera arbetsprocessen och de kvinnliga spinnarnas arbete. I spinnerierna var mulspinnarna män, eftersom de hade till uppgift att övervaka trådfästarnas arbete. Dessa var vanligen unga pojkar. Enligt honom skulle det vara mannens traditionella ställning som hushållets föreståndare som samtidigt gjorde honom till produktionsenhetens ledare, och vice versa.[56] Förklaringen till den hierarkiska arbetsdelningen mellan män och kvinnor skulle då ligga i de patriarkala sociala relationerna och eventuellt de socialkaraktärer som de främjat under familjejordbruksekonomin.[57]

Frances Collier som utgår från engelska förhållanden, har särskilt tre faser i den tekniska utvecklingen med avseende på deras effekter för bomullsarbetarfamiljens ekonomi.[58] Hon betonar den tekniska utvecklingen och den lokala tillgången på arbetskraft som bestämmande för arbetskraftens sammansättning och därmed för vilka familjemedlemmar, som fick vilka arbetsuppgifter. Den viktigaste effekten av den tekniska utvecklingen var de olika krav, som olika processer ställde på arbetskraften. Det ledde till att man efterfrågade olika typer av arbetskraft för olika processer och under olika faser. En annan viktig effekt var att industrin expanderade på orter, där det lokala arbetskraftsutbudet var litet. Om fabriken förlades till en glesbebyggd ort med vattenkraft, måste arbetskraft rekryteras från annat håll.

Under den första fasen – före maskinernas införande – skedde arbetet i hemmen. Kvinnorna spann och barnen beredde råvaran. Männen vävde. Vävarna ansvarade för arbetet och mottog hela familjens inkomst.

Under den andra fasen – när vattenkraft användes – flyttades produktionen till fabriker nära vattendrag men så nära staden-marknaden som möjligt, där samma typ av arbetskraft efterfrågades, "då de nya maskinerna var anpassade till anställningen av kvinnor och barn". Eftersom det nu behövdes mycket arbetskraft samlad till fabrikerna i motsats till det tidigare systemet med utspridd arbetskraft, tillgrep många fabriksmästare lärlingssystemet för att rekrytera arbetare. De tidiga spinnerierna behövde inte så mycket kvalificerad manlig arbetskraft. Därför saknades incitament till flyttning för många familjer, menar Collier. Många av de män som faktiskt flyttade in till städerna, var okvalificerade eller hade familjer som behövde den inkomst bomullsfabriken gav. Det stämmer med de talrika uppgifterna om att arbetarna i det längsta sökte undvika att arbeta i fabrikerna.[59] De yrkesutbildade hantverkarna hade rimligtvis störst möjlighet att finna alternativa försörjningssätt. Så länge förlagssystemet erbjöd ett sådant alternativ, föredrog man det framför fabriken. Om fabriksarbete blev nödvändigt för inkomstens skull, var det i första hand hustrun och barnen (de mindre kvalificerade arbetarna) som började med sådant.[60] Det bör här påpekas att det var bomullsfabrikerna detta gällde. I Sverige där ylletillverkningen dominerade textilindustrin under första hälften av 1800-talet, behövdes hantverksutbildad arbetskraft i fabrikerna. De barn som arbetade där hade assisterande uppgifter. I den tidiga svenska bomullsindustrin var däremot barnarbetet mer utbrett och hade stor betydelse för själva omvandlingsmomentet, eftersom barn och ungdom skötte spinningen i fabrikerna. Det är sannolikt riktigare att jämföra de engelska bomullsfabrikerna med motsvarande svenska fabriker än med de svenska yllemanufakturerna. Den engelska industrikapitalismen var ju dessutom tidigare utvecklad än den svenska.

När de engelska vävarnas familjer förlorade berednings- och spinningsarbetet, förlorade männen samtidigt vävningsmonopolet. De nya tygerna kunde vävas utan någon längre utbildning eller någon större kroppsstyrka. Från 1790-talet anställdes allt fler kvinnor, flickor och pojkar i vävningen av kalikå, grovt muslin och fint linne.

Den tredje fasen – ångkraftens fas – sammanföll med mulspinningens införande och med bomullsindustrins expansion i städerna. Behovet av kvalificerad manlig arbetskraft ökade med mulspinningen och med den förbättrade tekniken, säger Collier. Barnarbetet minskade.

Med denna tekniska förändring hade arbetsdelningen mellan könen omvänts radikalt. Nu var det männen som spann och kvinnorna som vävde.[61]

Collier tycks se den tekniska utvecklingen som en exogen, närmast autonom faktor, som genom att ställa olika krav på arbetskraften styr dess sammansättning – dock även påverkad av arbetskraftsutbudet. Hon förklarar arbetsdelningens förändringar med anpassning till biologiska särdrag hos respektive kön. När jenny- och vattenramspinningen ersattes av mulspinningen, blev männen spinnare, eftersom den nya tekniken krävde deras större styrka. Kvinnorna övergick till vävningen, eftersom det nu gällde att sköta mekaniska vävstolar, vilket var ett lättare arbete.

Collier tar inte upp faktorer som organisationsgrad, motsättningar och kamp om kontrollen över arbetsprocessen, löneskillnader och könssegregationen på arbetsmarknaden. Hennes betoning i framställningen kan därmed sägas mer likna de amerikanska undersökningarna än huvudströmningen i den brittiska litteraturen om kön, teknik och industrialisering.

Den amerikanska arbetsmarknaden såg annorlunda ut än den engelska. De vuxna männen hade lätt att etablera sig som självständiga jordbrukare, något som också politiskt och ideologiskt främjades starkt. Det rådde därför brist på vuxen manlig arbetskraft, som kunde arbeta i fabrikerna när sådana infördes. Dessutom – och sannolikt delvis därför – var deras arbetskraft dyr. Fabrikssystemets upprättande krävde en utökning av den lönearbetande befolkningen. Arbetet var enligt Collier identiskt med kvinnornas traditionella arbete i hemmen – ett påstående som uppenbart inte stämmer. Men det var dessa faktorer, som enligt henne ledde till att i första hand kvinnor rekryterades till de första fabrikerna, något som också användes av protektionisterna som försvar mot kritiken av fabrikerna från dem, som helt ville satsa på jordbruket. Mindre än 1/4 av de anställda i manufakturerna utgörs av friska vuxna män, sade man. Manufakturarbetet passar bättre för "små flickor mellan 6 och 12 år". Enligt andra källor utgjorde männen endast 1/9 eller 1/10 av de anställda.[62]

I bomullsspinnerierna arbetade på 1820-talet 87 % kvinnor och barn. De män som var anställda där hade yrken som uppsyningsman, förman, maskinist, kusk, diversearbetare o d.[63] Oftast var de engelska invandrare som samtidigt skötte sitt eget småbruk.[64] Denna formulering döljer sannolikt en könsarbetsdelning inom hushållet, som gick ut på att hustrun skötte småbruket och mannen arbetade i fabriken.

Enligt samtida källor var andelen kvinnor betydligt större i de amerikanska bomullsfabrikerna än i de engelska. År 1831 var kvinnorna 9 % fler än männen i de engelska bomullsfabrikerna, medan andelen kvinnor i Förenta staterna var mer än dubbelt så stor som andelen män.[65]

Intressantare är dock den yrkesrelaterade uppdelningen och dess förändringar över tiden. Det fanns som vi skall se i nästa kapitel, olika spinntekniker. Mulspinning förknippades med män, medan annan spinning sköttes av kvinnor. I bomullsfabrikerna där spinning och vävning utgjorde de viktigaste yrkena, sköttes de tidiga ramspinnmaskinerna enbart av kvinnor. Bristen på manlig arbetskraft och det faktum att kvinnorna var villiga att arbeta i fabrikerna (de behövdes tydligen inte i jordbruket) ledde enligt Abbott till att spinnmaskinerna anpassades, så att kvinnor kunde använda dem. Det var därför som ramspinning blev regel och mulspinning undantag i Förenta staterna, trots att mulstolen var helt dominerande i England. Ännu 1840 var den föga utbredd i Förenta staterna.

Enligt Abbott anpassades alltså tekniken till den tillgängliga arbetskraften. Man konstruerade maskiner, som barn kunde sköta. År 1814 anlades den första fabrik, som omfattade hela bomullsproduktionsprocessen från råbomull till färdigt tyg – Lowells fabriker i Waltham, Massachusetts. Där anpassades både maskiner och ideologi till den arbetskraft man avsåg att rekrytera: unga jordbrukardöttrar från omlandet i det puritanska New England. Ramspinning användes i stället för mulspinning. Enligt en uppgift var orsaken till att man inte valde mulspinningstekniken att arbetskraften utgjordes av unga flickor, vilkas stora kjolar skulle hindra mulstolens vagn, när den körde fram och tillbaka på sin räls. Enligt en annan uppgift var det tvärtom ramspinningstekniken som gjorde att Lowells rekryterade kvinnor.[66] Ett patriarkalistiskt internatsystem avsåg att imitera de respektabla internatskolorna. Flickorna var kontraktsbundna. Fabriken gav ett mer kontinuerligt arbete och högre lön än läraryrket, som var det enda alternativet. Gränsen mellan arbetarklass och medelklass var ännu flytande, som Abbott uttrycker det. Med andra ord, det var inte socialt omöjligt för småbrukardöttrar att tillfälligt ta arbete i fabriken. Många fabriksflickor studerade eller arbetade som lärare under en del av året. De tjänade pengar till sin egen eller syskonens utbildning, till amorteringar på föräldrarnas jordbruk osv. Dessa första fabriksarbeterskor var socialt respekterade och skilde sig starkt från senare generationer och från sina kolleger i England. Den stora omsättningen av arbeterskor och deras strävan att se fabriksarbetet som ett stadium på väg till något bättre gjorde att konflikter och organiseringsförsök knappast förekom. Dock förekom strejker på 1830-talet i samband med lönesänkningar och ökad arbetsintensitet.

Vävningen var före maskinernas införande inget utpräglat kvinnoarbete. Men med den flygande skytteln ökade efterfrågan på kvinnliga vävare. Och i Lowells fabriker blev vävningen det mest välbetalda yrket för kvinnor. Fram till 1860-talet ansågs vävningen allmänt vara ett kvinnoarbete, men då kom de första manliga vävarna, invandrare från England, till Waltham. De mekaniska förbättringarna ledde gradvis till att män ersatte kvinnorna, tills vävningen blev ett helt manligt arbete. Förbättringarna innebar att en enda arbetare kunde sköta allt fler vävstolar och att vävhastigheten successivt ökades. De tyngre och snabbare maskinerna ansågs kräva större kroppsstyrka och mer "nervös energi" än kvinnorna hade. Mekaniseringens fortskridande ledde alltså till rekrytering av manlig arbetskraft.

Inom spinningen skedde en snabb förändring på 1840-talet. En ström av manliga invandrare ledde till att mulspinningen bredde ut sig och lönerna sänktes. De kvinnliga mulspinnarna som från början varit få, minskade ännu mer. Till kvinnornas successiva försvinnande från fabrikerna bidrog också att systemet med familjeförsörjarlön för män bredde ut sig i det övriga samhället och att en mer varierad arbetsmarknad utvecklades för kvinnorna i och med att butiker och kontor expanderade.[67]

Abbott ser två huvudorsaker till att kvinnorna försvann som fabriksarbeterskor. För det första nämner hon den tekniska utvecklingen mot tyngre och snabbare maskiner, som män ansågs kunna sköta bättre. För det andra – och viktigaste – nämner hon arbetskraftsutbudets utveckling. Den ström av manliga invandrare som ersatte kvinnorna, fanns inte då kvinnorna först rekryterades under 1800-talets första 25 år. Om dessa män inte funnits att tillgå, menar Abbott, hade säkerligen tekniken anpassats till den tillgängliga kvinnliga arbetskraften.

Som den viktigaste faktorn bakom skillnaderna i arbetsdelningen mellan Förenta staterna och England framstår tillgången på manlig respektive kvinnlig arbetskraft. Teknikvalet präglades enligt de amerikanska forskarna av hänsyn till den tillgängliga arbetskraften. Men här borde också produktionens inriktning ha diskuterats. Den amerikanska bomullsindustrin hade en stor hemmamarknad, som efterfrågade de grövre kvaliteter, som kunde tillverkas med ramspinntekniken.

Av framställningen framgår vidare att arbetsledarna var män, vilket inte kommenteras. Det saknas diskussion om skillnader mellan olika typer av arbetskraft, dess värdering och lönesättning. Indirekt framgår att kvinnlig arbetskraft rekryterades först i brist på manlig. Prioriteringen av männen är en tyst förutsättning i resonemanget.

Enligt Thomas Dublins undersökning av Lowell-fabrikerna krävde kvinnorna högre lön under 1840-talet, då deras fabriksarbete blivit mer kontinuerligt och mindre av en familjesubvention. Det var då engelsk arbetskraft importerades och kvinnorna snabbt byttes ut mot de nyss invandrade männen, vilka hade lägre lönekrav. Småbrukardöttrarna ersattes med i synnerhet irländska arbetare. Det var med andra ord en process, som innebar en både köns- och klassmässigt förändrad rekrytering, där inriktningen på en proletariserad grupp motverkade den uppvärdering, som bytet till manlig arbetskraft annars brukar innebära.[68]

Från formell till informell styrning

De flesta ekonomiska och sociologiska teorier om arbetsmarknadsförhållanden utgår från den moderna etablerade industrikapitalismen, ofta med formell jämställdhet eller åtminstone med framväxande organisationer att ta hänsyn till i analysen. De söker därför förklara den informella och illegitima uppdelningen och underordningen.

Här studeras en tidigare period, i vars början arbetet fortfarande var reglerat i lag och under vilken det successivt växte fram en större arbetsmarknad, som dock i stor utsträckning utmärktes av etablerade och legala löneskillnader mellan könen. Dessa stämde med den öppna underordning av kvinnor under män, som rådde och som under den första delen av undersökningsperioden var lagstadgad. De strategier för kvinnors marginalisering och underordning, som i dag är informella, dolda och illegitima, var under 1800-talet formella, öppna och legitima. Det innebar visserligen att kvinnors underordning var uppenbar. Men samtidigt var den självklar, vilket gör att den inte omedelbart av detta skäl är lättare att kartlägga.

Den omformulering av arbetsdelningen och det sociala könssystemet, som skedde under framväxten av det nya produktionssättet, borde därför av samtiden ha varit föremål för kamp eller åtminstone diskussion.

Arbetarna under denna tid kan knappast ses som ett kollektiv för sig. De har inga organisationer som artikulerar deras krav. De deltar heller inte i det offentliga samtalet, i den mån det finns ett sådant. Däremot är borgerligheten organiserad som sådan och representerad på de offentliga arenorna, särskilt de politiska. Det har dock varit i det närmaste omöjligt att finna spår ens hos dem av en diskussion om könsarbetsdelningen och angränsande problem. I hallrättens protokoll från syn av Normalfabriken framgår dock att arbetslösheten bland kvinnor på 1810-talet i Norrköping var ett problem, som antogs driva kvinnorna till kriminalitet och prostitution. Ledamöterna satte denna arbetslöshet i samband med kvinnornas begränsade arbetsmarknad.[69]

Sammanfattning

Det finns en omfattande diskussion om skiktningar bland arbetarna. Debatten om arbetararistokratins särdrag och mekanismerna bakom dess framväxt har dock förts utan samband med debatten om könsarbetsdelningen, vilken också utgör en hierarkisk uppdelning, som ger kapitalägarna möjligheter att laborera med positioner och uppgifter med olika produktivitet och med olika belöningsstruktur. En första kartläggning på branschnivå av 1800-talets fabriker visar att det fanns en systematisk uppdelning både mellan och inom branscher av arbetsuppgifter efter arbetarnas kön. Vidare förefaller denna uppdelning ha samband med arbetsuppgiftens art, särskilt graden och typen av mekanisering. Tidigare forskning om engelska och nordamerikanska förhållanden har påvisat ett systematiskt samband mellan könsarbetsdelningens utformning och typen av mekanisering. Vi skall därför övergå till en granskning av fabrikerna och arbetet där.

Innan vi undersöker arbetsprocessen i de olika branscherna, skall vi kort diskutera fabriker och produkter.

4. Arbetets utveckling

Textilindustrin

Produktmarknaden

Textilproduktionen var den bransch, där förutsättningarna fär standardiserad massproduktion först växte fram och där fabrikssystemet fick sin första tillämpning. I Sverige dominerade under 1800-talets första hälft ylletillverkningen.[1] Främst tillverkades kläde av kardull. Det skedde i hantverksfabriker, som nästan helt var förlagda till Norrköping och producerade för hemmamarknaden. Tillverkningen dominerades av fint kläde, som främst köptes av de högre skikten i samhället. De färdiga varorna skyddades under större delen av seklet av tullar, medan råvara (både bomull och ull) kunde importeras med låga tullsatser.

Det fanns också viss bomullstillverkning. På 1830-talet grundades en rad mekaniska bomullsspinnerier, där grovt garn spanns med hjälp av enkla throstle-spinnstolar och såldes till de breda folklagren för att användas i hemslöjden till husbehov. När hemslöjden ökade kraftigt under 1840-talet och i början av 1850-talet, så expanderade bomullsspinnerierna.

Bomullsvävning skedde också i stor utsträckning på förlag. Men till det ändamålet importerades finare garn. Det fanns också hantverksmässiga bomulls- och linneväverier, som tillverkade segelduk m m. På 1830-talet grundades Rydboholms mekaniserade bomullsväveri i den gamla förlagsbygden i Marks härad i Älvsborgs län. Det producerade finare kvaliteter och konkurrerade därmed endast med importerade vävnader. Det förblev ensamt på den svenska marknaden i tjugo år, innan fler mekaniserade bomullsväverier grundades inom landet.

Under 1800-talet skedde en successiv övergång i produktsammansättning från finare till grövre kvaliteter, vilken kan sättas i samband med en efterfrågeförändring beroende på ökad köpkraft från större befolkningsgrupper.[2] Denna förändring ledde till nya förutsättningar för industrin, som på olika sätt anpassade sig till den nya marknadssituationen. Mot den bakgrunden skall mekaniseringen av själva omvandlingsmomenten i produktionen ses.

Under 1830-talet växte andelen fina vävnader i klädesindustrins produktion, vilket tycks ha skett för att tillgodose en ökad efterfrågan från förmögnare skikt. Klädesfabrikerna i Norrköping ökade sin produktion kraftigt, särskilt av finare kvaliteter. Några större fabriker tillverkade dock främst grövre kvaliteter.

På 1840-talet ökade i stället andelen grövre vävnader, vilket antyder att nu även bönderna men också i viss mån jordbrukets underklasser fått ökad köpkraft.[3] Tidigare hade allmogen själv i hemmen tillverkat de grövre ylletyger som användes. Det gällde de flesta skikt i samhället utom möjligen de allra fattigaste. Redan en mycket översiktlig undersökning av bouppteckningar för Norrköpings stad under främst 1820- och 1850-talen visar att en vävstol och några spinnrockar ingick bland husgeråden i de flesta hem, inklusive klädesfabrikörernas egna hushåll.[4] Först långsamt övertog fabrikerna denna produktion. Husbehovstillverkningen fortsatte under hela 1800-talet, liksom även produktionen i de hantverksmässiga klädesfabrikerna, parallellt med mekaniserad ylleproduktion.[5]

På 1850-talet skedde en klar övergång till grövre vävnader. En rad mekaniserade bomullsväverier grundades. Till skillnad från Rydboholms tidiga fabrik tillverkade de grövre kvaliteter, avsedda för en växande massmarknad. Till grund för den marknaden låg kraftiga inkomstökningar hos samhällets breda skikt. Dessa väverier konkurrerade alltså med hemslöjden, som definitivt gick tillbaka i slutet av decenniet.[6] Den växande marknaden ledde till ökad lönsamhet för mekaniserade fabriker. Men samtidigt förlorade bomullsspinnerierna sin gamla marknad genom hemslöjdens tillbakagång och fick ändra inriktning. De gick över till finare garnproduktion i anpassning till väveriernas behov. Vidare införde man i viss mån selfactor- mulstolar i spinningen, vilka spann finare garn än throstle-stolarna. Men throstle-stolarna var i klar majoritet i de svenska bomullsspinnerierna fram till 1800-talets sista decennier.

På 1850-talet ökade alltså även de lägre skiktens inkomster. Men klädesfabrikerna hade svårt att anpassa produktionen till den större marknaden. Mekaniserade vävstolar höjde inte produktionen per arbetare mer än 10 %.[7] Incitamentet att mekanisera yllevävningen var därför inte lika starkt som i bomullsindustrin. Den växande lönsamheten där gjorde att många klädesfabrikörer flyttade över sitt kapital till bomullsindustrin under 1850-talet. De kraftigt ökande lönerna var också en orsak till att man successivt mekaniserade vävningen. Det gjorde det möjligt att rekrytera en billigare arbetskraft.

Tekniken i de icke mekaniserade textilfabrikerna var enkel och förhållandevis billig. Länge byggdes redskap och maskiner av trä.

Svenska mekaniska verkstäder började tidigt tillverka textilmaskiner och försökte sig också på att förbättra dem. Maskiner tillverkades delvis lokalt men hämtades också från England, Tyskland och Belgien. Från England rådde visserligen exportförbud på textilmaskiner fram till 1842, men en omfattande smuggling ägde rum. Det var också förbjudet att hämta expertis ur landet, ett påbud som även det kringgicks.[8] När mekaniseringen genomfördes, köptes maskiner främst från utlandet.

Fabriksägarna

Det krävdes ingen särskild teknisk utbildning för att kunna starta klädesproduktion. Det viktiga var att de verkliga producenterna, särskilt spinnare, vävare och överskärare, var yrkeskunniga. Färgningen var i förekommande fall ett kritiskt moment. Somliga fabriksägare var utbildade färgare. Någon hade kemiska studier bakom sig. En och annan försökte vidareutveckla tekniken för färgning och efterberedning. Helt stämmer alltså inte tesen att tekniken redan tidigt var knäsatt.[9] Men främst var de personer, som grundade klädesfabriker, beroende av ett distributions- och försäljningsnät och tillgång till råvara, vilken i stor utsträckning direktimporterades. Det var därför ofta köpmän, som grundade klädesfabrikerna. Många av dem hade varit bokhållare i sin ungdom, ett yrke som tycks ha tjänat som inskolning i företagsekonomi och branschkännedom både för köpmän och fabrikörer. Under den tidiga perioden krävdes inte någon större kapitalinsats för ylleproduktion.[10] De enkla redskapen drevs för hand eller med hjälp av dragdjur. Eftersom redskapen var billiga och fabriksrum kunde hyras, fanns det även hantverkare, som startade fabriksproduktion under den tiden.[11] År 1846 tillhörde 19 av stadens 94 klädesfabriker män, som börjat som arbetare vid fabrikerna.[12]

Tillgång till kapital blev en särskilt begränsande faktor först i samband med mekaniseringen av produktionen, då fabrikerna krävde större kapitalinsatser i form av maskiner, byggnader, drivkraft och utväxlingar. Många av klädesfabrikörerna i Norrköping flyttade som nämnts över sina kapital från klädesbranschen till bomullsbranschen under 1850-talet i samband med att de mekaniserade och gick samman.[13] Även i yllebranschen gick man ihop, bildade aktiebolag och mekaniserade successivt produktionen.

Då fabrikerna mekaniserats, utvecklades även reparationsavdelningar för underhåll av maskinerna. Redan under den första delen av 1800-talet kombinerades ofta mekaniserade bomullsspinnerier med en mekanisk verkstad, som kunde svara för maskinernas underhåll och i viss mån konstruktion. Sådana fanns t ex vid Nääs, Strömma och Jonsered. Således fanns vid de mekaniserade fabrikerna även yrken som metall- och träarbetare representerade. Den tekniska kompetensen fanns där främst hos dem, som konstruerade och underhöll maskinerna, och i mindre grad hos de direkta textilarbetarna.

Det tidiga 1800-talets ylletillverkning var alltså i huvudsak en norrköpingsindustri. Redan på 1600-talet hade klädestillverkning för arméns behov startats i Norrköping genom grundandet av vad som senare blev Drags yllefabriks AB och som via flera omorganiseringar skulle fortleva långt in på 1900-talet.[14] Men staden var också ett gammalt centrum för handel med spannmål, järn och annat. Dess läge vid östersjökusten var gynnsamt för handel. Sedan Göta kanal blivit färdig under 1820-talet blev läget ännu mer fördelaktigt mellan två sjöleder.

På den östgötska landsbygden med dess rika jordbruk hade flera av 1800-talets fabrikörs- och köpmannasläkter sitt ursprung. De härstammade från jordägare, köpmän och präster.[15] De hade sitt kapital från bl a handeln med spannmål, från kvarnar och brännvinsbrännerier. En del hade de investerat i jordegendomar men i början av 1800-talet investerades allt mer i först ylleindustrin, senare bomullsindustrin. Hela tiden fortsatte emellertid många att investera i fastigheter, även jordegendomar. Släkt- och affärsförbindelserna var nära med köpmän i andra städer och bruksägare på den omgivande landsbygden.[16]

Orsakerna till Norrköpings dominans i ylleindustrin har diskuterats. Närheten till vattenkraft har ibland hävdats som en viktig orsak.[17] Dock var det endast ett fåtal fabriker, som var förlagda till strömmens strandtomter.[18] De var i gengäld större än de övriga, t ex Gryt och Drag, vilket strömkraften delvis kan förklara. Men även de utnyttjade vattenkraften i endast begränsad omfattning.[19] Fabrikernas format, tillgång till vattenkraft, "hela den geografiska och merkantila miljön", måttlig konkurrens och utökat marknadsutrymme främjade Norrköpings fabriker, men de var alla faktorer av underordnad betydelse, menar Tom Söderberg. I stället framhäver han "stadens historiska specialisering på klädet", som medfört bl a att det fanns "stora släktkretsar av fabrikörer" men framför allt av fabriksarbetare, "en invandrad stam av arbetare och mästare, en stam som i den progressiva folkökningens tid kunde skjuta nya skott utan att därav försvagas".[20] Tillgången på tränad arbetskraft skulle alltså varit avgörande, även om också kapitalägarnas släktnät hade betydelse.

Arbetsmarknaden

Att klädesfabrikerna expanderade och produktionen steg på 1830- och 1840-talen betydde inte att arbetsmarknaden var stabil eller att förhållandena var entydigt goda för arbetarna. Konjunkturväxlingar och strukturproblem i samband med det ojämna införandet av ny teknik liksom missväxtår i jordbruket ledde till fluktuerande sysselsättning, tidvis arbetslöshet, både i jordbruket och industrin, och även periodvis till dyrtid och brist på spannmål. Jordbrukets kommersialisering, skiften och nyodling ledde visserligen till att fler arbetare behövdes där. Men folkökningen och proletariseringen var större än jordbrukets efterfrågan, och reallönen sjönk under perioden.

I början av 1800-talet var spinningen det moment i klädesproduktionen, som sysselsatte de ojämförligt flesta arbetarna.[21] Den var ett kvinnoarbete, som också berörde landsbygden utanför staden. Men industrins utveckling kom snart att präglas av att arbetet koncentrerades till fabrikerna. År 1819 infördes spinnmaskinen, vilket ledde till sänkta spinnlöner och arbetslöshet för spinnerskorna.[22] Somliga av klädesväverierna kombinerades nu med s k mekaniska ullspinnerier. Spinningens produktivitet ökade kraftigt. I samband med att den flyttades från hemmen till fabrikernas spinnmaskiner övergick den från kvinnor till män. Branschen expanderade. Under intryck av 1830-och 1840-talens ökade efterfrågan startades en rad nya små och medelstora klädesfabriker i Norrköping. I slutet av 1830-talet infördes mulspinnstolen i yllebranschen och spred sig snabbt. Samtidigt kom emellertid en våg av konkurser, som hänförts till att billigare kvaliteter börjat produceras med hjälp av mekaniserad drift i större skala. Dessutom drogs många fabriker med i andras fall på grund av ömsesidiga borgensförbindelser. Raden av fabriksnedläggningar ledde till att många klädesarbetare blev arbetslösa. År 1843 ägde ett upplopp rum i Norrköping.[23] Och 1845 års missväxt ledde till att folk lämnade landsbygden för att söka arbete i staden. Fabrikssocieteten påminde sina medlemmar om husbondeansvaret för arbetarna.[24]

I mitten av 1840-talet inträdde en högkonjunktur för textilindustrin, och nya fabriker fortsatte att grundas i Norrköping.[25] Sammantaget nygrundades fler fabriker än som lades ned under perioden. Och det fanns många klädesfabriker i staden. För klädesarbetarna bör snarast arbetsmarknaden ha vuxit under perioden. Deras antal ökade mycket riktigt mellan 1835 och 1845 med cirka 600 eller 27 %.[26] År 1845 fanns mer än 3 000 klädesarbetare fördelade på närmare 100 klädesfabriker.[27] 53 % av stadens 13 700 invånare var då kvinnor, en andel som växte under seklets lopp. Dessutom fanns 200 spinnhushjon.

Textilindustrins växande kvinnliga arbetskraft avspeglades i stadens könsstruktur.

Under depressionsåren i slutet av 1840-talet och början av 1850-talet slogs de små klädesfabrikerna ut. I mitten av 1850-talet hade en tredjedel av dem försvunnit. Det kan ses som inledningen till den strukturomvandling, som textilindustrin genomgick under decenniet. De sociala problem som arbetslösheten förde med sig, förvärrades av en koleraepidemi i Norrköping i augusti 1853. Fattigvården initierade nödhjälpsarbeten, där män sysselsattes med stenhuggning och krossning av makadam, medan kvinnor tilldelades ull och bomullsgarn till förberedning i hemmen. Kläder och soppa utdelades.[28] År 1855 ägde ett upplopp rum mot spannmålsuppköparna.[29] Samtidigt inleddes en högkonjunktur och ett uppsving för de kvarvarande klädesfabrikerna.[30] Lönenivån steg kraftigt under decenniet. Nu inleddes den omvandling av den svenska ylleindustrin, som skulle prägla de kommande årtiondena. Spinningen var redan i stor utsträckning mekaniserad. Nu gällde det vävningen – det sista återstående hantverksmomentet. I Norrköping var det Drags och Smedjeholmen, som började mekanisera vävningen. Det gick dock långsamt. Parallellt med de nya mekaniska vävstolarna hade man många handvävstolar kvar. Ännu 1860 var endast en tiondel av landets vävstolar i klädesindustrin mekaniska, 1865 var det en fjärdedel.[31] I början av 1860-talet kom en kort högkonjunktur. Från 1863 ökade produktionen från de mekaniserade vävstolarna starkt.[32]

Ännu 1850 dominerade ylletillverkningen i Norrköping. Av cirka 4 000 arbetare vid manufakturerna i staden fanns 3/4 inom klädesproduktionen. Den siffran inkluderade ändå inte tillfälliga arbetare.[33] Men en rad nya bomullfabriker, som kombinerade spinneri och väveri, grundades under decenniet. Genomgående var nu stenkolseldade ångmaskiner eller vattenkraft den centrala drivkraften.

Under högkonjunkturen på 1870-talet expanderade bomullsindustrin snabbt och dess stordriftsstruktur kvarstod. Yllebranschen koncentrerades vidare och småfabrikerna rensades ut. Perioden präglades av samgåenden och bolagsbildningar.[34] Reallönerna ökade. Efter 1873 rådde dock en internationell depression, som dock blev svagare i Sverige.[35] Lönerna i fabrikerna sjönk. Undersökningsperioden avslutas med krisåren i slutet av 1870-talet.

De äldre produktionstyperna var alltså länge konkurrenskraftiga i förhållande till den mekaniserade industriproduktionen. Regionala skillnader fanns dock. Så beskrivs den östgötska landsbygden som fattig på hemslöjd inom ylle på grund av närheten till Norrköpings industriproduktion.[36] I Marks härad, som dominerades av bomullsvävning på förlag, fanns heller ingen ylleproduktion i hemmen att tala om.[37]

Omläggningen av produktionen till grövre kvaliteter för en potentiellt större marknad innebar större möjligheter att överge hantverksmässig produktionsprocess.

Fabrikerna

De tidiga bomullsspinnerierna låg främst på landsbygden nära tillgång till vattenkraft. På 1830-talet grundades en rad mekaniska bomullsspinnerier. Ett av dem som undersöks nedan var Strömma bomullsspinneri i Asarums socken nära Karlshamn i Blekinge. Där spanns grovt bomullsgarn till hemslöjden på throstle-stolar med hjälp av barnarbetare. Fabriken omfattade även en mekanisk verkstad och en kvarn. Skola fanns för barnen.

I Jonsered hade de skotska köpmännen William Gibson och Alexander Keiller grundat en segelduksfabrik i anslutning till ett säteri. Även gjuteri och mekanisk verkstad anslöts. Jonsereds fabriker utvecklades som ett slutet brukssamhälle med många verksamhetsgrenar. Ägarna dominerade all verksamhet och arbetarna var lokalt rekryterade och förankrade enligt gammalt bruksmönster. Arbetsledarna hämtades dock från England.[38]

Nääs' fabriker grundades av köpmannen Johan Theodor Berg med utgångspunkt från Nääs' jordegendom. I början av 1830-talet byggdes ett bomullsspinneri, som drevs med hjälp av det vattenfall som förut använts till att driva en kvarn och ett sågverk. Även ylletillverkning bedrevs vid Nääs, som i likhet med Jonsered och andra landsbygdsindustrier utvecklade en sluten bruksmiljö, som i stor utsträckning byggde på användningen av gårdens arbetare och underlydande som arbetskraft.[39]

I Marks härad, där Kinnarumma ligger, fanns gamla traditioner av hemindustri och förlagsverksamhet. Invånarna hade sedan gammalt tillstånd att vandra omkring i landet och försälja hemslöjdens produkter (västgötaknallarna). Det fanns alltså en utbredd vana vid och kunnighet i vävning på förlag av bomullsvaror och ett upparbetat distributions- och försäljningsnät. Rydboholms mekaniserade bomullsväveri för tillverkning av finare kvaliteter grundades där på 1830-talet av Sven Eriksson med hjälp av kapital från egen och moderns förlagsverksamhet samt från några handelskapitalister från Borås och Göteborg. Den tekniska expertisen tillfördes särskilt under de första åren av engelska hantverksmästare, bl a vävmästaren Charles Hill, som senare var med om att bygga upp bomullsindustrier i Norrköping och Alingsås. Rydboholms fabrik omfattade även arbetarbostäder, skola och kyrka, vars predikant avlönades av bolaget långt in på 1900-talet. Det utgjorde också en slags bruksmiljö, där fabriken dominerade de flesta verksamheter. Denna typ av landsbygdsindustrier kan ses som ett försök att utnyttja jordbrukets arbetskraftsöverskott, särskilt kvinnor och barn.

I slutet av 1840-talet och början av 1850-talet grundades också en rad stora bomullsspinnerier och -väverier i Norrköping. De tog delvis sina maskiner från England, delvis var dessa tillverkade lokalt av Malcolms mekaniska verkstad. Antalet throstle-spindlar som användes var mellan två och tre gånger så många som antalet mulspindlar. Under de sista åren av 1850-talet hade vattenbrist i strömmen stimulerat fabrikerna att skaffa ångmaskiner i reserv. Dessutom hade vattenkraften byggts ut till större effektivitet.[40]

År 1860 sysselsatte bomullsfabrikerna sammanlagt 1 800 arbetare.[41] De mekaniserade fabrikerna var betydligt större än de tidigare hantverksfabrikerna. Arbetsplatserna var alltså nu stora, omfattade många arbetare och arbetsprocessen var omvandlad. Varje fabrik bestod av flera byggnader, där olika produktionsmoment hade var sin byggnad, t ex färgning, blekning, reparationsverkstad. Olika produktionsmoment hade var sin våning i huvudbyggnaden. På grund av den kännbara bostadsbristen i Norrköping blev det vanligt att de större fabrikerna byggde arbetarbostäder för en del av arbetarna, ofta i anslutning till fabrikerna.

Norrköpings bomullsspinneri, senare Bergs AB, som grundades 1847, drevs med vattenkraft. Spinneriet utökades 1855 med ett väveri inklusive appretur, kemiskt blekeri och färgeri. 400 arbetare tillverkade grövre vävnader (s k domestiks) med hjälp av 140 mekaniska vävstolar och tre gånger så många throstle- som mule-spindlar. I spinneriet arbetade 165 personer, varav hälften barn.[42] Fabriken hade eget färgeri, men i övrigt anlitades de separata färgerier, som fanns i staden.[43]

B W Hultströms trikåfabrik från 1857 hade 9 cirkulärvävstolar (eller rundstolar) och sysselsatte 1859 64 arbetare. Man tillverkade främst bomulls-, ylle- och silkestrikåvävnader.[44]

Bolaget Philip Jeremias och Söner köpte bruket Holmen och bildade firma Holmens Bruks & Fabriks AB för att driva bomullsspinneri (1856) och väveri (1857), pappersbruk m m.

Fabriken hade tillgång till stadens högsta vattenfall. Ånga användes till uppvärmning av lokalerna. Även här hade man mer än dubbelt så många spindlar throstle som mule och 110 mekaniska vävstolar. I medeltal fanns 300 arbetare anställda. Man tillverkade främst grövre bomullsvävnader men även varpgarn och mulegarn. Fabriken omfattade även ett pappersbruk med 62 arbetare (1857).[45]

Norrköpings bomullsväveri hade grundats 1853 som det andra mekaniserade bomullsväveriet i landet efter Rydboholm. Rydboholm blev mönsterbildande, och både arbetsledare – t ex verkmästaren Charles Hill – och en del arbetare hämtades därifrån. Väveriet var inhyst i ett fyravåningshus. Det drevs av 3 ångmaskiner. Man hade 516 mekaniska vävstolar, som arbetade "med en överraskande snabbhet". År 1856 var 210 arbetare anställda, 1859 var de 356, varav en stor del utgjordes av unga kvinnor.[46] Man tillverkade dels färgade appreterade bomullsvävnader (mollskinn, twills, foderlärft, bomullslärft, nankin, korderoj, satin, dimity, tryckt mollskinn), dels vita appreterade bomullsvävnader (även shirting, dräll och rips).

Charles Hill flyttade på 1860-talet till Alingsås tillsammans med en grupp arbetare från Norrköpings bomullsväveri, vilka han tio år tidigare haft med sig från Rydboholm. Där startade han ett bomullsväveri, som expanderade snabbt och kom att bli stadens enda och dominerande industri under resten av seklet.[47]

Kampenhofs bomullsspinneri grundades 1859 i Uddevalla av ett bolag, där den skotske köpmannen och havreexportören Thorburn ingick. Man hänvisade då till bristen på lämplig sysselsättning för ortens befolkning. Trakten saknade – hävdade man – textiltraditioner. Å andra sidan gjorde det att man i början tvingades rekrytera vana arbetare från andra fabriker, från Rydboholm och från flera fabriker i göteborgstrakten. Fabriken blev snabbt den dominerande industrin i Uddevalla. Den omfattade även blekeri och färgeri. Smeder och snickare fanns för skötsel av maskinerna.

I Malmö grundades både bomullsspinneri och bomullsväveri 1855 av några köpmän, C J Kock, bolagen M Flensburg & Söner och L P Kruse & Son.[48] Till väveriet rekryterades vävmästare och färgmästare från Tyskland. I samband med det nordamerikanska inbördeskriget fick man i likhet med alla landets bomullsfabriker i början av 1860-talet problem med råvarutillförseln av bomull, vilket tvingade till inskränkningar och temporära nedläggningar. Bomullsindustrin återhämtade sig endast långsamt under de följande åren. I stället fick yllebranschen ett tillfälligt uppsving.

I de mekaniserade fabrikerna var arbetsorganisationen en annan än i hantverksfabrikerna. Det präglade också utnyttjandet av de fysiska lokaliteterna. Drags gamla yllefabrik omorganiserades på 1850-talet till aktiebolag av en rad tidigare klädesfabrikörer och mekaniserades successivt. Fabriken beskrevs 1859 såsom vackert belägen vid västra ändan av staden vid strömmens första höga fall. Två vattenhjul av järn och ett reaktionshjul om tillsammans 100 hästkrafter drev de olika maskinerna. Huvudbyggnaden var 190 fot lång och 60 fot bred och hade fyra våningar förutom två vindsvåningar. Olika produktionsmoment var inhysta på olika våningar. På första våningen fanns valk-, skölj- och ruggmaskiner. På andra våningen fanns mekaniska ("machin- eller sjelfverkande") vävstolar, longitudinalskärmaskiner och en hydraulisk press. På tredje våningen fanns 73 vävstolar, varav 39 mekaniska. På fjärde våningen fanns kard- och spinnmaskiner. Femte våningen utgjordes av en ramvind med ullinoljningsmaskin. Och på sjätte våningen fanns ett plys- och nopprum. Där fanns även "en avstängd plats där 30 fångar från den närbelägna korrektionsinrättningen är under särskild bevakning sysselsatta". I andra byggnader fanns färgeri, appreteringsverk m m. Lokalerna uppvärmdes med hjälp av ånga. I närheten fanns också ett boningshus för arbetare. Det innehöll 30 rum fördelade på 17 lägenheter.[49]

Arbetsprocess och teknisk förändring

Arbetsprocessen kan indelas i tre grundläggande moment: förberedning av råvaran, omvandling (dvs spinning och vävning) samt efterberedning av produkten.

Arbetet i klädesfabrikerna var smutsigt och ofta direkt hälsovådligt.[50] Det var också fråga om tidsödande och omständliga arbetsuppgifter. Man försökte tidigt påskynda och underlätta arbetet genom enkla mekaniska uppfinningar, som också ledde till att det behövdes färre arbetare.

På 1830-talet, när vi möter hantverksfabrikerna i denna undersökning, kallades vissa moment av samtiden mekaniserade. Det var särskilt just förberedningsmomenten och en del av efterberedningsarbetet, som först underlättades och förändrades genom införandet av enkla mekaniska hjälpmedel.

Det var dock inte fråga om någon mekanisering i meningen centralt driven och av maskinen starkt påverkad eller styrd process. De första mekaniska anordningarna var mestadels handdrivna. Om fabriken var belägen nära ett vattendrag, hände det att vattenkraft användes. Maskinen i fråga styrdes och kontrollerades helt av den enskilde arbetaren. Arbetarens möjligheter att använda sitt på yrkeserfarenhet baserade omdöme begränsades dock genom att maskinen medförde en viss standardisering av arbetet.

Förberedning

Alla förberedande arbetsmoment gick ut på att göra ullen ren, fri från fett och andra främmande partiklar och porös, så att den lätt kunde färgas jämnt och spinnas. Hela den förberedande bearbetningsprocessen förändrades genom införandet av de enkla maskinerna.

Det första momentet var att sortera ullen. Det skedde under hela 1800-talet för hand av en *ullsorterare*. Det var ett viktigt arbete, som ytterst avgjorde klädets kvalitet. I hantverket hade mästaren uppsikt över detta arbete. Men även senare krävde det särskild kunskap och omdöme. Efter ullsorteringen gick ullen vidare till en piskmaskin, som avlägsnade lös smuts, och sedan tvättades den, eftersom fabrikerna brukade köpa otvättad ull.

I det rena hantverket stod *ulltvättaren* till midjan i rinnande vatten eller bredvid på en träställning och bearbetade ullen handgripligen i vattnet. Tvätt- eller sköljmaskiner blev mer allmänt förekommande först på 1840-talet. 1845 omtalas en valstvättmaskin i Norrköping.

Sedan torkades ullen, antingen utomhus eller oftare på ramvinden, där *ramvindsarbetare, ramvindseldare* och *ulltorkare* arbetade. Torkningen skedde åtminstone fram till 1870 fortfarande ute eller på ramvinden. Fläktar infördes dock som hjälpmedel. Samtidigt sträckte man klädet över en trumma. En torkmaskin som utnyttjade centrifugalkraften infördes i de större fabrikerna redan på 1850-talet (år 1845 hos Söderberg & Arosenius i Norrköping). I de senare, mekaniserade fabrikerna fanns ugnar för torkningen.

När ullen torkat, skedde den första plysningen (av fr. plucher = plocka) av *ullplyserskan* eller *ullplockerskan*. Det innebar att stickor, strån och annat skräp plockades bort för hand ur ullen. Plysningen skedde länge för hand.

Så följde utlakningen, som kunde ske på flera sätt beroende på ullens tillstånd. *Lakaren* lade ull med inbiten smuts i en brygd av vatten, urin och lut, som värmdes. Ullen bearbetades däri för att fettet skulle lösas ut. När den var vit och elastisk, togs den upp och fördes till vattnet för att sköljas noga. Den tunga korgen med våt ull lyftes upp och ned i vattnet och bearbetades med slag av käppar. Två man sades kunna skölja ullen färdigt på 8 minuter, om de stötte den med vardera 36-40 slag i minuten. Det var viktigt att laken var lagom stark. Var den för svag, gick det sedan inte att flaka och plysa ullen. Var den för stark eller het, blev ullen skör och kunde inte spinnas så fin. Användes sådan ull till kätting, som spändes hårt i väven, brast den.

Efter tvätten fick ullen rinna av i ett dygn. Färgning kunde ske både av ull och färdigt kläde. Skulle ullen färgas, fördes den våt till färgeriet, där den togs om hand av *färgeriarbetaren, färgargesällen, färgarlärlingen.* Färgaryrket var skråbundet med reglerad lärotid.

Om den inte skulle färgas, torkades ullen på torkvinden, där den först piskades och sedan hängdes upp, om den var lång, eller reddes ut, om den var kort. Den skulle ofta vändas och röras om för att torka utan att "ta hetta". Detta arbete sköttes av *ulltorkare* och *torkvindsarbetare.*

Härpå följde flera moment, som skulle sönderdela och bearbeta ullen, som nu var en filtliknande massa, så att den blev lös och jämn.

Först användes en enkel mekanisk anordning, som kallades varg eller vulf. Den användes av *vulfaren.* Det var en låda med vridbar axel i, där krokiga järntänder var fästade. När axeln vevades runt (av en *maskindragare* t ex), skakades ullen häftigt om och trasades sönder. Smuts och partiklar föll ned genom ett galler.

Därpå följde flakningen. *Flakaren* lade ullen på ett galler (helst elastiskt, t ex av rep) och piskade den hårt, så att ytterligare skräp ramlade ur och tovor reddes ut. Somliga fabriksägare använde enbart vulfning, andra enbart flakning. Båda metoderna i följd ansågs dock underlätta plysning och skrubbling efteråt, eftersom ullen blev väl redd.

Ofta grovplysades den torra ullen redan före flakningen av flickor och pojkar. För det mesta plysades den ännu noggrannare efteråt. Varje plysare tog sin ull i en korg och lade en näve i taget på ett långt galler över knäna och redde ut den mellan fingrarna. Innan den sedan kunde spinnas, måste den kardas (om den skulle bli kläde) eller kammas (till tygvävnad). Några av de medelstora klädesfabrikerna (med 6-7 eller fler vävstolar) hade plysmaskiner åtminstone på 1840-talet. Barnängens fabrik i Stockholm hade använt en sådan redan 1764. Men det vanligaste torde ha varit plysning för hand.

Kamull tillverkades knappast i Sverige under den här aktuella delen av 1800-talet.[51] Här var det kardull som tillverkades. Till kläden skulle ullen spinnas löst och bli lurvig (få s k lov eller stapel) och sedan efterberedas (appreteras) utan att tråden någonsin kommit fram. Därför måste ullen krossas eller slitas av genom kardning. Då blir garnet mer ludet och lättare att valka ihop till ett kläde.

S k skrubbling och kardning var därför bland de viktigaste momenten i klädestillverkningen. Den sköttes av *skrubblare.* En väl kardad ull kunde spinnas bättre. Vävningen och ytbehandlingen blev bättre.

Kardorna kallades i de flesta fabriker skrubblor. Stora skrubblor var 10-11 tum långa och 6 tum breda. De var av hårt trä med läder över, där tänder var tätt fästade. Olika sorters ull krävde olika täthet mellan tänderna. Den ena skrubblan var fastsatt vid en skrubbelbänk, medan den andra fördes över ullen av skrubblaren med båda händerna.

De egentliga kardorna var mindre och av två sorter, beroende på vad ullen i fråga skulle användas till: kättingkardor eller inslagskardor. Kättingen (de längsgående trådarna i väven) måste nämligen spinnas finare än inslaget.

Kättingspinnerskorna måste därför karda lösare och mindre med smalare kardor. Båda typerna av småkardor var 6 tum långa, men kättingkardan var något smalare (3 à 3 1/2 tum jämfört med 4 tum). Småkardornas krokar eller taggar satt också annorlunda, eftersom man kardade med dem i knäet.

Skrubbling och kardning var bland de först underlättade momenten. Skrubbel- och kardmaskinen bestod i princip av en horisontell cylinder med kardblad. Denna vreds runt sin axel. Matning med och urtagning av ull skedde också med enkla mekanismer (*förmatare, förläggare, påläggare, urtagare*). Denna maskin fanns anpassad till både ull och bomull. Ahlms mekaniska verkstad i Norrköping specialiserade sig tidigt på skrubbel- och kardmaskiner. De flesta klädesfabriker hade sådana maskiner på 1830-talet.

Dessa maskiner förbättrades successivt. Där tidigare arbetarens omdöme avgjort vilken behandling en viss ulltyp behövt eller tålt, tillhandahölls nu olika typer av maskiner för att tillåta en fortsatt nyanserad behandling. I en omekaniserad klädesfabrik på 1890-talet omtalas tre sorters kardmaskiner. Ur den första sades ullen komma fram som en lätt, flortunn vadd, i den andra kardas den om och ur den tredje (den s k continue-maskinen, som fanns vid de större fabrikerna på 1850-talet) kommer den som en löst snodd, tämligen tjock "förspånad", även kallad slubbgarn (*förläggare, slubbare*).

Före skrubblingen tillsattes olja, så att ullen blev len, smidig och lättbearbetad (*ullinoljare, ullfettare*). Inoljningen skedde länge för hand. Arbetaren lade ullen på golvet, doppade händerna i olja och stänkte på ullen från alla sidor. Olika sorters olja användes till olika sorters ull. Efteråt lade arbetaren ullen i knäet och redde den för hand. 1835 omnämns en maskin för inoljning i Norrköping. Men det var en ovanlig företeelse.

Kättingspinnarna oljade och skrubblade själva den ull de spann. Till grövre vita kläden som skulle färgas, räckte en eller två skrubblingar. Till flerfärgade kläden krävdes tre eller fyra skrubblingar.

Kardningen behövdes för att spinningen skulle bli bra. Den brukade utföras av den som spann ullen.

Arbetarna i förberedande moment

Det fanns en strikt uppdelning av arbetsuppgifter mellan män och kvinnor och mellan barn och vuxna. Jämfört med den uppdelning som fanns inom hushållet, medan ylletillverkning skedde i hemmen i form av hemslöjd, hade förändringar skett. Den största förändringen gällde dock spinning och vävning, som vi skall diskutera under omvandlingsmomentet.

När det gäller de förberedande arbetsuppgifterna kan sägas att i *hantverksfabriken* de flesta moment sköttes av manliga arbetare. Men plysningen var nästan uteslutande ett kvinnoarbete. Det förekom manliga ullplysare (aldrig klädesplysare); dessa var oftast äldre män och de fanns åtminstone i några fall vid fabriker, där plysningen skedde i sk ullplysningsmaskin. Det var samtidigt nästan det enda yrke, som kvinnor hade i klädesfabrikerna. När mekaniska anordningar blev vanliga, var kvinnor ofta förläggerskor, påläggerskor, förmaterskor. Skrubblerskor förekom liksom i sällsynta fall maskindragerskor. Ullsorteraren kunde vara kvinna, men det var ovanligt.

Plysningen var mestadels helt manuell. Även om plysmaskiner fanns, skedde mycket plysning helt för hand under hela seklet. Det var också en typ av arbete, som gick att utföra i hemmet. Det var vanligt att kvinnor hämtade ull vid fabrikerna men utförde själva plysningsarbetet i hemmet. En (klädes)plyserska kunde vara anställd vid flera fabriker och gå emellan dem. Detta hängde sannolikt ihop med plysningsarbetets oregelbundna karaktär liksom det oregelbundna arbetet i fabrikerna överhuvudtaget.

Arbetet skedde oftast per kätting. Man producerade på beställning. Det kunde hända att det uppstod väntetid för arbetarna mellan kättingar. Medan de sålunda avvaktade att ny råvara skulle anlända, erhöll åtminstone somliga arbetare enligt lag eller avtal sk väntepenning. Det gällde dock som regel inte plyserskorna. Arbetarna kunde också tilldelas andra uppgifter, tex ifall fabriksägaren även hade andra verksamheter, vilket inte var ovanligt i Norrköping åtminstone. Plysningen var ett säsongsarbete, som betalades bättre på sommaren än på vintern. Plysning var också en typ av arbete, som gavs till fattiga kvinnor under lågkonjunkturer, som en sorts beredskapsarbete, medan män på motsvarande sätt tilldelades stenhuggningsarbete.[52] Det kan sägas ha varit okvalificerat.

Vidare förekommer i undersökningen enstaka skrubblerskor och förläggerskor (tex vid skrubbel- och kardmaskiner). Övriga moment i förberedningen (inklusive maskindragning) sköttes nästan uteslutande av män. Rengöring av kardor och annan handräckning sköttes av barn eller ungdomar.

Spinning

Efter de förberedande momenten vidtog så spinningen – ett huvudmoment i själva omvandlingen av ullen till kläde.

Handspinning i hemmen var länge en viktig garnförsörjningskälla för klädesfabrikerna. Även i fabrikerna fanns handspinnstolar. På en spinnrock med litet hjul blev garnet lösare; med stort hjul gick det å andra sidan snabbare att spinna. I Sverige där barn användes i spinningen, anpassades hjulets storlek till deras ålder och styrka. Spinningen av inslagsgarn måste ske ordentligt och krävde yrkeskunniga arbetare. Det skulle vara lösare än kätting. Mindre skickliga personer fick spinna kätting och börja med grövre garn. Andra spann endast inslag av finaste ull (*spinnare*).

När en viss mängd sländor eller rullor spunnits fulla, skulle de avhärvas på ett mekaniskt redskap, som kallades haspel eller härvel (*hasplare*), som gjorde härvor av det. På många fabriker kallades det strängar, när det gällde garn till kätting.

Från dessa strängar rullades sedan garnet av på bobiner (rullar av trä) av *bobinaren*. Alla bobiner måste bli lika stora och jämnt rullade, annars kunde de orsaka att tråden brast under vävningen. Bobinerskan lät garnet löpa mellan fingrarna, tog bort knutar och knöt ihop fint, där det gick av. Tre strängar per bobin var vanligt. Bobinrullarna sattes sedan i en bobinbänk (två rader med 12 bobiner i varje). Därifrån skulle de rullas av på en varpa.

Inslagsgarnet (härvorna) däremot spolades med hjälp av en spolrock upp på papperstutor, som sedan skulle sättas i skytteln (*spolare*). Inslagsgarnet skulle alltid vara vått när det spolades och då det sattes i väven. Det var mycket viktigt att det var lika vått överallt; spolerskan fick se till att hon inte kramade ur det för mycket, när hon spolade. De färdiga spolarna lades sedan i en låda, som stod mellan de båda vävarna, som vanligen samarbetade i en vävstol. Det ansågs som en försvårande faktor i ett mål inför hallrätten, att en klädesvävargesäll som med sin lärling avvikit till krogen under arbetstid, hade lämnat garnet vått i vävstolen.[53]

A. Mekanisering av spinningen

Spinningen var ett arbete, som också tidigt blev föremål för "förbättringsförsök". På 1830-talet säger sig de flesta klädesfabriker ha "mekaniska spinnstolar". Det var då fråga om handdrivna spinnmaskiner, små sådana med endast 50-60 spindlar.

De första spinnmaskinerna var anpassade till bomullstillverkning. Spinning jenny var en handdriven throstle-spinnmaskin för finspinning. Den krävde att garnet förspanns. Framför spindlarna satt en ram med lika många rullar eller bobiner för förspinningen. Denna stol arbetade periodiskt (med avbrott), vilket sågs som mindre fördelaktigt. Ett annat fel var att den inte spann tillräckligt hårt snott för att garnet skulle kunna användas till varp. Till varpspinning användes i stället vattenramstolen (tramprocken). Men den kunde i sin tur inte spinna fin tråd, som var löst snodd. Dessutom kunde den bara användas till bomull. År 1780 hade emellertid Samuel Crompton lyckats förena dessa typer i mulspinnstolen (*mulejenny*). Den drevs för hand och kunde också användas till ull. Också den krävde förspinning av de tjocka "kardor", som kom ur kardmaskinen. Förspinningsmaskinen (även kallad billy eller slubbmaskin) byggde på samma princip som jenny-stolen men hade spindlarna fästa vid en in- och utgående vagn. År 1862 var mulspinnstolarna vanligen förekommande i klädesfabrikerna. I de mekaniserade ullspinnerierna användes senare en automatiserad version, den s k self-actorn.

Det fanns alltså två huvudtyper av spinnmaskin i bomullsfabrikerna.[54] Throstle-stolen var den tidigast utvecklade, som fanns i England och Förenat staterna i slutet av 1700-talet. Den spann garnet på rullar. Garnet snoddes och drogs ut samtidigt genom att röra sig. Arbetaren behövde endast laga trådar som brast och ersätta bobiner som fyllts med garn. Mulstolen hade däremot sina spindlar uppsatta på en rörlig vagn, som genom att avlägsna sig på räls bort från garnrullarna drog ut garnet och tvinnade det. När den sedan kom tillbaka på rälsen rullades garnet upp på bobinen. I början måste mulstolen dras ut och in för hand, vilket var ett tungt arbete. Dessutom måste den dras med jämn hastighet, avpassad till spindlarnas, vilket också krävde skicklighet. Även efter att vagnarna börjat dras ut och in på mekanisk väg, krävdes skicklighet eftersom garnet fortfarande rullades upp för hand. Spinnaren skulle med ena handen reglera hur tråden rullades in i spindeln och med den andra anpassa de roterande spindlarnas hastighet med hjälp av en skruv. Det var denna upprullning som ansågs svår att mekanisera och som länge förblev ett hantverk.

De olika teknikerna krävde olika typer av skicklighet. Throstlespinning var att sköta en maskin. Det krävde endast några veckors inlärning. Den var avpassad till grövre garn. Men mulspinning var ett hantverk, som krävde en lärotid av flera år. Och med den tekniken spann man finare garn.

Hasplingen fortsatte att skötas manuellt med endast enkla hjälpmedel under perioden. Bobining, varpning och spolning skedde för hand, tills de mekaniska vävstolarna blev vanliga. Då krävde dessa att bobiningen osv fick en jämnare kvalitet och gick snabbare. Ännu 1850 spolades en rulle i sänder av en person, som samtidigt med andra handen vevade hjulet. En spolgosse kunde då med denna metod hålla fyra vävstolar med garn.

B. Arbetarna i spinningen

Handspinningen utfördes vanligen av kvinnor och barn.

"Kvinnorna spunno i allmänhet bättre än manfolk, kanhända därför att arbetet är lätt och de äro vigare i händerna. Men förnämsta skälet var, att manfolk endast nyttjades härtill i ungdomen, ty de vandes till tyngre arbeten när de fått mera krafter, medan kvinnorna förblevo vid spinningen hela sin livstid och sålunda kunde vinna större färdighet häruti."[55]

Kvinnorna hade alltså större skicklighet på grund av längre yrkeserfarenhet. Och orsaken till det var arbetsdelningen, som styrde männen till andra arbetsuppgifter.

Spinningen var en ständig flaskhals i produktionen. Fabriksägare och myndigheter sökte sprida spinningskonsten genom att importera skickliga spinnmästare och spinnmästarinnor från utlandet, främst Tyskland, och sätta upp spinnskolor dels för barn, dels för kvinnor, som antogs sedan kunna sprida konsten vidare. Man införde också under en period premier eller medaljer till den som spann skickligt.

Däremot höjdes inte spinnlönerna förrän på 1840-talet, alltså då mulstolen infördes. En lönehöjning sades nämligen leda till en prisökning på kläde, vilket man inte önskade. Spinnerskorna ansågs allmänt tillhöra samhällets ekonomiska bottenskikt.[56] Och det förbättrade säkert inte yrkets anseende, att spinning förknippades med straffarbete. Spinnhusen arrenderades ut till någon fabrikör på orten, som där fick samma arbete utfört som i sina övriga fabriker men till billigare pris. Det förekom uppmaningar från myndigheterna att skärpa uppsikten över arbetslösa (försvarslösa) och brottsliga kvinnor för att kunna skaffa mer arbetskraft till spinnhusen. Denna kampanj har tydligen vid åtminstone en tidpunkt gått så långt, att man sett sig föranledd att sprida en ny kungörelse, där allmänheten manas att inte vara rädd att visa sin spinnkunnighet: ryktet att redan kunnigheten leder till att man blir insatt på spinnhus, är falskt, hävdade kungörelsen.[57] Spinnhusen lär dock inte ha spelat någon större direkt ekonomisk roll.[58] Snarare utgjorde de en avskräckande social kontrollåtgärd. Norrköping hade ett spinnhus endast under en kortare tid.[59] Det sökte man använda även i utbildande och disciplinerande syfte.

I Sverige var det ont om hantverksutbildad arbetskraft. Mycket spinning lades ut i hemmen, där kvinnor och barn arbetade åt fabrikerna.[60] Detta blev dock mindre vanligt längre in på 1800-talet. Men i klädesfabrikerna var spinnarna nästan alltid män. Det gällde både de tidiga spinnstolarna och mulspinnstolarna. I de tidiga mekaniserade bomullsspinnerierna såsom Strömma fanns stora mängder barnarbetare. De spinnmaskiner de skötte var enkla throstle-maskiner. Ännu på 1860-talet var 15 % av arbetarna vid Kampenhofs bomullsspinneri under 15 år. Men den större delen av arbetarna var då något äldre men ändå unga kvinnor. Throstle-maskinerna dominerade länge över mulstolarna i Sverige. När Drags yllefabrik köpte sin första arbetsbesparande selfactor-mulstol 1867 var det av det uttryckliga skälet att lönekostnaden blev lägre samtidigt som man också var nöjd med garnets kvalitet.[61]

Vävning

Det andra huvudmomentet i själva omvandlingsprocessen är vävningen.

Innan vävningen kunde börja, skulle det varpas. Varpningen (kättskärning, uppränning) innebar att bobinerna rullades av i en spiralformad figur, så att garntrådarna korsades och bildade s k skäl – en sorts stomme för vävningsarbetet (*kättingskärare, varpare*). När varpningen var färdig, togs den ned på käppar och limmades. Det måste ske mycket försiktigt. Man knöt snören om skälen och såg noga till att bobinerna rullade jämnt. Brast tråden, lagades den genast och så fint att den inte gav upphov till ytterligare bristningar i vävstolen (*lagare*). Tråden måste också hållas jämnt spänd.

Så doppades kättingen i lim och bearbetades, för att inte ludda eller nötas av under vävningen (*limmare, dressare*). Så kramades den ur och borstades med limborstar, så att limmet spreds jämnt. Det fina garnet krävde mer lim än det grova. "Stor övning, grannlagenhet och försiktighet voro nödvändiga vid detta arbete, ty en oförståndig limning kunde skämma det bästa garn."[62]

När kättingen var limmad och lagom torr, sattes den in i vävstolen genom en komplicerad operation, som krävde tre-fyra personers medverkan. Vävstolen såg ut som den i princip gör än i dag i hemmen, men den var oftast bred nog för två personer. Skytteln var av tungt, hårt trä, 2 1/2 tum bred på mitten och 2 fot 2 tum lång och järnbeslagen i ändarna för att löpa lätt. I klädesväverierna var den mycket tjockare, längre och tyngre än i de andra fabrikerna, för att den inte skulle hoppa och slita av någon tråd.

Två arbetare vävde högst 1/4 aln i timmen, dvs tre alnar om dygnet, eftersom halva dygnet gick åt till mat och vila.[63] Vävarna måste särskilt se till att inslagsgarnet var vått, innan det spolades och slogs in i väven. Annars kunde det inte valkas och bli starkt.

Mekanisering av vävningen
Klädesvävningen mekaniserades betydligt senare än bomullsvävningen, eftersom det dröjde innan den mekaniska vävstolen kunde anpassas till det bräckligare yllet. Klädesfabriker med handvävning nygrundades ännu under andra hälften av 1800-talet. Vid de första ylleväverier, som använde mekaniska vävstolar, fanns länge även handvävstolar parallellt, t ex vid Drags yllefabrik i mitten av 1850-talet. Endast ett fåtal mekaniska yllevävstolar fanns 1860. Det successiva införandet av mekaniska vävstolar krävde i sin tur effektivisering av spinningen. Och införandet av fler spinnstolar, inte minst selfactors, ledde sedan till att fler vävstolar köptes. Dessa investeringar drog också med sig behovet att skaffa bättre maskiner även till andra moment. Som en röd tråd genom mekaniseringen går strävan efter sänkta lönekostnader men också efter anpassning av tekniken till de förändringar i produktionens inriktning, som krävdes på grund av konkurrensen på marknaden.[64]

Bomullsvävningen hade däremot mekaniserats tidigare. Men i Sverige var Rydboholms bomullsväveri länge ensamt om mekaniska vävstolar. Jacquardvävstolen som mönstervävde efter ett slags hålkort, kom dock redan på 1840-talet till Sverige. Den hade först införts av sidenfabrikören K A Almgren i Stockholm men kunde också användas till ylle.[65] Den ökade kraftigt i användning under andra hälften av 1800-talet, då efterfrågan på mönstrade tyger växte. År 1862 var närmare 1/4 av alla vävstolar av jacquard-typ.

Kättinglimningen var inget svårt arbete, men det tog tid. Klistringsmaskiner börjar mer allmänt omtalas i början av 1860-talet (t ex i Norrköpings bomullsväveri AB), även om Sven Ericsson vid Rydboholm redan 1849 hade fått patent på en sådan maskin. Själva kättingskärningen kunde vid mitten av 1800-talet utföras med hjälp av en s k dressmaskin.

Arbetarna i vävningen

Det dominerande manliga yrket vid klädesfabrikerna var vävningen. Klädesvävningen var traditionellt skråbunden, och inga kvinnor hade tillträde dit. Fabrikernas verksamhet reglerades visserligen av Hall- och manufakturordningen, men även där var det sällsynt att kvinnor utbildades till klädesvävare. Pojkar sattes vanligen i lära under hallrättens överinseende på tre år av fabriksägaren i fråga, som slöt avtal med lärlingen (om han var myndig) eller hans föräldrar, vilket skulle godkännas av hallrätten. Vanligen löpte lärtiden på tre år. Lärlingen skulle själv betala utbildningen med 52 riksdaler riksgälds i lärpenning, vilket avdrogs från den lön han fick, sedan han blivit så pass utlärd att han kunde väva ensam. Vidare stadgades vanligen vilken arbetslön han skulle få. Som utlärd kunde det vara 0,28 rdr rgs per hundra inslagna trådar för smitt. Under lärotiden skulle han även ha fria kontributioner, medicin och läkarvård. Fabriksägaren svarade för avgifter vid in- och utskrivning vid hallrätten och ev även material till gesällprovet, då det blev dags för det. I gengäld skulle lärlingen visa flit, nykterhet, anständighet och inte frånvara från arbetet utan lov.

Det förekommer i mitt urval från 1830-talet enstaka kvinnliga klädesväverskor, men det är ytterligt sällsynt. I engelska fabriker tycks det dock ha varit vanligt att kläde vävdes av kvinnor. Förutom att de var en billigare arbetskraft, som endast fick två tredjedelar av männens dagslön, ansågs de väva ett jämnare kläde.[66]

Men i Sverige var det vanligast att två män (två gesäller eller mästare eller en gesäll och en lärling) vävde i en bred vävstol. Det ansågs bli ett starkare, fastare kläde då. Det gällde att slå hårt och jämnt för att få ett fast kläde. redan ett slag mindre med bommen gav en lösare väv. Lärlingar fick först öva sig på den grövre klädessorterna, innan de som gesäller fick komma till de finare vävstolarna. Ofta hade dock klädesvävargesällen en lärgosse som sin kamrat i vävstolen, vars utbildning han hade hand om. Det var denne gesäll, som skulle ha de lärpenningar som lärlingen betalade till fabriksägaren för att få gå i lära på fabriken.

Genom det s k ryckverkets uppfinning cirka 1780 hade det blivit möjligt för en ensam vävare att också väva vid en bred vävstol. Men tvåmansmodellen var vanligast i Sverige.

Även om just klädesvävning var ett manligt yrke, fanns en del kvinnliga väverskor vid yllefabrikerna. De tillverkade kvaliteter som korderoj, kasimir o d. Och vid de hålkortsstyrda jacquardvävstolarna arbetade enbart kvinnor. Segelduk vävdes dock av män i fabrikerna. Bomull vävdes i hemmen av kvinnor.

Mekaniseringen av vävningen sammanföll med en stark ökning av kvinnlig arbetskraft. Redan Rydboholm rekryterade på 1830-talet enbart (unga) kvinnor till sitt mekaniserade väveri. Väverska blev på 1850-talet ett av de vanligaste kvinnoyrkena i de mekaniserade textilfabrikerna. På 1890-talet skrev en iakttagare:

”Under det handväfstolarne i fabrikerna alltid skötas af manliga arbetare till följd af den uthålliga styrka, som kräfs för att dag ut och dag in kunna handtera slagbommen, skötas deremot de mekaniska väfstolarne uteslutande af qvinnor, hvilkas göromål sedan väfven väl blifvit uppsatt, hufvudsakligen består uti att öfvervaka maskinstolen i dess bullrande verksamhet, utbyta skyttlarnes tömda spolar mot nya och anknyta sönderbristande trådar."[67]

Samme man anför vidare ett exempel, vilket torde gälla Drags yllefabrik, där i en "storartad klädesfabrik, ingen väfverska sköter mera än en maskinstol, hvaremot i bomullsväfverierna en och samma väfverska omhänderhar flere stolar."[68]

I de mekaniserade bomullsfabrikerna sägs också att de förberedande uppgifterna varpning, rullning (nämligen av garn från throstle-spinnstolarna) till större s k varpbobiner för vävningen samt den s k inredningen sköts av kvinnliga arbetare (rullerska, varperska, solverska, flyerska). Härtill används rullmaskiner och varpmaskiner och den s k inredningen sägs vara så enkel att ett par kvinnor kan klara den för ett hundratal vävstolar. Dressmaskinerna som för över det varpade garnet på vävbommen, sköts av manliga s k dressare. Till väveriet hör även en eller två manliga förmän (vävmästare) per vävsal och s k vävstolslagare, varav en tillsammans med ett biträde har hand om 50 stolar.

Den hierarkiska struktur med en mer homogen grupp kvinnliga maskinskötare övervakad av enstaka manliga arbetsledare, som här beskrivs för en fabrik från 1890-talet, är fullt påvisbar i de mekaniserade fabrikerna redan på 1850-talet. Redan vid Rydboholms mekaniserade väveri på 1830-talet fanns den fullt utvecklad. Rydboholms utgjorde ett undantag under den tidiga perioden jämfört med hantverksfabrikerna. Detta bekräftar regeln, eftersom det visar sig att det första mekaniserade väveriet redan på 1830-talet företedde de särdrag i arbetsorganisationen, som kom att bli regel för den senare periodens samtliga mekaniserade fabriker.

Efterberedning

Då klädet vävts, vidtog en serie behandlingsmoment, som i huvudsak skulle bearbeta ytan och göra den hård och glatt. Efterberedningen var också tidigt föremål för "förbättringsförsök". Liksom vid förberedningens mekanisering använde man system av cylindrar och valsar som hjälpmedel.

Först hallades (kontrollerades) den färdiga väven en första gång av de s k hallmästarna (vanligen hantverksmästare från olika fabriker). Dessa hängde upp väven mot ljuset. Några *nopperskor* drog den sakta över en stång och hallmästarna granskade väven för att upptäcka ev fel. Böter uppmättes för de upptäckta felen och drogs från vävlönen.

Efter denna s k råhallning skulle felen lagas. Klädet överlämnades till nopperskorna (lagerskor, stopperskor). Med en skarp liten nopptång, en sax, stoppnål och tråd skulle hon laga felen i väven. Sedan sopade hon alla kläden rena med en skalad björkriskvast, för att få bort trådrester m m.

Genom en andra hallning kontrollerades sedan nopperskans arbete. Eftersom hon fick betalt per lagat fel, var det praktiskt att råhalla klädet både före och efter hennes arbete. Frestelsen var kanske annars stor för henne att uppge fler fel än hon faktiskt lagat. Noppningen förblev manuell men kallades senare tyglagning e d.

Genom valkningen skulle sedan klädet krympas och tätas (*valkare*). I denna process lades klädet i blöt några dygn, fettet hamrades ur och klädet torkades och sträcktes genom att ramslås (*ramslagare*). Så noppades det igen och när det kom tillbaka till valkaren, bearbetade han det i flera timmars tid under hammar i såpvatten. Behandlingen pågick tills klädet hade förlorat 1/4 av sin bredd. Då tvättades det igen, sköljdes noga i vatten och avfettades ibland med urin. Cylindervalken nådde Sverige på 1840-talet. Den sades ha förkortat arbetstiden för valkningen till 1/10 av vad den tidigare varit.

Det s k appreteringsarbetet utfördes eller leddes av överskäraren. Här ingick ruggning, överskärning och pressning.

Under ruggningen skulle klädet hänga högt uppifrån en stång och ned i ett kar med ljummet vatten. Det skulle hållas vått under bearbetningen. Vanligen arbetade två män samtidigt med ett kläde. De beströk det med en karda och höll samtidigt emot på andra sidan klädet med en bukig kopparskiva. De började vid var sin kant och drog kardorna uppifrån och ned till sina knän, som om de borstade klädet. De arbetade först in emot mitten, sedan ut emot kanterna. Handruggningen var ett mycket tungt och omständligt arbete, och ruggmaskinen infördes tidigt i Sverige (1806 hos Söderberg & Arosenius, 1817 en vattendriven typ i Arosenii Normalfabrik, båda i Norrköping). På 1830-talet förekom de rätt allmänt i Norrköping. Ruggmaskinen arbetade efter samma princip som skrubblings- och kardmaskinerna, dvs flera cylindrar med ånga mellan kardytorna ruggade och kalendrerade samtidigt klädet (*kalendrerare*).

Att vårda kardorna var ett viktigt arbete. De kardborrar som användes måste importeras. Kardorna förvarades luftigt för att torka mellan användningarna. En kardbindare satte om dem, så snart de torkat, så att fräscha onötta sidor kom utåt. De sattes i ställ efter nötningsgrad och användes i viss ordning. Det var ett sätt att få arbetarna att använda både nya, svårbearbetade kardor och gamla, lättgående (*kardsättare*). De nya kardorna måste användas vid de sista ruggningarna, då klädet var glatt och håren svåra att dra ur.

Vid ruggningen samlades en hel del flock i kardorna, som genast måste tas bort. Till det arbetet användes barn i åldern 6-8 år. De måste försiktigt med en trästicka eller hornkam rengöra kardorna utan att taggarna skadades (*kardrengörare, kardgosse, kardurtagare, kardutstickare*).

Överskärningen var ett svårt och tungt arbete, som krävde koncentration. Det var lättast att utföra, om två lika skickliga överskärare arbetade tillsammans från var sitt håll. Med en stor sax eller kniv klipptes de utdragna håren bort från klädets yta. Varje s k skår måste göras i ett svep utan uppehåll. En van överskärare kunde göra två skår i sekunden, dvs 120 i minuten eller 7 200 i timmen, enligt uppgift.[69] Men det var sällsynt att han orkade skära i mer än en kvart eller 20 minuter i sänder, innan han måste vila.

Efter den första ruggningen följde en s k skärning "ur håren" eller skärning i första vattnet. Den utfördes grovt med en slö kniv. Så följde ruggning igen och skärning i andra vattnet (med valkning mellan momenten). Klädet ramslogs så, medan överskäraren for över det med gamla kardor eller ramborstar. Sist skars det med skarpa saxar.

Grövre kläden skars bara en gång på rätsidan, sedan de skurits "ur håren" på båda sidor. Finare kläden skars i ett tredje vatten. Då började det få sitt ludd och ruggades därför sedan i samma riktning hela tiden. Starkare kardor användes. Melerade eller i ullen färgade kläden kunde behöva ruggas i fyra eller fem vatten, torkas och överskäras. En skicklig arbetare kunde bedöma hur många omgångar och hur många drag i varje omgång, som ett visst kläde tålde och behövde. Det fick inte slitas för mycket i ruggningen eller få för tunn stapel (ludd).

Överskärningen var ett skråbundet hantverk med stadgad lärotid. Det var ett svårt och känsligt arbete, som maskinerna inte på länge kunde klara av lika bra som den yrkesskicklige hantverkaren. Överskärningen för hand fanns kvar till 1850-talet, även om det fanns mekaniska hjälpmedel redan på 1830-talet. Malcolms mekaniska verkstad i Norrköping hade specialiserat sig bl a på sådana. För fina kläden krävdes dock fortfarande på 1850-talet att en van överskärare gick över ytan för hand en sista gång efter maskinskärningen. Vartefter som de grövre klädeskvaliteterna blev dominerande, blev detta moment inte lika nödvändigt.

Det fanns flera typer av överskärningsmaskiner. Den första modellen arbetade längs med klädet, longitudinellt. Eftersom det var opraktiskt när det gällde breda kläden, byggdes sedan s k transversaler, där skärcylindern fördes på en liten vagn över klädet. Den typ som infördes i Sverige bestod av en eller flera knivar, som var fästa vid en vals och roterade. Norrköpingsfabrikerna nämner maskinen som tondeux transversal, tondeux francais, tondeux longitudinal och tondeux désiré efter franska och belgiska modeller. Mellan de olika skärningsmomenten måste klädet i början flyttas eller översättas (*översättare*). Det momentet lyckades dock Malcolm rationalisera bort genom en förbättring 1839, varigenom klädet skars helt färdigt, innan det behövde flyttas och man vann tid. Överskärningsmaskiner eller tondeuser var vanliga redan 1840.

Sist ramslogs klädet för att spännas till slutgiltig bredd och längd. Efter torkning var det så färdigt att föras till pressen, dock först efter en sista plysning (nu klädesplysning, dvs samma procedur som ovan nämnda noppning) (*klädesplyserska*). Sedan veks det och pressades till glans under värme. Den hydrauliska klädespressen omnämns först 1845 i Norrköping. Särskilt de mindre fabrikerna använde länge den äldre metoden att lägga tyget väl inpappat mellan värmda järn och pressa ihop det med en skruvanordning. Arbetet underlättades av ett tramphjul, som tillät en enda man att utföra det, jämfört med tidigare flera. Den ångvärmda cylinderpressen som fanns på 1820-talet utomlands, hade ännu 1850 inte nått Sverige.

Borstning och dekatering fanns tidigt hjälpmedel för. En ångborste som först ångade upp klädet, sedan borstade det och krympte det med hjälp av valsar och cylindriska borstar, omtalas i Norrköping redan i slutet av 1830-talet. Dekateringsmaskiner fanns också på 1830-talet i Norrköping. Men ingen av de sistnämnda uppfinningarna kan sägas ha varit vanlig då (*borstare, dekaterare*).

Bland de efterberedande arbetsuppgifterna var överskärarnas den överlägset mest kvalificerade, så länge den var ett hantverk. De behövdes länge, eftersom man inte kunde ersätta deras yrkeskunskap med maskiner. Men när mekaniska maskiner övertog överskärningen, var det unga kvinnor som anställdes för att sköta dem.

Ruggningen var i de hantverksmässiga klädesfabrikerna ett av de vanligaste manliga yrkena. Till sin hjälp fick ruggaren tidigt den s k ruggmaskinen, en enkel anordning som måste ha sparat hans krafter men samtidigt reducerat hans möjligheter att anpassa behandlingen till det enskilda klädet.

Övriga arbetsuppgifter inom den avslutande behandlingen var alla manliga yrken. Det enda som var kvinnligt var den helt manuella och arbetsintensiva klädesplysningen och -noppningen. Assisterande uppgifter såsom översättning sköttes av ungdomar, oftast manliga.

Sammanfattning

De mest kvalificerade yrkena i klädesfabrikerna innan de mekaniserades, var de gamla hantverken klädesvävare, spinnare och överskärare. Somliga klädesfabriker hade eget färgeri. Färgareyrket hade också en reglerad lärogång med gesällprov. Dessa yrken innehades som regel av män. Det förekom under 1830-talet enstaka kvinnliga klädesvävare, spinnare och maskindragare, men de utgjorde undantag. Ruggare var också ett manligt yrke.

Kvinnorna arbetade i hantverksfabrikerna med plysning och noppning, dvs förberedning av råvaran respektive efterberedning av produkten. Barn och ungdomar assisterade med spolning, bobining, förläggning m m.

Vad utmärkte då de kvinnodominerade yrkena? Plysning och noppning var arbetsintensiva manuella moment. Ullplysning kunde dessutom utföras i hemmet. Spinning var ett kvinnoarbete i hemmen men ett i huvudsak manligt arbete som hantverk i fabrikerna. När arbetet mekaniserades, varierade arbetarnas kön efter mekaniseringstyp. Vissa maskiner sköttes av män, andra av kvinnor. Principen var att män styrde mulspinnmaskiner, medan kvinnor och barn betjänade throstlespinnmaskiner.

Mekaniska vävstolar sköttes av kvinnor under uppsikt av hantverksutbildade män. En typ av vävning tillkom dock kvinnor även i hantverksfabrikerna, nämligen korderoj-, kasimir- och jacquardvävning. Utmärkande för dessa vävtyper var att de två förra gällde ett enklare grovt kardull- eller halvylletyg och det sistnämnda var fråga om en sorts mekaniserad vävning. Lönen var lägre än för klädesvävning.

Utmärkande för klädesfabrikerna var vidare att det fanns en rad typiska ungdoms- eller barnarbeten. Hit hörde spolning, bobining, översättning och annan assistans. Dessa kunde tjäna som inskolning till andra arbeten, t ex från spolare till spinnare, från kardsättare till spinnare osv.

Att bryta könsarbetsdelningen i början av 1800-talet

Under en period i början av 1800-talet förekom ett försök att mer systematiskt och principiellt sprida klädesvävningen och alla andra arbetsuppgifter inom klädesproduktionen till kvinnor. Det stöddes av den statliga manufakturdiskontfonden, som beviljade anslag till fabriksägaren och färgaren assessor Carl Arosenius, när han år 1814 startade Normalfabriken Pro Patria, vilken var avsedd att bli en mönsterfabrik i alla avseenden.

Det var ett uttalat syfte att utbilda kvinnor till alla uppgifter i en klädesfabrik. Man ansåg att den manliga arbetskraften ("de starkare armarna") företrädesvis behövdes i jordbruket. Normalfabriken hade 1817 en vattendriven ruggmaskin, en skrubbel- och kardmaskin, två spinnstolar, på vilka kunde spinnas 10 000 sträng fint garn), 8 överskärardiskar, 4 tvåmans- och 5 enmansvävstolar. Alla arbetare utom den tyske klädesvävarmästaren var kvinnor. Nya maskiner anskaffades successivt för att förbättra tillverkningen, vilken kontrollerades kontinuerligt av Kommerskollegium och ansågs mycket god.

Hallrättens ledamöter i Norrköping inspekterade Normalfabriken i december 1814 och rapporterade till Kommerskollegium bl a följande:

"...den Herr Assessoren Arosenius tillhöriga gård med owanligt rymlig tomt hvarutinnan fabriken blifvit inrättad, består af 2ne mindre och ett större twå waningars hus, utom derå befinteliga windar samt dertill hörande uthusbyggnader. I det större huset äro endast tvenne rum på hwardera bottnen, men af 24 alnars lengd och 15 alnars bredd, hwardera så rymliga, att i bägge waningarne tillsammans Tolf stycken 2 mans Klädeswäfveristolar bequämligen kunna upsättas och drifvas. I den andra Bygningen på gården äro boningsrum, hwarutinnan Mästaren och andra till fabriken hörande arbetare för närwarande äro inrymde, men hwarutinnan, om behof göres, ännu flere Klädes Wäfstolar kunna upställas. Den tredje waningsbyggnaden uptager endast magaziner för rudimateriers samt råa och färdiga warors förwarande.

I ena rummet af stora Byggningens öfra waning besågos twänne upställda 2 mans Klädewäfvare Stolar, af hwilka den ena war i full gång och arbetades derpå, under en från Sachsen införskrifwen kunnig och skickelig Klädes-Mästares Johan Czadeks inseende, af twänne redan inöfwade qvinnor, Enkan Anna Carling och Pigan Anna Rosengren, en hwit 28/00 Klädesduk af ypperlig godhet och beundrades de arbetandes redan wunna färdighet i arbetet samt jämte både kättingens och inslagets godhet, efter hwad af det redan förfärdigade kunde dömas, den wisande fastare wäfnad, än wid härwarande fabriker wanligen åstadkommes.

Utom förenämnda qvinnor är jämwäl Pigan Inga Hjortsberg till wäfnad antagen och kommer hon, som berättades wisa fallenhet härtill, på den ännu lediga wäfstolen med biträde och underwisning af frammannämnde Mästare, att inöfwas.

Härefter besågs Ull Magazinet, och der förwarade förråd, som af fabriksegaren upgafs utgöra omkring Tre Tusende Skålpund Spansk och Svensk Spansk Ull, och hwilket Rätten ansåg med förhållandet enligt.

Widare öfwerwar Rätten Ullens sortering, som förrättades med urskillning och skickelighet af Klädemakaren Hammarbergs Enka.

Härutom anmärktes, att wid fabriken äro antagna, förutom kringspridda spinnerskor, för spolning, bobining, plåckning, noppning och plysning, fyra flickor och Twå gåssar, af hwilka en del härmed under Rättens ögon sysselsatte, wisade för hwar sin förrättning nöjaktig skickelighet."

Hallrätten avslutar sin rapport med en rekommendation av fabriksägaren och framhåller särskilt att:

"den dubbla fördel för det allmänna i framtiden kan förväntas: dels att upkommen täflan i upmerksamhet och noggranhet bör leda till en allmännare tillwerkningarnes förbättring, dels och i synnerhet, att allmänhetens hittills rådande fördom emot qvinokönets förmåga och fallenhet för dylika förrättningar, småningom torde kunna undanrödjas och omsider alldeles häfwas; hwarigenom för detta i lofliga näringars utwägar wanlottade kön öpnas utsigt för rikligare bergning: och således i icke ringa mon undanskaffas anledningarne till brottsliga företag, oftast upkomna af armod och sysslolöshet, och alltid undergräfwande så wäl sedelighetens framgång som samhällets wälstånd."[70]

Hallrättens ledamöter visade alltså medvetenhet om att kvinnornas begränsade arbetsmarknad försvårade deras försörjning och t o m kunde tvinga dem till både kriminalitet och prostitution. Det var heller inget fel på de kvinnliga klädesarbetarnas yrkesskicklighet – tvärtom: de tillverkade de ett utmärkt kläde.

År 1821 säger hallrätten att inga nya elever anmält sig, eftersom de redan utlärda väverskorna lärt vidare sin konst till ett billigare pris än Normalfabrikens. Några väverskor befann sig på spinnhuset som lärare och förmodades sprida sin konst i sina respektive hemtrakter, när de avslutat uppdraget där.[71]

Arosenius råkade i svårigheter, när han inte kunde betala tillbaka de upprepade lån han fått. Han hänvisade bl a till att han inte kunnat monopolisera sina uppfinningar och idéer utan snabbt fått konkurrens. Då hade dock fabriken inte längre sin renodlade prägel av kvinnliga arbetare.[72] Kvinnliga väverskor fanns dock kvar.[73] Konkursen tycks ha utlösts av likviditetsproblem i samband med att utbetalningen av ett beviljat statligt lån dröjde. Lånet hade tagits i samband med att produktionen skulle läggas om från fint till grovt kläde i enlighet med marknadens förändring.

När Arosenius gick i konkurs 1835 hade fabriken 7 skrubbel- och kardmaskiner, 6 spinnstolar, 2 ullplysningsmaskiner, 12 mekaniska överskärardiskar med saxar, en tondeuse, en opereringsmaskin med därtill hörande ångpanna, en klädespress med fulla inventarier och presspapper och pressjärn, 12 vävstolar och 70 vävredskap – totalt värt 8 259 rdr rgs dessutom två ruggmaskiner, 7 torkramar och diverse inventarier för ytterligare 750 rdr rgs. Samtidigt uppgav han 79 personer som sitt "försvarsfolk". Fabriken hade alltså under sin verksamhetsperiod expanderat. Det var dock nu fråga om en vanlig könsuppdelad produktion.

Det fanns alltså ett statsunderstött försök att bryta könsarbetsdelningen redan i början av 1800-talet. Det får ses mot bakgrund av tidens fysiokratiska ideologi, enligt vilken industriell verksamhet var sekundär och borde betjänas av sekundär arbetskraft.[74] Men det spred sig inte till andra fabriker. Även i Normalfabriken tynade det bort.

Det var först med mekaniseringen av yllevävningen, som kvinnor kom att anställas som väverskor. Samma sak hade hänt i England, där handvävarna protesterade kraftigt mot den arbetslöshet de utsattes för i och med mekaniseringen. I svenskt material har jag inte kunnat påträffa belägg för att det skulle funnits konflikter i samband med motsvarande mekanisering. Det innebär naturligtvis inte att det inte kan ha funnits. Men den äldre tekniken och yrkesstrukturen fortsatte i Sverige att ha ett utrymme. Hantverksmässiga klädesfabriker nygrundades även efter att mekaniserade vävstolar börjat användas. Den fortsatta efterfrågan på hantverkskunniga klädesvävare bör ha lindrat övergången. Jag har kunnat identifiera enstaka handvävare, som i samband med Drags mekanisering flyttat till en ännu hantverksmässig klädesfabrik.

Teknik, marknad och arbetskraft i England och Sverige

Flera faktorer skilde den svenska utvecklingen från den engelska. Den engelska textilindustrin dominerades av bomullsproduktion, vilket påverkade teknikval och arbetarrekrytering. Både spinning och vävning mekaniserades tidigt och organiserades i fabriksform. Den engelska industrin producerade vidare för en avsevärt mycket större marknad, till stor del på export. Det tillät storskalig produktion och större specialisering. Så fanns separata fabriker eller verkstäder, som ombesörjde färgning, annan beredning och appretering. Dessa moment ingick i de svenska fabrikerna huvudsakligen i samma enheter, som skötte spinning och vävning. Den engelska industrins större marknad ledde också till en större specialisering på produkter, som möjliggjorde långa serier och måste ha minskat spilltid t ex mellan uppsättning av olika typer av vävar, som annars varit nödvändig. I Sverige däremot tillverkade varje fabrik en lång rad kvaliteter, huvudsakligen dock grövre kvaliteter än de engelska fabrikerna.[75] Dessutom växlade man ofta produktinriktning efter svängningar i efterfrågan.[76]

Inom ylleindustrin fanns i England både kardylle- och kamylleproduktion, medan de svenska fabrikerna under hela 1800-talet i stort sett höll sig till kardylleproduktion, vilket bl a påverkade tekniken. Löneläget sades på 1870-talet ligga högre i Sverige jämfört med England och Förenta staterna men lägre än på den europeiska kontinenten.

Maskiner importerades i stor utsträckning från England, Frankrike, Tyskland, Belgien m fl europeiska länder.[77]

Den teknologiska utvecklingen och den arbetsorganisatoriska förändringen överhuvudtaget har enligt tidigare forskning starkt påverkats av de sociala styrkeförhållanden och de ekonomiska strävanden, som omger den. Av de processer som är aktuella i min undersökning tycks det vara mulspinningen, som varit mest kontroversiell, åtminstone i England, där det momentet först ändrade karaktär genom teknisk och annan förändring. Mulspinningen som manligt välorganiserat hantverk med utbildningsgång från assistent/lappare till mulspinnare kontrasterades med den senare ring- eller ramspinningen, som inte hade någon specificerad utbildningsgång utan som besattes med kvinnlig arbetskraft utan möjligheter till avancemang och som betraktades som mindre kvalificerat. Lazonick har beskrivit mulspinnarnas kamp för att begränsa och kontrollera tillträdet till yrket och deras strävan att bevara hantverket trots att annan teknik (ringspinningen) bredde ut sig. I Förenta staterna infördes ringspinningen på 1860-talet, och den spred sig därefter även i England. I den svenska bomullsindustrin var throstle-spinnmaskinen vanligast. Bedömare har satt detta i samband med rekryteringen av barnarbetare vid Strömma och andra icke mekaniserade bomullsspinnerier. Throstle-spinnstolar kunde användas av barn, och bomullsfabrikerna hade i Sverige de flesta barnarbetarna. Den var lämplig för de grövre kvaliteter, som producerades här i landet, och kunde drivas med vattenkraft.

I England dominerade mulspinning. Där fanns en utbredd, kunnig mulspinnarkår. De tidiga mulspinnarna behärskade sina redskap och hade t o m ibland byggt eller reparerat dem själva. Det förekom att de tidigare arbetat som smeder eller snickare, men lämnat dessa hantverk för att mulspinningen var lönsammare.[78] Ett annat skäl till att mulspinningen var vanlig i England var produktionens inriktning på mulspunnet garn till finare kvaliteter som kalikå och muslintyger, inte minst för exportmarknaden. Vidare var man i brist på billig vattenkraft hänvisad till den dyrare ångkraften, vilket var ytterligare ett skäl att använda den betydligt energisnålare mulstolen. Man lyckades i England i början av 1800-talet öka mulstolens arbetstakt och därmed produktivitet betydligt.

I New England i Förenta staterna föredrogs throstle-stolarna, som var lättare att använda för den oskolade arbetskraft som där stod till buds. Man producerade grövre kvaliteter för den lokala marknaden. Vidare fanns billig vattenkraft att driva throstle-stolarna med. Här valde man att utveckla throstle-stolen till större hastighet.

Mulspinnstolarna hann i Sverige aldrig i fatt de kontinuerliga spinnmaskinerna, som fortsatte att utvecklas och blev allt mer effektiva och snabba. Throstle-spinningen dominerade länge. Först på 1880-talet ändrade svenska spinnerier sina throstle-spinnstolar till ringspinnstolar.[79] Redan 1867 hade dock Malmö Manufaktur AB skaffat några ringspinningsmaskiner. På 1880-och 90-talen fortsatte övergången till den nya typen. Den krävde mindre skicklighet av arbetaren, tog mindre plats och producerade snabbare. Nackdelen var att den var mindre lämplig för tillverkning av garn med hög kvalitet och finhet. För detta ändamål användes i stället mulstolen.[80]

I ullspinnerierna fanns däremot på 1840-talet i allmänhet mulstolar, dock inte mekaniserade. Hemspinningen av ull, som sköttes av kvinnor, fortsatte dock om än i minskande omfattning långt in på 1800-talet. Torsten Gårdlund har kommenterat det faktum att mulspinningen även i Sverige var ett manligt yrke: "Arbetet vid mulspinnstolarna var relativt tröttsamt – man fick sträcka sig och gå mycket – och därför användes män och pojkar för deras skötsel."[81] Han företräder alltså en traditionell, romantisk syn på arbetsdelningen som fysiologiskt funktionell.

Gårdlund nämner vidare två missförhållanden i den engelska industrin, som han menar inte ägde någon motsvarighet i Sverige. I England infördes maskiner mycket snabbt, vilket ledde till arbetslöshet bland hantverksarbetarna i industrierna. Och från föräldrarna skilda barn från fattighus och andra anstalter var en hänsynslöst utnyttjad arbetskraft (det s k lärlingssystemet).

Vilken systematik – om någon – finns i arbetsdelningen mellan könen och dess förändringar över tiden? Kvinnorna hade tendentiellt de underordnade, mindre kvalificerade och lägre betalda arbetsuppgifterna. Arbetsledning och kvalificerat hantverk sköttes av män.

Mekaniska verkstäder

De som grundade mekaniska verkstäder var till skillnad från textilfabrikörerna alltid tekniskt utbildade. De kunde vara smedmästare eller s k mechanicus eller civilingenjörer. Utmärkande för verkstäderna tycks också ha varit att de producerade företrädesvis för en lokal marknad. Men ofta hade man också specialiserat sig på någon produkt, som tillverkades för en större marknad – en specialisering, som ledde till en viss profilering mellan olika verkstäder.[82] I Norrköping gällde det till stor del maskiner för textilfabrikerna, medan det i Skåne kunde vara fråga om jordbruksmaskiner. Marknaden växte särskilt från mitten av 1800-talet, då sjöfarten, järnvägarna och jordbruket bildade underlag för konstruktion och tillverkning av maskiner och andra verkstadsprodukter. Det krävde teknisk utbildning hos dem, som skulle motsvara de nya kraven och som skulle bevara och utöka lönsamhet och marknadsposition i denna värld av föränderlig efterfrågan. En typ av kvalificerad konstruktionsutbildning tycks arbetet som ritare ha varit. Det fåtal ritare som finns i urvalet hade en annan social bakgrund än övriga anställda. Ritaryrket tycks ha varit för ingenjörs- eller mechanicus-banan vad bokhållaryrket var för textilfabrikörsbanan.[83]

I urvalet från den första perioden – 1830-talet – ingår en mekanisk verkstad i Norrköping, som grundades 1837 av Alexander Malcolm från Glasgow i Skottland. Den konkurrerade snabbt ut den redan existerande verkstaden – Anders Ahlms – och blev den viktigaste mekaniska verkstaden, som bl a tillverkade redskap och maskiner till textilindustrin i staden. Den förste Malcolm kallade sig mechanicus. En av hans bröder blev ritare och övertog efter några år verkstaden. En annan bror började som arbetare vid verkstaden. Verkstaden ägdes av familjen Malcolm till dess den på 1860-talet gick i konkurs.

Malcolms verkstad omfattade 1859 smedja, svarv- och filverkstäder, modellverkstad och järn- och metallgjuteri. Två turbiner, två vattenhjul och en ångmaskin på 10 hkr lämnade drivkraft. Ångmaskinen användes till att driva blåsmaskinen i gjuteriet. Verkstaden tillverkade textilmaskiner, utväxlingar, turbiner, ångmaskiner, hydrauliska pressar och maskiner till pappersbruk, sågverk m m. till orter både inom och utom landet. Malcolms hade också tillverkat stora vattenhjul till de flesta större textilfabriker.

Vidare ingår i urvalet en mekanisk verkstad i Nyköping, som startades av von Rosen år 1832. I urvalet från den andra perioden finns två gjuterier och mekaniska verkstäder, den ena i Köping (senare Köpings mekaniska verkstad) grundades av en civilingenjör Hallström och den andra, som också omfattade gjuteri, i Landskrona av en smedmästare Pettersson. Även Carl Holmbergs mekaniska verkstad och gjuteri i Lund, som grundades 1864, har här medtagits.[84] Holmberg hade sedan 1856 arbetat som verkmästare vid Kockums mekaniska verkstad i Malmö, när han slutade för att grunda sin egen verkstad. År 1867 byggdes gjuteriet och 1872 den mekaniska verkstaden. Verkstaden låg mittemot järnvägsstationen, vilket måste ha varit en stor fördel, eftersom järnvägen Malmö-Lund öppnats några år tidigare. Dessutom studeras arbetarna i reparationsverkstaden i Drags yllefabrik, där textiltillverkningen var helt mekaniserad år 1877.

Arbetsprocess och teknik

Arbetet i de mekaniska verkstäderna var helt dominerat av manliga hantverkare och diversearbetare. De enstaka kvinnorna i verkstäderna hade servicefunktioner såsom uppasserska eller städerska. Under större delen av 1800-talet var produktionen inte standardiserad. Det gjorde att ett tidsödande och föga kvalificerat filningsarbete krävdes för att nå passform mellan delar. Man måste alltså noga skilja mellan hantverk och manuellt arbete.[85] Det var hantverket i de mekaniska verkstäderna, som var kvalificerat och som skulle kunna tänkas ha legat till grund för sociala ambitioner i form av att uppnå en livsstil och ett familjemönster, som påminde om borgerlighetens. I denna undersökning bör vi alltså särskilja inte bara branscher utan även yrken inom branscherna.

Produkterna tillverkades på beställning från kunderna. Konstruktionsarbetet föll på hantverkarna. Utformning och kvalitet berodde helt på deras skicklighet. Produktionen var mycket bred och blandad.[86]

Själva arbetet i de mekaniska verkstäderna genomgick ingen större förändring under den här aktuella perioden.[87] Ansedda yrken i det mekaniska verkstadsarbetet var formarens, gjutarens och modellsnickarens. På deras yrkeskunnighet berodde produktens funktionsduglighet och kvalitet. *Formaren* skulle bygga en form i sanden på golvet eller i en särskild gjutflaska. Han gick efter en modell, som antingen tillverkats av honom själv eller av en *modellsnickare. Gjutaren* skulle sedan packa sand kring modellen, den s k uppramningen, vilket var ett besvärligt och känsligt moment. "Om sanden var för hårt sammanpressad kring modellen medförde detta svårigheter för gas och vattenångor att tränga ut, och gjutningen misslyckades. Om sanden i stället var för löst packad blev godset ojämnt och alldeles för tjockt."[88] Det krävdes utbildning och lång erfarenhet för att behärska dessa moment. Om produkten skulle vara ihålig, var det *kärnmakaren* som skulle tillverka kärnorna för applicering inne i modellen. Kärnorna var gjorda av sand, som måste blandas till rätt sammansättning. Tackjärnet smältes i ugnar under övervakning av *ugnsskötaren.* Denne måste också mura upp ugnen inför varje smältning. Det smälta gjutgodset tappades sedan med hjälp av handskopor på flaskor eller kring modellerna i gjutningsgropen på golvet. När de svalnat skulle de rensas från sot- och sandpartiklar (*rensare*) med hjälp av spett, släggor och mejsel. Förutom dessa yrkesgrupper fanns arbetarkategorier, som assisterade och ansvarade för transporter mellan moment och siktning av sand, frambärning av flaskor, material till formning och kärnmakeri osv.[89]

Gjutare, formare, smeder av olika typer, svarvare och plåtslagare hade ofta en bakgrund inom smide i samband med jordbruket, s k bondesmide, eller från bruken. Maskinarbetare, hantlangare och andra diversearbetare var inte lika kvalificerade och saknade anknytningen till smedhantverket.[90] Det fanns alltså en utvecklad hierarki inom de mekaniska verkstäderna och gjuterierna, där de mest ansedda yrkena var gamla hantverk. Dessa byggde på det omdöme och den skicklighet, som särskilt den praktiska yrkeserfarenheten gett. Dessa yrkesarbetare hade en självständig ställning, kulturella traditioner och anspråk på privilegier. Det var en utpräglat manlig miljö med manligt yrkesmonopol.[91]

Under den förra hälften av seklet tillverkades ännu (textil)maskinerna främst av trä. Då var det särskilt viktigt att timmermän och snickare var hantverkskunniga. Senare blev det vanligt med metall som råvara. Mekaniseringen med hjälp av ångmaskiner krävde också personal som kunde sköta underhåll och reparationer av olika maskiner.

Arbetare, som tillverkade eller reparerade maskinerna i fabrikerna och för jordbruket, utbildades alltså främst i smed-, snickar- eller timmermansyrket. Motala verkstad fungerade redan under den första urvalsperioden som utbildningsanstalt för unga verkstadsarbetare i hela landet.

De kvalificerade metall- och träarbetarna var en eftersökt bristvara på den begynnande svenska arbetsmarknaden.

Jag skall nedan undersöka om de hantverksutbildade arbetare, som tillverkade och handhade själva arbetsmedlen, skilde sig i olika avseenden från de lättare utbytbara arbetarna såsom textilfabrikernas assistenter och senare de mekaniserade fabrikernas kollektivarbetare.

Tobaksindustri

Tobaksindustrin var en konsumtionsvarubransch, som expanderade starkt under 1800-talet, särskilt under dess sista decennier. Bruket av tobak hade funnits i Sverige sedan 1600-talet. Det var länge främst snus, tuggtobak och röktobak som framställdes. Inte förrän på 1830-talet började cigarrer tillverkas i större skala. Cigarretter kom inte förrän på 1900-talet. Finare tobakssorter importerades men en del tobak odlades även i landet, särskilt kring Kristianstad. Olika typer och kvaliteter av tobak och cigarrer producerades. Den inhemska råvaran användes till snus eller billigare cigarrer och tuggtobak. Tobakstillverkningen var under större delen av 1800-talet ett hantverk. Cigarrer tillverkades för hand under hela seklet. Endast inom snustillverkningen började mot slutet av seklet maskiner att användas.

År 1830 fanns i landet 77 tobaksfabriker med sammanlagt 695 arbetare. Alla utom två små fabriker låg i städerna.[92] Branschen expanderade sakta. Antalet arbetare växte något snabbare än antalet fabriker. Men någon större expansion skedde inte förrän under sista hälften av 1800-talet.

I urvalet ingår tre tobaksfabriker. Gustaf Engman grundade en tobaksfabrik i Hudiksvall 1840, som anställde en bokhållare, tobaksspinnare och andra tobaksarbetare. J G Wall grundade en snus- och tobaksfabrik i Norrköping 1856. Med hjälp av en cigarrmästare från Tyskland och cigarrmakare från olika håll i landet samt en rad flickor som medhjälpare, producerades i fabriken snus, tobak och cigarrer. F Wm Fiedler i Kristianstad grundade en tobaksfabrik 1861. Även där leddes arbetet av en cigarrmästare.

Arbetsprocess och teknik

Under förra hälften av 1800-talet tillverkades snus och pip- och tuggtobak. Först i mitten av seklet började cigarrer produceras, vilket blev den dominerande produkten under senare hälften av 1800-talet. Olika tekniker användes för framställningen av olika produkter.

Cigarrtillverkningen var organiserad kring den hantverksutbildade cigarrmakaren. Han anställde och avlönade ännu mot slutet av 1800-talet ofta sina egna biträden, nämligen vickelmakarna. De var främst kvinnor men också unga män förekom i detta arbete.

Innan tobaken behandlades till olika specifika konsumtionssätt, skulle den beredas.[93] Bladen sorterades efter kvalitet och fuktades för att bli hanterliga. Sedan stripades tobaken, vilket innebar att stjälken och den största medelnerven togs bort från bladet (*striperska*). Därpå sorterades tobaken efter storlek och färg. Detta förarbete var lågavlönat och krävde inte någon större yrkesskicklighet.

För tillverkning av rull- och presstobak (spunnen tobak) bereddes råvaran vanligen ytterligare genom indränkning med en särskild aromatisk ”sås”, varav varje fabrik hade sin egen speciella variant. Sedan spanns den i enkla spinnstolar. Spinnaren gjorde för hand en inlaga eller rulle av småbitar av blad, som omslöts av ett täckblad (*tobaksspinnare*). Denna rulle fästes vid en horisontell spindel, som drevs med ett spinnhjul. Sedan spann man in det ena täckbladet efter det andra i rullen. Spinnaren bredde också på en bestämd fyllning för att rullen skulle bli fast. Varje spinnare hade en eller flera *spinngossar* till sin hjälp. De skulle tillhandahålla material, dra spinnstolen m m. Ibland fanns en särskild *rullare*, som rullade tobakssträngen, annars fick han göra det själv. Till sist kokades och pressades den spunna tobaken, även detta med handkraft.

Kardustobak eller röktobak behövde inte vara så noga stripad. Medelnerven krossades i stället i en särskild vals. Tobaken såsades och gick igenom en svettnings- och torkningsprocess. Sedan skars tobaken i strimlor och slogs av *kardusslagaren* in i karduser (paket).

För att göra snus behövdes feta, friska blad. Tobaken torkades och förmaldes (*snusarbetare*). Detta skedde under noggrann bevakning, eftersom det torra tobaksmjölet lätt fattade eld. Så fuktades snuset, färgades och blandades ihop och torkades igen genom s k svettning. Därpå svalkades snuset och såsades. Såsningen var här det viktigaste momentet. För beredning av finare snus (rappé) skulle bladen karotteras, dvs att såsade och jästa blad knöts in i linnedukar till s k puppor. Såsen pressades ur dessa, och sedan fick pupporna ligga en tid. Detta kunde upprepas flera gånger. Sedan förvarades pupporna mörkt och varmt i flera år. De blev så smidiga att de kunde skäras sönder eller malas i snuskvarn. Efter malningen packades snuset.

Cigarrtillverkningen krävde finare tobak än de andra tillverkningarna. Olika delar av cigarren togs från olika sorters tobak eller olika kvalitet på bladen. Först formades i handen en inlaga av sämre sorter eller mindre bladbitar. Inlagan slogs in i ett omblad och rullades till en s k vickel. Detta moment utfördes oftast av en särskild s k *vickelmakare* (vickelmakerska), som *cigarrmakaren* avlönade själv. Kring denna vickel eller halvfärdiga cigarr rullades i sin tur täckbladet. Detta krävde stor skicklighet och utfördes av cigarrmakaren själv. Bladet måste vara fuktigt och smidigt. Spetsen vreds ihop, formades och tillslöts. De färdiga cigarrerna sorterades efter kvalitet och packades i lådor. Sorteringen var ett krävande arbete, som vanligen var högre avlönat än cigarrmakarnas (*cigarrsorterare*).[94] Sist torkades de i särskilda torkrum och förpackades (*cigarrpackerska*).[95]

Arbetarna

Inom tobakstillverkningen fanns alltså liksom i textilindustrin en långt driven uppdelning av arbetet i moment. Det fanns också en markerad uppdelning av arbetsuppgifter och yrken mellan könen. Tobaksarbetarna var fram till början av 1800-talet nästan uteslutande män.[96] Det var då fråga om tillverkning av spunnen tobak, kardustobak (röktobak) och snus. Under 1800-talets första decennier anställdes allt fler kvinnor, men i större utsträckning anställdes kvinnliga arbetare först i samband med den ökade cigarrtillverkningen fram emot mitten av seklet.[97]

År 1877 fanns inom tobaksindustrin totalt 3 587 anställda, varav nära hälften var kvinnor. 58 % av kvinnorna var under 18 år jämfört med 27 % av männen. Någon procent utgjordes av manliga verkmästare.[98]

5. Fabriksarbetarnas kön, ålder och yrkesstruktur

Könsstruktur

Hall- och manufakturlagstiftningen hade gjort det möjligt att kringgå skrånas regler för antagning och utbildning av arbetare. Fabriksägarna kunde anta vem de ville till olika arbetsuppgifter oavsett stånd eller kön. Lärotid och gesällprov fanns för vissa kvalificerade yrken. Men det var hallrättens ledamöter (fabrikörerna) eller utsedda expertis, som kontrollerade kvaliteten hos både utbildning och produkter.

Männens formella monopol på de kvalificerade yrkena rådde alltså inte längre i hantverksfabrikerna. Men som redan framgått fanns ändå en strikt uppdelning mellan kvinnor och män. Den tog sig uttryck dels i en horisontell uppdelning mellan branscher, dels mellan yrken. Men den var också vertikal genom att män dominerade överordnade eller kvalificerade yrken, medan kvinnor dominerade underordnade eller mindre kvalificerade yrken.

Könsuppdelning mellan branscher

Som ett mått på den horisontella uppdelningen kan vi använda andelen kvinnor i kvinnodominerade branscher och andelen män i mansdominerade branscher.

Om vi definierar kvinno- respektive mansdominerad bransch som en bransch, där det ena könet är representerat av 75% eller mer av arbetarna alternativt med 50% eller mer av arbetarna, så har vi två kriterier av olika ambitionsnivå.

I genomsnitt är en fjärdedel av arbetarna kvinnor och tre fjärdedelar män i urvalet från den tidiga perioden. Under den sena perioden är könsfördelningen nästan helt jämn, med en ytterligt liten kvinnlig majoritet.

A. 1830-talet
Män i branscher med 75% eller fler män:
Omekaniserad klädesproduktion, mekaniska verkstäder, övriga bran-

scher (dvs socker-, tobaks-, såp- och tvåltillverkning samt repslageri). Här finns 931 av 1 273 män, dvs 74% av männen arbetar i mansdominerade branscher enligt detta kriterium.

Män i branscher med 50% eller fler män:
Samma branscher som ovan och dessutom omekaniserad bomullsvävning och ett mekaniserat bomullsspinneri. Här finns 1 200 av 1273 män, dvs 94% av männen i urvalet från denna period.

Kvinnor i branscher med 75% eller fler kvinnor:
Några sådana branscher finns inte under denna period.

Kvinnor i branscher med 50% eller fler kvinnor:
Mekaniserad bomullsvävning, övrig textil (dvs siden-, sidenbands- och strumptillverkning). Här finns 131 av 452 kvinnor i urvalet från denna period dvs 29%.

Detta innebär att de flesta kvinnor i urvalets fabriker under den tidiga perioden arbetade i mansdominerade branscher och utgjorde en minoritet där. Endast en knapp tredjedel fanns i branscher med mer än hälften kvinnor bland de anställda.

B. 1850-60-talen
Män i branscher med 75% eller fler män:
Omekaniserad klädesproduktion, mekaniska verkstäder. Här finns 570 av 1 666 män, dvs 34% av männen i urvalet.

Män i branscher med 50% eller fler män:
Omekaniserad klädesproduktion, mekaniska verkstäder, övriga branscher (dvs litografisk, bryggeri, pappers- och bomullsproduktion vid Holmens bruk). Här finns 951 av 1 666 män under denna period, dvs 57% av männen.

Kvinnor i branscher med 75% eller fler kvinnor:
Sådana branscher finns inte heller under denna period.

Kvinnor i branscher med 50% eller fler kvinnor:
Mekaniserad ylleproduktion, mekaniserad bomullsproduktion. Här finns 1 215 av 1 693 kvinnor under denna period, dvs 72% av kvinnorna.

Några överväldigande kvinnodominerade branscher fanns alltså inte, vare sig under den tidiga eller senare perioden. Under den senare perioden arbetade dock mer än 70% av kvinnorna i branscher med hälften eller mer kvinnor anställda. En dryg tredjedel av männen arbetade i mycket mansdominerade branscher (fler än 75% män) och mer än hälften av männen fanns i branscher, som hade minst hälften manliga anställda.

En jämförelse mellan perioderna visar att under period 1 arbetade nästan alla män i branscher med mer än hälften män anställda.

Närmare 75% fanns t o m i branscher med 75% eller fler män. Den hantverksmässiga fabriksproduktionen var med andra ord starkt mansdominerad.

Under period 2 var det kvinnorna, som till 70% arbetade i branscher med mer än hälften kvinnor anställda.

Medan cirka en tredjedel av kvinnorna arbetade i mycket mansdominerade branscher under period 1, var det under period 2 nästan en tredjedel av männen, som arbetade i kvinnodominerade branscher, men då branscher utan överväldigande kvinnodominans; 50% eller fler var där kvinnor men inte så mycket som 75%.

Det var hantverksfabrikerna, som dominerades av män, men där fanns också en viss mängd kvinnor i assisterande arbetsuppgifter. De flesta kvinnor arbetade under den senare perioden i kvinnodominerade, mekaniserade textilfabriker, men även nu fanns en del män i dessa. Vi skall därför undersöka yrkesfördelningen närmare, eftersom den säger mer om arbetsdelningens karaktär än själva branschsegregeringen.

Sammanfattning

Vi kan sammanfatta ovanstående kartläggning i en tabell.

Tabell 5.1. Andel män respektive kvinnor i mans- respektive kvinnodominerade branscher.

Segregeringskriterium	*50% eller mer*	*75% el mer*
Period 1		
Män i mansdominerade branscher	94,3	73,9
Kvinnor i kvinnodominerade br.	29	0
Period 2		
Män i mansdominerade branscher	57,1	34,2
Kvinnor i kvinnodominerade br.	71,8	0

Källa: Mantalsuppgifter

Männen i mansdominerade branscher har minskat sin andel. Kvinnodominansen har ökat bland de nystartade fabrikerna.

Ovanstående genomgång visade kvantitativa dominansförhållanden, som uttrycks i de olika yrkespositioner som män och kvinnor har. Dessa resulterar ofta i en segregering efter yrken och plats i produktionsprocessens olika moment. Även om en bransch förefaller tämligen väl blandad, är det sannolikt att man på lägre nivåer som avdelning eller enskilda arbetsmoment finner en skarp uppdelning mellan könen. När det gäller yrkespositioner finns dessutom både en horisontell och en vertikal arbetsdelning.

Könsuppdelning mellan yrken inom branscherna

A. Omekaniserad ylleproduktion

Moment	*Arbetarens kön*	*Moment*	*Arbetarens kön*
hemspinning	kvinnor	bobining	barn,ungdom
mulspinning	män	spolning	barn, ungdom
vävning	män	valkning	män
överskärning	män	ullsortering	män, kvinnor
ruggning	män	ulltvättning	män
ullplysning	kvinnor, ev män	sköljning	män
klädesplysning	kvinnor	färgning	män
noppning	kvinnor	ulltorkning	män
haspling	barn, ungdom	kardsättning	barn, ungdom
maskindragning	män, ev kvinnor		

Korderoj och kasimir vävdes av kvinnor och män. Jacquardmönstrat, siden och band vävdes av kvinnor.

B. Mekaniserad ylleproduktion

Moment	*Arbetarens kön*	*Moment*	*Arbetarens kön*
haspling	kvinnor, män	dragerskor	kvinnor
bobining	ungdom	brodöser	kvinnor
spolning	ungdom	översättare	ungdom
mulspinning	män	förläggare	ungdom
vävning	kvinnor	arbetsledning	män
överskärning	kvinnor	reparation och	
ruggning	män	underhåll	män
plysning	kvinnor, ev män	maskinist	män
noppning	kvinnor	gasarbetare m fl	män
sömmerskor	kvinnor	administration	män

C. Omekaniserad bomull- och linneproduktion

Moment	*Arbetarens kön*	*Moment*	*Arbetarens kön*
häckling	män	arbetsledare	män
segelduksvävning	män	reparation	män
bomullsvävning	kvinnor	administration	män

D. Mekaniserad bomullsproduktion

Moment	*Arbetarens kön*	*Moment*	*Arbetarens kön*
throstle-spinning	kvinnor, barn	blekning	män
ringspinning	kvinnor	färgning	män
mulspinning	män	arbetsledning	män
varpning	män	reparation	män
dressning	män	administration	män
vävning	kvinnor	matlagning	kvinnor

Källa: Mantalsuppgifter

Mekaniseringen innebar att kapitalet blev relativt sett dyrare än förut. Reparation och underhåll (och i viss mån nytillverkning) av redskap och maskiner, lokaler och kraftöverföring krävde särskild, permanent personal, metall- och träarbetare i huvudsak.

Avspeglar sig detta i könsfördelningen mellan hantverksfabriker och mekaniserade fabriker i yllebranschen? Låt oss närmare betrakta den.

Tabell 5.2. Könsfördelning i omekaniserad respektive mekaniserad ylleindustri. Andel.

	Män	*Kvinnor*
Omekaniserade klädesfabriker 1845	73,8	26,2
Mekaniserad yllefabrik 1877	40,6	59,4

Källa: Mantalsuppgifter

Det fanns som vi redan tidigare noterat en betydligt större andel kvinnor i den mekaniserade fabriken jämfört med den omekaniserade. Men männens andel är 40 %. Det är dock lite missvisande, eftersom 29 av männen i den mekaniserade yllefabriken 1877 inte hade egentliga textilyrken. Nästan 17 % av den manliga arbetarstyrkan var anställda i reparationsverkstaden i metall- och träarbetaryrken med ansvar för produktionsmedlens funktionsduglighet. Kvar blir då 142 män och 250 kvinnor, dvs 392 personer, varav 36,2 % män och 63,8 % kvinnor.

E. Sammanfattning av utvecklingen i textilfabrikerna

Den tekniska och arbetsorganisatoriska förändringen kan sättas i samband med en förändrad könsarbetsdelning.

Det fanns i detta avseende större skillnader mellan samtidiga fabriker av olika mekaniseringsgrad än mellan likadana fabriker under olika perioder. Kvinnor rekryterades till de mekaniserade textilfabrikerna i högre grad än till hantverksfabrikerna. Men även män rekryterades i stor utsträckning till de mekaniserade fabrikerna. Vi skall därför närmare se på andra drag hos arbetarna, närmast ålders- och yrkesstruktur, för att få en mer precis uppfattning om hur sambandet mekaniseringsgrad-rekrytering ser ut.

F. Mekaniska verkstäder

I de mekaniska verkstäderna fanns som nämnts ett ytterst fåtal kvinnor anställda, och det enbart under den första perioden. De hade yrken som städerska och uppasserska och ingick inte i den direkta produktionen. Gjutare, filare, svarvare, smed, kopparslagare och andra metallarbetare var liksom snickare, timmermän och diversearbetare och hantlangare alla män. I de mekaniserade textilfabrikerna fanns arbetare, som underhöll och reparerade maskinerna. Det var järnsvarvare, maskinister, snickare, timmermän, gasarbetare, smeder m fl. Det var helt manliga yrken.

G. Övrig industri

Tobaksfabriker

Moment	*Arbetarens kön*	*Moment*	*Arbetarens kön*
stripare	kvinnor	spinngosse	pojkar
vickelmakare	kvinnor, barn	rullare	män
cigarrmästare	män	karduslagare	män
cigarrmakare	män	snusarbetare	män
tobaksspinnare	män	cigarrsorterare	män, ev kv
cigarrpackning	kvinnor		

Litografisk fabrik

Moment	*Arbetarens kön*
pappersmålningsarbetare	män, ev kvinnor
stentrycksarbetare	män
kortfabriksarbetare	kvinnor
askarbetare	kvinnor

Beträffande andra branscher än textilindustrin har inga större skillnader i könsfördelningen kunnat konstateras över tiden eller mellan produktionstyper – med undantag av de ovan nämnda tobaksfabrikerna.

I snus- och tobaksfabrikerna var arbetskraften traditionellt manlig. Först i och med cigarrtillverkningen fick kvinnliga arbetare betydelse. De arbetade då vanligen med mindre kvalificerade och assisterande uppgifter såsom vickeltillverkning, stripning och förpackning. Det förekom dock även kvinnliga cigarrsorterare, vilket var ett kvalificerat yrke.

I litografisk industri var männen stentryckare och pappersmålare. Kvinnorna var främst askarbetare och kortarbetare. Någon enstaka arbetade med pappersmålning.

Åldersstrukturen i fabrikerna

Låt oss först se i vilken mån lagstiftningen och statistikens minderårighetskriterier kan tänkas påverka åldersfördelningen (eller kanske snarare redovisningen av minderåriga) i urvalet respektive i fabrikerna.[1]

Lagstiftning om minderårigas lönearbete

I hallordningarna från 1739 och 1770 fastställdes minimiåldern för arbetare i fabriker och manufakturer till 10 eller 12 år.[2] I 1846 års hantverks- och fabriksordning blev minimiåldern för lärlingar för första gången klart bestämd, nämligen till 12 år. Den efterlevdes dock inte så väl. 1852 skedde en inskränkning i de minderårigas arbetstid genom att förbud mot nattarbete kl 21 till 5 utfärdades för ungdomar under 18 år.

Under 1850-talets högkonjunktur växte efterfrågan på barnarbetskraft, vilket ”frestade föräldrar” att överträda förbudet.[3] Under samma period utbredde sig dock i Norrköping en kris för yllebranschens fabriker, vilken inledde strukturomvandlingen av textilindustrin. Arbetslösheten för vuxna manliga yllearbetare tycks alltså ha sammanfallit i tiden med en ökad efterfrågan på barn och unga kvinnor, särskilt bomullsarbetare.

Förslag hade framlagts till 1856-58 års riksdag att barns arbetsdag skulle regleras i ”spinnerier, väverier, cigarr- och tändsticksfabriker samt andra lika hälsovådliga fabriker och inrättningar". Men det avslogs av borgarståndet. Övriga ståndens skrivelse till kommerskollegiet sändes på remiss till fabriksföreningarna i de större städerna, vilka avstyrkte en reglering.[4] Fabriksägarna ansåg sig behöva barnen i samma utsträckning som tidigare. En inskränkning av barnens arbetstid hade sannolikt också inneburit konsekvenser för de vuxnas arbetstid. Deras arbete i fabrikerna var beroende av barnens assistans.

Enligt Lars Olsson inträffade dock en kraftig nedgång i barnarbetet redan under perioden 1860-1875, vilket han visar i stället hänger samman med den teknologiska förändringen i tobaks- och tändsticksfabrikerna, som tidigare använt mycket barnarbete.[5]

Under 1870-talets ännu kraftigare högkonjunktur ökade minderårigas arbete kraftigt. Enligt fabriksstatistiken skedde nästan en fördubbling av antalet arbetare under 18 år under perioden 1869-73, sedan det tidigare under 1860-talet varit ungefär konstant.[6]

År 1875 togs frågan om barnarbetets inskränkning upp igen. Men först 1881 förbjöds allt arbete för barn under 12 år, och det begränsades till 6 timmar per dag för barn mellan 12 och 14 år. Ungdomar mellan 14 och 18 år fick arbeta 10 timmar per dag.[7]

I fabriksstatistiken redovisas fram till 1863 minderåriga under rubriken "barn under 15 år". Därefter sattes gränsen vid 18 år. Mantalsuppgifterna redovisar som regel inte anställda under 15 år. Det gör däremot ofta hallrätten i Norrköping år 1845 samt husförhörslängden för Asarums församling beträffande Strömma fabrik på 1830- och 1840-talen. De materialen har därför använts för att studera barnarbetarna i undersökningen.

Yllearbetarna

En kraftig förändring av könsstrukturen bland fabriksarbetarna har kunnat konstateras när det gäller textilproduktionen. Har samtidigt även åldersstrukturen förändrats?

Vi skall undersöka åldersstrukturen efter kön i dels omekaniserad, dels fullt mekaniserad ylleproduktion. Den första typen representeras av 8 klädesfabriker i Norrköping år 1845, den andra av en stor mekaniserad yllefabrik i Norrköping 1877, nämligen Drags yllefabrik AB.

Tabell 5.3. Arbetarnas fördelning efter kön och ålder. Procent.

	Icke mekaniserade klädesfabriker 1845			Mekaniserad yllefabrik 1877		
Ålder	*Män*	*Kvinnor*	*Alla*	*Män*	*Kvinnor*	*Alla*
-14	8,7	14,9	10,3	0	0	0
15-19	14,4	8,1	12,8	0	0	0
-29	30,5	39,2	32,7	21,2	50,8	37,2
30-39	23,1	9,5	19,6	33,5	25,8	29,3
40-49	16,8	21,7	18,1	25,9	13,4	19,1
50-59	3,8	4,1	3,9	17	7,5	11,9
60-	2,4	2,8	2,5	2,4	2,5	2,5
N =	207	74	281	170	201	371

Källa: Mantalsuppgifter

År 1845 låg medianåldern för både män och kvinnor i intervallet 25-29 år. 1877 hade medianåldern höjts för båda könen, men mest för männen, som nu fanns i åldern 35-39. Kvinnornas medianålder var 30-34.

Nästan en fjärdedel av arbetarna var 1845 under 20 år. 1877 fanns ingen arbetare upptagen i den åldersgruppen. En tredjedel av arbetarna var 1845 mellan 20 och 30 år och något fler 1877. Knappt 20% av arbetarna var mellan 30 och 40 år 1845, medan deras andel 1877 hade ökat till 30%. Andelen arbetare mellan 40 och 50 år var ungefär lika många 1877 som 1845, men i de äldre åldrarna hade den största relativa ökningen skett. Åldersgruppen 50-60 år hade fördubblats. De allra äldsta hade samma andel och var mycket få.

Om vi jämför kvinnor och män visar sig emellertid att det fanns stora skillnader dem emellan år 1845. Kvinnorna var mer spridda i åldrarna. Deras andel var särskilt stor i de yngre tonåren samt den äldre medelåldern. Däremot var deras andel minst i den yngre medelåldern eller 30-40 år. Medan männens anställningskurva kulminerade i åldern 20-29 och sedan föll snabbt, var kvinnornas snarast U-formad med en topp i ungdomen och en i medelåldern, den sistnämnda betydligt högre än männens.

Det ligger nära till hands att sätta kvinnornas svacka i fabriksarbetet i samband med den kvinnliga livscykeln eller deras reproduktiva uppgift. I åldern 30-40 år hade många små eller halvstora barn. De kvinnor som står upptagna som arbeterskor i materialet var som regel ogifta eller änkor. En del hade barn men var alltså ensamma om försörjningsansvaret. Det var dock samtidigt så som nämnts att hustrur (i den mån de gifta kvinnor arbetade i fabrik) inte konsekvent tycks upptas på hallrättens listor. De kan alltså vara underrepresenterade i materialet, fastän de fanns där i verkligheten.

Mönstret år 1877 i den mekaniserade fabriken var ett annat, både för män och kvinnor. Tonåringarna, som 1845 utgjorde närmare en fjärdedel av alla arbetare, lyste 1877 helt med sin frånvaro. Ingen arbetare befann sig då i tonåren, enligt mantalsuppgiften och företagets lönelista. Den största andelen män fanns i äldre ålder än förut. Deras andel var som störst i åldern 30-39 år och föll sedan.

Kvinnornas sysselsättningsmönster hade förändrats. De var nu helt koncentrerade till de yngre åldrarna. Hälften av kvinnorna var mellan 20 och 30 år jämfört med en femtedel av männen. I 30-årsåldern halverades deras andel, och efter 40 år var endast en obetydlig andel kvar. Det var nu större andel kvinnor mellan 30 och 40 än mellan 40 och 50. Männens andel hade vuxit kraftigt i båda dessa åldersgrupper. Jämfört med 1845 års omekaniserade yllefabriker anställdes nu i den mekaniserade fabriken relativt sett fler äldre män och fler yngre kvinnor. År 1845 hade äldre kvinnor funnit arbete i klädesfabrikerna. År 1877 var det främst unga kvinnor och medelålders och äldre män.

Totalt sett var år 1845 56% av arbetarna under 30 år, medan motsvarande andel år 1877 var endast 37%, varav ingen var under 20 år. Arbetarstyrkan var alltså klart äldre 1877.

Åldersskillnaden mellan könen var stor vid båda tidpunkterna. År 1845 var 54% av männen och 62% av kvinnorna under 30 år. År 1877 var endast 21% av männen men 51% av kvinnorna under 30 år. Medan år 1845 46% av männen och 38% av kvinnorna var 30 år eller äldre, var 1877 motsvarande andelar 79% av männen och 49% av kvinnorna. Männen var betydligt äldre än kvinnorna i den mekaniserade fabriken jämfört med den omekaniserade.

Sammanfattning

Andelen arbetare av båda könen ökade betydligt i åldern mellan 30 och 40 år liksom i åldern mellan 50 och 60 år; i den senare åldersgruppen särskilt männen. Den manliga arbetarstyrkan var alltså betydligt äldre i den mekaniserade fabriken 1877 jämfört med hantverksfabriken 1845. De kvinnliga arbetarna var mycket mer koncentrerade till de yngre åldrarna 20 till 40 år. De yngsta åldersgrupperna var 1877 överhuvudtaget inte med.

Man skulle kunna uttrycka det som att det skett en åldersmässig polarisering mellan äldre män och yngre kvinnor. Vi skall nedan se om den förändrade åldersstrukturen motsvaras av en förändrad yrkes- eller kvalifikationsstruktur.

Bomullsarbetarna

Här skall särskiljas dels spinnerier och väverier, dels omekaniserad och mekaniserad produktion. Först studeras några mekaniserade bomullsspinnerier från olika perioder.

Tabell 5.4. Åldersfördelningen vid mekaniserade bomullsspinnerier.

	Strömma 1845			Malmö 1862			Strömma 1870		
Ålder	*M*	*Kv*	*Alla*	*M*	*Kv*	*Alla*	*M*	*Kv*	*Alla*
-14	3,7	6,3	4,9	0	0	0	0	0	0
15-19	46,3	47,9	47,1	23,1	36,2	30,9	19,2	12	14,8
20-29	22,2	41,7	31,4	46,2	43,1	44,3	17,3	65,1	46,7
30-39	18,5	2,1	10,8	30,8	17,2	22,7	34,6	16,9	23,7
40-	9,3	2,1	5,9	0	3,4	2	28,8	6	14,8
N	54	48	102	39	58	97	52	83	135

Källa: Mantalsuppgifter, husförhörslängder.[8]

Även mekaniserade bomullsväverier kan jämföras över tid.

Tabell 5.5. Åldersfördelningen vid mekaniserade bomullsväverier.

	Rydboholm 1845			Malmö 1859			Norrköping 1861		
Ålder	*M*	*Kv*	*Alla*	*M*	*Kv*	*Alla*	*M*	*Kv*	*Alla*
-19	8,7	8,6	8,6	17,2	23,5	20,2	12,1	26,5	22,8
20-29	52,2	60	56,9	28,6	50	39,1	47,5	60,3	57,1
30-39	30,4	28,6	29,3	28,6	17,6	23,2	27,3	12,2	16
40-	8,7	2,9	5,9	25,8	8,8	17,3	13,1	1	4,2
N	23	35	58	35	34	69	99	295	394

Källa: Mantalsuppgifter

I bomullsspinneriet var 1845 mer än hälften av arbetarna män – eller snarare pojkar. I det mekaniserade väveriet var samma år 60% kvinnor samt i mekaniserad bomullsproduktion under den senare perioden 66% kvinnor. Fabriksstatistiken anger för 1845 betydligt fler anställda än mantalsuppgiften för bomullsväveriet: 61 män och 189 kvinnor, dvs 3/4 av arbetarna var kvinnor. Särskilt kvinnorna har alltså inte angetts på mantalsuppgiften. Det gällde i princip väverskor.

Alla bomullsfabriker rekryterade många kvinnliga arbetare. Men spinneriet, som hade många unga arbetare, hade fler pojkar än flickor. I de mekaniserade väverierna var majoriteten kvinnor.

År 1845 var hälften av de manliga och mer än hälften av de kvinnliga arbetarna i spinneriet under 20 år. 72% av männen och 96% av kvinnorna var under 30 år. Dessa fabriker var med andra ord beroende av barn och ungdomar som arbetskraft, ungefär lika många flickor som pojkar. Bland de vuxna var en fjärdedel av männen äldre än 30 år, men bara enstaka kvinnor.

I det mekaniserade bomullsväveriet var samma år (1845) mindre än 10 procent under 20 år, medan 61% av männen och 68% av kvinnorna var under 30 år. Arbetarstyrkan var alltså som helhet äldre än i det samtida spinneriet och män och kvinnor fördelade sig ungefär lika över åldrarna.

Kvinnorna här, som samtliga står upptagna som väverskor, var väl samlade i ålder. Männen var mer spridda; bland dem ingick också sju arbetsledare och sex arbetare, som angavs med specialiserade arbetsuppgifter (t ex tre dressare).[9]

I de mekaniserade bomullsfabrikerna under den senare perioden var däremot en dryg fjärdedel av alla arbetare tonåringar, något fler av kvinnorna än av männen. Närmare 60% av männen och 84% av kvinnorna var under 30 år, vilket innebär en kraftig föryngring av den kvinnliga arbetarstyrkan jämfört med 1845 års mekaniserade väveri – men ingen förändring beträffande männens ålder.

År 1845 fanns fem barn under 15 år vid spinneriet. År 1870 var de yngsta kvinnorna vid samma fabrik 19 år och de yngsta männen var fyra 18-åringar. Sannolikt berodde det på att spinnmaskinerna under perioden utvecklats till större hastighet och fler spindlar, vilket krävde vuxen arbetskraft. Vidare hade nattarbetet inskränkts för minderåriga.

År 1860 upptogs för Norrköpings bomullsväveri i fabriksstatistiken 450 mekaniska vävstolar och en mängd andra maskiner. Anställda var en mästare, 330 mantalsskrivna och 30 icke mantalsskrivna arbetare.[10] 75% av arbetarna var kvinnor. Tre män var arbetsledare. En fjärdedel av kvinnorna och 12% av männen var under 20 år. 60% av kvinnorna var mellan 20 och 29 år, vilket skall jämföras med 48% av männen i samma ålder. Tio flickor var under 15 år, varav den yngsta, som står upptagen, var 12 år.

Mekaniserat spinneri och väveri grundades 1855 i Malmö. Bomullsspinneriet hade enligt fabriksstatistiken 1857 122 vuxna arbetare och 60 barn, som arbetade vid 36 spinnstolar.

Den första påträffade mantalsuppgiften är för år 1862 och upptar

135 kvinnor och män och i klump 30 gossar och 24 flickor under 16 år. För bomullsväveriet härrör den första påträffade mantalsuppgiften från år 1859, den andra från 1863.

En liten del av arbetarna finns upptagna ömsom på spinneriet, ömsom på väveriet. Yrkesbeteckningar förekommer inte på dessa mantalsuppgifter. I husförhörslängden anges för de manliga arbetarna vanligen yrke, oftast dock en allmän beteckning som arbetskarl, fabriksarbetare eller spinneriarbetare eller "arbetar i bomullsspinneriet" alternativt "bomullsväveriet". För Malmö bomullsfabriker finns ett bortfall på cirka 15% av männen respektive kvinnorna.[11]

Vid Malmö bomullsspinneri var 1862 75% under 30 år. Åldersskillnaden mellan män och kvinnor var stor men inte fullt så frapperande som vid ovan undersökta mekaniserade fabriker. Medan andelen män under 30 år var 69%, var andelen kvinnor 79%.[12] Medan hälften av männen var under 30, var motsvarande andel av kvinnorna 3/4. Männen (inklusive tre som tillhörde arbetsledning eller lägre administration) var mer spridda i åldrarna och deras tyngdpunkt låg i högre ålder än kvinnornas.

Vid Malmö bomullsväveri var 80% av alla arbetare under 30 år, men åldersskillnaden mellan män och kvinnor var samtidigt avsevärd. Endast 60% av männen men 87% av kvinnorna var under 30 år.

17% av männen och 23% av kvinnorna var under 20 år. Närmare 1/3 av männen fanns mellan 20 och 29 år, medan hälften av kvinnorna fanns i samma ålder.

Detta bör ses mot bakgrund av arbetsdelningen i fabriken.[13] Kvinnorna var nästan enbart väverskor vid de mekaniska vävstolarna, medan männen var snickare, smeder, eldare, maskinist och bokhållare. Bokhållarna var som regel unga, men de kvalificerade hantverksyrkena krävde utbildning och arbetserfarenhet. Nattvakt och portvakt var i regel arbetsuppgifter för äldre män.

De unga pojkarna var få jämfört med flickorna. Det torde kunna sättas i samband med den könsarbetsdelning, som gjorde att flickor rekryterades till mindre kvalificerade arbetsuppgifter. Flickornas huvudsakliga arbete, nämligen vävningen, krävde inte längre någon utbildning att tala om.

Sammanfattning

De omekaniserade yllefabrikerna hade främst manlig arbetskraft. Den mekaniserade yllefabriken hade främst kvinnliga arbetare i omvandlingsprocessen men manliga underhållsarbetare. Spinning och ruggning var dock också manliga yrkesområden. I de mekaniserade bomullsfabrikerna fanns liksom i den mekaniserade yllefabriken ett skikt arbetsledare och administratörer. Det tidiga bomullsspinneriet dominerades av barnarbetare med någon övervikt för pojkar i de yngsta åldrarna men för unga kvinnor så fort de blev över 20. I de senare spinnerierna fanns inte längre barnarbetare. I stället dominerade unga kvinnor.

Mekaniska verkstäder

Tabell 5.6. Åldersstrukturen i mekaniska verkstäder. Andel arbetare.

Ålder	*1832-45*	*1859-65*	*Drag 1877*
-14	1,3	0	0
15-19	7,8	9,6	0
20-29	53,5	42,4	14,3
30-39	26,5	23,3	32,1
40-49	9,6	13,7	32,1
50-	1,3	11	21,5
N	230	73	28

Källa: Mantalsuppgifter för Malcolms 1838, 1839, 1840, 1845, för von Rosens 1832, för Petterssons 1863, 1864, 1865, för Lyckeby 1862 och Hallströms 1859. Husförhörslängd för Landskrona 1865. Lönebok 1877/78 och mantalsuppgift för 1877 för Drags AB.

Med reservation för att gruppen trä- och metallarbetare vid Drags är liten och för att skiljaktigheter kan vara regionalt eller annorledes betingade, kan här noteras att arbetarna i reparationsverkstaden 1877 i genomsnitt är betydligt äldre än de tidigare mekaniska verkstädernas arbetare var. Inga tonåringar fanns i dessa yrken. Däremot var en femtedel av dem över 50 år. Och mer än två eller tre gånger så många som i andra – tidigare verkstäder – var över 40 år.

Tobaksindustri

Då uppgifter saknas om arbetarnas ålder vid Engmans tobaksfabrik, bygger nedanstående tabell enbart på förhållandena vid de två övriga fabrikerna, Fiedlers fabrik 1862, 1863 och 1864 samt Walls 1857.

Tabell 5.7. Arbetarnas fördelning efter kön och ålder i tobaksfabriker 1857-64. Andel.

Ålder	*Män*	*Kvinnor*	*Alla*
-14	0	7,7	3,2
15-19	22,2	57,7	37,1
20-29	50	30,8	41,9
30-39	11,1	3,8	8,1
40-49	8,3	0	4,8
50-	8,4	0	4,8
Totalt	57,1	42,9	100
N	36	26	62

Källa: Mantalsuppgifter.

I tobaksfabrikerna var 3/4 av arbetarna under 25 år. 42% var tom under 20 år. Det gällde dock en betydligt större andel kvinnor än män. Knappt hälften av männen var under 25 år, medan andelen kvinnor i den åldern var drygt 92%.

När det gäller dessa tobaksfabriker fanns dock som tidigare nämnts en klar skillnad i könsfördelningen. Walls hade 20 kvinnor och 14 män anställda, medan Fiedlers hade sju kvinnor och 22 män, dvs rakt omvända proportioner. Kvinnorna hos Walls fabrik har underordnade och assisterande uppgifter, främst i cigarrtillverkningen. Hos Fiedlers görs tydligen ett försök med kvinnliga lärlingar men detta tycks snabbt avslutas.[14] Cigarrmakarna hade här inga vickelmakerskor eller striperskor till sin hjälp. Det fanns beträffande assisterande yrken olika praxis i olika regioner.[15] Åtminstone mot slutet av seklet fanns betydligt färre vickelmakare per cigarrmakare i Malmöhus län än i Gävleborgs och Malmöhus län. Möjligen fanns denna regionala skillnad redan under den här undersökta perioden.

Övriga branscher

A. Sockerbruk

Två sockerbruk finns med i urvalet. Samtliga arbetare där var män. Det är Gustaf Eklunds sockerbruk i Norrköping åren 1839, 1840 och 1841 samt Bachmann & Plath i Stockholm åren 1835 och 1836.

Tabell 5.8. Arbetarnas fördelning över ålder i 1830-talets sockerbruk.

Ålder	*Andel*
15-19	2,4
20-29	38,1
30-39	47,7
40-49	7,2
50-	4,8
N	42

Källa: Mantalsuppgifter.

Arbetarna här var jämförelsevis gamla. 60 % av sockerbruksarbetarna var över 30 år, vilket i jämförelse med tidigare undersökta fabriker, särskilt inom textilbranschen, måste ses som en hög andel.

B. Litografisk industri

Tabell 5.9. Arbetarnas fördelning efter kön och ålder i Litografiska AB i Norrköping 1860.

Ålder		*Andel*	
	Män	Kvinnor	Alla
15-19	13,6	30,8	20
20-29	40,9	30,8	37,1
30-39	27,3	23,1	25,7
40-49	13,6	15,4	14,3
50-59	4,5	0	2,9
Totalt	62,9	37,1	100
N	22	13	35

Källa: Mantalsuppgift.

57 % av alla arbetare var under 30 år. Könsfördelningen i åldrarna var mindre sned än i textilbranschen. 62 % av kvinnorna och 55 % av männen var under 30 år.

46 % av alla arbetare var under 25 år. Könsfördelningen var sned på så sätt att 54 % av kvinnorna men endast 41 % av männen fanns i denna åldersgrupp.

Yrkesstruktur och kvalifikationsnivå

Indelningskriterier

Jag har indelat samtliga yrken som förekommer i undersökningen i grövre yrkeskategorier efter bestämda kriterier.[16] För den klassanalys, som ligger till grund för diskussionen om den sociala rekryteringen spelar ägande av produktionsmedel (jord och annat) avgörande roll. Indelningen i grövre kategorier av yrken har där grundats i uppfattningen att hushållets ägande respektive disposition av produktionsmedel är avgörande för dess ställning i förhållande till produktionssättet och för dess försörjningsmöjligheter. De jordbrukande skikten har därför indelats i jordägare (med mantalssatt jord respektive icke-mantalssatt jord, brukare av annans jord, halvproletärer (som har egen jord men inte så det räcker till hela försörjningen) och proletärer (dvs egendomslösa skikt, som helt är hänvisade till att lönearbeta för andra). Även ägare av andra produktionsmedel än jord har tagits med, såsom kvarnägare. Dessa utgör dock endast ett litet fåtal. För övrigt har bl a särskilts ståndspersoner, arbetsledare m fl (utom hantverkare) till en grupp.

I detta avsnitt gäller diskussionen ännu enbart skiktningar inom den egendomslösa klassen (bland fabriksarbetare överhuvudtaget). Därför har jag använt kriterier, som är lämpliga för ändamålet här.

Yrkena har indelats efter *kvalifikationsnivå* (utbildning), *ställning i arbetet* (överordnad arbetsledande position, självständigt arbete, underordnad position under annans uppsikt) samt i viss mån *plats i produktionsprocessen* (administration, central arbetsledning, produktion – förberedande, omvandlande, efterberedande –, underhåll och reparation av maskiner, bevakning, serviceuppgifter m m.

I fabrikerna skiljer jag följaktligen mellan arbetsledning; högre resp lägre administration; gesäller; övriga kvalificerade hantverksarbetare; okvalificerade men specialiserade hantverksarbetare; okvalificerade diversearbetare; vakter, nattvakter, portvakter; övriga proletära grupper vid fabrikerna. Deras yrkesbeteckningar säger inget om någon specifik arbetsuppgift i fabriken.

De tre sistnämnda grupperna har i detta avsnitt slagits ihop. De särskiljs i den bredare klassanalysen, som tas upp i ett senare avsnitt. De motsvarar vad som på engelska brukar kallas *unskilled* och på tyska *ungelernt*.

Vidare kan ofta gesäller slås ihop med gruppen Övriga kvalificerade hantverksarbetare. Den senare gruppen är dock vidare.[17] Dessa yrkesgrupper motsvarar vad som på engelska kallas *skilled*, på tyska *gelernt*.

De okvalificerade men specialiserade yrkena avser arbetare, som utför specifika moment men som inte genomgått reglerad lärotid, och vilkas arbetsuppgifter snabbt lärs in och därför här kan anses mindre kvalificerade än gesällernas och motsvarande yrkesgruppers arbete. De motsvarar engelskans *semi-skilled* och tyskans *angelernt*.

Kvalifikationsbegreppet

Hur skall kvalifikationsnivån mätas? I ekonomisk forskning används oftast utbildning som proxy-variabel. Men när man undersöker en period, som är så avlägsen i tiden som här är fallet, saknas oftast uppgift om utbildning. De uppgifter som här kunnat användas härrör från hallrättens inskrivningar av lärlingar till spinning och vävning. I de olika lärotider som användes ingick dock om lärlingen njutit kost och logi också en period, då denna förmån förväntades arbetas av. Var lärlingen däremot av "anständig bakgrund", blev han utexaminerad snabbare. Det förblir oklart om han själv stått för kost och logi eller om endast klassbakgrunden berättigar till kortare utbildningstid. Inlärningstiden är svår att uppskatta. I denna undersökning har jag dock måst utgå från förekomsten av reglerad utbildning och i någon mån erfarenhet i yrket.

De yrken som här vore intressant att jämföra ur kvalifikationssynpunkt är å ena sidan de som förändras under perioden, nämligen yllevävningen och olika spinntekniker, å andra sidan den generella kvalifikationsnivån i de textila omvandlingsyrkena jämfört med de mekaniska verkstadsyrkena.

Det har i litteraturen anförts att det skulle varit svårare att monopolisera kvinnliga specialiteter såsom textilhantverk än manliga. Detta skulle gjort det svårare att kontrollera löneläge och tillträde till yrket osv, kort sagt omöjliggjort en professionalisering. Samtidigt har dock hävdats att varje jordbrukande man var tvungen att ha viss kunnighet i sina redskaps skötsel. Dit hörde dock inte de uppgifter, som smeden vanligen var specialiserad på. Det är smederna, som t ex skor hästar, dvs underhåller tidens transportmedel, och tillverkar plogar och andra tyngre jordbruksredskap. Med andra ord, de anlitas för mer avancerad reparation och konstruktion av jordbrukssamhällets arbetsredskap – de produktionsmedel som förutom jorden behövdes för försörjningen. Trähantverkarna – snickare och timmermän – hade också en viktig funktion. De tidiga maskinerna var av trä, liksom de tidiga plogarna. De byggde och reparerade hus. Båda dessa yrken låg till grund för utvecklade specialiteter inom de mekaniska verkstäderna. Deras löneläge som hantverkare där var dock inte särskilt mycket bättre än textilhantverkarnas i de tidiga omekaniserade fabrikerna. Det var först i de mekaniserade fabrikerna som de kom att få en klart privilegierad särställning.

Yrkesstruktur och kvalifikationsnivå i olika branscher

Det verkar sannolikt att yrkesstrukturen och även kvalifikationsnivån har förändrats åtminstone i textilfabrikerna i och med mekaniseringen. Låt oss se hur den generella yrkesstrukturen sågs ut i olika branscher och perioder. Som kvalificerade yrken har nedan räknats gesäller och liknande, till okvalificerade har räknats special- och diversearbetare utan reglerad lärotid. Arbetsledare och administrativ personal (främst bokhållare) har avskilts för sig.

Tabell 5.10. Kvalificerade respektive okvalificerade arbetare per bransch. Fabriker grundade 1830-40. Procent[18].

	Omek kläde	Bomull[1]	Övrig textil	Mek verkst	Övriga branscher	Mek bom väv	Totalt
Kval	14,5	4,9	9,4	68,9	2,1	10,9	17,5
Okval	84,3	92,6	87,2	27,2	90,8	78,1	79,6
Arb ledn	1,2	2,5	3,4	3,9	7,1	11	2,9
N	773	431	117	210	86	82	1 699

Källa: Mantalsuppgifter.

1. Under rubriken Bomull ingår bl a Jonsereds segelduksväveri och Strömma mekaniserade bomullsspinneri.

En jämförelse mellan branscherna i urvalet visar att mekaniska verkstäder hade en kraftig dominans av kvalificerade hantverksarbetare inklusive gesäller. Här var ännu hantverket dominerande. De okvalificerade arbetsuppgifterna dominerade i det mekaniserade spinneriet. Segelduksvävarna har här räknats som kvalificerade men utgör en liten grupp i materialet.

Därnäst fanns okvalificerade arbetare i gruppen Övrig textil, där band-, siden- och strumpfabrikerna fanns. Högst andel kvalificerade hantverksarbetare näst efter de mekaniska verkstäderna hade omekaniserade klädesfabriker.[19]

Tabell 5.10. Kvalificerade respektive okvalificerade arbetare. Fabriker grundade 1853-63 (inkl Drag). Procent.

	Omek kläde	Mek ylle	Mek bomull	Mek verkstäder	Övriga branscher	Totalt
Kval	8,3	13,9	1,1	48,3	4,3	7,9
Okval	89,1	83,7	96,7	47,7	93,5	89,7
Arb ledn	2,6	2,4	2,2	4	2,2	2,5
N	503	656	1 266	176	741	3 342

Källa: Mantalsuppgifter.

Närmare 90% av arbetarna var här att hänföra till okvalificerade yrken. Av den gruppen var något mindre än hälften specialiserade på vissa arbetsuppgifter, medan något mer än hälften var diversearbetare eller åtminstone utan specificerade arbetsuppgifter. Här ingår dock beteckningen fabriksarbetare, vilken under denna period oftast inte betydde diversearbetare utan användes omväxlande med en specificerad yrkesbeteckning. För att få en mer säker uppgift, får vi därför vända oss till intensivundersökningen, där sådana osäkerhetsmoment är undanröjda.[20] Dock är mot bakgrund av den tekniska och arbetsorganisatoriska utvecklingen uppdelningen kvalificerad – okvalificerad arbetskraft här i huvudsak korrekt.

Störst dominans av okvalificerade arbetare hade alltså mekaniserade bomullsfabriker och gruppen Övriga branscher här. Den senare dominerades dock av Holmens bruk, som inkluderade mekaniserad bomullsvävning men också hade annan tillverkning, t ex pappersbruk och smide.

Störst andel kvalificerade hantverksarbetare hade mekaniska verkstäder respektive den mekaniserade klädesfabriken (Drags). Om vi här undersöker yrkena i fråga närmare, framgår att de huvudsakligen bestod av underhållsarbetare (metall- och trähantverkare).[21]

Yllefabriker

Nedan kombineras yrkes- och åldersstruktur i en jämförelse mellan yllefabriker med olika mekaniseringsgrad.

Tabell 5.11. Yrkes- och åldersstruktur i 1845 års omekaniserade klädesfabriker. Andel arbetare.

Ålder	Arbetsledare	Gesäller	Övriga kval hantv arb	Okval spec	Okval diverse	Vakter, övriga	%	N
14-19	(33,3)	0	11,1	29,9	0	7,7	21,8	60
20-29	0	(100)	37,8	33,9	20	38,5	33,1	91
30-39	(66,7)	0	22,2	14,7	31,4	46,2	20	55
40-49	0	0	20	16,9	34,3	0	18,5	51
50-	0	0	8,9	4,5	14,3	7,7	6,5	18
N	3	2	45	177	35	13	100	275

Källa: Mantalsuppgifter och Norrköpings hall- och manufakturrätts arbetarförteckningar för 1845.

I de omekaniserade yllefabrikerna 1845 i Norrköping var de flesta arbetare okvalificerade men specialiserade. De utgjorde 64 % av samtliga. Den näst största gruppen var okvalificerade diversearbetare inklusive vakter och övriga ospecificerade. Hit hörde arbetskarlar, drängar, änkor utan yrkestitel m fl. Dessa utgjorde nästan 18 %. De kvalificerade hantverksarbetarna inklusive gesäller var ungefär lika många. Arbetsledarna slutligen var tre stycken eller cirka 1 %.

Drygt 1/3 av de kvalificerade hantverksarbetarna var under 25 år. Motsvarande siffra för de okvalificerade specialiserade var drygt hälften och för okvalificerade diversearbetare m fl endast en dryg tiondel. Det var främst barnen under 15 år, som gjorde att de okvalificerade specialiserade hade en stor andel i denna unga åldersgrupp. Här ingår nämligen dels lärlingar överhuvudtaget, dels sådana yrken som företrädesvis innehades av ungdomar.

De kvalificerade hantverksarbetarna fanns i något högre åldrar av förklarliga skäl. Det tog tid att utbilda sig till dessa yrken. De okvalificerade diversearbetarna slutligen var förhållandevis gamla. Närmare 38 % av dem var 40 år eller äldre. Deras arbetsuppgifter var sådana som ibland lämnades äldre arbetare, som tidigare haft mer kvalificerade arbetsuppgifter. Diversearbetarnas andel i högre åldrar skall jämföras med de kvalificerade hantverksarbetarnas, vilken var nästan 28 %, och de okvalificerade specialiserade arbetarnas, som var närmare 22 % – båda alltså betydligt mindre andelar.

I de omekaniserade yllefabrikerna 1845 fanns mellan 25 och 40 år 1/3 av de kvalificerade inklusive gesäller, 1/4 av de okvalificerade specialiserade samt närmare hälften av de okvalificerade diversearbetarna inklusive vakter m fl.

Hur såg det då ut i den mekaniserade yllefabriken år 1877 – Drags fabriks AB?

Tabell 5.12. Yrkes- och åldersstruktur i mekaniserad yllefabrik 1877. Andel.

Ålder	Arbets-ledare, lägre adm	Gesäller, övriga kval hantv arb	Okval spec	Okval div, vakter m fl	%	N
15-19	5	14,1	9,6	0	9,8	40
20-29	25	39,1	33,5	16,7	33,5	137
30-39	30	15,6	28,1	41,7	26,7	109
40-49	10	17,2	17,6	25	17,4	71
50-	30	14,1	11,2	16,7	12,7	52
N	20	64	313	12	100	409

Källa: Mantalsuppgift.

I den mekaniserade yllefabriken 1877 i Norrköping var fortfarande de flesta arbetare att hänföra till kategorin okvalificerade men specialiserade hantverksarbetare. Denna grupp hade nu en betydligt större andel av totala antalet arbetare, nämligen drygt 3/4. Hit har bl a räknats arbeterskorna vid mekaniska vävstolar av olika typer samt vid överskärningsmaskinerna. Det avspeglar den långtgående arbetsdelningen men också den större graden av homogenisering av arbetarna i fabriken. Den näst största gruppen utgjordes av de kvalificerade hantverksarbetarna inkl gesäller. Dessa utgjorde nu mer än 15 %, vilket var någon minskning jämfört med de omekaniserade fabrikerna 1845. De okvalificerade diversearbetarna inklusive vakter m fl var nu ytterligt få, endast 3 % av samtliga. Slutligen hade gruppen arbetsledare vuxit. Inklusive en person som räknas till lägre administration utgjorde arbetsledarna 5 % nu.

Mer än 1/3 av de kvalificerade hantverksarbetarna var nu under 25 år, dvs något fler än i de omekaniserade fabrikerna 1845. Motsvarande siffra för de okvalificerade specialiserade var 27 %, dvs deras andel hade halverats jämfört med tidigare. Ingen av de okvalificerade diversearbetarna var under 25 år. Av arbetsledarna m fl slutligen var cirka 1/5 under 25 år.

År 1877 fanns inga barn under 15 år anställda i den mekaniserade yllefabriken. De hade tidigare okvalificerade specialiserade yrken, vilkas andel nu starkt sjunkit i de yngsta åldrarna. I åldrarna mellan

25 och 40 år fanns 33% av de kvalificerade (inkl gesäller), 44% av de okvalificerade specialiserade samt 58% av de okvalificerade diversearbetarna (inkl vakter m fl).

Bomullsfabriker

Mekaniserad bomullsvävning på 1830-talet
Rydboholm var det första och i cirka 20 år det enda mekaniserade väveriet i landet. Det är därför särskilt intressant att jämföra dess arbetare med arbetarna i de icke mekaniserade fabrikerna under samma period. Var det ungefär samma ålders- och könsfördelning? Eller fanns det kanske större överensstämmelser med arbetarstrukturen i de senare mekaniserade fabrikerna?

Redan en blick i fabriksstatistiken visar att det senare var fallet. Dominansen av unga kvinnor var densamma som vid de mekaniserade bomullsfabrikerna under senare delen av seklet. Det förhållandevis stora skiktet av specialiserade arbetsledare är ett annat gemensamt drag. Dessa var undantagslöst hämtade från England. Det fanns vidare reparationsarbetare för underhållet av maskinerna. De först rekryterade arbetarna var till stor del hantverksutbildade arbetsledare och väverskor, som inte kom från orten, samt vävflickor från orten.[22]

Arbetsledarna var fördelade över många åldersgrupper – hälften var över 35 år och ända upp i 50-årsåldern. Detta kontrasterar skarpt mot de meniga arbetandes koncentration till lägre åldrar, vilken var särskilt markerad bland väverskorna.

Den första påträffade mantalsuppgiften (för 1838) upptar bl a sju "Demoiselles för wäfweriet" och sex "flickor för wäfweriet". Vid närmare undersökning har demoisellerna visat sig i stor utsträckning ha ett annat socialt ursprung än övriga.[23] Fyra av demoisellerna kom närmast från Göteborg och en från Skåne. Men flera av dem hade ändå lokal anknytning, eftersom de var födda i trakten. Flera demoiseller rekryterades de närmaste åren. Men senare särskiljs inte denna grupp från övriga väverskor. Av de sex vävflickorna det första året kom två från Göteborg och en från Marstrand. Av totalt 52 väverskor från mantalsuppgifterna för 1838-40 och 1845, som kunnat spåras, var åtminstone 33 födda i trakten kring Rydboholm.[24]

En rad vävflickor och barn, som var anställda vid Rydboholm, inskrevs på fabriksledningens begäran vid hallrätten i Borås den 1 oktober 1838, enligt uppgift för att hindra den starka omsättningen av arbetare, som fanns.[25] I hallrättens protokoll föreskrevs för dessa 74 kvinnor och 24 barn (därav 11 pojkar) en "ömsesidig uppsägningstid på tre månader". Åtta av dessa kvinnor kom från Göteborg, därav några f d demoiseller.[26] De flesta av demoisellerna stannade länge vid fabriken. Flera gifte sig med arbetsledare. Ett par stycken var redan gifta eller förlovade på annan ort och hade även barn. Det förefaller som om dessa kvinnor rekryterats som lärare och arbetsledare för de lokalt rekryterade "vävflickorna" eller åtminstone som en stomme av erfaren arbetskraft.[27]

De manliga arbetarna var mer spridda över hantverksyrkena. Förutom bleklärlingar, vävlärling, varplärling och smedlärling fanns bland dem en marketentare, en smed, dressare och några vävare.[28]

Under bomullskrisen 1864 inskränkte Rydboholms antalet arbetare, medan man i övriga landet efterfrågade arbetare. Arbetarantalet minskades med 159 till 391, varav största delen var kvinnliga arbetare, och arbetstiden inskränktes för kvarvarande till ett par dagar i veckan. De arbetslösa var dock inte villiga att flytta. När Kampenhof försökte rekrytera fem väverskor på hösten och erbjöd villkor, "som Sven Erikson fann särdeles goda", var det inte en enda av dem, som avskedats, som ville anta erbjudandet. Kampenhof fick nöja sig med fem arbetslösa pojkar, "som något sysslat med vävning". Dessa var dock till belåtenhet.[29]

Vid Alingsås bomullsväveri fanns förutom de arbetare, som kom från Rydboholm och Norrköpings bomullsväveri (bl a en vävare, som nu skulle arbeta som uppsyningsman[30]) och en handlande, en uppsyningsman med familj och två ogifta väverskor, alla från Norrköpings bomullsväveri, dressare, vävare och eldare med familjer samt en ogift vävare. Separat upptogs 18 kvinnor (varav en gift), som arbetade i väveriet men var mantalsskrivna på andra orter. En 17-årig flicka hade enligt mu för Kampenhof i Uddevalla arbetat där åtminstone 1860-62.

Mekaniska verkstäder

Enligt den inledande diskussionen om arbetets skiktning och kvalifikationsnivån i olika yrken kan vi vänta oss att de kvalificerade metall- och träarbetarna var en eftersökt bristvara på den begynnande svenska arbetsmarknaden. Arbetare, som tillverkade eller reparerade maskinerna i fabrikerna och för jordbruket, utbildades främst i smed-, snickar- eller timmermansyrket.

A. 1830-och 1840-talen

Tabell 5.13. Yrkesstrukturen vid von Rosens mekaniska verkstad 1832.

Yrke	*Antal arbetare*	*Yrke*	*Antal arbetare*
verkmästare	1	arbetskarlar	5
ritare	2	murare	1
kopparslagarearbetare	5	modellsnickare	1
snickare	4	filhuggare	1
smeder	5	instrumentmakarlärling	1
järn- och metallsvarvare	3	instrumentmakargesäll	1
filare	13	lärlingar	6

Källa: Mantalsuppgift.

Arbetarstyrkan bestod helt och hållet av manliga hantverkare, specialarbetare och diversearbetare. Den största gruppen var filare, vilket torde hänga ihop med avsaknaden av maskiner för precisionsarbeten. En stor svårighet var att hantverksmässigheten omöjliggjorde varje standardisering av t ex skruvar, muttrar m m. Standardiseringen blev möjlig, då maskiner började tillverka maskiner. Sex av arbetarna var mantalsskrivna på andra orter, varav tre i Eskilstuna, som redan då var känt för sin verkstadsindustri.

Tabell 5.14. Arbetarna i mekanisk verkstad efter yrke och ålder. Malcolms i Norrköping 1845.

Ålder	Arb-ledn, lägre adm	Gesäller, övr kval hantv arb	Okval spec	Okval div	Vakter o a proletärer	N
-14	0	3,6	0	0	0	2,9
15-19	0	6,1	9,1	0	0	5,8
18-29	(66,7)	61	54,5	(75)	0	59,2
30-39	(33,3)	20,7	18,2	(25)	(100)	23,3
40-49	0	8,5	18,2	0	0	8,7
N	3	82	11	4	3	103

Källa: Mantalsuppgifter, hallrättsberättelse.

Här fanns nästan bara manliga arbetare. 41 % av dem var under 25 år. 68 % var under 30 år. 17 % var 35 år eller äldre. Även dessa arbetare var alltså väl samlade i de yngre åldrarna men inte lika extremt som särskilt de kvinnliga bomullsarbetarna. Vidare var andelen kvalificerade arbetare påfallande stor. 58 arbetare under 30 år var kvalificerade, dvs 83 % av alla arbetare i de åldrarna.

B. 1850- och 1860-talen
År 1857 grundades Köpings gjuteri och mekaniska verkstad. Ägaren var inflyttad från Valbo i Gävleborgs län, varifrån också flera av arbetarna vid verkstaden kom.

Tabell 5.15. Yrkesstrukturen vid Köpings mekaniska verkstad 1859.

bokhållare, f d inspektor	1	gjutare	1
modellsnickare	1	smed	1
gjuteriarbetare	8	murare	1
diversearbetare	4		
N			17

Källa: Mantalsuppgift och husförhörslängd.

I Landskrona mekaniska verkstad, som ägdes av en smedmästare, var 1862 14 av 20 anställda gesäller och en arbetsledare. Hälften var under 30 år.[31] Gesällerna dominerade. De var väl spridda i åldrarna. De mekaniska verkstäderna kan sägas ha karaktäriserats av kvalificerat hantverksarbete, till vilket utbildningen monopoliserades av männen. Även de mindre kvalificerade arbetsuppgifterna sköttes här av män.

Tabell 5.16. Yrkesstrukturen i Holmbergs mekaniska verkstad i Lund 1871.

verkmästare	1,9	smidare	7,4
ritare	1,9	släggare	5,6
snickare	11,1	formare	18,5
filare	20	målare	1,9
maskinist	1,9	plåtslagare	1,9
svarvare	9,3	arbetskarl	18,5
N			54

Källa: Mantalsuppgift.

Carl Holmberg anlade gjuteri och mekanisk verkstad i Lund 1864. Antalet anställda steg mycket snabbt. Mellan 1869 och 1872 niodubblades tillverkningsvärdet. Verkstaden fortsatte expandera, och blev snabbt en av stadens största industrier. I början tillverkades lantbruksmaskiner och gjutgods. Senare tillkom ångmaskiner, ångpannor och mejerimaskiner. Verkstaden fanns kvar ända in på 1950-talet. De anställda var alla män. Formare och filare var de största specialiserade yrkesgrupperna.

Tobaksindustri

Gustaf Engmans tobaksfabrik i Hudiksvall hade efter ett år enligt fabriksstatistiken 10 vuxna och 18 barn anställda. Mantalsuppgiften för år 1841 upptar 15 arbetare och en bokhållare, samtliga män. Av arbetarna betecknas två som tobaksspinnare, sju som tobaksarbetare och sex som gossar. Bokhållaren, en tobaksspinnare och en piga ingår i ägarens hushåll.

Köpmannen J G Wall & Co startade snus- och tobaksfabrik i Norrköping 1856. Mantalsuppgiften upptar 34 arbetare, varav 19 är kvinnor. De manliga arbetarna utgörs av en cigarrmästare från Tyskland, 7 cigarrmakare (därav en dansk), en vickelmakare (16 år gammal) och några icke-egentliga tobaksarbetare som en dräng, 3 snickeriarbetare, en diversearbetare och en kontorsbetjänt. Kvinnorna består av nio striperskor, sex vickelmakerskor, tre cigarrpackerskor och en cigarrsortererska. Fabriken tillverkade snus, tobak och cigarrer.[32]

F Wm Fiedlers tobaksfabrik i Kristianstad grundades 1861. Den första mantalsuppgiften (för 1862) upptar 8 mantalsskrivna, utom hus boende cigarrarbetare och fem icke mantalsskrivna arbetare, varav två cigarrarbetare och tre arbetskarlar. Med cigarrarbetare torde avses cigarrmakare och -lärlingar.[33]

Uppgiften för 1863 är mer specificerad. Där upptas – förutom hushållet där ägarens bror ingick, som för 1864 står som bokhållare – följande 24 anställda: en cigarrmästare, 8 manliga arbetare (varav sex stod som cigarrarbetare året före och tre är nya) och fyra arbetskarlar (varav en ny och tre från året före) samt 11 lärlingar, varav 6 är kvinnor, som inte fanns med föregående år. Två av de manliga lärlingarna stod upptagna som cigarrarbetare året före och tre är i likhet med alla kvinnorna nyanställda. På mantalsuppgiften för 1864 står 16 anställda, varav två pigor och inga övriga kvinnor. Av de två pigorna var en föregående år upptagen som lärling och den andra hade tidigare i flera år stått upptagen som Fiedlers piga i hushållet. En mästare, 9 manliga arbetare och samma 4 drängar som förut (tidigare som arbetskarlar) finns med. Vad som har hänt med de kvinnliga lärlingarna är svårt att spekulera om.

Assisterande uppgifter hade redan tidigt tillfallit barn och ungdomar ino tobakstillverkningen. Spinngossarnas uppgifter kan jämföras med barnarbetarnas handräckande och andra liknande uppgifter inom textilindustrin. När cigarres började tillverkas i större omfattning, avspjälkades förberedande, mer rutinbetonade uppgifter från det egentliga hantverket, som cigarrmakaren behöll och utvecklade kunnighet i. I kraft av sin hantverkskunnighet och centrala ställning i produktionen dominerade han arbetslaget. När enklare arbetsmoment skalas bort från det som ses som mer komplicerat och krävande, började kvinnlig arbetskraft att rekryteras. Intressant är här också att cigarrmakaren själv länge ansvarade för denna rekrytering. Den grad i vilken medhjälpare anställdes, varierade emellertid starkt mellan olika delar av landet.

Bland arbetarna i de här undersökta fabrikerna fanns en tydlig hierarki efter kön och ålder. Reparationsarbetare och arbetsledare var äldre män. Cigarrmakarna, som var den centrala hantverkargruppen, var unga män, dock som regel 8-10 år äldre än sina assistenter. De senare, som förberedde råvaran, utgjordes av unga flickor i de sena tonåren och någon enstaka yngling.

Sammanfattning

Den ökade efterfrågan från större befolkningsgrupper och möjligheterna till storskalig, standardiserad produktion som mekaniseringen tillhandahöll ledde till en förändrad arbetsprocess i textilfabrikerna. Intresset att förbilliga produktionen kunde tillgodoses genom rekrytering av en annan, traditionellt lågavlönad kategori arbetare, nämligen unga kvinnor, i stället för de hantverksutbildade männen. I stället ökade beroendet av personal med teknisk kunnighet på ett annat område, nämligen inom trä- och metallhantverken, maskinister, gasarbetare och andra yrkeskategorier med specialkompetens gällande de nya maskiner, vilkas funktionsduglighet fabriksägarna nu var beroende av. De stora mängder kollektivarbetare-maskinpassare som anställdes styrdes av ett utökat skikt arbetskedare. Även fabriksledningen var utvidgad. Styrelsens beslut verkställdes av en disponent, som hade hand om den dagliga ledningen av verksamheten. En grupp av bokhållare och annan kontorspersonal fanns.

Även i branscher utan en så stark förändring av arbetsprocessen som i textilfabrikerna kunde märkas en liknande tendens, nämligen till utökning av administration och arbetsledning och minskat beroende av de hantverkare, som tidigare varit centrala i produktionen.

En bransch som behöll sin ställning eller stärkte den var emellertid verkstadsindustrin, vars arbetare var eftersökta även utanför den egna branschen på grund av den tekniska specialistkompetensens betydelse i den industriella utvecklingen.

Den skillnad som inledningsvis sattes i samband med mekaniseringsgraden, har visat sig närmare bestämt höra ihop med en förändring av yrkesstrukturen. Arbetet fördelas efter kvalifikation, kön och ålder. Kvalificerade yrken var förbehållna män, trots de möjligheter som fanns i hantverksfabrikerna att rekrytera kvinnor. Systematiken bakom könsarbetsdelningens utformning tycks bevarad på så sätt att det är de arbetsintensiva, underordnade momenten som besätts med kvinnlig arbetskraft. Kvinnor hade assisterande uppgifter i de hantverksmässiga yllefabrikerna. Deras uppgifter i de mekaniserade fabrikerna kan sägas också i en mening vara assisterande; från att ha assisterat den hantverksutbildade mannen har de övergått till att assistera maskinen. Den mekaniska vävstolen eller överskärningsmaskinen bestämmer arbetstakten och producerad kvalitet. Olika spinntekniker hör samman med olika utformningar av könsarbetsdelningen. Throstle-spinning sköttes av kvinnor, mulspinning av män. Att handvävningen fanns kvar så länge, kan bero på handvävarnas starka position. Men en sådan position kan de sannolikt ha haft endast om det fortfarande fanns en marknadsnisch för deras produkter.

Utvecklingen inom sidenvävningen visar vilka möjligheter manufakturlagstiftningen gav. Att inte fler gamla hantverk övergick till att bli kvinnliga yrken i manufakturerna är det som framstår som ett problem i detta sammanhang. Jag har inte kunnat påträffa något material bevarat från 1800-talet, som vittnar om eventuella konflikter och konkurrensförhållanden om de nya arbetsuppgifter, som genom manufakturlagstiftningen öppnades för nya grupper åtminstone i teorin. Det behöver inte betyda att konflikter saknades. Man torde dock kunna utgå från att bristen på kvalificerad arbetskraft gjorde de hantverkskunniga arbetarnas förhandlingsposition stark, så länge produktionsprocessen var avhängig deras kunskaper.

Jag har heller inte kunnat påträffa material från perioden beträffande införandet av ny teknik och de konflikter, som kan ha funnits om den ändring av arbetsorganisationen och könsarbetsdelningen, som detta lett till. I samband härmed torde dock fabriksägarnas position varit starkare, i den mån den nya tekniken tillät att ny arbetskraft utbildades till vissa moment i den arbetsprocess, som tidigare krävt en fullständig hantverksutbildning. Den nya tekniken gjorde detta lättare att motivera, samtidigt som det torde ha varit mindre attraktivt för en hantverkare att ta arbete som maskinskötare –

såvida han inte blev arbetsledare, vilket förekom. Detta framgår främst av den starkt förändrade rekrytering och könsarbetsdelning, som mekaniseringen, särskilt av vävning och överskärning, följdes av.

Vi skall i nästa avsnitt undersöka om förändringen i yrkesstrukturen och inte minst i hierarkin bland yrkena avspeglas i en förändrad lönestruktur.

6. Anställningsförhållanden och löner

Anställningsförhållanden

Från legalt till strukturellt arbetstvång

Fabriksarbetarnas anställningsförhållanden reglerades under förra hälften av 1800-talet av hallordningen från 1770. Medan skråordningen från 1720 reglerade de egentliga hantverken, gällde hallordningen de nyare produktionstyper (manufakturer och fabriker), som uppstått utanför skråna.[1] Hallordningen 1770 gällde "alla väverimanufakturer uti silke, ull, kamelgarn, bomull och linne, med därtill hörande tjänsteverk, finare järn- och stålfabriker, samt flera inrättningar, konster och handaslöjder, som under Kongl Skråordningen inte egenteligen begripas, tillika med deras idkare, föreståndare, betjänte, mästare och arbetare". Hallordningen präglades dels av skråordningens regler vad beträffar antagningen och utbildningen av lärlingar och gesäller, dels av legostadgans regler vad beträffar anställning av annan arbetskraft.

I hantverksutbildning kunde bara män antas. Kvinnor fick arbeta som okvalificerad eller specialutbildad icke-skråbunden arbetskraft. Men manufakturer och fabriker stod i princip öppna för all arbetskraft: "Ingen av vad stånd eller villkor han vara må, skall hindras att vid fabriker arbeta samt där sin näring och försvar njuta", hette det.[2] Både män och kvinnor, svenska och utländska, antogs som arbetare.

Det fanns heller inget formellt hinder för kvinnor att driva fabriker, men deras omyndighet och ojämlika arvs- och giftorätt försvårade det ekonomiskt och juridiskt. Kommerskollegium fäste dock inget avseende vid kön när privilegieansökningar och besvär behandlades.[3]

De anställda skulle sysselsättas med sådant arbete "vartill de antagne äro" och av dem som dem "förskrivit". En gesäll fick med andra ord inte användas till göromål utanför sitt hantverk. Detta bidrog troligen till att öka efterfrågan på icke-skråbunden arbetskraft, som var mer användbar. En "införskriven" arbetare fick vidare inte sluta sitt arbete inom natt och år. Det var alltså i princip fråga om årstjänst vid fabrikerna liksom i jordbruks- och hushållsarbetet. Hade arbetaren obetald skuld till fabriksägaren, skulle den först arbetas av. På så sätt kunde flyttningsrätten ofta vara tämligen illusorisk.

Hallordningen stadgade också att "skälig lön", som inte var högre än den som "allmänt bestås", skulle utbetalas. Det var förbjudet för fabriksägaren att höja lönen, liksom det var förbjudet för arbetarna att begära högre lön eller "sammansätta sig" i syfte att höja lönen.

Manufakturerna gynnades på många sätt. Deras rekrytering av arbetskraft främjades inte bara genom möjligheten att genom privilegiesystemet begränsa konkurrens i form av nya manufakturer i närheten, utan också genom att de anställda hade vissa privilegier. Sålunda var arbetarna vid manufakturer och fabriker i princip fritagna från militärtjänst och de slapp betala mantalspenningar.

För kontrollens skull var fabriksägarna skyldiga att upprätta listor över sina anställda eller "försvarstagare". Om antalet "mot försvarslöshet skyddade" verkade för stort – eller för litet – i förhållande till produktionen, skulle hallrätten eller magistraten undersöka orsaken. Det kunde troligen ligga i en fabriksägares intresse att lämna försvar till arbetare, vilkas insatser han ville försäkra sig om för en senare tidpunkt. Det förekom också ofta att s a s deltidsanställda eller förlagsarbetande hade försvar vid en fabrik men arbetade i hemmet eller oregelbundet.

Överhuvudtaget andas hallordningen en patriarkal stränghet, som hårt slår ned på varje ansats hos arbetarna att hävda ett egenintresse gentemot fabriksägaren. Sådana försök i ord eller handling ansågs brottsliga och bestraffades med böter eller förlängd anställningsperiod eller t o m arbetshus.

Hallordningen ger också ett intryck av konkurrens mellan fabriksägarna om arbetskraften; regler fanns för hur tvister om vem som i första hand fick anställa en viss arbetare skall lösas, förbud att försöka värva någon annan fabriksägares arbetare osv. Likaså tyder reglerna som försöker hindra lönekonkurrens mellan fabriksägarna på att sådana tendenser inte var okända. Det hela antyder en brist på (utbildad) arbetskraft.

Hallrätterna (eller där sådana inte fanns – magistraterna) och i sista hand Kommerskollegium var den instans som skulle övervaka att hallordningen efterlevdes. Deras uppgift var att hålla uppsikt över manufakturernas "tillstånd och tillverkning", kontrollera producerad kvantitet och kvalitet, arbetsredskap m m samt avgöra tvister mellan fabriksägare och mellan arbetare och fabriksägare samt disciplinärenden. I hallrätterna satt huvudsakligen representanter för fabriksägarna, grosshandlarna och manufakturägarna. Under ledning av borgmästaren eller en rådman hade de att slita tvister, som uppstod. Syftet bakom inrättandet av särskilda hallrätter var att minimera fabriksägarnas kostnader för utdragna processer och i stället möjliggöra snabba lösningar på konflikter. Per Nyström har utifrån en bedömning av reglerna i hallordningen och av hallrätternas sammansättning hävdat att hallrätterna ensidigt dömde till fabriksägarnas (dvs i stort sett sig egen) fördel.[4] Hallrätten måste betraktas som en klassdomstol, även om samtidigt en genomgång av avgjorda mål visar att man upprätthöll reglerna, även då de innebar kostnader och målets förlust för en fabriksägarkollega. Anställda hos fabriksägaren ansågs vidare som jäviga vittnen för hans sak. Ett visst mått av förtroende har hallrätten eftersträvat att vinna även hos arbetarna. Ofta kunde emellertid tvister inte avgöras därför att ingendera parten kunde bevisa vad som mellan dem överenskommits. Och då var fabriksägaren i ett strukturellt överläge redan genom att arbetaren försatts i kärandens position och tilldelats bevisbördan. Om den senare inte kunde bevisa att fel begåtts, förblev situationen som fabriksägaren tidigare bestämt den. Det kunde gälla redan utbetald lön, som arbetaren hävdade varit lägre än avtalat. Det kan också tyda på att arbetarna inte var så insatta i de regler, som gällde, eller möjligen en föränderlig praxis under perioden.[5]

De brottmål som behandlades gällde enbart vad som sågs som disciplinbrott inklusive slagsmål och gräl bland arbetarna, då de befann sig på arbetsplatsen eller i dess omedelbara omgivning. Grövre brottmål liksom mer utdragna konflikter hänvisades till vanlig domstol.

Hantverksutbildningens villkor

Hantverksutbildningen var endast öppen för pojkar – utom inom hantverksfabrikerna. Mästare kunde den gesäll bli, som lärt sitt hantverk (inom landet eller utomlands, inom eller utom skrå) och kunde visa antingen att han "kallats" av någon fabriksägare eller förläggare, eller att han själv kunde idka hantverket för egen räkning. Då skulle han söka burskap och avlägga borgareden.[6] Men var han bara verkmästare hos en fabriksägare eller manufakturägare, behövdes inget burskap.

Gesäll kunde den lärling bli som lärt sitt hantverk vid manufaktur eller hos mästare, antingen han var svensk eller utländsk, ung eller gammal, gift eller ogift. Lärlingen skulle genomgå prov för att få gesällbrev. Antingen han sedan "njöt kost, veckolön och husrum vid verket eller hos mästaren" eller bodde för sig själv och fick sin arbetslön "stycketals", skulle han och hans hustru, barn och "brödätare" njuta sitt försvar under manufakturen eller mästaren. Han fick då inte åta sig arbete för någon annan eller arbeta för egen räkning. Han var skyldig att undervisa lärlingar. Gesällen ansvarade förutom för sitt eget arbete även för de lärlingar, vilkas undervisning han åtagit sig eller som han själv arbetade tillsammans med. Gesällens anställningstid var maximerad till sex år, men någon minimitid fanns inte.

En fabriksägare fick anställa hur många lärlingar han ville, men ingen fick inskrivas som lärling, förrän han gått två månader på prov och blivit godkänd. Beroende på hantverkets art gällde minimiåldern 10 eller 12 år.

Fattige mäns barn som fick "föda, kost och kläder" skulle lära i minst fem år, men den som förut haft "anständig uppfostran" skulle anses fullt utlärd så fort han kunde hantverket, även om han bara arbetat vissa timmar om dagen. Lärlingar som ingick i hushållet ("som njuta husrum, kost och kläder") var dessutom skyldiga uträtta mästarens ärenden. Men gesäller fick bara använda dem för sysslor inom hantverket.

En lärling fick inte avskedas innan han var utlärd, om det inte fanns "laga skäl". Boten för sådant var dock förhållandevis mild – 5 daler. En fabriksägare som behandlade sin lärling "oskäliga" fick böta enligt missgärningabalken, liksom en gesäll eller annan arbetare, som slog lärlingen eller bemötte honom "illa".

Fabriksägaren skulle hålla sina arbetare och lärlingar till gudsfruktan och ett kristligt leverne, till vilken ända de skulle se till att arbetarna fick "behörig underwisning i läsande och theras Christendoms-Stycken". Lärlingen fick heller inte ut sitt gesällbrev, förrän han kunde uppvisa prästbesked om att han ägde tillräcklig kristendomskunskap.

Hallordningen stadgade vidare uttryckligen att fabriksägare och mästare var skyldiga att

"i rättan tid tildela sine Arbetare theras Arbete och Arbets-Löner, så att de hwarken gå ledige eller lida nöd; men skulle så hända, at Arbete för en eller annan orsak tryter, åligger thet Idkaren, at bestå sine Arbetare en skälig Wänte-Penning i åtta eller fjorton dagar, efter öfwerenskommelse, eller ock them Afsked tildela, at the med Arbete annorstädes sig må kunna förse, ther icke särskilt Reglemente annorlunda föreskrifwer."[7]

Lärlingar inskrevs alltså vid hallrätten av fabriksägaren. Villkoren skulle också inskrivas, accepteras av den blivande lärlingen och om han var omyndig av föräldrar eller annan målsman samt i sista hand av hallrätten.

Under perioden 1843-55, som här undersökts i detta avseende, var det i Norrköping enligt hallrättens protokoll övervägande klädesvävarlärlingar som inskrevs vid hallrätten. Men även målarlärlingar och strumpvävarlärlingar fanns inskrivna under perioden. Vanligt var en prövotid på tre månader och en total lärotid på 2 1/2, 3 eller 3 1/2 år (5 år för strumpvävning och för skönfärgning). Lärlingen betalade lärpenning (i regel 52 riksdaler rgs), som oftast drogs av på den arbetslön han fick, när han blivit så pass utlärd att han "kommit på enmansstol", dvs inte längre behövde ha en gesäll bredvid sig i tvåmansstolen som lärare. Lärpenningen betalades uppenbarligen vidare till den gesäll, som hade hand om undervisningen. Arbetslönen kunde vara 1 3/4 skilling (cirka 3 öre) per hundra för smitt samt fria kontributioner och fri läkarvård och medicin i händelse av sjukdom. Fabriksägaren svarade också för in- och utskrivningskostnaden vid hallrätten. Ofta svarade han också för material till gesällprovet.

Som en indikator på betydelsen av inskrivningsförfarandet kan nämnas att när Rydboholms bomullsväveri på 1840-talet hade svårigheter att behålla väverskorna under någon längre period, så genomdrev fabriksägarna hos den något tveksamma hallrätten i Borås att väverskorna skulle inskrivas där och uttryckligen acceptera en ömsesidig uppsägningstid på tre månader. Dessa kvinnor var inte antagna som lärlingar men blev ändå inskrivna, dels under rubriken Väverskor, dels under rubriken Barn.[8]

Övriga arbetare, som inte var inskrivna i lära på ett visst antal år, kunde avskedas enligt tjänstehjonsstadgans regler, dvs de var anställda på årsbasis. Dock att de först skulle arbeta av ev skuld till fabriksägaren.

Det kunde alltså hända att fler arbetare än lärlingarna var kontraktsbundna, och då gällde avtalet framför hallordningens regler. Detta gav fabriksägaren svängrum t ex för korttidsanställningar.

Exempel på sådant kontrakt kan återfinnas i hallrättens protokoll. I en tvist 1854 företes ett kontrakt på tryckt formulär mellan klädesfabrikören Rothsman och vävaren A F Sandberg, där Sandberg antas i arbete på följande villkor:

"Han skall med arbetsamhet och omtanka fullgöra arbetet. Betalning erlägges med 6 1/2 sk rgs för varje sträng garn som av Sandberg inslås. För varje dag Sandberg möjligtvis kan komma att sysselsättas i annat arbete, betalas honom 36 sk rgs, såvida icke särskilt arbetsbeting blivit uppgjort.[9] (Formulärets tryckta rader om fri bostad eller hyresmedel är här överstrukna.) Skulle Sandberg göra sig skyldig till försummelse av arbetstiden utan att därtill hava erhållit tillstånd, eller icke verkställa arbetet gott och försvarligt, vare pliktig genast avflytta, om Fabrikanten så för gott finner. Kontraktstiden bestämmes till ett år, varvid å ena eller andra sidan åligges uppsäga trenne /3ne/månader förut, i annat fall anses överenskommelsen ytterligare förlängd ett halvt år. Någon avflyttning kan icke, även efter skedd föreskriven uppsägning äga rum, såvida Sandberg icke inbetalt sitt möjligen åsamkade skuldebelopp."

Sandberg förklarade sig till alla delar nöjd. Kontraktet gav fabriksägaren möjlighet att använda vävaren till andra arbetsuppgifter än vävning. Dessutom gav det honom möjlighet att ge avsked på grått papper, om vävaren skulle utebli från arbetet utan tillstånd. Av en samtidigt företedd kontrabok framgår att s k väntepenning också uppgick till 0,75 rdr per dag i detta fall.[10]

Löner

Källmaterial

För att analysera lönestrukturen i olika typer av fabriker har jag använt olika material. Norrköpings hall- och manufakturrätts fabriksberättelser från 1845 lämnar uppgifter om löne- och andra anställningsförhållanden i samtliga fabriker, som stod under hallrätten i staden detta år. Textilindustrin, särskilt klädesfabrikerna, dominerar stort.

Lönerna anges där dels per styck, dels per tidsenhet, i allmänhet per vecka. Oftast används riksdaler riksgälds (rdr rgs), men ibland förekommer riksdaler banko (rdr bko). Här har bankobelopp omvandlats till riksgälds, vilka 1855 övergick i riksmynt (rmt). Somliga löneuppgifter avser som nämnts flera personers arbetsinsatser, men oftast gäller de en persons arbete.

Ur Rydboholms företagsarkiv har hämtats löneuppgifter från åren 1844-45 för jämförelses skull. Vidare har använts löneuppgifter från Drags företagsarkiv för åren 1877-78 samt uppgifter från en rad fabriker, som insamlades av 1876 års tull- och traktatkommitté och avser perioden från 1860 till 1876. Här anges vanligen daglön. Även löneuppgifter för hantverket har använts, hämtade ur 1876 års tull- och traktatkommittés utredning.

Här redovisas först de nominella lönerna i hantverksfabriker i olika branscher, främst kläde och mekanisk verkstad. Sedan jämförs dessa branschers olika yrkesgrupper med daglönen i jordbruket på den omgivande landsbygden. Jämförelse sker dels över tiden för en och samma yrkesgrupp, dels vid två tidpunkter mellan olika yrkesgrupper. Det är alltså främst två tidpunkter som jämförs. En sådan jämförelse kan man naturligtvis inte hårdra slutsatserna från. Men för det begränsade syfte som är är aktuellt har det ansetts tillräckligt, nämligen att bidra till undersökningen av skillnader i yrkesstrukturen mellan olika fabrikstyper. Uppgifter om daglöner i jordbruksarbetet har hämtats från Jörbergs och Utterströms verk.[11]

Naturatillägg

Naturatillägg såsom hyresbidrag, ved, kläde, subventionerad råg, marknadspenning, stövelpengar m m anges i princip tillsammans med löneuppgifterna i hallrättsmaterialet. I hallrättsmaterialet har i ett fall kunnat konstateras att en fabrik, som för hallrätten inte särskilt nämnt sina naturatillägg, ändå brukade utbetala sådana.[12] I avräkningsböckerna vid bruken framträder naturatilläggen huvudsakligen, då de inte togs ut in natura utan omräknades i pengar. Andelen naturatillägg som nedan anges får alltså sannolikt anses vara minimital. Man kan inte heller utan vidare utgå från att uppgifterna om sociala förmåner i hallrättens folkförteckningar är fullständiga.

Av uppgifterna om naturatilläggens spridning och storlek framgår att de utgick främst till vissa yrkesgrupper. Men i den mån familjer var anställda vid fabriken är det inte självklart att tilläggen uppfattats som gällande enbart husfäderna (det var nästan uteslutande män, som fick sådana naturatillägg). Hela familjen kom ju i åtnjutande av hyresbidrag, fri bostad eller ved. Genom att närmare undersöka vilka yrkeskategorier, kön och åldrar, som hade dessa naturatillägg, kan man försöka få en uppfattning om syftet bakom.

Arbetslön in natura var vanlig inom ramen för tjänstehjonsförhållandet. Drängar och pigor som ingick i jordbrukshushållet hade vanligen kost, logi, några plagg eller motsvarande och en mycket liten eller ingen kontantlön. Naturalönen tycks särskilt länge varit utbredd i de lantligare miljöerna, dvs både jordbruk, hantverk och manufakturer på landsbygden och vid bruken. Den kan ses som en väsentlig del av det äldre hushållssystemet eller det patriarkalistiska anställningsförhållandet.[13]

Arbetslön in natura kallas ofta naturaförmån.[14] Den kan indelas i sociala förmåner och naturaförmåner. Till naturaförmåner räknar således Montelius för bruksarbetarnas del vid Fagerstabruken fri bostad och fri vedbrand, kål-, krydd- eller potatisland, slåttor/slogar och/eller foder för kreatur samt betesrätt för dessa på bruksägarens mark. Som sociala förmåner vill han däremot se fri medicin och läkarvård, dvs sådant som utgick först vid behov och snarast kunde ses som ett socialt skyddsnät i vissa krissituationer.[15] Sådana sociala förmåner utgick i 1840-talets fabriker till både män och kvinnor. Mantalsuppgifter för den tidiga perioden upptar också gamla och sjuka, som "njuter underhåll" från fabriksägaren.

Självhjälpskassor fanns redan under 1840-talet bland Norrköpings arbetare, vilket framgår t ex av annonser i Norrköpings tidningar. År 1859 fanns vid Drag en sjukkassa, till vilken en liten del av arbetarnas löner betaldes in varje kvartal. Av kapitalet togs sedan ett belopp motsvarande full lön till dem som blev sjuka.[16] På 1870-talet var sjuk- och begravningskassor vanliga vid fabrikerna. Även pensionskassor och sparkassor förekom. Under den sena perioden fanns vid många fabriker sjuk- och begravningskassa, ibland sparkassa för eller bland arbetarna.

Enligt hallrättsmaterialet från 1845 förekom det knappast att kvinnor då fick lönetillägg såsom bostad och värme. Det är svårt att tro att detta skulle bero på systematisk uteslutning ur materialet. Av enkätsvaren till Tull- och traktatkommittén av 1876 framgår endast ibland en sådan uttrycklig skillnad mellan män och kvinnor. Den åtskillnad som där vanligtvis angavs, gick främst mellan arbetsledare och vanliga arbetare. Å andra sidan är det materialet inte individrelaterat som hallrättsförteckningarna utan anger endast summariskt principerna för olika lönetillägg.

Det var på 1870-talet särskilt fabrikerna på landsbygden, som förutom kontantlön tillhandahöll bostad och värme till arbetarna. Flera av de fabrikerna var belägna vid större gårdar, där den industriella verksamheten kunde använda den arbetskraft, som delvis redan var sysselsatt i jordbruket, inte minst kvinnor och barn.

I Rydboholm hade sålunda alla fri bostad, ved och potatisland "efter önskan". En del hade egna kor, som fick sommararbete på fabrikens mark. Även sociala förmåner gavs. I Jonsered hade alla arbetare bostad och ved förutom de sociala förmånerna. Någon skillnad mellan män och kvinnor angavs inte. Vid Strömsbro yllefabrik utanför Gävle hade en del arbetare bostad mot "betydligt lägre hyra än å orten gällande". Dessutom anges att en del kvinnor och barn hade husrum och mathållning "på mycket billiga villkor". I Almedal utanför Göteborg hade också en del arbetare subventionerad hyra, medan andra hade helt fri bostad. Kampenhof i Uddevalla tillhandahöll inga bostäder men gav amorteringslån till arbetare, som ville köpa eller bygga bostäder.[17]

Av 38 väverier och spinnerier, som lämnat sådan uppgift, uppgav 12, dvs en tredjedel, att alla arbetare hade fri bostad.[18] Av de 12 låg 10 på rena landsbygden och två i småstäder. Fem av de övriga uppgav att mästare och förmän hade fri bostad. 10 gav hyresbidrag eller fri bostad till en ospecificerad del av arbetarna. Nio uppgav inga som helst naturatillägg. De var alla belägna i städer. Men det fanns också stadsfabriker, som tillhandahöll bostäder eller hyresbidrag. I Norrköping gav Bergs bomullsfabrik fri bostad till gifta arbetare, medan Norrköpings bomullsväveri AB gav bostad endast till "drängarna" och hyresbidrag till ett mindre antal arbetare. Ströms yllefabrik gav bostad till mästarna och hyrde ut till en del andra mot marknadsmässig hyra.

Av tio mekaniska verkstäder gav två fri bostad till alla. Båda låg på landsbygden. Fem hyrde ut bostäder mot lägre än marknadsmässig hyra. Tre gav inga naturatillägg. Två av dem låg i städer, den tredje på Hisingen utanför Göteborg. Vid Motala verkstad bodde de flesta mot subventionerad hyra i fabrikens hus, medan en del bodde i egna hus, som de lånat till av fabriken. Vid Huskvarna vapenfabriks AB förekom dels fri bostad, dels till hälften nedsatt hyra. De flesta hade där även trädgårdsland.

Det verkar alltså som om fri bostad och värme var ett lönetillägg, som på landsbygden i större utsträckning gällde samtliga arbetare. I städerna förekom också denna form av naturatillägg men då företrädesvis till arbetsledare eller en mindre del av arbetarna, sannolikt dem vilkas stabilitet man ville främja.

Att en viss andel av lönen utgick in natura bör ha gett en mot prisförändringar stabil löneandel, samtidigt som den ju band arbetarna till just den arbetsplatsen. Under senare delen av seklet blev det vanligt att även ge s k sparpenning till vissa nyckelarbetare och arbetsledare. Den kunde stå i samband med anställningstid och på så sätt vara ett medel att främja arbetarnas stabilitet.

Vid Fagerstabruken försvann rätten till fri vedbrand vid 1800-talets mitt och ersattes av möjligheten att mycket billigt köpa huggen och hemkörd ved. På motsvarande sätt ser vi vid en jämförelse med fabriker under senare hälften av 1800-talet att antalet typer av naturatillägg minskat. Penninglönen bredde ut sig. Vanligast var nu bostad, ved och sparpenning. Vid Drags AB hade de manliga arbetarna fri bostad och ved, och arbetarnas skatter betalades av bolaget.[19]

Under särskilt magra år (som 1855, 1856 och 1867) då rågpriset steg kraftigt, köpte de större fabriksägarna i Norrköping i samråd in råg och sålde till subventionerat pris till de anställda (för 17, 18 respektive 20 rdr tunnan). År 1867 gällde det endast de lägst avlönade arbetarna – de som hade en lön på 8 rdr eller mindre i veckan.[20] Mot 1870-talets slut då sjunkande priser ledde till sjunkande lönsamhet, minskade man arbetstidens längd och sänkte därigenom arbetslönen. Också detta skedde efter samråd mellan fabriksägarna.[21] Det förekom då i hela landet i många branscher.[22]

Det förekom också att kost ingick. Även det gällde särskilt landsbygden. Vid en fabrik hade färgeriarbetarna kost, medan både manliga och kvinnliga spinneriarbetare endast hade kontantlön, uttryckligen "på egen kost". Vid Drag fanns på 1860-talet ett ångkök, varifrån arbetarna kunde köpa "en middagsmåltid för ett särdeles godt pris".[23]

Hantverksfabriker 1845

A. Klädesfabriker

Först studeras lönestrukturen i omekaniserade klädesfabriker i Norrköping 1845 för att sedan jämföras med lönestrukturen i Drags mekaniserade yllefabrik 1877.

Tabell 6.1. Nominella veckolöner 1845. Norrköpings klädesfabriker.

Yrke	N	Medianförtjänst per vecka	Inkl genomsnittl hyra	Andel arb m %	Andel hyrestagare m hyra medianlön el högre lön %
klädvävare	104	7,50	7,87	28,1	57,5
spinnare	43	6,84	7,47	25,7	74,1
överskärare	62	4,50	5,05	43,5	74,1
ruggare	132	4	4,45	47,7	63,5
förläggare:					
män	11	3,50		33,3	100
kvinnor	10	2,50		0	0
plysare:					
män	15	3,50	3,88	20	100
kvinnor	130	2,50		0	0
nopperska	46	2,50		0	0
bobinare	26	2,50		0	0
hasplare	21	2,25		0	0
skarvare	16	2,25		0	0
spolare	108	2		0	0
påläggare	14	2		0	0
översättare	40	2		0	0

Källa: Norrköpings hall- och manufakturrätts arkiv. Fabriksförteckningar för 1845.

Först måste betonas att det är fråga om minimisiffror, både vad gäller utbredningen av hyresbidragen och deras storlek. Värdet av helt fria husrum har inte kunnat beräknas. Främst gällde det enstaka nyckelarbetare eller mästare. Vanligen var dock hyresbidragens belopp specificerade. Avsikten är här endast att grovt bedöma den ungefärliga betydelsen av hyresbidragen.

De högst avlönade yrkeskategorierna i hantverksfabrikerna i klädesbranschen i Norrköping 1845 var klädesvävare och spinnare. Deras löner låg vanligen på 7-8 rdr rgs i veckan. Förutom den arbetsförtjänst som beräknades efter produktion (stycklön), hade somliga av dem hyresbidrag eller husrum samt ibland andra naturatillägg (ved, kläde e d). Hyresbidragen uppgick genomsnittligen till bortåt 5 % av bruttolönen för klädesvävarna. Spridningen av hyrestilläggen tycks för dem i betydligt mindre grad höra ihop med inkomstens storlek än vad den gjorde för spinnare och överskärare, där 3/4 av dem som fick hyresbidrag hade medianförtjänst eller högre. Spinnarna hade i genomsnitt 8 % av bruttolönen i form av hyra o d (mellan cirka 5 och 12 %).[24] Möjligen var knappheten på handvävare sådan att hyresbidrag utgick till dem i högre grad oavsett skicklighet.

Det var stor skillnad mellan klädesvävare och vävare av korderoj, kasimir m m. De senare hade mindre än hälften av klädesvävarnas lön. Klädesvävarnas medianlön var 7,50 netto, medan tygvävare fick 3,50.[25] De flesta tygvävare var kvinnor, men det fanns även män bland dem. För en enda (manlig) tygvävare finns uppgift om hyresbidrag.[26] Arbetsförtjänsten varierade efter produkt, även på det sättet att för vävning av täta och flerfärgade kläden betalades högre stycklön än för glesa och enfärgade.

Av hallrättsmaterialet att döma var det alltså en minoritet av arbetarna, som hade hyran helt eller delvis betald.

Överskärares medianlön var lägre än spinnares och klädesvävares. Många av dem arbetade med tondeuser vid denna tid. I arbetslaget kring tondeusen varierade inkomsterna. Två tondeuseförare hade i en fabrik 6 rdr i veckan och 50 rdr respektive 37,50 i hyra per år, medan de unga översättarna hade 2,50. I regel har det här inte gått att särskilja maskinskärare från handskärare. Bland överskärarna var det 3/4 av dem som hade hyra, som samtidigt hade en arbetsförtjänst motsvarande medianvärdet eller högre. I några av de största klädesfabrikerna hade överskärarna lika hög eller högre lön jämfört med klädesvävare och spinnare, vilket tyder på att de var handskärare och/eller arbetsledare. I genomsnitt var hyrestillägget 28,63 om året, men fördelningen visar ett tydligt positivt samband mellan veckolönens och hyresbidragets storlek.

Ruggare tjänade ytterligare något mindre. Inemot hälften av dem hade hyrestillägg, medan 64% av hyrestagarna låg lönemässigt på medianvärdet eller högre. Deras hyrestillägg tycks liksom klädesvävarnas inte heller så systematiskt ha tillfallit de högst avlönade.

Förläggare var ett könsblandat yrke. Men männen hade högre lön än kvinnorna. Detsamma gällde plysningen, som var ett kvinnodominerat yrke med ett fåtal män. Både bland förläggare och plysare fanns några män, som fick hyrestillägg. Men inga kvinnor fick det. Skrubblare, bobinare, hasplare, skarvare, spolare, översättare och påläggare var assisterande yrken, som i huvudsak utfördes av barn och ungdomar. De saknade hyresbidrag och liknande tillägg. Däremot anges ibland att både kvinnor och barn hade del av ersättningar som fria kontributioner, läkarvård och medicin.

Förutom uppgifterna i tabellen ovan finns inkomstuppgift för 16 maskin- eller godsdragare. Deras medianförtjänst var 3,50 i veckan. De tre som hade hyresbidrag låg alla i de högre lönelägena. Sådana bidrag var alltså inte förbehållna de hantverksutbildade arbetarna.

Skillnaden mellan medianlönerna för olika yrken i den hantverksmässiga klädesproduktionen var som 4 till 1. Naturatilläggen förstärkte inkomstskillnaderna i någon mån. Om enbart manliga arbetare jämförs var skillnaden endast som cirka 2 till 1.

Det fanns också skillnader mellan fabriker. Några större fabriker betalade generellt högre löner än de flesta andra. Dit hörde Lennings klädesfabrik, där medianlönen för de 18 klädesvävarna var 10 rdr i veckan. De två högst avlönade hade 12 och den lägst betalde 5 rdr. Spännvidden inom yrket var som 2,5 till 1. I den största klädesfabriken – L J Söderberg & Arosenius – fanns 20 klädesvävare, med medianlönen 7,17 (mellan 4,19 och 9,57 i veckan). Nio av dem hade fri bostad, övriga 20 rdr i hyresbidrag. Spinnmästaren var den högst avlönade i fabriken med 15 rdr i veckan och fri bostad, ljus och ved. Därnäst kom ullsorteraren med 11,50-12 rdr i veckan samt fri bostad. Spinnarna hade inga hyresbidrag. Deras veckoförtjänst var 6,51 (5,30-6,84). Ruggare, skrubblare, diversearbetare, sköljare m fl hade ungefär samma lön, 4-4,50 i veckan, om man räknar utifrån 6 arbetsdagar. Några av dem hade även husrum. Ullplockerskorna hade hälften av dessa manliga arbetares dagslön, vilket torde motsvara ungefär hur manligt respektive kvinnligt okvalificerat arbete värderades. Av sju överskärare hade två 1 rdr per dag, varav en även fick bostad, ljus och ved, men övriga hade 0,50 respektive 0,67 om dagen. Det antyder att överskärningen liksom spinningen var organiserad under överinseende av en ansvarig arbetsledare. För båda momenten fanns nu maskinella hjälpmedel, även om hantverksmoment kvarstod.

I de hantverksberoende klädesfabrikerna var lönekostnaden den största utgiftsposten. Och det utan tvekan dyraste arbetsmomentet var klädesvävningen. I Lennings klädesfabrik gick 1/3 av hela lönekostnaden på 435,75 till klädesvävarna. Det skall jämföras med 9% till spinnarna, som nu främst arbetade med mulstolar. De enskilda spinnarnas lön skilde sig inte så mycket från klädesvävarnas, men det behövdes inte lika många spinnare som vävare i fabriken. Till spolning gick vidare 5% av den totala lönekostnaden; 17% till plysning och noppning och skrubbling; 11% till ruggning och 10% till överskärning och översättning.

I de omekaniserade klädesfabrikerna fanns som regel ingen central fabriksledning annan än kapitalägarens egen auktoritet. Överinseendet över arbetsprocessen och produktionen låg hos de hantverksutbildade männen, särskilt klädesvävaren. Det fanns dock fabriksägare, som hade utbildning främst inom färgareyrket och som därmed bör ha haft en hantverkskunskapens auktoritet förutom sitt ägandes makt. En delegerad ägarmakt i form av förman eller verkmästare var sällsynt i dessa fabriker. I andra hantverksfabriker förekom verkgesäller, då ägaren t ex på grund av sitt kön inte fick leda arbetet.[27]

Den förekom dock även i klädesbranschen. I fallet med den redan tidigare nämnda Normalfabriken, som grundats av Carl Arosenius, gällde detta. Arosenius var långa tider frånvarande från Norrköping på grund av sina uppdrag som riksdagsman m m i Stockholm och hade en anställd verkmästare, som skulle bevaka hans intressen i fabrikens skötsel. I samband med Arosenius' konkurs 1836 har verkmästare Andersson i likhet med andra anställda bevakat sin rätt. Av dessa handlingar framgår både hans arbetsuppgifter och anställningsvillkor.[28] Andersson var kombinerad arbetsledare, platschef, vaktmästare och kanske polisiär funktionär, allt funktioner som delegerats till honom från fabriksägaren. Dessutom skötte han ett viktigt arbetsmoment, kättingskärningen, i alla Arosenius' klädestillverkningar, även den som var utlagd till korrektionshuset. För detta hade han 1836 en kontantlön av 10,40 rdr rgs i veckan förutom fri bostad med kök och ljus, fria kontributioner, läkarvård och medicin. Uppsägningstiden var tre månader före laga fardag. Om han jämförs med de lägst avlönade arbetarna var löneskillnaden som 5 till 1 i fabriken.

B. Mekaniska verkstäder

Att döma av vad som i kapitel 5 kommit fram om arbetets skiktning och kvalifikationsnivån i olika yrken kan vi vänta oss att kvalificerade metall- och träarbetare var en eftersökt bristvara på den begynnande svenska arbetsmarknaden. Arbetare, som tillverkade eller reparerade maskinerna i fabrikerna och för jordbruket, utbildades främst i smed-, snickar- eller timmermansyrket. Det bör ha varit ett relativt sett högre löneläge för de hantverksutbildade arbetare, som handhade själva arbetsmedlen, jämfört med de lättare utbytbara arbetarna såsom textilfabrikernas assistenter och senare de mekaniserade fabrikernas massarbetare. Med hjälp av uppgifter, som inlämnats till hallrätten i Norrköping, kan lönestrukturen i 1845 års fabriker i Norrköping rekonstrueras.

Tabell 6.2. Löner i mekanisk verkstad i Norrköping 1845.

Yrke	N	Veckoförtjänst	Inkl hyra	Andel arb m hyra	Andel hyrestagare m medianlön el högre lön
träarbetare	13	6,49	7,03	84,6	72,7
järnarbetare	69	5,77	6,30	66,7	73,9

Källa: Norrköpings hall- och manufakturrätts arkiv. Fabriksförteckningar för 1845. Uppgifter från Malcolms mek verkstad.

Dessa siffror vilar på säkrare grund. Arbetsförtjänsten var något lägre än för klädesvävare och spinnare i den mekaniska verkstaden. Hyresbidragen var mycket vanliga. En majoritet av arbetarna hade sådana. I huvudsak var det de nyanställda, som saknade hyresbidrag – två träarbetare och 24 järnarbetare. De var också lägre avlönade.

Även här fanns ett positivt samband mellan inkomststorlek och och hyrestilläggets storlek. Bortåt 3/4 av dem som fick hyresbidrag hade medianlön eller högre. Men det fanns också bland de högre avlönade tre personer, som helt saknade hyresbidrag.

Totalt fick de bäst betalda 49% av järnarbetarna tillsammans 80% av yrkesgruppens hyresbidrag. Bland träarbetarna var det 62%, som fick 80% av hyresbidragen.

Störst hyrestillägg hade de högst avlönade. I genomsnitt hade järnarbetare 8,4% och träarbetare 7,7% i hyresbidrag. Den högst avlönade järnarbetaren hade 8,65 i arbetslön samt 1,25 till hyra i veckan, dvs 12,6% i hyresbidrag. Den lägst betalde hade 7,4%. Helt stämmer det dock inte att hög lön motsvarades av högt hyresbidrag. Det fanns en lägre avlönad träarbetare, som hade cirka 9% i hyra. Bland träarbetarna varierade hyrestilläggen mellan 4 och 9% av bruttolönen, bland järnarbetarna var den mellan 5 och 13%, dvs i regel något högre. I huvudsak förstärkte naturatilläggen löneskillnaderna.

Bland träarbetarna var spännvidden i arbetslön som 1,5 till 1, bland järnarbetarna som 4 till 1. Träarbetarna var en mer homogen grupp. En tredjedel av järnarbetarna var vidare nyanställda för året, även om några av dem verkar ha haft erfarenhet i yrket tidigare.

Löneskillnaden mellan yrkesgrupper var betydligt större i klädesfabrikerna, där också kvinnor och barn arbetade. Även om man jämför enbart med manliga arbetare, var skillnaden större i klädesfabrikerna.

Hyrestillägg eller fria husrum kan i princip sägas ha tillfallit de högre avlönade arbetarna. Löneskillnaderna inom fabrikerna förstärktes alltså genom detta bruk. Det fanns här ett tydligare samband mellan lönens storlek och hyrestilläggets storlek än i klädesfabrikerna. Delvis kan det bero på brister i materialet för klädesfabrikerna. Men det förklarar knappast sådant som t ex att även okvalificerade arbetare i klädesfabrikerna kunde ha hyresbidrag.

Man kunde tänka sig att familjens storlek och därmed försörjningsansvaret påverkat hyrestilläggets storlek. Men en jämförelse mellan verkstadsarbetare med och utan barn med avseende på hyresbidragens storlek, visar ingen systematisk skillnad. Det fanns ogifta arbetare utan barn, som hade lika stort hyresbidrag som arbetare med tre eller fyra barn. De järnarbetare, som saknade hyresbidrag, sammanföll inte helt med de nyanställda. Ett fåtal arbetare som jag kunnat identifiera vid andra fabriker i Norrköping, där de tidigare hade helt andra yrken, saknar hyresbidrag. Det tyder på att yrkeserfarenheten hade betydelse vid utdelningen av hyresbidrag.

För klädesfabrikernas del skulle man i den mån övriga hushållsmedlemmar också arbetade i fabrikerna (särskilt barn och ungdomar), kunna se bostaden eller hyresbidraget som tillägg till samtliga anställda familjemedlemmars lön. Materialet ger ingen uppfattning om i vilken omfattning fabriksanställda barn särskilt ofta kom från familjer, där fadern hade hyresbidrag eller husrum. Det är inte otänkbart att fabriksägare i staden liksom på landsbygden ansåg att även övriga familjemedlemmar – kanske särskilt bland de fastare anknutna arbetarna – borde ingå bland arbetarna, om så önskades. Det antyds i materialet.

En jämförelse mellan fabriksarbetare och jordbruksarbetare i Östergötland 1845 visar följande.

Tabell 6.3. Nominellt löneindex i jordbruk och industri 1845.
Utan och med hyrestillägg.

Yrke	*Veckolön*		*Yrke*	*Veckolön*	
	Netto	Brutto		Netto	Brutto
klädesvävare	223	234	manlig jordbruksarbetare	100	
spinnare	204	222	nopperskor, bobinerskor	74	
träarbetare	193	209	hasplare, skarvare	67	
järnarbetare	172	188	spolare, påläggare,		
överskärare	134	150	översättare	60	
ruggare	119	132			
förläggare, plysare:					
män	104	115			
kvinnor		74			

Källa: Fabrikslöner ur Norrköpings hall- och manufakturrätts arkiv. Fabriksförteckningar för 1845. Jordbrukslön ur Jörberg 1972.

Arbetet i klädesfabriker och mekaniska verkstäder var generellt sett högre betalt än jordbruksarbete. Kvalificerade hantverkare som särskilt klädesvävare, spinnare men också träarbetare fick mer än dubbelt så höga löner. Men det gällde även okvalificerat arbete som plysning, där både män och kvinnor hade högre lön än i jordbruket.

Här har även kvinnornas löner relaterats till en manlig daglönares. Eftersom kvinnorna i regel hade 1/3-1/2 av en manlig jordbruksarbetares inkomst, var det tydligen högre löner i fabrikerna även för kvinnorna, som här hade upp till 3/4 av en manlig daglönares inkomst.[29]

De kvinnliga fabrikslönerna bör i stället jämföras med det realistiska alternativet, kvinnolöner i jordbruket, vilket blir 169 i förhållande till 100. Detsamma gäller ungdomarna. Deras alternativa sysselsättningar i jordbruket gav inte lika hög lön som en vuxen man fick. I fabrikerna gav de traditionella ungdomsyrkena 60-74 % av en vuxen mans daglön i jordbruket. Ålder och kön var här avgörande.

C. Övriga anställningsförhållanden 1845

Under första hälften av 1800-talet bodde de flesta stadsarbetarna i bostäder, som de själva hyrde privat.[30] Ett fåtal av de kvalificerade hantverkarna ägde sina bostäder. Några fabriksägare tillhandahöll bostäder till arbetare, ibland helt fritt, ibland för hyra, som kunde nedsättas som del i lönen. Sålunda var det 50 av 142 arbetare – en dryg tredjedel – vid Söderberg & Arosenius' stora klädesfabrik, som bodde i ägarnas fastigheter. Bland dem var en bokhållare och båda fabrikslärlingarna. Det var unga män ur borgarklassen, varav bokhållaren också var släkt till ägarna – en inte ovanlig situation.[31] Egen bostad hade den andre bokhållaren och en överskärare. Övriga hyrde bostad av olika privata fastighetsägare. I en annan stor klädesfabrik – Roman & Co – med 52 anställda hyrde samtliga hos andra än fabriksägaren. Av de 34 anställda i A och G Sandbergs klädesfabrik bodde endast tre i ägarnas fastighet.

I hallrättens protokoll över tvister, som föredragits inför rätten, framgår att problemet med ojämn produktion inte var okänt. Det måste ha legat i produktionens karaktär, så till vida som den då ännu ofta skedde på beställning. I anställningskontrakt och praxis omtalas s k väntepenning, som vid arbetsbrist skulle utgå till den anställde. De yrkeskategorier, som nämndes i detta sammanhang, var klädesvävare och spinnare, dvs de med reglerad utbildning och det högsta löneläget i hantverksfabrikerna.

Inga exempel har i hallrättsmaterialet kunnat påträffas på kvinnliga arbetare (främst plyserskor, nopperskor), som utfått sådan. Tvärtom framgår att plyserskor kunde vara anställda vid flera fabriker samtidigt, vilket tyder på: 1) att arbetsbrist för deras del inte var ovanlig, säkert på grund av produktionens ojämna karaktär; 2) att deras eventuella arbetsbrist betraktades som deras eget problem; 3) att fabriksägaren inte ansåg sig behöva behålla dem med hjälp av väntepenning under perioder av arbetsbrist. Arbetsbristen för klädesvävare och spinnare i de i hallrätten förekommande fallen berodde på att beställningar inte inkommit. Dessa brukade ges i form av att en kvantitet råvara eller ett kläde lämnades in för bearbetning. Möjligen var plyserskornas arbetsmoment mer begränsade i tiden under arbetsprocessens förlopp, vilket då medgav (eller snarare krävde) att de arbetade vid flera fabriker på en gång för att få en kontinuerlig försörjning. Vävning och spinning tog längre tid, krävde reglerad utbildning och kostade framför allt fabriksägaren mer i form av arbetslön.

Det förekommer att olika arbetstid anges för olika yrkesgrupper men också för olika personer med samma yrke. Särskilt gäller det tobaksfabrikerna, där lönerna gäller 10 timmars arbetsdag för somliga, 11 timmar för andra. Övertidsersättning anges också i somliga fabriker. Fabrikssocieteten mottog vid ett tillfälle en propå om att söndagsarbete borde avskaffas, en företeelse som de dock inte ville vidkännas.[32] Arbetstiden var enligt hallrättsmaterialet från 1845 längre på sommaren och förtjänsten därför högre då. Det anges särskilt för plysning och noppning.

Den vanliga arbetstiden var vid Norrköpings bomullsspinneri 1850 "från kl 5 på morgonen till kl 8 på aftonen, eller med afräkningen af 2 timmars uppehåll för måltidsstunder, 13 timmar per dag."[33] För Drags yllefabrik uppgavs 11,5 timmar på vardagar och 10,5 timmar på lördagar (1870-talet).[34]

D. Hushållet som arbetsenhet

Under den förra delen av 1800-talet hade tjänstehjonslagstiftningen och dess patriarkala anda ett kraftigt inflytande över anställningsförhållandena även i fabrikerna. Den påverkade hallordningen, som för somliga arbetarkategorier hämtat regler från skråordningen, för andra (icke skråutbildade) yrkeskategorier gällde i stort sett tjänstehjonsreglerna. Dessa regler var i sin tillämpning i manufakturerna att betrakta som en förkapitalistisk reglering med personligt ansvar från kapitalägarens sida, antingen det gällde jord eller fabrik som produktionsmedel.

Under den senare delen av 1800-talet när industriproduktionen dominerades av det kapitalistiska produktionssättet fanns också inslag av vad som ibland numera kallas patriarkalism. Men denna var nu en systematisk, selektiv tillämpning av gammal praxis, på ett sätt som var anpassat till kapitalägarens intressen gentemot arbetarkollektivet. Den kan snarast betraktas som en strategi från kapitalets sida.

Utmärkande för den hantverksmässiga fabriksbaserade produktionen var – vill jag hävda – att hushållet präglat arbetsorganisationen, något som fortfarande tydligt syntes i manufakturerna. Det syntes i själva arbetsprocessens uppbyggnad kring en hantverkskunnig skråutbildad man, hans ofta likaså hantverkskunniga men inte skråutbildade hustru i själva omvandlingsprocessen och barnen som assisterade. Det syntes också i anställningsförhållandena och lönevillkoren, som tycks ha utgått från familjen som arbets- och försörjningsenhet.

Denna arbetsenhet flyttades ut i hantverksfabrikerna, och ännu 1845 förekom i folkförteckningarna klara exempel på att familjer anställdes.

Att flera familjemedlemmar eller släktingar arbetade i samma fabrik var vanligt överhuvudtaget, och är det förvisso än i dag. I mitt urval är det tydligt och vanligt förekommande även under den sena perioden. Gränsen mellan familjen/släkten som arbetarrekryterande å ena sidan och familjen som arbetsenhet är sannolikt inte helt glasklar. Men jag skall ändå göra ett försök att se i vilken mån familjen eller hushållet ännu fungerade som arbetsenhet eller i vilken mån familjen var anställd som sådan. Detta är inte helt lätt att undersöka. Men i hallrättens folkförteckningar för 1845 framgår den typen av information för ett fåtal fabriker. Vad som talar för att hushållet präglade arbetsprocessen inom åtminstone textilproduktionen är följande.

1. Hushållet fungerade som arbetsenhet under den period, då textilproduktionen skedde i hemmen. Arbetsuppgifterna var då uppdelade efter kön och ålder.[35]

2. Utvecklingen i England, som är bättre undersökt än den svenska, tyder på ett sådant mönster. Jfr kapitel 3.[36]

3. Två faktorer kan undersökas för att utröna huruvida denna utveckling också gällde svenska förhållanden. Det är dels arbetsprocessens utformning, dels anställningsformen. I källmaterialet finns uppgifter rörande dessa båda faktorer som enligt min mening kan tolkas till stöd för denna uppfattning.

Arbetsprocessen har redan utförligt skildrats. Där framgick att arbetslaget i varje produktionsmoment var hierarkiskt strukturerat efter kön och ålder. I princip var det organiserat kring en manlig hantverkare, som assisterades av kvinnor och barn. Det förekommer i hallrättsmaterialet spår av en sådan organisation. På uppgiften från E W Carlssons klädesfabrik står arbetarna upptagna i ordning som arbetslag: spinnare, förberedare, hasplare och tågskarvare utgjorde en arbetsenhet, som tillsammans tjänade knappt 6 öre per smitt. Två sådana enheter står upptagna på listan. Två vävare och en spolare utgjorde också ett arbetslag. Spolaren och en av spinnarna hette båda Ringström. Att övriga familjemedlemmar ansågs ingå i husfaderns arbetskraft gjorde i det engelska jordbruket att gifta män föredrogs av arbetsgivarna framför ogifta.[37]

En annan faktor som tyder på hushållets inflytande över arbetsorganisationen, är att lön betalades för ett "familje"lags arbete (dvs till en arbetsenhet) allt i ett till hantverkaren/mannen, som hade ansvaret att fördela viss del av lönen på sina assistenter. Detta gällde inte bara lag som utgjordes av familjer, utan också övriga.

Dock hade mot mitten av 1800-talet regler och praxis rörande detta löneansvar kommit att luckras upp, vilket demonstreras av en tvist inför hallrätten 1854, där en arbetare stämde en fabriksägare för att han enligt sin mening fått lägre lön än avtalat genom att han själv varit tvungen att avlöna sina medhjälpare. Fabriksägaren menade i sitt försvar att av lönens storlek borde framgått att den även avsåg medhjälpare. Dock framkom samtidigt genom vittnesmål från andra arbetare, att praxis vid fabriken så sent som föregående år varit att fabriksägaren själv separat avlönat dessa medhjälpare. Praxis undergick möjligen förändring och oklarhet rådde under övergångsperioden.[38]

Att familjer fortfarande anställdes även om olika medlemmar kanske avlönades var för sig, framgår av fabriksförteckningarna i hallrättens arkiv, där ofta de unga spolarna och hasplarna visar sig vara barn till klädesvävare, valkare och äldre plyserskor liksom unga plyserskor kunde vara döttrar till arbetare vid samma fabrik. Dessutom uppgav flera fabriker att barn arbetade vid fabriken men inte medtagits på förteckningen.

Så uppgav klädesfabrikörern J A Arnberg att "Barn ombytas under året ofta flera gånger; dels åtföljande föräldrar, dels af andra orsaker". Exempelvis fanns en valkare upptagen 1845, som tillsammans med sonen, som var spolare, uppgavs flytta till Stockholm. Valkaren hade för övrigt hyran betald av fabriken, vilket också måste kommit sonen till godo. Hos Joh G Fagerströms klädesfabrik var två spolare söner till olika klädesvävare vid fabriken.

Materialet visar ofta att lönen beräknades separat men säger inget om hur utbetalningen skedde. Det framgår att lönen ofta stod i proportion till vävarens eller spinnarens produktivitet. Vidare framgår att flera familjemedlemmar kunde arbeta tillsammans i fabriken.

Vid klädesfabriken Nettelbladt & Hedelius hade två spinnare 4 öre rgs per sträng garn tillsammans i lön, men av det beloppet skulle de avlöna maskinförläggaren med 2,50 rdr, skarvare med 2 rdr i veckan och hasplare med 1/4 rst per sträng. "De två sednast omförmälde arbetena verkställes af Norstedts 2ne söner". Norstedt var den ene spinnaren. De två sönerna har dock inte upptagits på förteckningen över de anställda. Folkförteckningarna kan alltså inte förutsättas vara kompletta i detta avseende.

Vid samma fabrik var en klädesvävare anställd för en lön av 0,14 rdr per sträng och 20 rdr om året i hyra med sin unge släkting som spolare med 2 rdr i veckan som lön. Hos E E Axelssons klädesfabrik hade spinnaren 5,2 öre per sträng i lön med skyldighet att avlöna hasplare, förläggare och påläggare. Dessutom hade han 30 rdr om året i hyra och två famnar ved. Två maskinförläggare uppgavs vara avlönade av spinnaren. Hasplare finns inte upptagen.

En ruggare som varit anställd vid en fabrik, hade dött och efterlämnat änka och fyra barn, varav två arbetade vid fabriken som spolgossar. Dessa två var då uppgiften inlämnades i oktober 1845 13 respektive 11 år gamla. Deras syskon angavs däremot vara "minderåriga". Ruggarna vid fabriken tjänade 4 rdr i veckan förutom 20 rdr i hyra och en famn ved om året. De ovan nämnda spolgossarna hade alltså en inkomst, som tillsammans torde motsvarat minst vad deras far tjänade som ruggare. Det ger en uppfattning om barnarbetets ekonomiska betydelse för arbetarhushållen. Det anges inte om barnen efter faderns död fick hyresbidrag.

Överhuvudtaget framgår av löneuppgifterna att de assisterande arbetarnas löner ofta var beroende av den hantverkares arbete, som de assisterade. Så hade vid Abr Falkenholms änka & Co en 13-årig tågskarverska och en 15-årig hasplerska ett öre var för varje av spinnaren spunnen sträng garn.

Hos N O Wettergren var de manliga arbetarnas hustrur också upptagna som arbetare. En manlig dragare tjänade cirka 3 öre per sträng. Hans hustru som hade samma arbete tjänade 1,5 öre. I en annan familj var mannen dragare med 3 öre i lön, hustrun hasplade och dottern var påläggare. De båda kvinnorna fick 1,5 öre var i lön.

Hos C F Tauwon var också makar anställda. En tondösskärares hustru och dotter var plyserskor. En ruggare, en spinnare och en maskindragare hade sina hustrur vid fabriken, där de arbetade som ullplockerskor.

Det är inte uteslutet att hustrur kan ha varit anställda även vid andra fabriker, där det inte nämns. Det antyds av följande. En fabrik, som angav båda makarna som arbetare, uppgav också att båda flyttat till en annan namngiven fabrik. Men vid den nya arbetsplatsen står enbart mannen upptagen som arbetare. Det kan betyda att hustrun bytt arbete eller åtminstone inte arbetade vid samma fabrik som mannen längre. Men det kan också innebära att alla fabriker inte (systematiskt) upptog andra familjemedlemmar än den sk hushållsföreståndaren. Det finns fler exempel på det.

Listan över arbetare som var släkt och som arbetade i lag per produktionsmoment kunde göras lång. Här har endast några exempel upptagits, som visar på vilket sätt materialet visar spår av en familjebaserad arbetsprocess ännu i hantverksfabrikerna.

Hallrättens fabriksberättelser visar att familjer och släktingar var anställda i hantverksfabrikerna. Men jag menar också att den familjebaserade arbetsorganisationen skymtar i materialet. Under övergångsperioden mellan familjearbete och individarbete anges ibland samtliga familjemedlemmar som anställda, och lönesättningen visar också spår av arbetslagets gemensamma försörjning.

Mekaniserad yllefabrik

Den mekaniserade yllefabriken hade en annan, mer uppdelad och mer kollektiv arbetsprocess. Olika avdelningar eller verkstäder hade hand om olika produktionsmoment. Reparation och underhåll av maskiner hade en egen viktig avdelning. Det fanns ett skikt av arbetsledare i själva produktionen, vilka på flera sätt avskilde sig från det stora arbetarkollektivet. Även den övergripande företagsledningen hade utökats och specialiserats på olika produktionstekniska, ekonomiska och administrativa funktioner.

Löner anges i källmaterialet specificerade efter yrke och (oftast) person för 1877/78. Både arbetslön och naturatillägg anges. Främst var det arbetsledare och reparationsarbetare, som hade naturatillägg. Det bestod i hyra och ved men även sparpenning förekom. För kvinnliga arbetare uppges inga sådana tillägg med undantag för en förläggerska. Arbetstiden anges till 52 veckor om året. För vissa yrken (väverskor, slubbare och andra, som direkt är beroende av produktionens omfattning samt för deras arbetsledare) anges även löner för reducerad veckoarbetstid (65 i stället för 68 timmar). Nedan har den längre arbetstiden och motsvarande lönebelopp använts. Beloppen angavs nu efter 1855 i riksdaler riksmynt, motsvarande den tidigare riksdalern riksgälds. (se tabell 6.4 och 6.5)

Löneskillnaden mellan anställda inom produktionen var stor, cirka 11 till 1 mellan den högst betalde arbetsledaren och den lägst betalde arbetaren. Utan arbetsledarna blev löneskillnaden endast ungefär 4 till 1. Det var alltså främst de som avskilt sig från de meniga arbetarna. Verkmästaren i 1845 års fabrik hade inte alls ett sådant avstånd till de vanliga arbetarna. Men de arbetsledare som var hantverksmästare hade redan då en särställning.

Mästarnas hyresbidrag m m var i storleksordningen 20-27% av bruttolönen. Ruggmästaren hade 18%, plysförmannen 13%.

För övrigt var det i huvudsak de högst avlönade arbetarna, som hade störst andel hyrestillägg m m av totallönen. Det var särskilt markerat bland reparationsarbetarna. Klara undantag utgjorde nattvakten, vars bostad uppskattades till 41% av bruttoinkomsten, och portvakten vars bostad beräknades till 27%.

Bland de meniga arbetarna avskilde sig spinnare och reparationsarbetare lönemässigt från de övriga. Deras löner motsvarade mer än dubbelt så mycket som en jordbruksarbetare fick. I reparationsverkstaden var spännvidden nästan 3 till 1. Hyrestilläggen utgjorde med vedpengar och sparpenning cirka 18-35% av bruttolönen, i genomsnitt 27%. Järnarbetarna fanns mellan 10,84 och 21,86. Den högst betalde järnarbetaren tjänade i likhet med maskinisten mer än förmannen i reparationsverkstaden.

Sparpenning och ved var förmåner som enbart utgick till arbetsledarna och till verkstadsarbetarna. Det höjde deras tilläggsandel avsevärt. Arbetsledare och verkstadsarbetare hade vidare i stor utsträck-

Tabell 6.4. Veckolöner i mekaniserad ylleproduktion 1877.

Textilyrken	*Veckolön*	*Inkl hyra m m*
vävmästare[1]	43,20	48,78
ruggmästare	30	47,96
spinnmästare	20,12-40,23	22,65-45,30
vävmästare	26,03	26,41
vävare[1]	18,27	20,57
överskärarmästare	15	20,46
urtagare	16,09	18
reparationsarbetare[2]	12	17,42
spinnare på 2 stolar[1]	15,83	17,36
plysförman	15	17,30
spinnare på en stol	11,23	12,50
järnarbetare m fl	12	16,50
snickare[3]	10,25	18,38
anslagare	8,50	11,58
satinväverska	10,42	
färgeriarbetare, ulltvätt.	7,50	10,20
tygväverska Hartmann-stol	10,09	
dekaterare[1]	7,50	9,91
tygväverska Schönherr-stol	9,80	
brodös[1]	9,75	
förläggare	6,53-8,23	7,30-9
förläggerska	7,74	8,31
ruggare	7	9,31
överskärare	7	8,93
ullplysare, ulltorkare	7	8,92
dragerska[1]	7,45	
klädesväverska	7,10	
överskärerska	7	
slubbare	6,53	6,97
anslagerska	6	
plyserska[1]	5,31	
nopperska[1]	5,30	
tvinnerska	5	
lappare[1]	3,75	4,38

Källa: Drag ABs företagsarkiv. Lönebok för 1877/78.

1. Genomsnitt. För väverskor anges medianlöner.
2. Medianlön för samtliga i reparationsverkstaden.
3. Tillkommer ved.

Tabell 6.5. Jämförelse mellan fabriks- och jordbruksarbete 1877. Löneindex. Utan och med hyra m m.

	Netto	*Brutto*
vävmästare	310-514	314-581
ruggmästare	357	571
spinnmästare	240-479	270-539
vävare	218	245
överskärarmästare	179	244
reparationsarbetare	143	207
spinnare på två stolar	188	207
plysförman	179	206
järnarbetare	143	196
snickare	122	159
spinnare på en stol	134	149
anslagare	101	138
satinväverska	124	
färgeriarbetare, ulltvättare	89	121
tygväverska, Hartmann-stol	120	
tygväverska, Schönherr-stol	117	
brodös	116	
dekaterare	89	113
ruggare	83	111
förläggare	78-98	87-107
ullplysare	83	106
manlig jordbruksarbetare	100	
förläggerska	92	99
dragerska	89	
klädesväverska	85	
överskärerska	83	
översätterska	83	
slubbare	78	83
anslagerska	71	
plyserska	63	
nopperska	63	
tvinnerska	60	
lappare	52	

Källa: Drag ABs företagsarkiv. Lönebok för 1877/78. Jordbrukslön ur Jörberg 1968.

ning fri bostad i stället för hyresmedel. Drag var en av de fabriker, som byggde arbetarbostäder i bostadsbristens Norrköping.

Spinnarna låg mellan 11,52 och 18,06, delvis beroende på om de arbetade vid en eller två stolar. Medellönen var 13,58. Någon tendens att de högre förtjänsterna även innebar högre hyrestillägg är däremot svår att upptäcka bland spinnarna, vilkas bidrag varierade mellan 7 och 12%. Det var inte så stor skillnad jämfört med vad spinnarna hade 1845 – 8-14%.

En kontroll av spinnarnas familjeförhållanden har dessutom visat att det inte heller 1877 var frågan om hyresbidrag efter familjestorlek. För en förläggare och en slubbare, som var far och son och bor i samma hushåll, uppgavs vidare hyresbidrag för båda till skillnad från förhållandena 1845.

Om vi skall försöka avskilja arbetararistokraterna vid fabriken, tycks det med andra ord bli fråga om reparationsverkstadens arbetare och spinnarna.

För övriga yrkesgrupper varierade hyrestilläggens storlek. Ruggarna hade ovanligt hög andel, 21-28%. Förläggare, slubbare och lappare hade 5-11%.

Även de kvinnliga arbetarna tjänade vid Drag betydligt mer än en manlig daglönare, trots att deras löner inte inkluderade hyra och andra tillägg. Plyserskor och nopperskor tillhörde de lägst avlönade. Överskärerskorna, som arbetade två och två vid longitudinalmaskiner, kom därnäst. De hade gemensamt ackord per maskin. Veckoförtjänsterna varierade mellan 6,68 och 7,82. De låg alltså väl samlade. Bland väverskorna varierade arbetslönen efter typ av vävstol. Högst genomsnittlig förtjänst hade satinväverskorna – 10,44 (9,71-11,64), som också var väl samlade. Övriga väverskor hade större spännvidd mellan sina arbetsförtjänster. Lägst medellön hade klädesväverskorna – 7,01 (4,78-8,89). De flesta vävde dock tyg. Vid Schönherr-stolarna tjänade man 9,76 (7,18-13,74), vid Hartmann-stolarna 9,58 (7,44-15,83).[39] Den högst betalda kvinnliga arbetaren var en Hartmann-väverska, som tjänade 15,83. Genom ackordslönen kom alltså många väverskor upp i samma som eller större veckoförtjänster än somliga spinnare och andra manliga arbetare. De snabbaste kunde tjäna dubbelt så mycket som de långsammaste. Jämfört med handvävarna hos Söderberg & Arosenius 30 år tidigare var deras löner något mer samlade.

Det förhållandevis fördelaktiga löneläget skulle emellertid komma att ändras under de kommande decennierna. År 1894 hade de kvinnliga arbetarna minst 25% lägre årslön än de manliga arbetare, som 1877 hade ungefär samma löneläge som de.[40]

Även här gäller att jämförelsen mellan kvinnliga arbetare och manlig daglönare i jordbruket är oegentlig. I stället bör kvinnornas löner jämföras med alternativet i jordbruket enligt nedan.

Tabell 6.6. Kvinnors löner i jordbruk och industri 1877.

Yrke	*Index*		
satinväverska	282	klädesväverska	192
tygväverska (Hartmann-stol)	273	överskärerska	189
		plyserska	144
tygväverska (Schönherr-stol)	265	tvinnerska	135
		kv jbrksarbetare	100

Källa: Fabrikslöner ur Drags ABs arkiv. Lönebok för 1877/78. Jordbrukslön på grundval av Utterström 1957 och Jörberg 1972.

Ungdomsyrkena är på motsvarande sätt också egentligen inte realistiskt jämförbara med en vuxen mans lön i jordbruksarbete.

En jämförelse av arbetslönerna netto med lönerna inklusive naturatillägg visar att männens medianlön netto låg mellan 8 och 9 rdr i veckan, medan kvinnornas låg mellan 7 och 8. Om naturatilläggen räknas in, var manliga arbetares medianlön mellan 10 och 11 rdr i veckan, antingen arbetsledarna inräknas eller inte. Kvinnornas är fortfarande densamma. Kvinnornas medianlön i procent av männens (inklusive arbetsledarna) utgjorde 71% (64-80%) eller 78-100% netto. Naturatilläggen för männens del utgjorde i stort sett cirka 2 rdr i veckan eller 18-20% av bruttolönen.

Tabell 6.7. Lönefördelning efter kön i mekaniserad ylleproduktion 1877.

Nominella veckolöner	*netto*		*brutto*	
Kronor	män	kvinnor	män	kvinnor
45-50	–	–	4	–
40-45	3	–	–	–
35-40	–	–	–	–
30-35	1	–	–	–
25-30	3	1	3	–
20-25	1	–	8	–
15-20	9	1	13	1
10-15	31	37	55	37
5-10	85	201	50	201
0-5	–	1	0	1
N	133	240	133	240

Källa: Drags ABs arkiv. Lönebok för 1877/78.

I löneskiktet 0-5 fanns även lappare, vilkas antal inte anges och som därför inte medtagits här.

A. Arbetsledning och administration
I slutet av 1870-talet var fabriksledningen utökad och differentierad. Disponenten var personalchef över lägre tjänstemän samt inköpschef. Fabriksföreståndaren var produktionschef och ansvarade även för all personal i själva tillverkningen. Frågor såsom anställning av tjänstemän och bestämmande av löner åt kontorspersonal och verkmästare samt om mera omfattande förändringar i arbetslönerna, om nybyggnader eller större reparationer och om inköp av maskiner fattades gemensamt av styrelsen.[41]

År 1875 fick den nytillträdde disponenten – som tidigare arbetat som kontorschef och kassör – en årlig lön på 10 000 kr (utslaget på ett år 192,31 i veckan) och fri bostad eller 1 000 kr i hyresersättning. Dessutom fick han köpa en aktie i bolaget för 18 000 kr eller samma belopp som bolaget inköpt den för.[42]

Bokhållarna fick 1877 1 500-2 000 kr om året, dvs 28,85-38,46 i veckan. Fabriksbokhållarens lön uppgick till 3 000 kr om året (57,69) förutom tantiem på vinsten.

En ny färgare anställdes 1878 efter att den förre avskedats. Villkoren för den nye, som rekryterades från Duren, var 5 000 kr årlig lön (96,15) och fri resa. En duktig tekniker var mer värd än en bokhållare. Ledningens representanter stod vidare i en klass för sig lönemässigt.

I den mekaniserade yllefabriken fanns en rad arbetsledande hantverksmästare. De avskilde sig lönemässigt kraftigt från övriga arbetare, men inte lika kraftigt som somliga hantverksmästare gjort år 1845. Sockerbruksmästaren från det året var dock samtidigt föreståndare för hela verksamheten, medan den mekaniserade fabrikens mästare snarast var avdelningschefer.

Man skulle kunna hävda att tre skikt kan urskiljas inom själva produktionen, nämligen arbetsledare; reparationsarbetare, spinnare, även ruggare, valkare och sköljare m fl; samt främst de kvinnliga arbeterskorna: väverskor, överskärerskor och tvinnerskor. De kvinnliga arbetarna kunde lönemässigt komma upp i de sistnämnda manliga yrkesgruppernas löneläge. Men medan männens lön blev högre genom hyrestillägg o d, blev kvinnornas högre genom hårdare arbete.

Arbetsprocessen inom klädesvävning och överskärning hade förändrats starkt. Redan 1845 fanns dock mekaniska hjälpmedel till överskärning, varför löneutvecklingen där inte var lika dramatisk som inom klädesvävningen. Det senare yrket hade helt förändrats genom mekaniseringen under 1850- och 1860-talen. Spinnstolarna hade nu fler spindlar och gick med högre hastighet. Träarbetarna vid Drags reparationsverkstad hade dock i särklass starkast löneförändring. Jämförelsen med Malcolms 1845 torde vara relevant, eftersom där tillverkades och reparerades just textilmaskiner.

B. Övriga anställningsförhållanden

I mitten av 1850-talet köpte Drags styrelse vid upprepade tillfällen in råg för att sälja till subventionerat pris till de lägst avlönade arbetarna, som hade svårt att köpa spannmål.

I juli 1855 beslöt således Drags styrelse att "i anseende till det höga priset och den brist, som är på Råg" 30 tunnor skulle inköpas och tillhandahållas arbetarna mot 17 rdr rgs per tunna.[43] I september tog styrelsen upp samma fråga igen och ville denna gång i mån av behov få köpa råg för att sälja till arbetarna för 18 rdr rgs.[44] Sommaren därpå beslöt man rekvirera 30 tunnor råg från Stockholm, eftersom arbetarna hade svårigheter att erhålla spannmål.[45] Nästan ett årtionde senare – vintern 1867 – beslöt man att i likhet med övriga fabriksägare i staden köpa in 100 tunnor råg för att med anledning av de höga rågpriserna tillhandahålla dem till "dem bland Bolagets arbetare, som ej ega en arbetsförtjenst af öfver 8 Rdr Rmt pr vecka, till ett pris af 20 Rdr Rmt pr tunna, i mohn af deras behof".[46] Denna åtgärd skulle kunna tolkas som ett utslag av husbondeansvar men var förmodligen samtidigt nödvändig för att arbetarna skulle orka arbeta och möjligen också för att de skulle stanna kvar i staden.

I januari 1878 kom Drags, Bergsbro och flera andra fabriksbolag överens om att sänka arbetstiden fr o m den 15 januari "med ytterligare en timma, så att densamma nu räknades från kl 8 f m till 6 e m, utan dock att någon nedsättning i arbetarnes aflöning egt rum".[47] I mars och april diskuterades om ytterligare inskränkningar skulle göras. Den redan företagna arbetstidsförkortningen hade nämligen inte alls tärt på lagret. Men inget sådant beslut fattades.[48] I juli 1878 diskuterades huruvida man kunde sänka varupriset genom att sänka arbetslönerna. Men en obetydlig sänkning skulle knappast ge någon effekt på varupriset, samtidigt som den dock vore för stor för att arbetarna skulle kunna klara försörjningen på den sänkta lönen. Drags styrelse försökte ändå få till stånd ett gemensamt sådant beslut med andra fabriksägare i staden, men det lyckades inte.[49] Ägarna till Bergsbro och Ström ansåg att lönerna redan var i minsta laget.[50] Året därpå sänkte dock Drag lönerna från den 1 april med totalt 15 000 kr.[51] Samtidigt beslöts att utdelningen till aktieägarna skulle uppgå till 10 % eller 750 kr per styck av de 80 aktierna – med andra ord, en kostnad på 60 000 kr.[52]

C. Bostadsförhållanden

Bostadsbristen i Norrköping gjorde att Drags AB i slutet av 1850-talet i likhet med en rad stora fabriker började bygga arbetarbostäder. Man inrättade också en "matkokningsanstalt med ånga" för bolagets arbetare. På 1860-talet inköptes fler tomter och arbetarbostäder byggdes i Lilla Lund. Av 418 arbetare bodde 1877 30% i Drags fastigheter. Däribland var mästarna och en rad färgeriarbetare, järnarbetare, spinnare och ruggare. Nattvakten och stalldrängarna ingick också. Det var med andra ord i stor utsträckning de arbetsledare och nyckelarbetare, som hade husrum i lönetillägg. 20% av dem som bodde i Drags fastigheter var kvinnor, däribland väverskor, överskärerskor och plyserskor. Men flera av dem bodde där för att det var deras föräldrahem, och fäderna var anställda vid Drag. Ingen arbetare bodde i eget hus. Men en järnarbetare som ägde en fastighet, hyrde ut till en rad kvinnliga arbetare vid fabriken.

Andra företeelser vittnar om Drags ABs patriarkaliska strävan att knyta upp arbetarna till företaget. Man inköpte böcker till utlåning bland de anställda. Man bjöd 50 av de skickligaste arbetarna till industriutställningen i Stockholm på sommaren 1866. Och 1874 firades 20-årsjubileum med fest och gratifikationer till dem, som varit anställda i 15-20 år. Det var 56 förmän och arbetare, som fick mellan 20 och 60 kr vardera på det sättet. Fyra förmän fick var sitt guldur.[53]

D. Sammanfattning

I den mekaniska verkstaden 1845 var hyresbidragen en betydligt mindre andel av den totala lönen. De utgick inte heller lika systematiskt till de högst avlönade som i den mekaniserade fabriken 1877.

Naturatilläggen fanns kvar 1877 men utgick nu enbart i hyra, ved och sparpenning. Kläde, subventionerad råg m m utgick vanligen inte. Det senare infördes undantagsvis under några svåra år för de arbetare, som tjänade minst.

Naturatilläggen utgick emellertid i olika omfattning till olika yrkesgrupper och individer. Framför allt utgick höga belopp till arbetsledare och till vissa järnarbetare och snickare i reparationsverkstaden. Spinnarna hade lägre hyresandel. För väverskor och överskärerskor anges inga tillägg. Bidragen fördelades tydligen på ett sätt som förstärkte hierarkin och skärpte polariseringen mellan reparationsarbetare och textilarbetare å ena sidan och i synnerhet de kvinnliga arbetarna i den textila omvandlingsprocessen å den andra. Det var den ena huvudeffekten. Den andra huvudeffekten var att bidragen var utformade så att de förstärkte lönesplittringen mellan individer i ett och samma yrke.

Kvinnor blev aldrig arbetsledare. Men de kunde byta upp sig från en lägre avlönad typ av vävning till en högre avlönad. Ackordslönen gjorde vidare att de kunde höja sig lönemässigt. Det tycks dock inte ha medfört någon bonus i form av hyresbidrag eller sparpenning. Vid fabrikens 20-årsjubileum 1874 fanns dock även kvinnliga arbetare bland dem, som premierades för lång tjänst. Assisterande yrken innehades av både kvinnor och män. Några barn står inte upptagna i förteckningarna.

Jämförelse av yllefabriker 1845 och 1877

Tabell 6.8. Jämförelse av yrkenas ställning i lönestrukturen 1845 och 1877. Nominellt index. Med och utan hyra m m.

1845 = 100	*Netto*	*Brutto 1877*
tygvävare[1]	286	
järnarbetare	208	262
förläggare, manlig[2]	187-235	209-257
ullplysare	200	255
manlig jbrksarbetare	250	
plyserska	212	
ruggare	175	209
träarbetare	158	190
överskärare	156	177
spinnare en stol	164	167
överskärare m 1845/ kv 1877	156	139
klädesvävare	95	90

Källa: Norrköpings hall- och manufakturrätts arkiv. Fabriksförteckningar för 1845. Mantalsuppgift och lönebok för Drag AB 1877/78.

1. Jämförelse mellan tygvävarnas 3,50 1845 och genomsnittet 10 rdr 1877.
2. Hyra utgick inte 1845.

Om löneförändringarna relateras till ett prisindex, kan man lättare bedöma utvecklingen.[54] Om 1845 sätts till 100, var prisindex för 1877 141. De flesta yrken hade klart förbättrat sin ställning sedan 1845, även i förhållande till prisutvecklingen. Den största relativa förbättringen hade skett för tygväverskor och för järnarbetare. Dessa yrken hade inte förändrats på något anmärkningsvärt sätt. Lönen för tygvävare, förläggare och plysning hade ett synnerligen lågt utgångsläge 1845. Men järnarbetaren låg redan då bland de högst betalda och behöll den positionen. Träarbetarna hade inte alls lika stor ökning, även om också de klart förbättrat sin ställning.

Det torde vara 1850-talets löneökningar som här främst gett utslag. De löneökningar under 1860-talet som framgår av tull- och traktatkommitténs material, kan inte ha svarat för hela ökningen under perioden 1845-77.

Det var kvinnliga klädesväverskor och överskärerskor, som hade sämre ställning jämfört med sina manliga kolleger 1845. Det är mekaniseringen och den förändrade könsarbetsdelningen, som gett utslag i lönenivån.

Bomullsfabrik 1844

Rydboholms fabrik skilde sig från Norrköpings klädesfabriker i flera viktiga avseenden. Den var mekaniserad, den tillverkade bomull och den låg på landsbygden. Den liknade 1877 års yllefabrik genom att den mekaniserade vävningen sköttes av kvinnor, arbetsledningen av män och att männen var spridda över en rad olika yrken. De var dressare, manglare, snickare och diversearbetare. Men det fanns också yrken som innehades av både män och kvinnor, såsom skedträdare och rullare. Vidare var kvinnorna varpare. Under tiden 1/2-7/3 1844 hade väverskorna arbetat 30 dagar med vävning av olika kvaliteter.

Tabell 6.9. Lönestruktur vid Rydboholms mekaniserade bomullsväveri 1844. Nominella löner och index.

Yrke	*Kön*	*Veckolön*	*Index*
jbrksarbetare	män	3,36	100
snickare	män	4,50; 6.-; 6,96	134, 179, 207
dressare	män	4,02; 6.-	120, 179
skedträdare	män, kvinnor[1]	1,50; 1,98; 4,02	45, 59, 120
manglare	män, kvinnor[2]	3 - 6.-	89-179
div arbetare	män	3.-; 4,02; 6.-; 6,96	89, 120, 179, 207
rullare	män, kvinnor	3.-	89
väverska	kvinnor, ev män	2,58	77
varpare	kvinnor	1,98	59

Källa: Rydboholms ABs arkiv. Lönebok för tiden 1/2 1843-20/3 1845.

1. Den högsta lönen tjänade en kvinna.
2. 10 män och 2 kvinnor. Kvinnorna tjänade 1 rdr respektive 0,67.

Arbetsförtjänsten varierade med kvalitet och mängd. Totalt uppgick väverskornas (och några enstaka vävares) lönesumma under perioden till 1 407,27 rdr. Det innebär att de i genomsnitt tjänade 0,43 rdr om dagen. Det kan jämföras med handvävarnas förtjänst i yllefabrikerna, som uppgick till cirka 1 rdr om dagen. Grovt sett hade alltså klädesvävargesällerna dubbelt så mycket betalt som arbeterskorna vid de mekaniska bomullsvävstolarna.

Löneboken upptar ett varierande antal arbetsdagar per person. Bland sju män och 11 kvinnor som arbetade som rullare varierade arbetstiden mellan 4 och 29 dagar. I allmänhet tycks man dock ha arbetat hela arbetsveckor utom söndagar. Flera av dem som arbetat minst antal dagar, var bland dem inom yrket som fick lägst daglön. I de könsblandade yrkena var kvinnorna bland de högst betalda.

I jämförelse med Norrköpings tidiga klädesfabriker tycks lönenivån generellt ha varit lägre vid Rydboholm.

Bomullsfabriker 1879

År 1879 arbetade vid Rydboholms fabrik 368 personer, varav 53% kvinnor och 14% minderåriga. Främst arbetade man för daglön, medan väverskorna vid Viskafors under samma ägare arbetade för stycklön. Även här har daglönen multiplicerats med 6 veckodagar för enkelhetens och jämförbarhetens skull. Möjligen är beloppen därför lite i överkant.

Tabell 6.10. Lönestrukturen vid bomullsväverier 1879. Nominella löner.

Yrke	Rydboholm *Veckolön*	Jonsered	Norrköping
skickliga arbetare	6-7,50	12-15	
verkstadsarbetare	6-18		13,50
vävlagare			13,46
spinnare, kardare			10,75
förspinselskor			6,25
vanliga arbetare	6,90-8,10	6,90-8,10	
skickliga väverskor	5,10-5,40	6-12	5,10
spinnerskor		6-7,50	
övriga kvinnor	4,80-6	4.50-6	
minderåriga	2,40-4,80		

Källa: Tull- och traktatkommittén av 1876. Enkätsvar från Rydboholms AB, Jonsereds fabriker och Norrköpings bomullsväveri AB.

Vid Rydboholm hade väverskorna också fri bostad, ved, läkarvård m m. Det bör ha höjt löneläget något. Men generellt sett kan man säga att könsarbetsdelningen verkar ha blivit mer strikt vid Rydboholm liksom löneskillnaderna mellan män och kvinnor. Löneläget tycks dock ha varit lägre och mer än vid Jonsered.

Jonsereds fabriker hade två sjukkassor, som gav sjuka arbetare 0,83 kr om dagen (närmare 5 kr i veckan), vilket sannolikt visar vad som betraktades som miniminivå.

Vid MAB i Malmö hade män 1 rdr i veckan i hyresbidrag förutom sin högre lön. Kvinnor hade 50-60% av männens lön och inga hyresbidrag.

Mekaniska verkstäder

Att Drags reparationsarbetare inte skilde sig nämnvärt från arbetare i fristående mekaniska verkstäder framgår av att löneläget var ungefär detsamma i Landskrona mekaniska verkstad.

Tabell 6.11. Löner i verkstadsindustri och jordbruk 1876. Nominella löner och index.

Yrke	*Veckolön*	*Index*
jordbruksarbetare	7,50	100
smidare	21	280
maskinist	15	200
formare	16,50	220
snickare	16,50	220
arbetskarl	10	133,6

Källa: Fabrikslöner ur Tull- och traktatkommittén av 1876. Enkätsvar från Landskrona mekaniska verkstad. Jordbrukslön ur Jörberg 1972.

Övriga branscher

För jämförelses skull tas nedan upp exempel på löner för arbetare i vissa andra branscher, som finns representerade i undersökningen. Det gäller främst tobaksinsdustrin men också sockerbruk och pappersbruk. Löneuppgifter har inte kunnat påträffas för urvalets tobaksfabriker. I stället har jag använt uppgifter för Carlssons och Swartz' tobaksfabriker i Norrköping och några fabriker från andra landsdelar för 1876.[55] Eklunds sockerbruk ingår i urvalet men inte pappersbruket, som ändå tagits med som jämförelsegrund.

Swartz' snus- och tobaksfabrik hade gamla anor. När den upphörde hade den ägts av släkten i fem generationer. Johan Gustaf Swartz hade andra verksamheter samtidigt. Han var även riksdagsman och framstår som något av en progressiv brukspatron i sin argumentation rörande arbetarnas villkor.[56]

Tabell 6.12. Lönestrukturen i några andra branscher i Norrköping 1845. Nominella löner utan och med hyra m m och index.

	Netto	*Brutto*	
Carlssons tobaksfabrik[1]			
cigarrmakare	19		566
cigarrmakare[1]	5		149
karvare	3		89
vickelmakare	1,50		45
uppsättare	1,25		37
stripare	1		30
Swartz' tobaksfabrik[2]			
tobaksmästare	3	3,87	115
tobaksarbetare	3		89
snusarbetare	3		89
Trozellis pappersbruk[4]			
pappersgesäll	17,31		515
pappersarbetare[5]	5		149
Gustaf Eklunds sockerbruk[3]			
sockerbruksmästare	28,85-30		858-893
sockerbruksarbetare	4,50		134

Källa: Norrköpings hall- och manufakturrätts arkiv. Fabriksförteckningar för 1845.

1. Arbetarna i Carlssons fabrik var alla nyanställda. Cigarrmakarnas olika löner torde bero på erfarenhet: den yngste hade lägst lön. Vickelmakarnas löner varierade mellan 1 och 2 rdr.

2. Två av nio i Swartz' tobaksfabrik hade hyresbidrag, en hade ved och subventionerad råg. Några arbetade 10, andra 11 timmar om dagen.

3. I J von Leesens sockerbruk i samma stad var lönerna desamma, men även ved utgick. Bostad och ved utgick till Eklunds anställda, här inte inräknat.

4. Till gesällens lön tillkom 12 tunnor råg och 10 famnar ved om året, husrum, läkarvård och fria kontributioner.

5. Lönen var 8,3 öre i timmen. Jag har här antagit 10 timmar om dagen, 6 dagar i veckan.

Hyrestillägg och andra naturainslag har här inte kunnat beräknas till sitt värde. Beloppen ovan bör därför uppfattas som minimibelopp. Genom dessa tillägg kom lönen att överstiga vad som betalades i jordbruket, även för okvalificerade arbetare.

Mästarnas löner stod i särklass. De vana cigarrmakarnas löner var jämförbara med deras. Cigarrmakare och sorterare var högst avlönade, och till de yrkena lärdes man upp inom fabriken. Stripare och vickelmakare utgjordes av barn och ungdomar med låga löner, lägre än lärlingarnas. Övriga arbetares löner var jämförbara med de okvalificerade men specialiserade textilarbetarnas.

Kvinnliga arbetare hade generellt hälften eller två tredjedelar av (vid en fabrik i Stockholm har de som högst tre fjärdedelar) av de kvalificerade manliga arbetarnas lön. Det gällde både daglönare och andra yrken. Arbetsdelningen mellan könen var tämligen strikt i fabriken. Kvinnor och män gjorde som regel inte samma arbetsuppgifter. Barn hade drygt hälften av kvinnornas lön.

Lönerna i tobaksfabrikerna tycks ha varit stabila under 1860- och 1870-talen fram till 1879, då de ökade på en del håll. En jämförelse av lönerna 1845 med lönerna i slutet av 1870-talet ger följande bild.

Tabell 6.13. Tobaksarbetarnas löner 1879 i Malmö.

1879	*Veckolön*	*Index*
manlig jordbruksarbetare	7,50	100
sorterare	15-18	200-240
cigarrmakare	9-15	120-200
vickelmakare	3-6	40-80
tobaksspinnare	12-15	160-200
stripare, uppsättare	3-4,50	40-60
manliga daglönare	9-12	120-160
kvinnliga daglönare	4,50-6	60-80

Källa: Tull- och traktatkommittén av 1876. Enkätsvar.

Redan som daglönare tjänade en man betydligt mer i tobaksfabriken än i jordbruket. Var han sedan utbildad inom branschen, t ex till tobaksspinnare eller cigarrmakare, så kunde han komma upp i ännu högre belopp. Kvinnorna har här också jämförts med den manlige daglönaren i jordbruket. Men eftersom deras löner i jordbruket liksom i industrin låg högst på hälften av männens (i detta fall då 0,63 per dag), bör fabriksarbetet även för dem ha varit minst lika lönande som jordbruksarbetet. En annan fråga är att de inte hade samma utbildnings- och karriärmöjligheter inom fabriken som männen; cigarrmakarna var under den här aktuella perioden män, åtminstone de som tillverkade finare cigarrer. Det är heller inte säkert att jordbruksarbete var ett realistiskt alternativ.

Tabell 6.14. Tobaksarbetarnas löneutveckling 1845-1879. 1845 = 100.

Yrke	*Index 1879*
manlig jbrksarbetare, Ög	179
tobaksarbetare[1]	343
snusarbetare[2]	441
tobaksarbetare[3]	300
stripare, uppsättare[3]	152-227
vickelmakare	151-303

Källa: Norrköpings hall- och manufakturrätts arkiv. Fabriksförteckningar. 1876 års tull- och traktatkommitté. Enkätsvar.

1. Beloppet för 1879 gäller Jönköping.
2. Beloppet för 1879 gäller Härnösand.
3. Beloppet för 1879 gäller Malmö.

Om vi jämför arbetsledaren i snusfabriken i Norrköping 1845 med verkmästaren i en snus- och tobaksfabrik i Malmö 1879 blir resultatet 256,1 mot 100. Subventionerad råg, ved, skatter m m för 1845 har då inte tagits med.[57]

Det tycks vara de lägst avlönade yrkesgrupperna, som haft den högsta relativa förändringen under perioden. Det bör kunna ses mot bakgrund av den allmänt ökade löne- och prisnivån under 1850-talet. Den har också satts i samband med en ökad köpkraft för stora delar av befolkningen, vilken skulle gett underlag för en massproduktion av enklare textilkvaliteter. Den efterfrågeförändringen tillsammans med fabriksarbetarnas ökade löner aktualiserade i sin tur en mekanisering och organisering av stordrift inom textilindustrin.

Fabrikernas löner låg generellt högre än jordbrukets. Även inom hantverket tycks lönenivån ha varit lägre än i industrin, åtminstone under andra hälften av 1800-talet. De genomsnittliga gesällöner, som redovisats av tull- och traktatkommittén tyder på det.[58] Enligt deras utredning hade exempelvis en smed en daglön på 1,36, en bleckslagare 2,06, en svarvare 2,29, en instrumentmakare 2,63 och en skräddare 1,82. Det var mer än den östgötske jordbruksarbetarens 1,40 om dagen. Men det var mindre än vad verkstadsarbetaren fick i en mekanisk verkstad eller vid en textilfabrik. Särskilt för smeden vore det en avsevärd vinst att välja fabriken. Skräddaren fick mer än vad en brodös vid Drag tjänade men mindre än en spinnare på en stol. Detta gällde löner utan hyresbidrag. De högst avlönade gesällerna hade även i hantverket fri bostad.

Både kvalificerade och okvalificerade arbetare tycks ha kunnat tjäna mer i fabriksarbete än utanför.

Sammanfattande diskussion

I omekaniserad ylletillverkning i Norrköping 1845 hade klädesvävare och spinnare de högsta lönerna. Deras medianlön var drygt den dubbla jämfört med en manlig daglönare i jordbruket på den omgivande landsbygden. Men även andra fabriksarbetare hade generellt sett högre löner än jordbruksarbetarna. Särskilt hög lön kan noteras för järnarbetare med erfarenhet i yrket. Även träarbetare ligger högt. Om vi utgår från den lägre kvinnolönen i jordbruksarbetet, kan sägas att även kvinnoyrkena i fabrikerna var bättre betalda än okvalificerat jordbruksarbete och husligt arbete.

Men enbart löneskillnader i jordbruk respektive industri för enskilda arbetare behöver inte ha varit avgörande för en familjs flyttningsbeslut. Man bör här också ta hänsyn till att anställningsmöjligheterna i jordbruket torde ha varit olika för män respektive kvinnor. Regionala skillnader beroende på jordbrukets inriktning och arbetsorganisation har också förekommit.

Vidare var hantverkare utanför fabrikerna inte lika väl avlönade som i fabrikerna. Särskilt anmärkningsvärt är att smedgesäller var så lågt avlönade på 1870-talet, medan de i fabrikerna tillhörde ett privilegierat skikt.

Under hela perioden var det mekaniska verkstadsarbetet hantverksmässigt. Men mot slutet av 1800-talet skedde en polarisering bland mekaniska verkstäder. Medan somliga växte sig stora, förblev andra små. Det kanske skulle kunna bidra till att förklara ökande löneklyftor mellan smeder i olika typer av företag. Det kan ha varit ett tecken på hantverkets tillbakagång.

En jämförelse mellan perioderna visar att de manliga hantverkarna i de yrken de fortfarande monopoliserade, hållit sina relativa positioner i fabrikerna. Spinnarnas arbetsförtjänster tillhörde de högsta bland textilarbetarna. Men andra yrken hade förändrats och övergått till kvinnlig arbetskraft. Det gällde i ylleindustrin överskärning och klädesvävning. Arbeterskorna vid longitudinalmaskiner och klädesvävstolar hade lägre löner än motsvarande manliga hantverkare haft 30 år tidigare. Jämfört med kvinnoarbetet i jordbruket torde det dock ha varit bättre betalt. Men de kvinnor som arbetade vid satin- och tygvävstolar kunde komma upp i betydligt högre arbetsförtjänster än tygvävare haft tidigare. En del tjänade mer än spinnarna eller lika mycket.

Reparationsverkstadens anställda hade generellt högt löneläge. Särskilt snickarna hade höjt sin lön i förhållande till andra yrkesgrupper jämfört med läget i den mekaniska verkstaden 1845. Men det var järnarbetarna som låg högst. Reparationsverkstaden var en specialinriktad avdelning, där stor kunnighet torde ha krävts för att underhålla textilmaskinerna. Kvalifikationsnivån och arbetserfarenheten kan antas ha varit särskilt hög här.

Jag har försökt undersöka i vilken mån hushållets traditionella arbetsorganisation och auktoritetsstruktur omvandlats respektive levt kvar från en tidigare fabriksproduktion i den mer kollektiva arbetsprocessen i de mekaniserade fabrikerna.

Lönestrukturen i de mekaniserade fabrikerna skilde sig starkt i de flesta avseenden jämfört med hantverksfabrikerna. Det som i hantverksfabrikerna ännu kunde fungera som en familjelön, som förutsatte en familjs eller en familjeliknande enhets arbetsinsats, hade i den mekaniserade fabriken inte längre den funktionen. Arbetarna var anställda som individer och arbetade inom skilda moment i en produktionsprocess, där de flesta centrala omvandlingsmoment hade mekaniserats och arbetet abstraherats från det konkreta hantverket. Det hindrade inte att manuella moment levde kvar. I synnerhet plysningen utfördes ungefär som förut.

Den främsta skillnaden gällde emellertid just de omvandlande momenten, spinningen och vävningen. Spinningen sköttes fortfarande av män, medan vävningen hade blivit ett kvinnoarbete. Kvinnliga arbetare kunde få betydligt större arbetsförtjänster som väverskor än i många andra yrken. Det berodde på deras arbetstakt. Samtidigt berodde en del av männens lönehöjningar på ökade hyresbidrag och andra påslag som de fick.

Lönesystemet hade förändrats så till vida att naturadelen av lönerna var avsevärt mycket större än i hantverksfabrikerna och nu tycks ha använts mer selektivt som extra bonus åt arbetsledare, underhållsarbetare och de flesta övriga kvalificerade manliga arbetare. De kvinnliga yllearbetarna kom inte i åtnjutande av dessa tillägg i kraft av att vara lönearbetare. Ingen av dem, som står upptagna i löneboken eller på mantalsuppgiften, var heller gift med någon arbetare vid Drag. I andra fabriker förekom att kvinnor hade del i hyrestillägg eller kost. Det verkar dock ha varit förbehållet landsbygden, där sådana inslag ofta gällde samtliga anställda, alltså även kvinnor. Det har jag tolkat som ett inflytande från tjänstehjonsstadgans husbondeansvar, som inkluderade samtliga anställda i naturatilläggen. Men där den industrikapitalistiska rationaliteten blivit mer utpräglad, användes naturatilläggen i hög grad som en arbetsgivarstrategi för att gynna nyckelarbetare och annan särskilt attraktiv arbetskraft. Dit hörde inte kvinnorna.

Två viktiga slutsatser kan dras av denna utveckling.

1. Familjearbete blir fabriksarbete
1. Den auktoritetsstruktur och värdestruktur som fanns i hushållet som husbondeledd arbetsenhet, hade uttunnats, abstraherats och systematiserats i den mekaniserade industrikapitalistiska arbetsprocessen. Fördelaktiga positioner i den nya arbetsprocessen innehades av män, medan kvinnor innehade de lägst betalda arbetsuppgifterna. Det är dock inte givet att svårighetsgraden motsvarade värderingen. Den auktoritetsstruktur och värdestruktur, som redan fanns i den äldre hushållsbaserade arbetsprocessen, fanns kvar och bestämde utbildning, arbetsfördelning och värdering av arbetsuppgifter efter kön och ålder. Den sociala och arbetsorganisatoriska förändringen hade bestått i en omvandling av själva arbetsprocessen, en starkt förändrad teknik och organisation av arbetsuppgifterna. Men uppdelningen av arbetsuppgifter på personer av olika kategorier, tillträdet till utbildning och arbetsledande positioner och värderingen av arbetet skedde fortfarande efter kön och ålder. Dessutom var denna uppdelning fortfarande sådan att kvinnor underordnades män. Det hade inte skett någon förändring i könsarbetsdelningens grundprincip. Tvärtom kan den tolkas som stabil tvärsigenom den starka förändring, som konstruktionen av den nya arbetsprocessen utgjorde. Makt- och auktoritetsskillnaden i den könsuppdelade kvalifikationsstrukturen förstärktes ytterligare av en polariserad åldersstruktur.

2. Husbondeansvar blir arbetsgivarstrategi
Det anställningsförhållande som i hantverksfabriken fortfarande bar spår av att hushållet fungerat som arbets- och försörjningsenhet, hade också omvandlats men levde kvar i en delvis annan funktion i det industrikapitalistiska lönearbetet. De naturatillägg som tidigare var ett inslag i tjänstehjonsförhållandet (och den tillägnelse som skedde inom ramen för hushållet), hade ännu i hantverksfabriken kunnat komma hela arbetarfamiljen till del. På landsbygden förekom ännu på 1870-talet att både kvinnor och män fick bostad eller hyresbidrag. Men i den mekaniserade yllefabriken omfattades inte längre den stora massan av fabriksarbetare – nämligen de kvinnliga arbetarna – av

denna typ av ersättning. Samtidigt som den enbart tillföll de högst avlönade arbetarna, hade dess andel av den totala lönen kraftigt ökats – från cirka 5-10 till 20-30 procent. Detta tolkar jag som att naturatilläggen hade övergått från att i stor utsträckning ha varit ett inslag i husbondeansvaret till att bli en arbetsgivarstrategi för att gynna och knyta upp nyckelarbetarna till sig. Under övergångsperioden fanns naturligtvis en komplicerad blandning av funktioner i naturatilläggssystemets utövning. Det antyds av att det främst var de högst avlönade även i hantverksfabrikerna som omfattades av detta påslag. Även yrkeserfarenhet spelade in. Det skulle kanske också kunna ses som ett tidigt uttryck för senioritetstänkande. Naturatilläggen utgick under den tidiga delen av 1800-talet i många fler typer av varor eller tjänster, medan bostad och värme var den vanliga typen under 1870-talet. Sparpenning utgjorde ett viktigt inslag för arbetsledare och reparationsarbetare.

Husbondeväldet, lönearbetet och könsarbetsdelningen

Termen patriarkat har traditionellt betecknat i första hand samhällsstrukturen hos de herdefolk, som i biblisk tid bebott Palestina och andra medelhavsländer och som innebar att äldre män hade makt över yngre män och över kvinnor. I andra hand har termen betecknat husbondeväldet i det förkapitalistiska jordbrukssamhället, där ju mannen-husbonden hade makten över hushållets övriga medlemmar, både familjen, andra släktingar och anställda. Under senare tid har i historisk forskning särskilt uppmärksammats de ideologier, som fanns i samband med husbondeväldet. Dessa har betecknats som patriarkalism (eng paternalism). Den har också förknippats med 1980-talets återuppväckta strävanden att dölja intressemotsättningar mellan styrande och styrda.

Termen patriarkat har under de senaste decennierna också använts för att beteckna manlig dominans överhuvudtaget över kvinnor.[59] Betydelseförskjutningen avspeglar naturligtvis vårt eget samhälles utveckling. Termen patriarkat har använts för att beteckna olika företeelser vid olika tidpunkter. Här tänker jag emellertid skilja mellan patriarkat i betydelsen mansdominans å ena sidan och patriarkalism i betydelsen husbondevälde å den andra. Den största skillnaden dem emellan torde vara att husbondeväldet inte särskilt sattes i samband med manlig överordning som sådan. Husbönderna var män, men alla män var inte husbönder.

Vad hände när det gamla husbondeväldet mötte det kapitalistiska produktionssättet? Anpassningen kan sägas ha försiggått på två nivåer. Den ena var mellan kapitalägare och arbetare, den andra mellan manliga och kvinnliga lönearbetare. Så länge tjänstefolket var inordnat i jordägarens hushåll eller under hans husbondevälde var det patriarkala förhållandet entydigt. Problemet uppstod i och med lönearbetet. Lönearbetet gjorde det möjligt för icke-jordägare att bilda hushåll. Samtidigt stod de under övergångsperioden under kapitalägarens husbondevälde. Som arbetsenhet var de ofta hushållsvis anställda (under försvar). Den lön som utgick avsåg också hela lönearbetarhushållets insats. Den överlämnades till den mer eller mindre proletäre husfadern. Enligt lag kunde övriga familjemedlemmar (omyndiga hustrur och barn) inte disponera sin egen arbetsförtjänst.[60] Detta innebar samtidigt att naturaandelen som var det normala, kom hela hushållet till godo i form av fri bostad, hyresbidrag, ved m m), även om det formellt sett var mannen-husfadern som tog emot den. Det som från början var tjänstehjonets grundförsörjning inom ramen för husbondens hushåll övergick till en naturaandel i lönen för lönearbetarfamiljen och till sist till en avsevärd bonus för nyckelarbetare, oavsett om de hade familj och oavsett om deras familjer lönearbetade eller inte. Tidiga strävanden att behålla goda arbetare och ett kvardröjande husbondeansvar gör utvecklingen ojämn och motiven sammansatta.

Den nya typ av lönearbete, som växte fram med den systematiserade, mer kollektiva arbetsprocessen, utmärktes av ett mer kontinuerligt arbete, i textilfabrikerna lön efter prestation liksom tidigare. I många andra typer av tillverkning utgick lön på beting.[61] Vävning och överskärning blev maskinskötarjobb, där arbetstakten bestämdes av maskinen. Spinningens kvalifikationskrav varierade efter olika spinntekniker. I mulspinningen fanns fortfarande moment av hantverksskicklighet, och där anställdes män. I den mekaniserade produktionen fanns vidare en stor reparationsavdelning, vilkas specialiserade metall- och träarbetare med flera hade kraftigt högre löner än deras bröder i motsvarande yrken tjänade 30 år tidigare. Särskilt gällde det träarbetarna, som både 1845 och 1877 utgjordes av snickare och timmermän. Ansvaret för att produktionsmedlen kunde hållas i gång och den tekniska kompetensen belönades av fabriksägarna.

Både arbetsledare och reparationsarbetare hade avskilts som skikt från de egentliga kollektivarbetarna i den textila omvandlingsprocessen. Arbetsledarnas positioner och belöningar skilde sig i sin tur från reparationsarbetarnas. De arbetsledare som här undersökts var att betrakta som avdelningschefer samtidigt som de var hantverksutbildade mästare och alltså behärskade principen för produktens framställning. Men den tekniska förändringen ledde sannolikt till att deras funktion som arbetsledare var den viktigaste. Maskinernas funktionsduglighet handhades av reparationsavdelningens specialister.

Segmentering och rekrytering

Vi har konstaterat markerade och systematiska mönster i fabriksarbetarkollektivets struktur med avseende på kön, ålder och kvalifikationer. Mekaniseringen hade i textilfabrikerna ett klart samband med en förändrad rekrytering av arbetare.

Ett huvuddrag som stått sig mellan perioderna och som gällde både mekaniserade och icke mekaniserade fabriker var uppdelningen av arbetet mellan kvinnor och män. Denna uppdelning var etablerad och systematisk redan under den tidiga perioden, 1830- och 1840-talen. Det gör det tydligt att rekryteringen till olika arbetsuppgifter skilde sig. Frågan är om den hade karaktären av segmentering.

Segmenteringsteorierna har som nämnts utvecklats för att förklara styrningsmekanismer på den moderna arbetsmarknaden. Den historiska tillbakablick, som görs i dem för att förklara segmenteringens uppkomst och utveckling, går inte längre tillbaka i tiden än till 1890-talets stora amerikanska verkstadsindustrier. Dessa var beroende av teknisk kompetens samtidigt som behovet av utbytbara arbetare i själva produktionen fluktuerade. Det växte därför fram olika segment inom företaget eller på arbetsmarknaden, som besattes med individer av olika kategorier. De olika grupperna utvecklade olika förhållningssätt eller subkulturer, som förstärkte deras interna reproduktion och upprätthöll skrankorna mellan segmenten.[62]

Men här har kunnat konstateras att det fanns en stark och systematisk uppdelning av arbeten mellan kvinnor och män, barn och vuxna, kvalificerade och okvalificerade redan på 1830-talet och tidigare. Därför vill jag här undersöka om möjligen redan 1830-talets fabriker kan sägas ha varit segmenterade och i så fall hur.

För att segmentering skall anses föreligga krävs för det första att det skall finnas en distinktion mellan olika typer av arbeten, nämligen den primära respektive den sekundära sektorns arbeten. De olika typerna av arbeten skiljer sig åt i en rad avseenden.[63]

1. Primära arbeten är stabila, sekundära är instabila.
2. Primära arbeten är högavlönade, sekundära är lågavlönade.
3. Det finns knappast någon rörlighet mellan de båda sektorerna.
4. De primära arbetena har anknytning till karriärvägar. Det har inte de sekundära.

Låt oss först undersöka om segmenteringens distinktioner gällde för fabriksarbetet i de icke mekaniserade fabrikerna under perioden 1830-45. Vi bör här skilja mellan egenskaper hos de konstruerade arbetena å ena sidan och egenskaper hos olika arbetargrupper å den andra.[64]

A. Arbetenas stabilitet

Arbetenas stabilitet torde i sin tur bero i stor utsträckning på produktionens stabilitet. Denna varierar rimligen med tillgången på produktionsresurser, alternativa kapitalanvändningsmöjligheter och med efterfrågefluktuationer avseende produkten.

Piore förknippar stabiliteten hos den primära sektorns arbeten med en stabil efterfrågan på produkten i fråga, medan den sekundära sektorns arbeten betraktas som instabila på grund av den ojämna efterfrågan på produkten. Hans resonemang utgår från en specifik typ av stora företag i en annan period och industriell utvecklingsfas och ett annat socialt och ekonomiskt sammanhang. Det kan naturligtvis diskuteras huruvida den tidiga fabriksindustrin med dess hantverksmässiga arbetsorganisation skulle kunna hänföras till den produktionstyp som segmenteringsteorin kallar den primära industrisektorn. I väsentliga avseenden skiljer den sig från dessa teoriers utgångspunkter.

Men textilproduktionen var som tidigare sagts den bransch, där fabrikssystemet först utvecklades och där förutsättningarna för standardiserad massproduktion först fanns. Det var härigenom en industrikapitalismens avant-garde. Den fas som det här gäller inom klädesbranschen, kännetecknades ännu av manufakturens produktionstyp, där hantverkskunnigheten var central. Det borde ha funnits förutsättningar för en uppdelning av arbetskraften även i denna typ av produktion just därför att hantverkskunniga arbetare var en bristvara samtidigt som det fanns moment i arbetsprocessen, som var okvalificerade och manuella. Det fanns stora skillnader i produktivitet mellan olika arbetsuppgifter. De produktutvecklande tekniker som fabrikerna enligt segmenteringsteorin är beroende av, borde då ha varit textilhantverkarna. Det var deras kunnande som den tidiga industrin byggde på. Fabriksägarna försökte också behålla dem i nedgångsperioder genom att betalaväntepenning. Sådan utgick inte till de lättare utbytbara arbetarna. Det är ett drag som talar för segmentering. Å andra sidan fanns det också fabriksägare som försökte bryta den könsuppdelning som fanns. Hela manufakturlagstiftningen kan sägas ha varit en strävan efter att bredda rekryteringen till hantverksyrkena.

Och det kan ses som att ägarna försökte konstruera segment.

Problemet kompliceras ytterligare av den strukturförändring, som skedde i mitten av 1800-talet i samband med en marknadsförändring. Enligt segmenteringsteorin borde det s k primära segmentet av produktionstekniker ha behövts och mobiliserats för att utveckla produkten och anpassa inriktningen efter nya marknadskrav. Under en instabil period av svängningar i produktionen skulle däremot det sekundära segmentet av arbetare kunnat inskränkas eller fluktuera. Hur var det i klädesfabrikerna?

Under perioden 1835-1845 tycks marknaden för fina kvaliteter ha varit stabil. Men produktionen av grövre kvaliteter ökade successivt. Under 1850-talet började klädesfabrikörerna gå samman och inleda en successiv mekanisering av produktionen. Det vore tänkbart att fluktuationer i efterfrågan i början av en marknadsomsvängning skulle ha kunnat leda till instabilitet i produktionen. Den skulle då i sin tur kunnat leda till friktionsarbetslöshet och omställningssvårigheter, särskilt för mindre kvalificerade arbetare. En sådan utveckling tycks ha varit för handen på 1840-talet och i början av 1850-talet. Men även om en rad små klädesfabriker lades ned och grundades, växte klädesarbetarnas arbetsmarknad. Expansionen tog över men nu ändrades produktinriktningen och delvis även tekniken och arbetarrekryteringen. Segment hade skapats.

B. Arbetarnas rörlighet mellan primär och sekundär sektor

En rörlighet mellan primär och sekundär sektor existerade endast så till vida att somliga arbetare, som tidigare haft assisterande arbetsuppgifter, kan återfinnas i hantverksyrkena vid fabrikerna. Men det var snarare fråga om en karriärväg än ett uttryck för rörlighet mellan sektorer. Med andra ord: det är en företeelse som talar för existensen av segmentering, inte emot den. Här kan påminnas om mulspinnarna och deras assistenter, som kunde förvänta sig att senare i livet bli mulspinnare. Där fanns alltså en karriärväg. Till throstle-spinningen rekryterades däremot otränad arbetskraft, som inte tidigare arbetat som assistenter och som inte hade något att avancera till.

Däremot har jag i materialet från 1845 kunnat undersöka antalet flyttningar från fabrikerna och för ett antal arbetare, som flyttade mellan fabriker, även deras yrkesrörlighet. 62% av spinnarna, 74% av klädesvävarna och 73% av plyserskorna uppgavs vara anställda även för nästkommande år.[65] De som slutat hade dels bytt anställning i samma yrke, dels bytt yrke. Av 221 personer, som lämnat uppgift beträffande vad de gjort efter slutad anställning, hade 149 eller 67% angivit ny tjänst eller – ett litet fåtal – att de bodde hos föräldrarna.[66]

Av dem, som fått ny tjänst, hade nära 37% samma yrke i en annan fabrik. Men det är en minimisiffra, eftersom ett litet antal personer tillkommer, som kan antas ha snarlika eller samma uppgifter fastän yrkesbeteckningen ändrats. Annat yrke inom klädesfabriken uppgav 22%. Säkert kan dock sägas att nära 29% hade övergått till ett helt annat yrke utanför klädesbranschen. Sålunda hade en tredjedel (7 av 21) av de spinnare, som lämnat uppgift om ny tjänst, helt bytt yrke. Detsamma gällde nära 39% (12 av 31) av klädesvävarna (varav dock en blev korderojvävare); 46% av överskärarna; 44% av ruggarna; 69% av plyserskor och nopperskor har också helt säkert bytt yrke. Av den sistnämnda gruppen var det dock särskilt många, som inte lämnat uppgift om ny tjänst.

Vidare har jag av materialet för en stor del av de avflyttade arbetarna kunnat undersöka om deras lön i det nya arbetet var densamma som eller högre eller lägre än i det gamla arbetet. Det visade sig att drygt 82% av arbetare som bytte jobb fick samma eller högre lön i det nya jobbet. Av materialet framgår inte vilka eller hur många som avskedats respektive flyttat på eget initiativ. Eftersom löneuppgifter kunnat påträffas endast för personer, som fått ny anställning i fabriker, som ligger under hallrätten, finns s k bias i ovanstående även på grund av att de flesta, som helt bytt verksamhetsområde, därför inte finns med.

Denna lilla undersökning ger alltså det överraskande resultatet att det fanns en del hantverksutbildade personer som radikalt bytte hantverk eller t o m övergick till mindre kvalificerade arbetsuppgifter. Mindre överraskande är att en majoritet av dem, som bytte arbete – främst inom samma yrkesområde – åtminstone inte tycks ha bytt till sämre avlönat arbete. Emellertid kan detta resultat ha påverkats av att urvalet styrts genom att de, som inte fått ny tjänst eller inte uppgett sådan, här inte kunnat medtas.

Vi kan dra slutsatsen att obetydliga möjligheter fanns att övergå från noppning eller plysning till klädesvävning, spinning, ruggning eller överskärning. Motsäges inte detta av den nyss nämnda undersökningen av rörligheten mellan yrken i fabrikerna? Nej. Den rörlighet gäller nästan enbart de yrken som i detta sammanhang framstår som primär sektor, nämligen klädesvävning och spinning. Man skulle därtill kunna särskilja ett "mellanskikt" av ruggare och överskärare med avseende på löner och utbildning. Men i det fåtal fall där en plyserska e d övergått till vävning gäller det inte klädesvävning utan en mer okvalificerad typ av vävning, som kasimir, jacquard eller dylikt. Det var ett arbete som jämfört med klädesvävningen var lågavlönat.

Det fanns alltså en viss nedåtgående rörlighet från hantverkare till något mindre kvalificerat. Men den enda ingångsmöjligheten till hantverkaryrket var lärlingstiden. Och lärlingskapet var förbehållet män – inte formellt men informellt.

C. Löneskillnader mellan sektorerna
Vi har ovan kunnat kartlägga lönestrukturen i hantverksfabrikerna. De högst avlönade yrkena var klädesvävare och spinnare. Därnäst kom överskärarna. Kvinnornas yrken låg obetydligt över ungdomsyrkenas löner. I de fall då män hade likartat yrke (ullplysare), hade de vanligtvis högre lön än kvinnorna hade. Det var alltså inte endast kvalificerad respektive okvalificerad sektor, som hade olika löneläge. Det var också olika arbetarkategorier, nämligen personer av olika kön som sådana utan hänsyn till arbetets art.

D. Karriärvägar i den primära sektorn
Karriärvägar fanns i huvudsak när det gällde manliga yrken. Från ungdomsyrkena rekryterades spinnare och andra yrkeskategorier. En flicka som haft assisterande jobb fortsatte som regel längre i detta än en pojke.[67] Det bör ses mot bakgrund av att hennes möjligheter till yrkesrörlighet inskränktes till att bli plyserska eller nopperska, ett yrke som knappast kan betecknas som mer kvalificerat än det ungdomsyrke hon då lämnat. Plysning var också ett reträttyrke för äldre och ett beredskapsarbete för arbetslösa kvinnor, som inte krävde utbildning. För hantverksutbildade män fanns i princip möjlighet att avancera till arbetsledare och mästare. Exempel på sådan karriärgång finns i undersökningen. För icke hantverksutbildade män var det svårare. Det var hantverksutbildningen som var nyckeln.

Genomgången ovan har visat att det fanns en klar uppdelning i villkor och yrkesmöjligheter mellan klädesvävare och spinnare å ena sidan och plyserskor, plysare och nopperskor å den andra. Mellan dem fanns överskärare och ruggare.

Mellan manligt och kvinnligt dominerade jobb förefaller det ha funnits i det närmaste vattentäta skott. Man kan vidare hävda att kvinnor i hantverksfabrikerna var hänvisade inte bara till de mindre kvalificerade utan även till de mindre kontinuerliga arbetsuppgifterna. Det tyder på att kvinnors arbetskraft i hantverksfabrikerna sågs som sekundär, ja, en sorts reservarmé med den betydelse vi lägger i begreppet i dag, nämligen såsom tillhörande den del av arbetskraften som har en lösare anknytning till arbetsmarknaden, t ex genom deltidsarbete, tillhörighet till s k arbetskraftspool, sysselsatt i beredskapsarbete e d. Kvinnorna var marginaliserade i förhållande till de centrala, omvandlande momenten i hantverksarbetet.[68]

Arbetenas stabilitet tycks ha fluktuerat under 1830- och 1840-talen. Det fanns en stark omsättning av arbetare vid klädesfabrikerna. Den är svår att bedöma, eftersom fabrikerna expanderade, ofta kraftigt, under perioden. Jag har dock gjort en översiktlig mätning av omsättningen vid några av urvalets klädesfabriker i Norrköping under perioden.[69]

Tabell 6.15. Omsättning av arbetare vid några klädesfabriker.

Fabrik	*Period*	*Mått*
A Arosenius	1832-34	1,1
Asplund	1833-35	0,8
Lindgren	1834-37	1
J F Eklund	1835-37	0,8
Blombergh	1836-38	1,9
Wahlberg	1836-38	1,5
W M Ekelund	1839-42	1,1

Källa: Mantalsuppgifter.

Omsättningsmåttet 1 betyder alltså att hela arbetarstyrkan bytts ut. I medeltal var omsättningen av arbetare 1,2 vid dessa fabriker. Andelen arbetare som stannat kvar varierar mycket kraftigt från år till år. Det går inte att urskilja någon entydig tendens här när det gäller vilka yrkesgrupper, som är mest eller minst stabila. Av det fåtal som fanns kvar vid samma fabrik i många år fanns både klädesvävargesäller, ruggare, maskindragare och plyserskor.

Den stora omsättningen bekräftas också av en separat undersökning av samtliga klädesfabriker i Norrköping år 1840, som jämförts med de 16 fabrikerna i urvalet. Där kunde konstateras att många cirkulerar mellan fabrikerna.

Det finns dock som nämnts i ett avseende en klar uppdelning mellan jobb beträffande stabilitet, nämligen så till vida att den allmänna instabiliteten (eller arbetsbristen) behandlades olika av fabriksägarna beroende på vem det gällde. Väntepenning utgick till kvalificerade hantverksarbetare, medan mindre kvalificerade inte fick sådan. Det visar sig att de som fick det var män. De som inte fick det var både kvinnor och män.

Vidare fanns en klar skillnad i löneläge mellan yrkesgrupperna. Lönen tycks dock ha varit hårdare knuten till könet än till yrket. Karriärmöjligheterna var knutna till den primära sektorn eller ”mellanskiktet". Snarast var det dock här fråga om utbildning eller insocialisering i hantverksmiljön.

De hantverksbaserade yrkena utgjorde en manlig sektor, övriga yrken var en blandad men kvinno- och barndominerad sektor. Rörlighet mellan sådana sektorer inom fabriken fanns i princip inte. Den enda förbindelselänken var den lärogång en pojke kunde placeras i för fortsatt yrkesutbildning vid fabriken. Däremot fanns både nedåtgående och uppåtgående rörlighet inom manliga yrken, både inom och utom fabrikerna. Nedåtgående rörlighet var ofta knuten till individens åldrande. Det förekom sålunda att en kvalificerad hantverkare blir plysare på sin ålders höst. Men det intressanta här är att det fanns en rörlighet även i unga, aktiva åldrar.

Det verkar här rimligt att dra slutsatsen att yrkena var i huvudsak könspräglade. I de icke mekaniserade fabrikerna förekom ytterligt få manliga plysare. De som fanns arbetade i fabriker med s k ullplysningsmaskiner. Dessa fabriker hade dock även kvinnliga arbetare anställda.

Det viktiga draget i utvecklingen i textilfabrikerna var den strukturella förändringen och den nya arbetsprocessen. Den ledde till att verkstadsarbetarna blev de viktiga hantverkarna, medan en ny utbytbar arbetskraft infördes till själva produktionen. Härigenom närmade man sig den typ av arbetsorganisation, som senare skulle ligga till grund för verklig segmentering. Men till grund för den ligger det faktum att olika arbetarkategorier förknippas med olika särdrag och olika värde.

E. Segmentering efter kön

Barron och Norris har till skillnad från de tidigare nämnda segmenteringsteoretikerna särskilt tagit upp segmenteringens könsdimension. De skiljer strikt mellan positioner-arbeten och individernas/kategoriernas distinktioner. De hävdar att kvinnor rekryteras till sekundära jobb på grund av en rad specifika egenskaper.

1. De är utbytbara.
2. De har synliga sociala karaktäristika.
3. De har inte så stort intresse av yrkesutbildning.
4. De kräver inte höga löner.
5. De saknar solidaritet sinsemellan.

Dessa faktorer som alltså Barron och Norris hävdar utmärker kvinnor som lönearbetare, beror enligt dem delvis på individernas arbetsmarknadserfarenhet, delvis på den sociala strukturen utanför arbetsmarknaden. De menar att den sociala könsdifferentieringen sker i hushållet, inte på arbetsmarknaden. De ansluter sig alltså till den linje, som menar att diskrimineringsgrundande drag förs till marknaden utifrån, inte skapas av den. Diskrimineringen har enligt dem sin rot utanför marknaden, inte på den.

Men under den period som här undersöks var inte alla de nämnda kriterierna relevanta. Kvinnor rekryterades inte till yrkesutbildningen som lärlingar, och löneläget var i princip fixerat som betydligt lägre än männens enligt lag och praxis. Olika lön även för lika arbete var regel inom jordbruket liksom vid fabrikerna. Det fanns dock enstaka exempel på lika lön för lika arbete (kasimirvävning). I huvudsak hade dock kvinnor och män olika arbeten. Undantagen bekräftar regeln, både då det gäller sällsynta exempel på lika lön och rekrytering av kvinnliga lärlingar (till tobaksfabrik och klädesfabrik). När yrkesutbildning öppnades för kvinnor, kom de också dit.

Det är tydligt att de institutionella förhållandena hade stor betydelse under perioden för uppdelningen av arbetsuppgifter och för skillnaderna i arbetsvillkoren. Även om det fanns exempel på experiment med att bryta könsarbetsdelningen, förstärker detta snarast uppfattningen om uppdelningens strikthet och systematik. Själva omvandlingsprocessen i textilproduktionen var sedan länge skråbunden. Men den var också ett manligt monopol, då den bedrevs i fabriker. Därigenom kontrollerade männen marknadstillträdet och den formaliserade utbildningen inom hantverken. Inom hemmet kunde kvinnor och barn medverka. Särskilt ullspinningen var kvinnors arbete, assisterat av barn. Spinningen var en flaskhals under många år. Men under 1840-talet hade de flesta klädesfabriker mulstolar att spinna på och spinningen hade då blivit ett manligt arbete. Kvinnor och män var identifierade med olika typer av arbete. men även när de någon gång hade samma arbete, värderades insatserna olika. Könet präglade arbetet.

Jag menar att det var den förkapitalistiska arbetsorganisationen, som delvis direkt, delvis via institutionella förhållanden såsom lagstiftning (tjänstehjonslagstiftning, familjelagstiftning m m), strukturerade produktionsprocessen i hantverksfabrikerna. Identifieringen av personer av olika kön med värdet av deras arbete oavsett vad detta arbete består i var ett särdrag under perioden. Den strikta uppdelningen av arbetsuppgifter mellan könen gjorde dock att denna princip i huvudsak doldes och endast sällan syntes.

Men segmenteringsteorins förklaringsvärde är inte stort för det tidiga 1800-talets könsuppdelning eller yrkesstruktur. I stället bör arbetsdelningen här ses som ett utslag av det förkapitalistiska arbetets traditioner. Det var snarare hushållets uppdelning efter kön och ålder, som i hantverksfabrikerna övergått i en hierarkisk arbetsdelning med olika kategorier i olika typer av arbetsuppgifter. Men vi kan samtidigt se den mansdominerade utbildningsgången och kvinnornas marginalisering från spinningen som ett medel att behålla kontrollen över produktionsprocessen i de manliga hantverkarnas händer.

Segmenteringsteorin tillför inte något till denna analys. Men kanske skulle denna historiska tillbakablick kunna tillföra något till segmenteringsteorin. Den strukturella könsuppdelningen och kvinnors institutionella underordning i hushållet och samhället överfördes i en strukturell underordning i fabriksarbetet. När produktionen mekaniserades och arbetsprocessen förändrades, utvecklades och systematiserades en hierarkisk princip, vars rötter vi ser redan i hantverksfabrikerna och i det förkapitalistiska hushållets arbetsdelning. Kanske kan vi beteckna hantverksfabrikens arbetsdelning som en sorts protosegmentering. Dess viktigaste drag tycks vara att identifiera ett kön med ett arbete, dvs betona arbetets sociala kön på bekostnad av positionens sociala betydelse och individens principiella utbytbarhet. Det tycks vidare ha varit fabriksägarna, som hade intresse av att bryta den principen, i motsats till segmenteringsteorin antaganden. I stället tycks det ha varit fråga om en strävan efter konkurrensbegränsning från de manliga hantverkarnas sida.

Mekaniserade fabriker 1877

Låt oss så undersöka den mekaniserade ylleproduktionen i slutet av 1870-talet. Vi har nu närmat oss den period för vilken segmenteringsteorin utvecklats. Drags yllefabriks AB, som här tas upp till jämförelse med yllemanufakturerna, var vid denna tidpunkt Norrköpings största yllefabrik. Flera omekaniserade klädesfabriker hade i mitten av 1850-talet förts samman till det gamla Drag, som omorganiserades, gjordes till aktiebolag och successivt mekaniserades. Ny arbetskraft rekryterades. Produktionen hade erkänt hög kvalitet och skulle kunna ses som en av de marknadsledande i landet. Man vann t ex medaljer på industriutställningar runtom i Europa under 1870- och 1880-talen.

1850-talets strukturomvandling och arbetslösheten i textilindustrin skall förstås mot bakgrund av en marknads- och produktionsförändring. Vad som hände då var att de kvalificerade hantverkarna marginaliserades genom att en ny teknik infördes för att producera de nya, grövre kvaliteterna. Och en ny arbetskraft, som saknade hantverksutbildning, anställdes. Det var alltså inte fråga om någon fluktuation i efterfrågan och konkurrens via produktutveckling. Det var fråga om att ett skikt verkstadstekniker tog över kunskapen om produktionsprocessen, konstruerade eller tog hand om nya maskiner och placerade sig själva som de oumbärliga marknadskänsliga konstruktörerna. Och initiativet togs av fabriksägarna. Järn- och träarbetarna växte fram som ett nytt primärt segment – om man nu kan se handvävarna och övriga textilhantverkare som det gamla. Men framför allt utvidgade ägarna sitt inflytande över produktionsprocessen genom att skapa ett skikt arbetsledare-produktionstekniker (hantverksmästare som avdelningschefer), som de knöt särskilt nära sig. Så skapades kanske något som liknade segmentering.

Om vi undersöker arbetsorganisationen och villkoren med avseende på de olika segmenteringskriterierna, finner vi att arbetena var stabila. Fabriken expanderade under perioden och arbetsstyrkan växte. Men det fanns hela tiden en liten stabil kärna. Vid jubileet 1864 uppgavs att 56 personer av 415 varit anställda mellan 15 och 20 år. Av 70 arbetare som fanns upptagna på mantalsuppgiften för 1855, fanns 24 (eller bortåt hälften) kvar vid fabriken 1863, 13 var kvar 1870 och 10 var faktiskt kvar ännu år 1877. Av 274 anställda år 1863 var 24 kvar sedan 1855. 119 personer fanns med 1870 och 70 fanns med 1877. Av 415 anställda för 1877 hade därmed 28,7% eller knappt en tredjedel även varit där 1870, 18,8% var med 1863.

Bland dem som varit kvar längst finns en vävare, en spinnare, en ullsorterare, en kättingskärare och flera plyserskor. Vid en snabb kontroll framstår inte heller här stabiliteten hos arbetarna som särskilt yrkesrelaterad. Det kan kanske i detta fall ha påverkats av att Drags företer flera drag av patriarkalistisk strategi gentemot arbetarna.

Det är av flera skäl svårt att jämföra de stabila arbetarna här med den tidiga periodens klädesarbetare. Den mekaniserade fabriken 1877 hade en annan yrkesstruktur än de omekaniserade. Det fanns ett skarpt avskilt, förhållandevis stort skikt av tjänstemän och arbetsledare. De senare var hantverksmästare i de flesta fall och vilkas lönevillkor låg avsevärt över de vanliga arbetarnas. Vidare fanns en stor reparationsavdelning, där metall- och träarbetare, maskinister m fl skötte maskinernas underhåll med lönevillkor, som mestadels låg klart över textilarbetarnas. Det mellersta skiktet innefattade spinnare och reparationsarbetare.

Lönemässigt och även utifrån ställning i arbetet kan man urskilja tre skikt i den mekaniserade fabriken. De välavlönade arbetsledarna var ett sådant, spinnare och reparationsarbetare var ett annat och de kollektivarbetande, maskinstyrda arbetarna var det tredje. Det mellersta och understa skiktet skildes åt snarare genom lönens form än dess storlek.[70]

I klädesfabrikerna liksom i den mekaniska verkstaden 1845 utgjorde hyresbidragen betydligt mindre andel av den totala lönen. De utgick inte heller lika systematiskt till de högst avlönade. Anställningsförhållandena, som 1845 präglades av tjänstehjonsstadgan och husbondeansvaret, hade 1877 anpassats till lönearbetsprincipen. Naturatillägg användes för att binda upp arbetsledare och kvalificerade underhållsarbetare i synnerhet.

Det fanns vidare 1877 helt separata karriärgångar. Kvinnor blev aldrig arbetsledare, och deras yrkesområden hade som regel lägre lön. Ackordet gjorde det möjligt att höja sig lönemässigt, men det tycks inte ha medfört någon bonus i form av hyresbidrag e d. Assisterande yrken innehades av både män och kvinnor, även om de flesta var män. Barn förekom inte längre i fabriken. Det förekom att plyserskor blev väverskor, och att väverskor bytte upp sig från t ex klädesvävning till tygvävning, vilket innebar högre medianlön.

Vid den mekaniserade fabriken kan man otvetydigt tala om segmentering. Arbetsprocessen hade överflyttats till massproduktion av standardiserade produkter. Ur de gamla hantverken hade en uppdelning mellan manuella, ofta maskinellt skötta uppgifter och intellektuella, hantverkskvalificerade eller andra specialiserade funktioner vuxit fram. Administrationen hade utvecklats genom att styrelse, bokhållare och andra funktionärer införts. Men även i produktionen fanns ett primärt teknikerskikt, ett kvalificerat mellanskikt och ett undre skikt. Manuellt assisterande arbetsuppgifter kvarstod. Positionerna i fabriken hade hierarkiserats och utvecklats. Denna förändring kan spåras i arbetsprocessens utveckling och den centrala kraftkällans applicering. Den hierarkiska principen mellan kön och åldrar kvarstod och systematiserades, fastän familjen inte längre fungerade som arbetsenhet eller ens mönster i fabriken. Principen om männens kvalifikationsmonopol och deras yrkens överordning hade systematiserats. Den homogenisering som ägt rum och som t ex Marx kunde iaktta, hade främst skett bland de kvinnliga arbetarna, som utgjorde arbetarkollektivets massa. Samtidigt med denna hade emellertid en djup skiktning uppstått mellan yrken och sektorer, något som torde ha underlättats av könsuppdelningen.

Arbetet var nu betydligt mer integrerat, kontinuerligt och hierarkiserat. Denna typ av arbetsorganisation kan inte främst hänföras till en överlag förändrad samhällsmiljö. Den fanns redan i Rydboholms mekaniserade bomullsväveri i mitten av 1830-talet. Däremot fanns den äldre hantverksbaserade produktionstypen kvar under senare hälften av 1800-talet och uppvisade samma typ av arbetsorganisation och yrkesstruktur, som de tidiga hantverksfabrikerna. Det var alltså inte den allmänna samhällsutvecklingen eller förändringar i industrikapitalismens genomslag överhuvudtaget, som avgjorde arbetsorganisationens och arbetsdelningens utformning – annat än indirekt: det var graden och typen av mekaniseringsgrad, som direkt gav utslag i ändrad arbetsdelning och produktionsprocess.

Mycket talar för att den utbildade arbetskraften var knapp under åtminstone mitten av 1800-talet. Under 1850- och 1860-talen var det också påfallande att grundandet av nya bomullsfabriker sammanföll med rekryteringen av en liten kärna av erfarna arbetare från redan etablerade fabriker (Malmö, Tuppen, Kampenhof, även Rydboholm). Under 1870-talet var det få textilfabrikörer, som sade sig ha känt av brist på arbetskraft.[71] Brist på arbete hade man däremot haft under nedgångsåren på 1870-talet, då många inskränkte driften. Beroendet av hantverksskolade textilarbetare fanns då inte kvar.

7. Fabriksarbetarnas sociala och geografiska rekrytering

Inledning

I litteraturen om rekryteringen av arbetare till de tidiga fabrikerna har anförts att det högre löneläget vid fabrikerna skulle haft effekten att dra till sig arbetare från den omgivande landsbygden, särskilt från jordbruksarbetet. Redford har för Englands del konstaterat att inflyttningen till städernas fabriker skedde i två steg: de som flyttade in till städerna kom från den närmaste omgivningen. Deras tidigare platser övertogs i sin tur av folk, som kom flyttande längre ifrån.[1] Löneläget i jordbruket var högre närmare städerna på grund av konkurrensen om arbetskraften med städernas industrier.[2] Fler arbetare kom vidare enligt Redford från småstäder än från ren landsbygd, även om flyttningsavståndet var ungefär detsamma. Han hävdar alltså att det snarare som helhet var fråga om en pull-effekt, där stadsindustrierna drog till sig folk från sin närmaste omgivning än en push-effekt på grund av enclosure, vilket hävdats av andra debattörer.[3] Enclosure ledde i stället till att jordbruket lyckades försörja fler genom intensivare drift och större produktivitet. Det resulterade i en lokalt ökad befolkning, enligt Redford. Han ansluter sig därmed till Chambers i enclosure-debatten.[4] Enligt Chambers ledde intensifieringen av jordbruket till ett ökat arbetskraftsbehov och nyrekrytering av jordbruksarbetare. Som framgått betalade även svenska fabriker löner, som klart översteg vad jordbruket erbjöd.

Arbetsmarknad och löner i jordbruket

Jordbrukets utveckling och sociala struktur

Under hela 1800-talet fick de flesta människor i Sverige sin försörjning inom jordbruket. Det kombinerades ibland med hemslöjd eller förlagsarbete. År 1850 fanns det cirka 3,5 miljoner svenskar, varav 80% var sysselsatta i jordbruket. Som bekant var det främst de proletära och halvproletära skikten i jordbrukets underklass, som hade växt under slutet av 1700-talet och början av 1800-talet.

Fabriksarbetare fanns det ännu inte många av, och fabriksägare och köpmän var mycket få jämfört med den stora jordbruksägande och jordbruksarbetande befolkningen. Men det var dessa nya grupper, som skulle växa sig starka under kommande decennier – den nya industrikapitalismens två huvudkrafter, arbetarklassen och borgarklassen.

Det fanns regionala skillnader i 1800-talets sociala struktur, som ger en intressant bakgrund till delundersökningen om fabriksarbetarnas rekrytering. I de län där de flesta fabriker grundades, fanns särskilt stora skikt av jordbrukets underklasser. I östra Mellansverige och i Skåne fanns vid 1800-talets början förhållandevis få självägande bönder. Jordbrukets underklasser var desto större. I Östergötlands och Södermanlands län fanns särskilt många torpare, särskilt stattorpare. I Skåne och Blekinge utgjorde backstugusittare och inhyseshjon de större grupperna, men det fanns också en stor grupp husmän (som motsvarade torpare).

I början av 1800-talet växte befolkningen snabbt. Mellan 1830 och 1840 ökade antalet människor i åldern 15-30 år med nästan en fjärdedel och fram till 1850 med ytterligare 12%. De åldersgrupper som gick ut i arbetslivet för att försörja sig, var större än någonsin tidigare.[5] Under samma period kommersialiserades och intensifierades jordbruket. Skiftena förde med sig nyodlingar och investeringar.[6] Men även om fler därigenom sysselsattes, var de proletariserade skikten större än jordbrukets efterfrågan. Den tillgängliga arbetskraften växte och reallönen sjönk. Dåliga skördar inskränkte dessutom periodvis efterfrågan på arbetskraft i jordbruket. Från och med 1830-talet var det de rent proletära skikten (backstugusittare och inhyseshjon) som ökade snabbast och inte såsom tidigare bönder och torpare.[7] Det gällde särskilt östra Mellansverige, som tillsammans med Skåne och Blekinge hade landets djupaste sociala klyftor. Under 1840-talet växte arbetskraftsefterfrågan så pass att reallönen steg något trots att underklasserna fortsatte att växa. Högkonjunkturen i mitten av 1850-talet ledde till en starkt ökad efterfrågan på arbetskraft, och eftersom utbudet då minskat något, steg reallönen kraftigt.[8]

De växande proletära skikten bestod i stor utsträckning av kvinnor. Det gällde backstugusittare och inhyseshjon men även tjänstehjon. Undantag utgjorde Malmöhus län och Göteborgs och Bohus län, något som har satts i samband med könsarbetsdelningen i det skånska jordbruket och fisket på Västkusten. Boskapsskötseln var t ex ett manligt arbete i Skåne till skillnad från i övriga landet. De minderåriga tjänstehjonen spelade också en större roll i östra Mellansverige och i Malmöhus län.[9]

Proletariseringen fortsatte under första hälften av 1800-talet. I östra Mellansverige gick antalet bönder tillbaka, samtidigt som det ökade i Malmöhus län och i Norrland. I Skåne var det främst de halvproletära torparna som ökade, medan de rent proletära skikten ökade mer i Blekinge, som för övrigt präglades av sin fiskar- och småbrukarbefolkning.

I de landskap där några av undersökningens viktigaste fabriker grundades, fanns alltså i början av 1800-talet landets största skikt av proletärer och halvproletärer. Och det var skikt som växte starkt och snabbt just under fabrikernas grundningsperiod. Även om jordbruket behövde mer arbetskraft, var det inte tillräckligt för att ta emot alla dem som nu kom ut i arbetslivet.

På lång sikt ledde det intensifierade jordbruket och dess ökade produktivitet till att allt fler kunde frigöras från jordbruksarbete och söka sig annan sysselsättning.[10] Polariseringen mellan marknadsproducerande, alltmer kapitalintensiva jordbruk med många anställda å ena sidan och familjejordbruk å andra sidan var regionalt ojämn. Småbruken dominerade västra och norra Sverige. De var beroende av att samtliga familjemedlemmar arbetade i det gemensamma jordbruket.[11] De minsta småbruken fanns i skogsområdena, medan de större jordbruken fanns på slättlandet i Södermanland, Östergötland och Skåne. Under andra hälften av 1800-talet övergick man i högre utsträckning till boskapsskötsel. Daglönarnas andel ökade starkt mot slutet av seklet, när tjänstehjonsförhållandet minskade i betydelse och arbetarnas rörlighet blev större och viktigare.

Arbetets organisation och könsarbetsdelningen var utformade på olika sätt i olika regioner, beroende på jordbrukets inriktning. Den traditionella anställningsformen var årsanställning under tjänstehjonsstadgan. Den arbetsorganisation som torpsystemet innebar tillhandahöll dagsverken från torparna åt jordägaren. Jämsides med dem fanns daglönare, backstugusittare, inhyseshjon m fl som tillgänglig arbetskraft, till större delen kvinnlig. Dessa grupper utgjorde en betydande andel av jordbruksarbetarna så sent som 1870 (35 %).[12]

Med statssystemets införande blev även kvinnors och barns arbetskraft mer kontinuerligt efterfrågad. Inom ramen för den arbetsorganisationen anställdes därför företrädesvis familjer, och hustrurna förväntades också arbeta för jordägaren, särskilt med mjölkningen vid de boskapsägande jordbruken.[13] Till skillnad från de årsanställda pigorna och drängarna, som ingick i jordägarens hushåll, var alltså statarna som regel gifta och hade egna hushåll.

Det ökande arbetskraftsutbudet under 1830-talet ledde alltså på en gång till ökad sysselsättning och sjunkande reallöner i jordbruket.[14] De stora jordägarna förändrade arbetsorganisationen, ersatte landbönder, åbor och torpare med statkarlar och höjde arrenden och dagsverkenas antal. Arbetet intensifierades.[15] Arbetskraftsefterfrågans inriktning ändrades.[16] Familjer anställdes i högre grad. Kvinnors och ungdomars dagsverken behövdes i större utsträckning på grund av arbetets omorganisering, som påverkade arbetsdelningen i jordbruket.[17] Säkert inverkade också de fallande reallönerna på hushållets arbetskraftsutbud. De stora jordbruken behövde en stabil tillgång på arbetare. Systemet med gifta drängar och stattorpare utvecklades tidigast i stockholmstrakten och i östra Sveriges slättbygder. Det blev ett medel att stabilisera tillgången på arbetare och att förhindra löneglidning. De ogifta arbetarna var rörligare, vilket stärkte deras förhandlingsposition.[18]

Det tycks alltså som om proletariseringen möjliggjorde familjebildning för skikt, som tidigare ingått i jordägarnas hushåll utan att själva kunna bilda familj. På motsvarande sätt tycks proletariseringen av hantverkarna ha lett till ökad familjebildning. Ernst Söderlund har påpekat att andelen gifta gesäller i Stockholm ökade kraftigt under senare hälften av 1700-talet.[19]

I mitten av 1800-talet var arbetarklassens struktur på landsbygden förändrad. Lönearbetet var nu viktigare än arrenden. Större skikt var proletariserade och hänvisade till lönearbete. Rörligheten var stor bland daglönare och andra jordlösa.[20]

Samtidigt som jordbrukets arbetskraftsefterfrågan inte räckte för att försörja de proletariserade skikten, expanderade textilindustrin och rekryterade arbetare i växande utsträckning. I klädesfabrikerna anställdes främst manlig arbetskraft. Men ny teknik och arbetsorganisation påverkade könsarbetsdelningen och därmed rekryteringen. Spinningen lades inte ut på hemmen i samma utsträckning som förut. I stället skaffade klädesfabrikerna mulspinnstolar och anställde manliga spinnare. Många kvinnor, som tillverkat textilier i hemmen, förlorade viktiga inkomster. Det gällde främst hushållen i områden, som inte hade så stora jordbruk.[21] Vidare grundades mekaniserade bomullsspinnerier, som främst rekryterade barnarbetare.

Fabrikernas växande efterfrågan på arbetskraft bör ha främjat invandringen till städerna och till den expanderande textilindustrin.

Familjelön och könsarbetsdelning ur hushållets synvinkel

Familjen fungerade som en ekonomisk enhet, som då det var möjligt arbetade tillsammans men som annars hade gemensam inkomstförsörjning.[22] Att varje familjemedlem skulle bidra till hushållets försörjning och åtminstone svara för sitt eget uppehälle, förutsattes av samtida skribenter.[23] Ersättningen för övriga familjemedlemmars arbete ingick i den lön husfadern tog emot. Kvinnors och barns löner syntes därför inte, förrän deras arbetskraft lösgjordes från faderns och hushållets för att säljas individuellt på arbetsmarknaden. Särskilt kan det som visats i kapitel 6 vara svårt att i källmaterialen uppskatta omfattningen av övriga familjemedlemmars arbete och den del av arbetsförtjänsten, som hänförde sig till deras arbetsinsatser.[24] Men eftersom det här är fråga om ett övergångsskede, börjar det i materialet synas hur lönerna fördelar sig efter kön och ålder. Sålunda har vi konstaterat att arbetsuppgifter och löner var differentierade efter arbetarens kön, ålder och utbildning. Olika hushållsmedlemmar hade olika arbets- och inkomstmöjligheter utanför hushållet. Mekaniska verkstäder efterfrågade i högre grad kvalificerade manliga hantverkare, bomullsspinnerier rekryterade barnarbetare och ungdomar. Klädesfabrikerna kunde anställa alla typer av hushållsmedlemmar till olika uppgifter.

Den relativa lönenivån i jordbruksarbete respektive fabriksarbete måste haft betydelse för fabriksarbetets utbredning. Men frågan gällde säkert inte bara vilken lön husfadern kunde få i olika typer av arbete, även om han som man hade större möjligheter och högre lön än hustru och barn. Hushållets totala inkomstmöjligheter hade sannolikt stor betydelse för vart man flyttade. Olika typer av fabriker rekryterade olika typer av arbetskraft.

John C Holley har undersökt arbetarfamiljers flyttningar mellan industristäder i Skottland på 1800-talet. Han fann att om det fanns arbetsmöjligheter för hustru och barn på annan ort och deras sammanlagda inkomster där skulle utgöra en betydligt större del av hushållets totala inkomst än mannens, så flyttade de. Övriga familjemedlemmars inkomst skulle utgöra 2/3 av hushållets inkomst, för att familjen skulle besluta sig för att flytta. Hälften av hushållsinkomsten var alltså inte nog. Om en daglönare i det östgötska jordbruket år 1845 tjänade 0,56 rdr om dagen, så borde övriga familjen ha möjlighet att tjäna tillsammans 1,12 per dag för att de skulle besluta sig för att flytta. Om hustrun kunde arbeta som plyserska för den vanliga lönen 0,42 om dagen och två barn som spolare eller motsvarande för 0,33 om dagen, skulle detta läge uppnås. Troligen var även faderns inkomstmöjligheter i staden större.

Könsarbetsdelningen i samhället gjorde att förändringar i arbetets organisation hade olika konsekvenser för kvinnor och män. I hushåll där kvinnor inte kunde delta i mannens verksamhet, fick de i stället söka lönearbete utanför hushållet.[25] För dem och för ogifta kvinnor ledde bristen på utbildning och den begränsade arbetsmarknaden till sämre villkor än de skulle haft inom ramen för hushållets gemensamma arbete.[26]

Av den tidigare framställningen har framgått att det fanns arbete för barn och ungdomar vid de tidiga fabrikerna. Undersökningen har kartlagt arbetarna vid fabrikerna och hur det förändrade arbetet påverkade rekryteringen. Nya grupper av arbetare anställdes efter mekaniseringen, och yrkesstrukturen liksom arbetsvillkoren förändrades i fabrikerna. I kommande kapitel skall hushållens arbetskraftsutbud studeras. Varifrån kom fabriksarbetarna? Vilken var deras bakgrund? Vilken försörjningsbörda hade de? Hur skilde sig den för arbetare vid mekaniserade respektive omekaniserade fabriker?

Jordbrukets löner

Jordbruksarbetarnas reallöner ökade snabbt från början av 1800-talet till början av 1820-talet. Därpå följde en svag nedgång fram till 1850-talet, då en ny snabb ökning skedde. Reallönenivån kunde skilja sig markant mellan olika delar av landet, men det fanns en tendentiell förskjutning i riktning mot det nationella genomsnittet. Det bör kunna tydas som en växande integrering av jordbruksarbetarnas arbetsmarknad.[27] Fram till cirka 1855 rådde relativt stela dagsverkspriser utan någon markerad trend. Det gällde även livsmedelspriserna, som däremot fluktuerade mycket starkare från år till år. Under 1850-talet steg alla priser. Dagsverkspriserna tenderade emellertid då att stiga snabbare än andra priser.[28] De stigande lönerna har som tidigare nämnts setts som bakgrund till 1850-talets strukturomvandling inom textilindustrin. Marknaden för enklare textilier och andra industrivaror växte. Den stigande lönenivån ingick därmed både direkt och indirekt i förutsättningarna för den mekanisering och rekrytering av annan och billigare – kvinnlig – arbetskraft, som skedde på 1850-talet.

Statdrängarna arbetade ibland två eller tre dagar i veckan mot dagspenning. Deras hustrur och barn arbetade ofta också för jordägaren. Samtligas lön utgick dock huvudsakligen in natura. De ogifta arbetarna – män som kvinnor – hade som regel även kost. Cirka 1850 utgick ungefär 6 1/2 tunnor spannmål till statdrängar i östra Mellansverige. Ogifta drängar fick mindre. För pigor kan t o m noteras en nedgång under perioden. Ökningen av spannmålstilldelningen i början av 1800-talet gällde drängarna men knappast alls pigorna.[29] Att gifta drängars lön inte skilde sig från de ogiftas klagades det över.[30] Spannmålstillägg för barn förekom ibland. Men viktigare var förmodligen de potatisland, som ofta tilldelades statkarlar.[31] Potatiskonsumtionens andel i kosten ökade under perioden. De kontanta årslönerna var obetydliga för tjänstehjon och statkarlar, både absolut och relativt. De gifta manliga arbetarna hade en större andel av arbetsförtjänsten i kontanter, vilket gjorde att de drabbades hårdare av prishöjningar under inflationsperioderna på 1800-talet än de kvinnliga ogifta arbetare, som hade större naturaandel. Det skulle kunna förklara att de kvinnliga arbetarnas löner under en period ökade betydligt snabbare än männens. Men det fanns stora lokala variationer.[32]

Generellt hade kvinnorna 38-54% av männens lön.[33] Det fåtal kvinnliga daglönare som arbetade i jordbruket var främst sysselsatta med skördearbete. Könsarbetsdelningen var strikt. Kvinnorna hade främst hand om djur, och männen arbetade främst i åkerbruket.

Under andra hälften av 1800-talet ökade pigornas löner i jordbruket betydligt mer än drängarnas – en fyrdubbling jämfört med en tredubbling. Det har antagits ha samband med en ökande konkurrens om den kvinnliga arbetskraften dels från de växande och allt mer diversifierade industrierna, dels från de borgerliga hemmen, som i ökande grad efterfrågade kvinnliga tjänstehjon.[34] Samtidigt skulle gifta kvinnors arbetskraftsutbud ha sjunkit till följd av männens ökande löner framemot sekelskiftet. Med andra ord, hemmafruinstitutionen skulle börjat växa fram i vissa skikt av arbetarklassen. Dessa faktorer ledde till en snabbare lönehöjning för kvinnor.

Mot bakgrund av den ökande proletariseringen inom jordbruket och industrins arbetskraftsefterfrågan verkar det vara ett rimligt antagande att det var landsbygdens underklasser, som stod för rekryteringen till tidens fabriker. Werner Conze har för tyska förhållanden hävdat att inflyttningen till städerna inte innebar en klassomvandling.[35] Det var landsbygdens underklass som flyttade in till staden och blev en urban underklass. Men redan då industrialiseringen tog sin början en skarp klyfta mellan å ena sidan kvalificerade arbetare, å andra sidan okvalificerade arbetare redan genom att de olika kategorierna hade olika social och geografisk bakgrund. Fabriksarbetet ledde till en utjämning av denna skillnad, särskilt i samband med generationsväxlingar. Men sedan gav i stället förändringar i själva arbetsvillkoren upphov till nya skiktningar. Det var först industrikapitalismens utveckling som gjorde det möjligt att avancera socialt. Det skedde genom att nya positionshierarkier skapades med möjlighet till social uppåtstigande rörlighet och yrkesstrukturen utvecklades och differentierades.

I föregående kapitel har jag kartlagt förändringarna i arbetet och den förändrade rekrytering de ledde till. Närmast skall nu undersökas om det också fanns en skillnad i social och geografisk bakgrund i Sverige mellan olika arbetarkategorier.

Social och geografisk bakgrund

Låt oss först skärskåda det sociala arvets betydelse. Den sociala bakgrunden har undersökts dels för ett större antal arbetare representerande olika typer av fabriker under båda perioderna, dels för vissa fabriker.[36]

Social rekrytering under olika perioder

Låt oss först betrakta hela urvalets arbetare oavsett bransch men uppdelade på undersökningsperioder. Fanns det några övergripande skillnader i social rekrytering mellan perioderna?

Tabell 7.1. Fabriksarbetare i alla branscher 1845 och 1847 respektive 1857-77. Procent.

Faderns/moderns yrke	*Period 1*	*Period 2*
jordägare	7,9	6,8
brukare av annans jord	4,2	4,3
ägare av annat kapital	0	0,9
småborgerlighet	0	0,9
självst hantverkare	3,2	2,0
arbetsledare	0,5	2,5
lägre administration	2,1	2,9
halvproletärer	37,6	20,6
gesäller	4,8	5,7
övriga kval hantv arb	4,2	7,7
okval hantv arb (inkl lärlingar)	0,5	2,7

okval diversearbetare	6,3	7,9
vakter m fl	4,2	2,3
övriga proletärer	24,3	32,3
borgerliga ogifta kv		0,2
N	189	556

Källa: Födelseböcker.

De ojämförligt största av de samhällsskikt, vilkas barn blev fabriksarbetare, var proletärer (utan specifik utbildning eller inriktning) och halvproletärer (främst torpare o d). 271 eller en dryg tredjedel i hela urvalet tillhörde jordbrukande skikt med mer eller mindre tillgång till jord (jordägare, brukare och halvproletärer). Ytterligare ospecificerade proletära grupper (dräng, arbetskarl, piga m fl) kan antas också ha haft sin försörjning inom jordbruket.

Det halvproletära skiktets andel bland fabriksarbetarna var det största under 1840-talet. Under den senare perioden hade den sjunkit kraftigt till cirka 1/5. De rent proletära grupperna, som på 1840-talet var 1/3 växte till 44 %. Om vi räknar in okvalificerade men specialiserade, arbetslösa och ogifta kvinnor var de 48 % eller nästan hälften av alla. Andelen arbetare med fäder, som hade hantverksutbildning eller motsvarande ökade från 12 % till 15 %.

Rekryteringen av fabriksarbetare från de halvproletära skikten och även från andra jordbrukande skikt – antingen de ägde sin jord eller inte – sjönk kraftigt mellan perioderna. Samtidigt ökade rekryteringen från både rent proletära, okvalificerade grupper och från skikt med hantverksutbildning. Det sistnämnda stod dock fortfarande för en liten andel.

Branschspecifik social och geografisk rekrytering

Under perioden har fabrikernas rekrytering vuxit i omfattning. Men den har också ändrat inriktning i vissa avseenden. För att kunna bedöma bakgrunden bör vi särskilja dels branscher med olika mekaniseringsgrad och därmed olika typer av arbetsprocesser och kvalifikationskrav, dels olika yrkesgrupper, som kan tänkas rekryteras från olika skikt i samhället. Vi återkommer nedan i branschgenomgångarna till dessa analyser. Men låt oss redan här undersöka grova tendenser i några branscher, främst ylle och mekaniska verkstäder.

En närmare blick på ylleindustrins rekrytering före och efter mekaniseringen visar följande.

Tabell 7.2. Yllefabrikernas arbetares sociala ursprung, Norrköping. Procent.

Faderns/moderns yrke	*Andel arbetare* omek 1845	mek 1877
jordägare	10,1	5,8
brukare av annans jord	6,7	5,8
självständiga hantverkare	3,4	3,6
arbetsledare, lägre administratörer	3,4	5,5
halvproletärer	31,5	17,3
gesäller, kvalificerade hantverksarbetare	3,3	15,1
okvalificerade hantverksarbetare, inkl lärlingar, övriga proletärer	41,6	48,9
N	89	364

Källa: Födelseböcker.

Uppgifterna från icke mekaniserad produktion gäller 8 klädesfabriker 1845, och uppgifterna från mekaniserad produktion en yllefabrik 1877. 1877 fanns även metall- och träarbetare vid fabriken.

Den största "sociala källan" var vid båda tidpunkterna de proletära skikten, både landsbygds- och stadsyrkena. Närmare hälften av alla fabriksarbetare kom från hushåll, som saknade både produktionsmedel, hantverksutbildning och andra möjligheter till självförsörjning utanför lönearbetet.

Andelen fabriksarbetare, som var barn till gesäller och andra kvalificerade hantverksarbetare hade nästan femdubblats mellan perioderna. Gruppen arbetsledare, lägre administratörer m fl hade blivit något större men utgjorde fortfarande endast drygt 5 %.

Andelen arbetare som var barn till jordägare halverades mellan perioderna. Detsamma gällde dem med halvproletärt ursprung, dvs torparbarn och liknande. Den utvecklingen kan tänkas stå i samband med torparsystemets avveckling och en minskad rekrytering från landsbygden överhuvudtaget. Vi skall därför se på den geografiska rekryteringen för samma fabriker.

Tabell 7.3. Geografisk rekrytering till omekaniserade yllefabriker 1845 och mekaniserad yllefabrik 1877 och mekanisk verkstad 1845. Norrköping.

Födelseort			*Andel arbetare*
	omek	mek	mek verkstad
	1845	1877	1845
Norrköpings stad	24,8	34,3	17,5
Östergötlands län i övrigt	65	54	57,9
Övriga län i Sverige	9,5	11,5	22,8
Utlandet	0,7	0,2	1,8
N	137	443	57

Källa: Husförhörslängder.

Förutsättningarna för fabriksarbetarnas självreproduktion som skikt, vilken Tom Söderberg anfört som ett starkt skäl för den tidiga textilindustrins lokalisering till Norrköping, tycks inte ha varit särskilt påfallande under de första 75 åren av seklet. En fjärdedel av arbetarna var födda i staden. Alla dessa kan heller inte tänkas ha föräldrar, som var fabriksarbetare. Andelen som var födda i staden ökade dock betydligt under perioden på bekostnad främst av deras andel, som kom från den östgötska landsbygden. Kanske var det dock nyckelarbetarna, som kom från staden?

När det gäller yllearbetarnas geografiska rekrytering finns tydliga förändringar mellan 1845 och 1877. Andelen födda i Norrköping hade ökat starkt och andelen födda i övriga länet minskat ännu något starkare. Olika län har ovan inte särskilts, men den totala andelen från övriga landet var densamma vid de två tidpunkterna.[37] Andelen födda i det angränsande Södermanlands län hade dock ökat. Jämfört med de tidiga omekaniserade yllefabrikerna hade rekryteringen av yllearbetare blivit ännu mer lokalt koncentrerad. Andelen arbetare som var födda i Norrköping hade ökat från en fjärdedel till en tredjedel.

Arbetarna vid mekaniska verkstäder och de mer kvalificerade arbetarna kom mer långväga ifrån. Den mekaniska verkstaden 1845 skiljer sig från klädesfabrikerna vid samma tidpunkt. Andelen arbetare, som var födda i Norrköping var bara cirka 17 %, medan mer än hälften av dem var födda i övriga länet. En del var födda i Södermanlands län. Det mest anmärkningsvärda torde dock vara att en dryg femtedel av arbetarna kom från övriga Sverige. Det är här andelen gesäller, som främst slår igenom. Dessa flyttade ofta mellan städer. En avsevärd andel av dem hade kommit till Norrköping via mekaniska verkstäder i andra städer, inte minst Motala verkstad. Andelen arbetare födda i utlandet var också avsevärd jämfört med klädesfabrikerna. På 1830-talet, när verkstaden var nygrundad, fanns hela 6% utlandsfödda arbetare. Cirka 14% var då födda i staden och 54% i övriga länet.[38]

Olika branscher förefaller alltså ha olika geografisk rekrytering. Av den förhållandevis stora andel verkstadsarbetare, som var födda i andra län inom landet kom två från Södermanlands län och fyra från Malmöhus län. Den största andelen arbetare var dock födda i länet, främst på landsbygden. Inflyttade närmast från Motala var åtminstone fyra stycken, därav tre gjutare.

Till en del är det alltså den förändrade geografiska rekryteringen, som avspeglas även i den förändrade sociala bakgrunden. 1877 var det en större andel som var födda i Norrköping jämfört med 1845. Redan detta förklarar att jordägare och halvproletärer inte längre hade samma andel bland föräldrarna till arbetarna. En del av de föräldrar som i födelseböckerna står som torpare, har vidare själva proletariserats och flyttat in till Norrköping, innan barnen tagit arbete vid fabriken.

En annan viktig faktor som kan förklara förändringar i jordbrukarnas rekrytering till fabriksarbete är omvandlingen inom jordbruket, särskilt torpväsendets nedgång. Här gäller det främst Östergötland, i någon mån Södermanland, där statarsystemet bredde ut sig under 1800-talet.

Om vi emellertid ser på de faktorer i fabriksarbetets förändring, som kan tänkas bidra till en förklaring av den förändrade sociala rekryteringen, bör vi särskilja olika typer av arbete och därmed arbetare. Man skulle kunna tänka sig att den kraftigt ökade andelen gesäller och andra kvalificerade hantverkare bland fabriksarbetarnas föräldrar kunde hänföra sig till de metall- och träarbetare, som 1877 också ingick bland textilfabrikens anställda. Metall- och träarbetet krävde ännu hantverksutbildning och skulle kunna tänkas reproducera en hantverkarposition från föregående generation. Därför har jag särskilt två yrkesgrupper för att närmare studera deras sociala rekrytering under de båda undersökningsåren. Det är inte fråga om stora individgrupper, men tendenser bör ändå kunna skönjas.

Den geografiska rekryteringen påverkas också av den ökade invandringen till städerna. Den ger förutsättningar för en växande lokal – urban – rekrytering av arbetskraft. Samtidigt är det viktigt att ta hänsyn till hushållets totala försörjningsmöjligheter och dess sammansättning. Förändringar i könsarbetsdelningen eller de inkomster som finns tillgängliga för män, kvinnor respektive barn eller deras relativa inkomster bör ha påverkat hushållets försörjningsstrategier, dess flyttningar, barnarbetet och kanske inte bara antalet hemmavarande barn utan t o m antalet födda barn i en region. Vidare kommer här också mekaniseringen in i den mån den påverkar kvalifikationsnivån och lönenivån. Det är möjligt att ökade kvalifikationskrav med konkurrens om utbildad manlig arbetskraft samtidigt med brist på kvinnoarbeten ledde till (krav på) familjeförsörjarlön och därmed en ändrad maktstruktur inom hushållet i vissa skikt (t ex kvalificerade verkstadsarbetare). I andra skikt kan fabriksägarnas strävan efter kostnadsreduktion genom mekanisering ha lett till ökad efterfrågan på ung kvinnlig arbetskraft till textilarbete.

Långsiktiga tendenser i geografisk rekrytering

Det finns möjlighet att jämföra tre tidpunkter under 1800-talet med avseende på den geografiska rekryteringen av textilarbetare i Norrköping. De data jag tagit fram beträffande omekaniserade klädesfabriker 1845 och Drags mekaniserade yllefabrik 1877 kan kombineras med det urval av arbetare, som undersökts av Key-Åberg i fyra norrköpingsfabriker för år 1894 (två ylle- och två bomullsfabriker).[39] En jämförelse ser ut som följer.

Tabell 7.4. Långsiktig geografisk rekrytering av fabriksarbetare. Procent.

Födelseort	*1845*	*1877*	*1894*
Norrköping	18,8	36,2	41,3
Övriga länet	60,9	48,2	41,8
Övriga landet	8,7	7,1	9,8
Utlandet	1,4	0,2	ej uppg
Ej känt	10,1	8,2	7,1
N	69	450	814

Källa: Födelseböcker och K Key-Åberg: Inom textilindsutrien i Norrköping sysselsatta arbetares lönevilkor och bostadsförhållanden, Stockholm 1896.

Under den första perioden fördubblades andelen arbetare födda i Norrköpings stad.[40] Under den andra perioden skedde en ytterligare tillväxt av denna andel med sammanlagt en dryg fjärdedel. I medeltal växte andelen arbetare födda i Norrköping – om man alltså förutsätter en jämn ökningstakt – under perioden 1845-77 med 1,8 % om året.

Under perioden 1877-94 växte denna andel däremot med i medeltal 3,3 % om året. I själva verket var reproduktionen av fabriksarbetarskiktet i Norrköping snabbare i utbredning där under perioden 1877-94 än 1845-77.

Yrkesspecifik social och geografisk rekrytering

Sannolikt fanns det också skillnader i olika yrkeskategoriers sociala bakgrund.

Arbetet hade förändrats starkt i vissa yrken mellan perioderna. Själva omvandlingsmomentet i den textila produktionsprocessen hade mekaniserats. Därmed hade vävningen liksom tidigare överskärningen övergått från att vara ett hantverk till att bli ett maskinskötarjobb. Dessutom fanns 1877 en stor reparationsverkstad vid fabriken, vars metall- och träarbetare m fl är medtagna i tabellen i avsnittets inledning. Vidare var skiktet arbetsledare (främst mästare inom olika hantverk) betydligt större och skarpt avgränsat lönemässigt och rörande arbetsvillkor överhuvudtaget 1877. Både kvalifikationsstrukturen och auktoritetsstrukturen kan sägas ha blivit polariserad mellan perioderna genom mekaniseringen. Vävningen som var ett manligt hantverk 1845, hade 1877 blivit ett kvinnligt maskinskötarjobb.

Tabell 7.5. Klädesvävarnas sociala ursprung.

Faderns (moderns) yrke	*Andel arbetare* omek 1845 män	mek 1877 kvinnor
jordägare	7,1	2,1
brukare av annans jord	0	4,2
självständiga hantverkare	7,1	5,2
övriga kvalificerade hantverksarbetare	0	14,6
arbetsledare, lägre administratörer	14,2	3,1
halvproletärer	21,4	15,6
okvalificerade arbetare, övriga proletärer	50	55,2
N	14	96

Källa: Födelseböcker.

De här undersökta klädesvävarna är ytterst få. De omfattar dock samtliga anställda, för vilka uppgifter påträffats, i de undersökta små klädesfabrikerna.

Andelen arbetare från kvalificerad hantverkarmiljö växte kraftigt mellan perioderna, medan andelen, som var barn till jordbrukare med eller utan egen jord sjönk. De rent proletära gruppernas andel växte betydligt, medan andelen från halvproletär bakgrund minskat. Det senare kan tänkas ha samband med den ändrade geografiska rekryteringen.

Det bör framhållas att sju av 14 kvalificerade hantverksarbetare fanns bland arbetarnas fäder 1877 utgjordes av klädesvävare. Deras döttrar hade blivit klädesväverskor vid den mekaniserade fabriken. För dessa familjer bör arbetets omvandling ha inneburit en dekvalificering. Men problemet kompliceras av könsuppdelningen, som gjorde att den mekaniserade klädesvävningen sköttes av kvinnor, medan den hantverksmässiga klädesvävningen varit – och i de omekaniserade fabrikerna ännu var – ett manligt arbete. Kan familjerna – skiktets individer – sägas ha deklasserats, när i själva verket ingen hantverksutbildning var ett realistiskt alternativ för döttrarna? Givet könsuppdelningen ledde mekaniseringen till att de icke-hantverksutbildade döttrarna fick lönearbete i fabriken. Men könsuppdelningen var inte given. Det framgick klart av Arosenius' experiment. Kvinnor kunde bli utmärkta hantverkare och producera starkare kläde än man förut sett i Norrköping. Det var inte tekniska eller fysiska faktorer, som avgjorde könsarbetsdelningens utformning.

Även i England fanns den utvecklingen att döttrar och hustrur till arbetslösa handvävare blev väverskor vid mekaniska vävstolar. Pinchbeck har hävdat att det mildrade handvävarnas reaktion mot mekaniseringen.[41] I Sverige skedde mekaniseringen dessutom som framgått i tidigare kapitel långsamt med fortsatta arbetsmöjligheter för handvävare och med s k naturlig avgång. (Se tabell 7.6.)

Närmare en fjärdedel av arbetarna kom 1845 från kvalificerad hantverkarmiljö. De kan alltså sägas reproducera hantverkarskiktet intergenerationellt. Det är minst dubbelt så stor andel som vid textilfabrikerna under samma period. En dryg femtedel kom från jordägare, arbetsledare och lägre administration, dvs något slags bättre situerade skikt. Jordägarna och brukarna av annans jord utgjorde bådadera en något mindre andel än bland yllearbetarna.

Skilde sig den sociala rekryteringen till de mekaniska verkstäderna på 1860-talet från Malcolms 1845 och från Drags reparationsavdelning 1877? Antalet arbetare, som representerar de två verkstäderna från 1860-talet, är mycket litet. 40% av dem hade halvproletär bakgrund.

Tabell 7.6. Järn- och träarbetarnas sociala ursprung.

Faderns (moderns) yrke	*Andel arbetare (endast män)* Norrköping 1845	Norrköping 1877	Landskrona och Köping 1860-talet
jordägare och andra kapitalägare i jordbruket	11,4	8,7	11,4
brukare av annans jord	5,7	13	2,9
arbetsledare, lägre administratörer	11,4	4,3	8,6
kvalificerade hantverksarbetare m fl	25,7	34,8	11,5
halvproletärer	25,7	13	40
okvalificerade hantverksarbetare, övriga proletärer	20	26,1	25,7
N	35	23	35

Källa: Födelseböcker.

Rena proletärer var en dryg fjärdedel. Från hantverkarmiljö kom drygt 11 %. En femtedel hade föräldrar, som var jordägare, arbetsledare eller lägre administratörer. Jämfört med 1845 års mekaniska verkstad hade hantverkarbakgrunden blivit mindre betydelsefull. Däremot hade jordägare, arbetsledare m fl nu svarat för en större andel av rekryteringen.

Det fanns alltså skillnader i geografisk och social rekrytering mellan textilarbetare å ena sidan och metall- och träarbetare å den andra. Järn- och träarbetarna hade en nästan dubbelt så hög andel från jordägare och arbetsledare 1845 som textilarbetarna. Andelen från rent proletär miljö var mindre än hälften så stor som bland textilarbetarna, av vilka nästan hälften kom från proletär bakgrund. En fjärdedel av järn- och träarbetarna kom från halvproletär miljö emot en femtedel av textilarbetarna.

1877 var det en tredjedel av järn- och träarbetarna som kom från kvalificerad hantverkarbakgrund, vilket var dubbelt så stor andel som bland textilarbetarna. Andelen halvproletärer hade halverats bland järn- och träarbetarna och sjunkit något även bland textilarbetarna. Andelen proletärer hade ökat bland båda grupperna men dubbelt så mycket bland textilarbetarna. Brukare av annans jord var en annan bakgrund som ökat i båda grupperna, särskilt bland järn- och träarbetarna, bland vilka den mer än fördubblats.

Totalt sett var inslaget av kvalificerade hantverkare starkt och anmärkningsvärt bland järn- och träarbetarna. Textilarbetarna hade i mer än dubbelt så hög utsträckning ett rent proletärt ursprung.

Bomullsarbetarna

De tidiga bomullsspinneriernas arbetare skilde sig som vi sett från yllefabrikernas. Där fanns enstaka kvalificerade hantverkare som arbetsledare, men den stora arbetarmassan bestod av barn och ungdomar. Segelduk vävdes dock av män. I de mekaniserade väverierna var arbetarstyrkan något äldre – men ännu ung, i ännu högre utsträckning kvinnodominerad och med ett klart avskilt skikt av äldre manliga arbetsledare. Avspeglas den förändrade rekryteringen även i arbetarnas bakgrund?

Tabell 7.7. Bomullsarbetarnas sociala ursprung.

Strömma, Blekinge 1845 och Malmö 1860-talet. Andel arbetare.

	Strömma 1830-talet	Malmö 1860-talet
jordägare och andra kapitalägare	4,5	5,1
brukare av annans jord	0	0,9
småborgerlighet och självst hantverkare	4,5	2,6
lägre administration	0	4,3
gesäller och andra kval hantv arb	9,1	8,5
halvproletära skikt	40,9	31,6
proletära skikt inkl lärlingar m fl	40,9	47,1
N	44	117

Källa: Födelseböcker.

Vid spinneriet i Strömma var 41 % av halvproletärt ursprung (torpare, båtsmän m fl). Rekryteringen var här mer enhetlig. Andelen jordägare var mindre än hälften jämfört med yllearbetarnas fäder vid samma tid. Rent proletär bakgrund hade också 40 %. Hantverkarbakgrund hade 14 %. Jämfört med Norrköpings yllefabriker var andelen halvproletärer alltså större men framför allt var andelen med bakgrund i hantverk av något slag dubbelt så stor. Andra faktorer än just faderns yrkestillhörighet torde dock ha spelat in för fabriksarbetarnas yrkesval, t ex hushållets totala försörjningsansvar.

I Malmö bomullsfabriker kom fortfarande 32 % av arbetarna från halvproletära skikt, främst torpare och husmän, dvs dubbelt så stor andel som i den mekaniserade yllefabriken i Norrköping. De rent proletära skikten inklusive diversearbetare, vakter och arbetslösa utgjorde 47 % av arbetarna, vilket var mindre än vid yllefabriken. 11 % av arbetarna kom från hantverkarmiljö av olika slag, vilket också var en mindre andel än i den mekaniserade ylleindustrin.

Dock gäller för samtliga fabriksarbetare i urvalet att jag här undersökt faderns eller moderns yrke vid deras födelse, inte vid den tidpunkt då de började arbeta vid fabriken i fråga. I en del fall har kunnat konstateras att fadern bytt yrke, t ex från torpare på landsbygden till arbetskarl i staden, innan fabriksarbetaren in spe gått ut på arbetsmarknaden själv. I dessa fall har alltså både proletariseringen och inflyttningen till staden skett i den närmast föregående generationen. För en närmare diskussion måste man alltså undersöka vem som egentligen först blev helt proletariserad i familjen.

Tabell 7.8. Bomullsfabrikernas geografiska rekrytering. Andel arbetare.[42]

Födelseort	*Strömma* 1830-tal	*Malmö* 1860-tal
Staden el orten (Norrköping, Malmö resp Asarum/ Karlshamn)	86[1]	38,3
Övriga länet		51,7
Övriga landet	11,8	8
Utlandet	2,2	2
N	93	201

Källa: Husförhörslängder.

1. Ort och län.

Strömma bomullsspinneri hade en i huvudsak lokal rekrytering. Andelen arbetare från andra län i landet var dock hög jämfört med andra fabriker. Det gällde angränsande län samt Älvsborgs län. Det fanns alltså förutom den lokala rekryteringen en viss inflyttning av folk från en region, som var känd för textilslöjd. Det gällde särskilt de första åren av fabrikens existens.

Mer förvånande är att så mycket som hälften av arbetarna vid de mekaniserade bomullsfabrikerna i Malmö ännu på 1860-talet var födda på landsbygden. Totalt kom 93 % av arbetarna från Skåne inklusive Malmö stad. Endast 8 % kom från övriga landet. Däribland märks särskilt en grupp arbetare från Blekinge, varav flera har påträffats på tidigare mantalsuppgift för Strömma bomullsfabrik.

Totalt sett var det ingen skillnad mellan väveri- och spinneriarbetare när det gällde geografisk rekrytering. Ungefär samma andel kom från Malmö respektive från landsbygden. Men om man skiljer mellan män och kvinnor, visar det sig att väveriets kvinnor i större utsträckning var lokalt rekryterade än spinneriets. 48 % av kvinnorna och 26 % av männen i väveriet var födda i staden. I spinneriet gällde det bara 34 % av kvinnorna och 43 % av männen.

Arbetarna var i regel så pass gamla att de måste haft arbetslivserfarenhet bakom sig, när de kom till fabriken. Men det är inte givet att de kom direkt till fabriken från födelseorten. En undersökning av vilken ort de närmast kom från visar följande.

Tabell 7.9. Flyttningsmönster. Bomullsarbetare i Malmö. 1859, 1863.

	Andel män	*Andel kvinnor*	*Totalt*
Från födelseorten	19,5	20,3	20
Från annan ort än födelseorten	27,3	28,5	28
Född i Malmö och ej infl fr annan ort	31,2	28,5	29,5
Född på annan ort, okänt via vilken ev annan ort infl	22,1	22,8	22,5

Källa: Husförhörslängder, födelseböcker.

47 % av arbetarna var antingen födda i staden eller hade befunnit sig där sedan en längre tid, när de började vid fabriken. Det gällde en något större andel av männen än av kvinnorna. 30 % kom till Malmö från någon annan ort än födelseorten (32 % av kvinnorna och 27 % av männen). Ytterligare 17 % (24 % av männen och 8 % av kvinnorna) hade flyttat in från annan ort, ovisst vilken och när.

En närmare undersökning av flyttningsmönstret för malmöarbetarna har visat att åtminstone 30 % kom till Malmö från någon annan ort än födelseorten. Det gällde 32 % av kvinnorna och 27 % av männen.

För ett litet antal arbetare vid Norrköpings bomullsväveri (från mantalsuppgiften för 1854) har geografiskt och socialt ursprung undersökts (inklusive arbetsledare).

Tabell 7.10. Geografisk rekrytering efter arbetarens kön. Norrköpings bomullsväveri 1854.

Födelseort	*Män*	*Kvinnor*	*Totalt*
Norrköping	7,1	57,1	37,1
Övriga Östergötlands län	35,7	23,8	28,6
Älvsborgs län	50	14,3	28,6
Övriga landet	–	4,8	2,9
England	7,1	–	2,9
N	14	21	35
Uppgift saknas	7	13	20
Summa	21	34	55

Källa: Husförhörslängder.

Kvinnorna var huvudsakligen lokalt rekryterade i staden, medan männen i större utsträckning kom från den östgötska landsbygden och från Rydboholms fabrik i Älvsborgs län. Att uppgifterna tagits med utgångspunkt från mantalsuppgiften för startåret 1854 innebär att det just är de första – kanske för produktionen viktigaste – arbetarna, som här kommit med. Det torde i stort avspegla könsarbetsdelningen. Det var särskilt manliga nyckelarbetare och arbetsledare, som togs från andra fabriker.

Det fanns som nämnts vid nystartade fabriker ofta en mindre grupp yrkeserfarna arbetare, som rekryterats från andra etablerade fabriker.

A. Kampenhofs bomullsfabrik i Uddevalla

Social och geografisk rekrytering har för Kampenhofs fabrik undersökts endast för ett mindre antal arbetare. Syftet har varit att företa en snabb kontrollerande jämförelse snarare än att göra ytterligare en delundersökning. Arbetarna som undersökts har urvalts från mantalsuppgifterna för 1860 och 1861. Uppgift om födelseort har inte påträffats för 88 män och 102 kvinnor. Dock kan nämnas att i flera fall då uppgift om födelseort inte angivits i husförhörslängden, detta har inneburit att vederbörande varit född i Uddevalla, alltså inom församlingen. Vidare finns uppgifter om hemadress eller faderns namn och adress för ett antal yngre arbetare, vilket antyder deras ursprung i torparskiktet. Men eftersom de inte undersökts i födelseboken och det heller inte klart framgår huruvida dessa barn bor hemma eller flyttat in till fabriken, så har dessa uppgifter inte kunnat införas i de här använda kategorierna. Slutsatsen är emellertid av dessa två sistnämnda faktorer att den lokala rekryteringen kan förmodas ha varit ännu större än vad som framgår nedan. Här har emellertid enbart medtagits i födelseboken bekräftade uppgifter.

Tabell 7.11. Geografisk rekrytering. Kampenhofs bomullsfabrik 1860 och 1861.

Födelseort	*Män*	*Kvinnor*	*Totalt*
Uddevalla	31,9	16,9	22,9
Övriga Göteborgs och Bohus län	46,8	47,9	47,4
Älvsborgs län	17	33,8	27,1
Övriga Sverige[43]	4,3	1,4	2,5
N	47	71	118

Källa: Mantalsuppgifter, husförhörslängd.

Av denna uppställning framgår att arbetarrekryteringen i stor utsträckning var lokal även vid Kampenhof. 48 arbetare var födda inom Lane härad inklusive Uddevalla stad. Likaså kom ytterligt få arbetare från andra städer, nästan bara landsbygdsbor kom i fråga. En rad unga arbetare står som skrivna vid eller komna från olika torp i trakten, i synnerhet torpen under gårdar i till Uddevalla angränsande socknar. Dubbelt så stor andel kvinnor som män kom från Älvsborgs län, där det redan fanns mekaniserad bomullsproduktion.

Den mest långväga personen förutom de utlandsfödda mästarna var en färgare och blekare från Luleå. Några arbetare kom uttryckligen från andra bomullsfabriker (Rosendals bomullsspinneri, Almedal i Örgryte) eller från orter, kända för bomullsindustri (Mölndals fabriksby, Asarum). Som nämnts hade man rekryterat några pojkar från Rydboholm som vävare. Några arbetare, däribland en hel familj med flera bomullsarbetare, flyttade på 1860-talet från Kampenhof till Charles Hills nyanlagda bomullsväveri i Alingsås. En av dem, som kom från Marks härad, flyttade vidare till Norrköping. Några mästare hade engelska namn, en var tysk.

Således fanns en viss rekrytering av arbetare mellan olika fabriker i branschen. Vi har sett att arbetare från Strömma rekryterades till Malmös bomullsfabriker och att Charles Hill, som började som vävmästare vid Rydboholm, senare tillsammans med några arbetare (en dressare och några väverskor, några av dem släkt) flyttade till Norrköpings bomullsväveri, det andra mekaniserade bomullsväveriet i landet. Efter en del år där flyttade han till Alingsås tillsammans med några av arbetarna från Rydboholm och och startade ett eget väveri. Till detta rekryterade han arbetare inte bara från Kampenhofs utan också från andra bomullsfabriker bl a i Göteborgs-trakten.

B. Social rekrytering vid Kampenhof

Av vad som redan framgått av den geografiska rekryteringen verkar det sannolikt att landsbygdens lägre skikt skulle vara de, som skickade sina barn till bomullsfabriken. I synnerhet figurerar många torpare redan bland de fäder, som står upptagna vid sidan av de minderåriga barnen i husförhörslängden. Ett stickprov har undersökts i födelseboken med avseende på social bakgrund.

Tabell 7.12.

Faderns/moderns yrke	*Män*	*Kvinnor*	*Totalt*
torpare	6	8	14
hälftenbrukare	–	1	1
soldat	1	–	1
arbetskarl	2	–	2
sjöman	1	1	2
roddarkarl	1	–	1
piga	–	1	1
Totalt	11	11	22

Källa: Födelseböcker.

Här framgår inget som tyder på att rekryteringen vid Kampenhofs socialt skulle skilja sig från övriga undersökta fabriker. Men om vi till dessa lägger de många minderåriga, som uppgavs komma från olika torp, förstärks intrycket av rekrytering från de halvproletära landsbygdsskikten.

Övrig industri

Slutligen skall vi se på en litografisk fabrik och en snus- och tobaksfabrik, båda i Norrköping under 1860-talet.

Tabell 7.13. Litografisk fabrik och snus- och tobaksfabrik. Norrköping, 1860-talet.

	Litografiska		Walls snus och tobak	
Faderns (moderns) yrke	*Män*	*Kvinnor*	*Män*	*Kvinnor*
jordägare	1	1	1	1
arbetsledn, lägre adm	1	0	1	1
halvproletärer	1	2	0	2
kval hantv arb	0	1	1	7
övriga proletärer	6	6	3	7
N	9	10	6	18
Okänt	13	2	8	2

Källa: Födelseböcker.

Social härkomst har inte kunnat undersökas för bl a sju tyska grafiska arbetare och några danska cigarrmakare, vilket sannolikt ger s k bias. Tabellen visar därför främst de lokalt rekryterade. De flesta arbetarna, särskilt kvinnorna, kom från proletär miljö. Sex av sju arbeterskor från kvalificerade hantverkarhem var döttrar till snickargesäller. Övriga hade allmänt proletär bakgrund med undantag av en bonddotter som var cigarrpackerska, och två torpardöttrar (halvproletärer) från landsbygden.

Av uppgifterna om social härkomst framgår att ett antal arbetare flyttat in till Norrköping i så unga år, att flyttningsbeslutet rimligtvis varit föräldrarnas, inte deras eget. I flera fall har fadern bytt yrke och familjen flyttat in till staden, när flickorna var små. Övergången från proletärt eller halvproletärt jordbruksyrke till stadsproletär har alltså skett i generationen före de här aktuella arbetarnas. De senare är yngre än genomsnittet i urvalet.

Tabell 7.14. Geografisk rekrytering till litografisk fabrik samt snus- och tobaksfabrik. Norrköping 1860-talet.

	Litografiska		Walls snus och tobak	
Födelseort	*Män*	*Kvinnor*	*Män*	*Kvinnor*
Norrköping	2	3	1	11
Övriga länet	9	7	4	5
Övriga landet	4	1	5	1
Utlandet	1	0	3	0
N	16	11	13	17
Okänt	5	2	2	2

Källa: Husförhörslängder.

Arbeterskorna i tobaksfabriken var främst från staden, medan männen kom från mer avlägsna orter inom och i viss mån utom landet. Cigarrmakarna hade ofta kommit till Norrköping från andra städer. Vid litografiska fabriken kom både män och kvinnor främst från den omgivande landsbygden, männen även i någon mån längre bortifrån.

Sammanfattningsvis kan noteras att de kvinnliga tobaksarbetarna som regel var mycket unga och med sin inkomst bidrog till ursprungsfamiljens försörjning. Ofta hade de syskon. Ibland var modern änka. Annat tecken på utsatthet hos deras familjer var kriminalitet, socialt understöd, handikapp eller föräldralöshet. Ett par stycken bodde ensamma och försörjde synbarligen enbart sig själva. På sin arbetsplats assisterade de något äldre men mer kvalificerade män, vilkas löner låg betydligt över flickornas. Flickorna var lokalt rekryterade; var i regel födda i staden eller inflyttade från landsbygden som barn.

Männen tycks i stort sett vara ensamförsörjare utan ansvar för andra än sig själva. De kom förhållandevis långväga ifrån och reste vidare efter något år vid fabriken. Det påminner om gesällernas arbetsmönster. Sex cigarrmakare och cigarrmästaren flyttade till Stockholm eller Göteborg (en person) år 1857.

Sammanfattning

I denna översiktliga undersökning framträder två huvudresultat:

1. Fabriksarbetarna kom under den senare perioden i större utsträckning från rent proletära förhållanden jämfört med den tidigare perioden, då fler kom från halvproletära miljöer. Detta torde avspegla dels

torpväsendets tillbakagång, dels den ökade självreproduktionen av de skikt som flyttat in i städerna och där blivit helt proletariserade. Det kan alltså ha skett en förändring i arbetskraftsutbudets karaktär. Under den senare perioden har textilfabrikerna mekaniserats, samtidigt som – såsom vi ovan sett – könsstrukturen och åldersfördelningen förändrats i fabrikerna.

2. Skillnaden mellan textilfabriker och mekaniska verkstäder var att det vid de mekaniska verkstäderna fanns en större andel arbetare med bakgrund i kvalificerad hantverkarmiljö (särskilt under den första perioden) och i arbetsledande och jordägande skikt (särskilt den senare perioden). Även här slog sannolikt könsarbetsdelningen igenom. Men även arbetsdelningens utveckling med olika kvalifikationskrav på t ex hantverksutbildade smeder och mindre kvalificerade diversearbetare eller filare kan ha påverkat rekryteringen. Den större andelen arbetare med okvalificerad arbetarbakgrund kan möjligen avspegla en ändrad social rekrytering. Vi noterar också ett mått av yrkesspecifik självreproduktion hos smederna.

I viss mån fanns alltså i Sverige sådana skillnader i social rekrytering som Conze noterat för Tysklands del mellan yrkesgrupper. Även huvudresultatet att den förut lantliga underklassen blev en urban sådan, tycks gälla svenska förhållanden. Till skillnad från i England kom dock de flesta från landsbygden, inte från småstäder.

Skiktens självreproduktion

Alla branscher

Givet den strikta könsuppdelningen i arbetet som gav männen ett bredare urval och en annan yrkesinriktning än kvinnorna, bör vi kunna utgå från att skillnader i social rekrytering skulle kunna konstateras mellan kvinnor och män i fabrikerna. Dels hade som vi sett kvinnor och män olika yrken i fabrikerna, vilket kan ha betytt att männen med sin som regel högre kvalifikationsnivå kom från andra skikt än de fabriksarbetande kvinnorna, som hänvisades till mindre kvalificerade yrken. Men det kan också vara så att kvinnornas underordning i lönearbetet tog sig uttryck i att dessa – även om de kom från en mer kvalificerad eller välsituerad bakgrund på grund av sitt kön var hänvisade enbart till mindre kvalificerade uppgifter och att alltså deras kön motverkade och överflyglade den styrning som deras klassbakgrund skulle gett dem, om de varit män.

Låt oss därför könsuppdela fabriksarbetarna och jämföra deras eget yrke med fädernas, i förekommande fall mödrarnas. Det är intensivundersökningen som ligger till grund för tabellerna.

Tabell 7.15. Manliga fabriksarbetare efter eget och faderns yrke. Samtliga fabriker i intensivurvalet. Antal arbetare. Båda perioderna.

Eget yrke	*Faderns yrke* Jordägare, kap ägare	Brukare	Halv-prol	Arb led, adm	Hantv småb.	Kval	Okval	N
Arb ledn, adm	2	1	3	4	1	2	2	15
Kval	12	2	37	6	4	18	33	112
Okval	27	17	83	9	5	18	117	276
Totalt	41	20	123	19	10	38	152	403
Andel män	10,2	5	30,5	4,7	2,5	9,4	37,8	100%

Källa: Mantalsuppgifter, födelseböcker.

26% av männen från okvalificerad eller halvproletär bakgrund fick själva kvalificerade eller arbetsledande yrken. Det innebar att fabriksarbetet gav dem möjlighet till karriär och social rörlighet i förhållande till fadern. En något högre andel eller 34% av sönerna till jord- och andra kapitalägare blev kvalificerade arbetare eller arbetsledare. Hela 52% av män från kvalificerad hantverkarbakgrund m m reproducerade faderns position. Deras andel av de kvalificerade yrkena skall jämföras med deras andel av fabriksarbetarna – 17%. Det sociala arvet tycks ha slagit igenom kraftigt. Omvänt var det 59% av de kvalificerade eller arbetsledande arbetarna, som kom från okvalificerad eller halvproletär bakgrund. 11% kom från jord- och kapitalägarfamiljer och 28% från olika typer av hantverkar- eller arbetsledarbakgrund. Att komma från jordägarfamilj gav dem inte någon större fördel. Men hantverkarbakgrund av någon typ var till avsevärt gagn. (Se tabell 7.16.)

Av kvinnorna var det endast 7% av dem, som kom från okvalificerad arbetarbakgrund som själva fick ett kvalificerat yrke. 32% från kvalificerad hantverkar- eller arbetsledarbakgrund fick kvalificerade eller arbetsledande yrken. I förhållande till sin andel (13%) vid fabriken hade de en stark position, men inte alls så stark som männen med motsvarande bakgrund. Endast en av 17 (eller 6%) av jordägardöttrar fick kvalificerat yrke. Även bland kvinnorna slog det sociala arvet igenom. Men att komma från en jordägande familj tycks inte ha varit någon större fördel. Av de kvalificerade eller arbetsledande kvinnorna

Tabell 7.16. Kvinnliga fabriksarbetare efter eget och faderns yrke.

	Faderns yrke							
	Jordägare, kap ägare	Brukare	Halv-prol	Arb led	Hantv småb.	Kval	Okval	N
Eget yrke								
Arb ledn	–	–	1	–	–	–	1	2
Kval	1	1	1	5	1	5	11	25
Okval	16	14	27	4	6	13	156	236
Totalt	17	15	29	9	7	18	168	263
Andel kvinnor	6,5	5,7	11	3,4	2,7	6,8	63,9	100%

Källa: Födelseböcker.

kom 41% från hantverkarbakgrund, medan de flesta eller 52% kom från okvalificerad eller halvproletär bakgrund.

Kvinnorna kom i betydligt större utsträckning än männen från rent proletär bakgrund. Andelen torparbarn m fl (av halvproletärt ursprung) var i stället mer än dubbelt så stor bland männen. Andelen män från jordägarfamiljer var också större än bland kvinnor. Emellertid bör yrkesskiktningen ha haft stor betydelse. Männen hade i större utsträckning kvalificerade yrken under båda perioderna, medan kvinnorna besatte de lägre, mindre kvalificerade positionerna. I det urval som gjorts här hade cirka 28% av männen (32% med arbetsledarna) och 10% av kvinnorna räknats till kvalificerade yrken. 4% av männen och en knapp procent av kvinnorna hade arbetsledande positioner. Bland männen var det 50% av de okvalificerade och halvproletära arbetarna, som reproducerade faderns yrkesposition. Bland kvinnorna var motsvarande andel 70% av de okvalificerade, som reproducerade faderns position.

Men detta urval gäller båda perioderna. Eftersom vi ovan sett att den sociala rekryteringen skilde sig mellan perioder och olika typer av fabriker, skall nu olika typer av yllefabriker undersökas.

Yllefabrikerna

Om vi jämför de omekaniserade klädesfabrikernas arbetare med den mekaniserade fabrikens 30 år senare – har det skett någon förändring i rekryteringen? Har det börjat finnas ett fabriksarbetarskikt, som reproducerar sig självt? Är det de forna klädesarbetarnas (och andra av stadens fabriksarbetares) barn, som arbetar i den moderna mekaniserade fabriken?

För att kunna jämföra mellan kön, yrken och perioder skall vi särskilt se på de omekaniserade yllefabrikerna 1845 jämfört med den mekaniserade 1877.

Tabell 7.17. Männens sociala rekrytering per yrke. Omekaniserade klädesfabriker 1845. Antal män.

	Faderns yrke							
Eget yrke	Jordägare, kap ägare	Brukare	Halv-prol	Hantv småb.	Arb ledn, adm	Kval	Okval	N
Arb ledn, adm	0	1	1	–	–	–	–	2
Kval	3	0	6	1	1	1	11	23
Okval	5	5	16	2	0	1	16	45
Totalt	8	6	23	3	1	2	27	70

Källa: Mantalsuppgifter, födelseböcker.

I de omekaniserade klädesfabrikerna var det 36% av arbetare från okvalificerade eller halvproletära hushåll, som själva fick kvalificerade eller arbetsledande yrken. Omvänt var det 72% av de kvalificerade som kom från okvalificerad eller halvproletär bakgrund.

Tabell 7.18. Männens sociala rekrytering per yrke. Mekaniserad yllefabrik 1877.

	Faderns yrke							
Eget yrke	Jordägare	Brukare	Halv-prol	Hantv småb.	Arb ledn	Kval	Okval	N
Arb ledn, adm	1	0	1	1	2	2	2	9
Kval	2	1	7	2	1	5	9	27
Okval	11	10	32	2	6	10	66	137
Totalt	14	11	40	5	9	17	77	173

Källa: Mantalsuppgift, födelseböcker.

I den mekaniserade yllefabriken var det 16% av de manliga arbetarna från okvalificerad eller halvproletär bakgrund som hade kvalificerade yrken. Omvänt var det 53% av de kvalificerade männen, som var av okvalificerat eller halvproletärt ursprung.

Tabell 7.19. Kvinnornas sociala rekrytering per yrke. Omekaniserade klädesfabriker 1845.

	Faderns yrke Jordägare	Brukare	Halv-prol	Hantv småb.	Arb ledn	Kval	Okval	N
Okval	1	0	4	–	2	1	10	18
Totalt	1	0	4	–	2	1	10	18

Källa: Mantalsuppgift, födelseböcker.

I omekaniserade klädesfabriker hade kvinnor enbart okvalificerade uppgifter. Tre fjärdedelar kom från okvalificerad eller halvproletär bakgrund.

Tabell 7.20. Kvinnornas sociala rekrytering per yrke. Mekaniserad yllefabrik 1877.

	Faderns yrke Jordägare	Brukare	Halv-prol	Hantv småb.	Arb ledn	Kval	Okval	N
Arb ledn, adm	–	–	1	–		–	–	1
Kval	1	1	1	1		5	10	24
Okval	8	9	20	7		36	95	178
Totalt	9	10	22	8	11	38	105	203

Källa: Mantalsuppgift, födelseböcker.

6 % av kvinnorna med okvalificerad eller halvproletär bakgrund hade kvalificerade yrken. 44 % av alla kvalificerade eller arbetsledande kvinnor hade omvänt okvalificerad eller halvproletär bakgrund.

Det var möjligt att avancera yrkesmässigt och socialt genom fabriksarbete, även om det gällde en liten minoritet. Det var vidare vanligare bland män än bland kvinnor.

Ylleväverskorna 1877

Pinchbeck har som nämnts påpekat att handvävarnas kvinnliga släktingar rekryterades till mekaniska vävstolar i England. Nedan undersöks väverskorna vid mekaniska vävstolar i Drags yllefabrik 1877. De var en sorts avant-garde i arbetslivet, då de började använda de nya maskinerna och producerade ylle, som tidigare ju vävts av manliga hantverkare. Varifrån kom dessa pionjärer?

Tabell 7.21. Väverskornas sociala bakgrund.

Faderns (moderns) yrke	*Andel väverskor*
Disponerar produktionsmedel	9,5
Halvproletära skikt	15,8
Arbetsledare, repressiva yrken	2,1
Fabriksarbetare, hantverkare	27,5
Övriga proletärer	45,4
N	95

Källa: Födelseböcker.

17 stycken kan sägas direkt reproducera fabriksarbetaryrket. De var döttrar till fabriksarbetare eller textila hantverksarbetare, som arbetade i fabriker. Sju av dem var döttrar till handvävare i klädesfabrikerna. Ett visst inslag av det engelska fenomenet fanns alltså, vilket sades i England ha mildrat handvävarnas reaktion mot införandet av mekaniska vävstolar. 12 stycken var döttrar till självägande eller brukande bönder, småborgare, smed, styrman respektive fjärdingsman. Dessa flickor kan sägas vara proletariserade respektive deklasserade i förhållande till faderns position.

Den andel väverskor som genom sitt fabriksarbete reproducerade faderns fabriksarbetarposition var dock större, om även hantverksarbetare utanför den textila produktionen inräknas.

Frågan om hur dekvalificeringen av handvävaryrket påverkar skiktets reproduktion är dock komplicerad. Kvinnornas underordning på arbetsmarknaden ekonomiskt och positionellt måste sägas här ingripa direkt i diskussionen om skiktets reproduktion. Könsuppdelningen användes av kapitalägarna för att ytterligare sänka lönekostnaderna i och med mekaniseringen och frikopplingen från arbetarnas traditionella hantverksskicklighet. I förhållande till 1845 års yrkes- och lönestruktur var det 1877 i stället underhållsarbetarna, som fått förbättrade villkor och en förbättrad position inom fabrikens yrkeshierarki. Kvinnorna styrdes till vissa yrken åtminstone delvis institutionellt: att reproducera faderns position hade krävt produktionsmedel, rörelsekapital, myndighet och/eller utbildning. Ingetdera stod till buds för dessa unga kvinnor. Men man kunde även kalla styrningen strukturell. Den framväxande arbetsmarknaden, där arbetskraft köps och säljs som en vara, utgick från att kvinnor och män var olika värda som arbetskraft. Marknadskrafterna var knappast förutsättningslösa. De utgick från det förkapitalistiska samhällets könssystem. De påverkades också av övergångstidens styrkeförhållanden och kamp.

Kom kvinnorna direkt från födelseorten till fabriken? En undersökning av arbetarnas födelseorter ger en grov uppfattning om rekryteringen. Men för att kunna bedöma mekanismerna bakom rekryteringen räcker den knappast. För de yngre arbetarna måste i så fall utredas huruvida de själva tagit beslutet att flytta till fabriken eller om möjligen hela ursprungsfamiljen flyttat och därmed den slutliga proletariseringen eller åtminstone övergången till ett stadsyrke, kanske även till fabriksarbete, i själva verket skett i generationen före den här undersökta arbetaren. För de äldre arbetarna bör på motsvarande sätt utredas huruvida de kommit till fabriken först sedan de haft andra yrken eller arbetsuppgifter. Om de först flyttat in till staden från landsbygden men inte genast sökt sig till fabriken, så påverkar detta bedömningen av huruvida just fabrikernas löneläge lockade in folk från landet. Det allmänna löneläget i stadsyrkena kan ha varit en sådan faktor, men just fabrikernas löneläge skulle då inte ha bidragit till någon s k pull-effekt.

För att kunna diskutera rekryteringen närmare har jag alltså även undersökt från vilka orter arbetarna närmast kom, då de flyttade in till staden och fabriken. Vidare kan arbetarens ålder vid inflyttningen ge en uppfattning om huruvida hon följde med familjen eller själv aktivt tagit beslutet att flytta.

Låt oss se närmare på väverskorna vid den mekaniserade yllefabriken 1877 i Norrköping. Detta år fanns 110 kvinnor anställda för att väva satin, kläde eller tyg, det senare vid Hartmann- respektive Schönherr-vävstolar.

Tabell 7.22. Geografisk rekrytering av väverskor. Mekaniserad yllefabrik 1877, Norrköping.

Födelseort	*Andel*
Norrköping	37,6
Övriga länet	56,4
Övriga landet	5,9
N	101

Källa: Mantalsuppgift, husförhörslängd.

Mer än hälften var födda på den östgötska landsbygden. En dryg tredjedel var födda i staden, och en marginell andel var födda i andra län.[44]

Förändras bilden om vi tar hänsyn till vilka orter arbeterskorna närmast kom från?

Uppgift om närmast föregående bostadsort (inflyttningsort) har påträffats för 98 väverskor inklusive de nyss nämnda. De fördelade sig enligt följande.

Tabell 7.23. Väverskornas flyttningsmönster. Andel arbetare.

Inflyttad direkt från födelseorten	21,6
Inflyttad från annan ort än födelseorten	37,5
Födda och kvar i Norrköping	40,9
Totalt	100
N	98

Källa: Mantalsuppgift, husförhörslängder.

Närmare 60% av väverskorna hade flyttat in till staden från någon annan ort. Men bara en femtedel kom direkt från födelseorten. Några personer, som var födda i Norrköping, hade bott på annan ort, innan de kom tillbaka och tog fabriksarbete. Många hade flera flyttningar bakom sig, även om det inte framgår här. Sammanlagt var det mer än en tredjedel som hade bott på annan ort än födelseorten, innan de kom till Norrköping. För dem hade det inte varit självklart från början att flytta till fabriksarbete. Både de som flyttat tillsammans med sina föräldrar och de som kanske flyttat ensamma kan ha varit lönearbetande. Men deras ålder kan kanske ge en fingervisning om vems flyttningsbeslutet var.

Av alla de 52 väverskor, som flyttat in till Norrköping (19 direkt, 33 från annan ort), var 16 stycken – eller nästan en tredjedel – vid inflyttningen 15 år eller yngre. 12 stycken eller cirka 23% var 12 år eller yngre. Dessa har rimligen inte själva fattat beslutet att flytta. Av materialet framgår dock att en del äldre ungdomar flyttat till Norrköping tillsammans med sina ursprungsfamiljer.

Mer än en tredjedel av dem som flyttat in till Norrköping och börjat vid fabrik, kan sägas ha gjort det som en följd av hushållets eller familjens försörjningsstrategi. Omvänt bör man kunna säga att någon sådan strategi inte kunnat påvisas för närmare två tredjedelar – men det betyder inte att en sådan saknas. Det är inte otroligt att ensamstående fabriksarbeterskor bidrar till försörjningen av hushållsmedlemmar, som är bosatta på annan ort. Men för många är sannolikt fabriksarbetet en självförsörjning, som av olika skäl framstått som lämpligare än t ex anställning i hushåll.

För 95 väverskor finns uppgift om föräldrarna. 11 av dem var födda utom äktenskapet, dvs 11,6%. Två av dem hade egna barn utom äktenskapet.

Släktens betydelse för rekryteringen

Här skall inflikas en synpunkt angående de talrika släktrelationerna mellan fabriksarbetare vid en och samma fabrik.

I teoretiska ansatser om segmenteringen av arbetsmarknaden och reproduktionen av klasser och skikt har anförts att skiktspecifika sociala strategier såsom olika klassers och skikts subkulturer, umgängesmönster, värderingar av utbildning respektive förvärvsarbete och liknande faktorer tenderar att förstärka den intergenerationella självreproduktionen av olika skikt. Särskilt brukar framhävas arbetarklassens (i synnerhet de lägre skikten) umgänge med släkten och dess instrumentella syn på arbetet i kontrast till högre arbetarskikts och särskilt mellanskiktens umgänge med arbetskamrater och syn på arbete och utbildning som meningsfullt i sig. Släktens betydelse för de lägre skikten skulle enligt resonemanget göra dessa familjer obenägna att flytta, medan arbetets betydelse och arbetskamraternas större betydelse än släktrelationerna skulle främja rörligheten i de högre skikten.

I denna undersökning har dock framgått att släktingar i hög grad utgör arbetskamrater för fabriksarbetarna, vilket borde försvåra den sedvanliga distinktionen i detta avseende.[45] Att släktingar utgör fabriksarbetarnas arbetskamrater gör t ex att nya arbetare ofta rekryteras via redan anställda och att flera släktingar flyttar gemensamt, då man byter arbete.[46] Möjligen är inte detta mönster så starkt att det motsäger de brukliga distinktionerna i detta avseende mellan klasser och skikt. Men denna skillnad bör hävdas med viss försiktighet.

Sammanfattning

Sammanfattningsvis kan vi dra slutsatsen att den invandrade – självreproducerande stam av fabriksarbetare, som Söderberg talade om, utgjorde en minoritet av de fabriksarbetare, som bar upp det nya industrikapitalistiska produktionssättet. Majoriteten – 50-60% – kom direkt från landsbygden. Många hade förut arbetat i andra mindre specialiserade yrken. Men det fanns en skillnad mellan de hantverksutbildade metall- och träarbetarna å ena sidan och de egentliga textilarbetarna å den andra. De förra hade ett annat rekryteringsmönster, som avspeglar deras knapphet. De rekryterades över betydligt längre avstånd och deras flyttningsmönster visar också att de byter arbete över långa avstånd. Även deras sociala bakgrund var annorlunda. En större andel kom från hantverksutbildad miljö eller hushåll, som hade bättre försörjningsmöjligheter än många andra.

Även i Sverige skilde sig alltså kvalificerade och okvalificerade arbetare åt redan i sitt sociala och geografiska ursprung. Den tendens som Conze konstaterat för tyska förhållanden fanns även här. De hantverkartraditioner och den specifika kultur som de kvalificerade arbetarna förde med sig torde ytterligare ha förstärkt denna skillnad. Men den största kontrasten låg i att kvalificerade arbetare uteslutande var män, medan de okvalificerade i stor och växande utsträckning var kvinnor. I samband med det har noterats att även i Sverige fanns en tendens att rekrytera handvävares döttrar till de mekaniska vävstolarna, något som kan ha säkrat fortsatt inkomst till hushållet, om än mindre än vad faderns arbete inbringat.

Skillnaden mellan underhållsarbetare och textilarbetare liksom mellan kvalificerad och okvalificerad arbetare sammanföll till största delen med könsuppdelningen i arbetet.

8. Fabriksarbetarna – hushåll och försörjning

Inledning

Tidigare forskning om familjeformen i förhållande till produktionssättet har snarare rört industrikapitalismens effekter för familjeformen än familjeformens effekter för industrikapitalismen.[1] Jag har ovan försökt diskutera den senare aspekten genom att undersöka arbetsprocessens organisering och anställningsförhållandena, dvs rekryteringen ur ett efterfrågeperspektiv. I kapitel 7 och 8 försöker jag vända på problematiken för att studera arbetarnas försörjningsstrategier och motiv till fabriksarbete, dvs rekryteringen ur ett utbudsperspektiv. Kanske kan resultaten nedan också i någon mån bidra till diskussionen om industrikapitalismens effekter för familjeformen.

Hushållen i olika klasser och skikt präglades av sin ställning och sina möjligheter i den sociala strukturen, främst i produktionen. Men även den biologiska reproduktionen och dess organisering i familjeenheten påverkade hushållets organisering. Den hade olika betydelse i olika klasser och för de olika könen. Släktsystemet fick olika betydelse i olika klasser på grund av klassernas olika intressen när det gällde bevarandet och utvecklandet av försörjningsmedlen och den sociala positionen. Och det fick olika betydelse för kvinnor och män inom klassen, därför att könen hade olika uppgifter i fortplantningen och den sociala organiseringen av barnens uppfostran. Men också därför att kvinnor och män hade helt olika möjligheter och rättigheter till arbete, egendom och försörjning.

Äktenskapet, den biologiska familjeenheten, den ekonomiska hushållsgemenskapen och släktsystemet kan alla ses som uttryck för den formella organiseringen av samhällets könssystem under den här aktuella perioden. Hushåll i olika klasser och skikt hade olika form, sammansättning och interna relationer. Skillnaderna mellan hushåll eller familjeformer kunde yttra sig rent konkret i olika giftermålsålder och åldersskillnad mellan makar. Det kan ses som en indikator på familjebildningens betydelse i klassen men också på makarnas inbördes förhållande och deras respektive livserfarenhet.

Det proletära hushållet

Utgångspunkter

Enligt Rosenbaum utbildades den proletära familjeformen först mycket sent, dvs under andra hälften av 1800-talet.[2] Den utmärktes liksom den borgerliga, som börjat uppträda redan i slutet av 1700-talet, av särskiljandet mellan bostad och arbetsplats. Den borgerliga familjen saknade också produktionsuppgifter men hade en så god materiell standard att barnen inte behövdes i försörjningen. Hustruns uppgifter blev främst att vårda hemmet och sköta barnens socialisation eller arbetsledning över dessa arbetsuppgifter. Den materiella standarden och avskiljandet från arbetsplatsen möjliggjorde intimisering och privatisering av hemsfären. I den proletära familjen däremot var den materiella levnadsnivån så låg och osäker att barnens och hustruns inkomster behövdes för hushållets försörjning.[3]

Som en ram för hushållens interna styrkeförhållanden undersöks nedan giftermålsålder, civilstånd, hushållens sammansättning och arbetarnas försörjningansvar. Som jämförelse har även borgerlighetens giftermålsålder medtagits.

Giftermålsålder bland fabriksarbetarna

En skiktspecifik undersökning av arbetares giftermålsålder i Norrköping under 1820- och 1830-talen visar ett mönster, där kvinnorna tenderar att vara äldre än männen. Som representanter för lönearbetarna har tagits personer, som rubricerats som fabriksarbetare samt textila fabriksyrken såsom klädesvävare, spinnare, överskärare, färgeriarbetare och strumpvävare. Även metall- och träarbetare samt pappersarbetare har undersökts. De fabriker som fanns i Norrköping var alla vid denna tid hantverksfabriker, dvs arbetsprocessen var hantverksmässig men arbetarna var hänvisade till lönearbete för sin försörjning.

Som representanter för den framväxande borgarklassen har som jämförelse samtliga personer undersökts, som i vigselboken betecknats som fabrikörer och köpmän.[4] Det borgerliga mönstret visar sig vara rakt motsatt arbetarnas vid samma tid och i samma stad. I borgerligheten var männen äldre och kvinnorna yngre då de gifte sig jämfört med arbetarklassen. Det avspeglar sannolikt borgarklassens specifika försörjningsproblem. Männen skulle före giftermålet skaffa sig en ståndsmässig försörjning för att kunna gifta in sig i en släkt med lämpliga resurser.[5]

113 arbetarpar har undersökts med avseende på ålder vid vigseln.[6] Männen var i genomsnitt 25,9 år då de gifte sig och deras hustrur 27,3 år. Hustrurna var alltså något äldre än sina män. Männen var yngre och kvinnorna betydligt äldre än i borgerligheten, då de gifte sig. Men det kan dölja sig skillnader i dessa tal. Jag skall därför nedan särskilja yrkesgrupper.

Tabell 8.1. Ålder vid vigseln.

Hedvig	*Fabriksarbetare*	*Textilarbetare*	*Metall- och träarbetare*	*Fabrikörer och köpmän*
Män	23,3	27,9	28	29,2
Kvinnor	27,9	28,2	26,4	23,1
N	27	53	24	17

Källa: Vigselböcker för Hedvigs församling, Norrköping. Vigda par 1822-35. Tidigare ej gifta.

Personer med titeln fabriksarbetare kan vid den här tiden inte antas ha varit hantverksutbildade i samma utsträckning som de, som står som klädesvävare, spinnare osv. Fabriksarbetarna gifte sig unga. Men deras hustrur var som regel äldre. Fabriksarbetaren kunde inte förkovra sin ekonomi eller ställning genom att vänta med äktenskapet. Däremot torde det ha varit fördelaktigt att gifta sig med en arbetserfaren kvinna med besparingar.[7]

De hantverksutbildade textilarbetarna var däremot äldre då de gifte sig. Det är sannolikt att det var deras utbildningsperiod som åstadkom denna förskjutning i förhållande till de outbildade.

Tabell 8.2. Åldersskillnad mellan makar. Fabriksarbetare och textilarbetare.[8]

	Antal par	*Procent*	*Kumulerad procent*
Hustrun mer än 10 år äldre	10	6	6
Hustrun 5 - 10 år äldre	33	19,8	25,8
Hustrun upp till 5 år äldre	49	29,3	55,1
Makarna lika gamla	16	9,6	64,7
Mannen upp till 5 år äldre	34	20,4	85,1
Mannen 5 - 10 år äldre	21	12,6	97,7
Mannen mer än 10 år äldre	4	2,4	100
N	167		

Källa: Vigselböcker för Hedvigs och Olai församlingar, Norrköping. Vigda par i Hedvig 1822-35, i Olai 1822-32. Tidigare ej gifta.

Åldersskillnaden mellan makarna varierade bland fabriksarbetarna, som ju var en heterogen grupp inte minst vad gäller social och geografisk rekrytering. Männen gifte sig yngre än kvinnorna bland fabriksarbetare och textilarbetare. Bland metall- och träarbetare var det omvända fallet. Drygt hälften av arbetarhustrurna var äldre än sina män – 65 % var lika gamla eller äldre. En dryg fjärdedel av dem var mer än fem år äldre.[9]

Det innebar att arbetarkvinnorna hade ett yrke eller tjänst när de gifte sig, kanske också en sparad slant. De för Hedvigs församling undersökta kvinnorna står alla upptagna såsom varande i tjänst hos fabriker eller i hushåll. Försvarsgivaren/arbetsgivaren anges i vigselboken. De hade alltså en egen inkomst, även om den var blygsam och kanske till stor del gick till deras ursprungsfamilj. Det gällde åtminstone fabriksarbeterskorna. De hushållsanställda hade oftast ingen kontantlön att tala om. Många fabriksarbetande kvinnor bodde ensamma, men de kan ju ändå ha vidarebefordrat pengar till föräldrar och syskon. I varje fall skulle de sannolikt själva stå för sin bostad, mat och kläder. Ursprungsfamiljen var dock säkert ett skyddsnät i det avseendet.

Även männen hade börjat ett yrkesarbete. I dessa skikt var det vanligt att man senast efter konfirmationen började försörja sig själv, ofta betydligt tidigare. Både män och kvinnor bland arbetarna torde då de gifte sig ha haft en avsevärd arbetslivserfarenhet. Deras löner var dock knappa, särskilt kvinnornas. De hushåll de bildade tillsammans torde i de här undersökta skikten ha varit beroende av flera medlemmars inkomster. Då barn föddes, blev situationen svår, eftersom kvinnans inkomst behövdes. Då barnen blev stora nog att bidra, kunde dock ofta modern frigöras från lönearbetet. Kanske tog hon hem arbete, t ex plysning. Jämfört med de borgerliga hushållen torde därför arbetarhushållen ha haft ett mer jämlikt förhållande mellan makarna, även om både institutionella och strukturella förhållanden försvårade och begränsade kvinnors lönearbete, gav dem generellt lägre löner och ledde till att deras arbete inte värderades lika högt som männens.

Även förhållandet mellan föräldrar och barn bör ha påverkats i den mån hushållet var beroende även av barnens inkomster. Barnens inkomster växte dessutom i takt med att de växte upp, särskilt sönernas. Samtidigt åldrades fadern och måste kanske ta ett lägre avlönat arbete med tiden. Det bör ha haft en utjämnande effekt på maktförhållandet i det proletära hushållet jämfört med det borgerliga hushållet, där husfadern disponerade alla resurser, inte minst det eventuella familjeföretaget.

Tabell 8.3. Åldersskillnad mellan makar. Metall- och träarbetare. Norrköping.[10]

	Antal par	*Procent*	*Kumulerad procent*
Hustrun mer än 10 år äldre	1	2,6	2,6
Hustrun 5 - 10 år äldre	4	10,5	13,1
Hustrun upp till 5 år äldre	8	21,1	34,2
Makarna lika gamla	5	13,2	47,4
Mannen upp till 5 år äldre	9	23,7	71,1
Mannen 5 - 10 år äldre	6	15,8	86,9
Mannen mer än 10 år äldre	5	13,2	100
N	38	100	

Källa: Vigselböcker för Hedvigs och Olai församlingar, Norrköping. Vigda par i Hedvig 1822-35, i Olai 1822-32. Tidigare ej gifta.

I 53% av metall- och träarbetarnas äktenskap var mannen äldre än hustrun. Metall- och träarbetarna har i undersökningen särskilts, eftersom det finns anledning att betrakta dem som ett lönemässigt och kvalifikationsmässigt privilegierat skikt, som senare under seklet kom att allt tydligare avskilja sig från den stora massan av fabriksarbetare. Deras arbete fortfor att vara hantverksmässigt. De som var anställda i textilfabrikerna var sannolikt särskilt kvalificerade och välavlönade med avsevärda naturatillägg. Jag har argumenterat för att de skulle kunna betraktas som ett tidigt urskiljbart skikt, som kan räknas till arbetararistokratin. Deras giftermålsmönster och familjeförhållanden - har det hävdats - kunde tidigt påminna om det borgerliga mönstret.[11] Det visar sig även ha varit fallet i Norrköping under perioden. Metall- och träarbetare skilde sig från klädesfabrikernas arbetare och andra fabriksarbetare genom att de gifte sig senare med kvinnor yngre än dem själva. Under den här undersökta perioden var deras lönevillkor ännu jämförbara med klädesvävarnas och spinnarnas. Men deras sociala bakgrund och flyttningsmönster skilde sig delvis från övriga arbetares, som framgått i föregående kapitel.

De olika klassernas och skiktens ställning och ekonomiska möjligheter ledde till att det ställdes olika krav för familjebildning i olika skikt. De olika förutsättningarna avspeglas i kvinnors respektive mäns olika giftermålsåldrar i olika skikt. Åldersfaktorn kan man se som en indikator på makarnas inbördes auktoritetsförhållande, främst som en grov måttstock för livserfarenhet.

Andra undersökningar har visat samma tendens. Bland "småfolket" i Örebro under decennierna kring år 1800 var männens medianålder vid vigseln 25 år och kvinnornas 26 år. Bland jordbruksarbetare var männen 22 år och kvinnorna 25. Det senare gällde även för pigor.[12] Bland besuttna bönder i Dala pastorat i Västergötland 1776-1805 var männen 28,7 år. Bland obesuttna var däremot männen 27,6 och kvinnorna 29,3 år. Totalt var besuttna och obesuttna män 29 år och deras hustrur 27,9 år.[13] Gaunt hänför kvinnornas högre ålder till nödvändigheten att tjäna ihop till kapitalvaror inför giftermålet.[14] Bland statare i Mälardalen var i början av 1800-talet männen 27,7 år och kvinnorna 26,9 år, då de gifte sig. Bland bönder var männen 25,6 år och kvinnorna 22,7 år.

Hushållsposition och försörjningsansvar

Låt oss övergå till att se på försörjningssidan av saken. Vilken social enhet skulle leva på de löner, som utbetalades i fabrikerna? Man skulle kunnat tänka sig att de kvinnliga arbetarna – liksom i hantverksfabrikerna – ofta ingick i hushåll, där mannen hade fri bostad och värme och därigenom blev delaktiga i denna löneandel. Och att de många kvinnliga arbetare som fanns i de mekaniserade fabrikerna, försörjde enbart sig själva på de låga kvinnolönerna, även om det i många fall gav dem en lägre levnadsstandard än de manliga kollegerna.[15] Eller hade verkligheten ett helt annat ansikte än den normativa ideologin – hade de ett större försörjningsansvar, för barn, syskon eller gamla föräldrar?

Jag har tidigare konstaterat att det inte fanns något samband mellan naturaandel i lönen och familjesituation för de män som hade sådan. Hur var det med de kvinnliga arbetarnas försörjningsansvar?

Civilstånd efter bransch

För att kunna bedöma försörjningsansvar och hushållets arbetskraftsutbud skall vi studera civilstånd och hushållsposition för arbetare i olika branscher under de två undersökningsperioderna. (Se tabell 8.4)

De flesta arbetare var under den första perioden ogifta. Drygt 60 % av dem var ogifta, medan 3 % var änkor eller änklingar. En dryg tredjedel var gifta. De ensamstående (ogifta, skilda och änkor/änklingar) utgjorde tillsammans 64 %.

Den största andelen ogifta arbetare återfanns som tidigare nämnts i de mekaniserade bomullsfabrikerna, vilka a priori kan antas ha skilt

Tabell 8.4. Civilstånd efter bransch. Fabriker grundade 1830-1840. Kvinnor och män. Procent.

	Omek kläde	Mek bom sp	Mek verkst	Övriga branscher	Mek bom väv	Totalt	N
ogift	52,3	71,2	66,5	50,9	79,3	60,2	841
skild el separerad	0,5	0	0	0	1,2	0,4	5
änka/änkl	5	0,9	0	5,5	1,2	3,1	44
gift	42,2	27,5	33,5	41,8	18,3	36,2	506
sambo	0	0,3	0	1,8	0	0,1	2
	100	100	100	100	100	100	100
N	742	316	203	55	82	100	1398

Källa: Mantalsuppgifter, husförhörslängder.

sig från hantverksfabrikerna, eftersom redan ålders- och könsfördelningen var en annan där. Den största andelen gifta arbetare fanns i omekaniserade klädesfabriker (42%) och i gruppen Övriga branscher, som båda dominerades av hantverksarbete. Även den största gruppen änkor/änklingar fanns i klädesfabrikerna. I de mekaniska verkstäderna var 1/3 av arbetarna gifta. Detsamma var fallet i det mekaniserade bomullsväveriet, som hade en stor andel reparationsarbetare och arbetsledande hantverkare.

Tabell 8.5. Civilstånd efter bransch. Fabriker grundade 1853-63. Kvinnor och män. Procent.

	Omek kläde	Mek ylle	Mek bomull	Mek verkst	Övriga branscher	Totalt	N
ogift	60,2	60,5	84,4	63,1	84,3	74,5	2243
skild el separerad	0	0,6	0,1	0	0,2	0,2	6
änka/änkl	1,8	5,2	1,5	1,2	1,4	2,3	70
gift	38,1	33	13,8	35,7	14,2	22,7	684
sambo	0	0,6	0,2	0	0	0,2	6
	100	100	100	100	100	100	
N	507	651	1125	84	642	100	3009

Källa: Mantalsuppgifter, husförhörslängder.

De ogifta arbetarnas andel var totalt sett ännu större under den senare perioden. 60 % var ogifta under den tidiga perioden, men nu var det tre fjärdedelar. De giftas andel hade på motsvarande sätt sjunkit. Änkors och änklingars andel hade också sjunkit något, medan de ytterst marginella grupperna skilda m fl sjunkit respektive de samboende (ej gifta) ökat. Men de senare rör i stort sett försumbara tal. Intressant är dock att dessa varianter förekom. Andelen gifta vid mekaniska verkstäder var något högre nu.

Största andelarna ogifta fanns liksom tidigare i mekaniserade bomullsfabriker och i fabriksgruppen Övriga branscher, vilken här inkluderar Holmens bruk, som ju också hade en stor bomullsfabrik. I yllefabrikerna var proportionen ogifta ungefär lika i omekaniserad och mekaniserad produktion. En större andel var gifta i de omekaniserade klädesfabrikerna, medan i stället änkorna hade en betydligt större andel i den mekaniserade fabriken. Drag hade också de största grupperna av skilda respektive sambor, även om dessa tal som sagt är marginella.

Fabriksarbetarnas ställning i hushållet

Tabell 8.6. Ställning i hushållet efter bransch och period. Fabriker grundade 1830-40. Procent.

	Ensambo	*Hush förest*	*Make*	*Barn*	*Fosterbarn*	*Syskon m m*	*N*
Omek kläde	11,9	77,6	0	10,4	0	0	67
Strömma bom sp	53,3	10	0	33,3	0	3,3	30
Mek bom väv	77,3	22,7	0	0	0	0	22
Mekanisk verkstad	69,6	30,4	0	0	0	0	23
Sockerbruk	35,7	64,3	0	0	0	0	14
Total andel	39,7	48,7	0	10,9	0	0,6	100
N	62	76	0	17	0	1	156

Källa: Mantalsuppgifter, husförhörslängder.

Närmare hälften av arbetarna i urvalet från 1830-talet var hushållsföreståndare, dvs förestod hushåll, som innefattade fler personer än dem själva. 40 % bodde ensamma. 11 % bodde hos sina föräldrar.

Tabell 8.7. Ställning i hushållet efter bransch och period. Fabriker grundade 1853-63. Procent.

	Ensambo	*Hush förest*	*Make*	*Barn*	*Fosterbarn*	*Syskon m m*	*N*
Mek ylle	19,4	54,8	0	24,2	1,6	0	62
Mek bom sp o väv	20,4	27,8	6,2	42	0,6	3,1	162
Mekanisk verkstad	45,1	49	0	5,9	0	0	51
Övriga branscher[1]	46,9	12,5	0	34,4	1,6	4,7	64
Total andel	28,9	33	2,9	31,9	0,9	2,4	100
N	98	112	10	108	3	8	339

Källa: Mantalsuppgifter, husförhörslängder.

1. Tobaksfabrik och litografisk fabrik.

I urvalet från den senare perioden var endast en tredjedel hushållsföreståndare, vilkas andel alltså sjunkit kraftigt. Ytterligare en tredjedel av arbetarna bodde hos föräldrar eller fosterföräldrar, vilket innebar en tredubbling jämfört med tidigare. Dessutom fanns nu några procent makar, vilket under denna period innebar hustrur. Andelen som bodde ensamma hade sjunkit med tio procentenheter till knappt 30 %. Förutom de ensamboende bodde bodde under denna period nästan 40 % i hushåll de inte förestod.

Fabriksarbetet tycks därmed alltmer ha fått karaktären av biinkomst i hushållet. Barnen och ungdomarna kan knappast ha varit de enda lönearbetarna i sina föräldrahem.

Skillnader mellan branscher

Hur skilde sig fabriksarbetarnas hushållsposition mellan branscher och fabrikstyper? Under den tidiga perioden var tre fjärdedelar av arbetarna i klädesfabrikerna hushållsföreståndare.[16] Vid sockerbruket var närmare 65 % av arbetarna hushållsföreståndare. Antalet arbetare var dock här mycket litet. Övriga tidiga fabriker hade endast en minoritet hushållsföreståndare anställda. Den största gruppen var i stället de ensamboende, något som kanske kan tyckas logiskt mot bakgrund av att de flesta var ogifta. Man hade emellertid kanske kunnat vänta sig att andra ekonomiskt fördelaktiga samboendelösningar hade varit vanligare, såsom att bo ihop med syskon eller kamrater. Inneboendesystemet verkar ännu inte ha varit utbrett trots att bostadsbristen var omvittnad. Undersökningar från 1890-talet har visat att många arbetarhushåll då inkluderade inneboende personer.[17] Men av materialet för de här undersökta perioderna har inte kunnat beläggas att denna boendeform då var vanlig. Tvärtom anges i husförhörslängden för Norrköpings största församling Olai, som i övrigt är noggrant och systematiskt förd, uttryckligen att även de ensamstående arbetarna till största delen "hyr" – i likhet med de större hushållen. Om ett inneboendeförhållande fanns, har detta inte framgått av husförhörslängden.

Vid den mekaniska verkstaden var nästan 70% av arbetarna ensamboende. 30% förestod sina hushåll. Den största andelen barn som bodde hemma hos sina föräldrar, hade under denna period Strömma bomullsspinneri.[18]

Om vi ser närmare på den andra periodens fabriker framgår att även om andelen ogifta ökat, hade andelen ensamboende sjunkit betydligt. Högsta andelen fanns i gruppen Övriga branscher samt i de mekaniska verkstäderna. I båda dessa typer av produktion fanns en stor grupp ogifta gesäller. I den mekaniska verkstaden var det en obetydlig andel, som bodde hos föräldrar. Men det var det en tredjedel av arbetarna vid den litografiska fabriken och tobaksfabriken, som gjorde. Det avspeglar arbetets karaktär av kvalificerat hantverk med unga okvalificerade medhjälpare, vilka med sina inkomster bidrog till ursprungsfamiljernas försörjning. Men i den senare periodens mekaniska verkstäder hade å andra sidan andelen hushållsföreståndare vuxit från en dryg tredjedel till närmare hälften av arbetarna. Det var fortfarande yllefabrikerna, som hade störst andel gifta arbetare, trots att det nu var mekaniserad produktion. Det var dock nästan enbart män, som var gifta.

Inga gifta kvinnor, som levde i hushåll med sina makar, fanns upptagna som arbetare utom i ett fall, nämligen vid Malmö bomullsfabriker, som upptog 10 gifta kvinnor i mantalsuppgifterna.[19] Högsta andelen arbetare som inte förestod sina hushåll, fanns vid malmöfabrikerna. 42% av bomullsarbetarna där var ungdomar, som bodde hemma hos föräldrarna. Ytterligare några procent bodde hos fosterföräldrar eller tillsammans med syskon eller vänner.

Ställning i hushållet och boende efter kön

Yllefabriker

Om man delar upp arbetare efter kön, framgår att kraftiga skillnader förelåg mellan män och kvinnor när det gäller boendeform och ställning i hushållet. Nedan jämförs fyra hantverksfabriker 1845 med den mekaniserade yllefabriken 1877, alla i Norrköping.

Tabell 8.8. Arbetare efter ställning i hushållet och kön. Omekaniserad och mekaniserad ylleproduktion i Norrköping. Procent.

	1845		*1877*	
	M	Kv	M	Kv
Ensambo	20,3	40	15,3	34,2
Gift	59,5	(15)	69,4	2,7
Bor hos föräldrar	19	30	10	37,4
Änk m barn	0	0	3,6	5
Ogift m barn	0	10	0	16,2
Annat[20]	1,3	5	1,7	4,5
	100	100	100	100
N	79	20	170	222

Källa: Mantalsuppgift, husförhörslängder.[21]

Andelen ensamboende män hade sjunkit, andelen ensamboende kvinnor hade sjunkit ännu mer. Bland männen hade andelen gifta ökat från 60 till 70%. Av kvinnorna var det fortfarande bara enstaka, som var gifta, även om de små talen i urvalet från 1845 kan vilseleda på den punkten. Andelen män som bodde hos föräldrarna hade nästan halverats och var 1877 10%, medan andelen kvinnor som bodde hos föräldrarna hade ökat ytterligare till 37%. Andelen unga kvinnor, som bodde hos föräldrarna, var nu tre gånger så stor som andelen unga män. Kvinnorna bidrog alltså i stor utsträckning till ursprungsfamiljens försörjning. De hade kanske heller inte råd att bilda eget hushåll.[22]

I denna tabell har jag vidare ur gruppen ensamboende särskilt änkor/änklingar och ogifta personer med barn, för att få ett mått på försörjningsansvaret. År 1845 var 10% av kvinnorna men ingen av männen ensamma om ansvaret för barn. År 1877 gällde det 20% av kvinnorna mot 4% av männen. Grupperna under rubriken Annat såg ut ungefär som förut.[23]

Bomullsfabriker

När det gäller hushållstyper och arbetarnas försörjningsansvar i bomullsindustrin, har jag valt att närmare undersöka Strömma bomullsspinneri i Asarum vid blekingekusten. Det kan antas skilja sig från yllefabrikerna dels genom sin inriktning på (mekaniserad) bomullstillverkning, dels genom att arbetsprocessen var anpassad till okvalificerad, ofta minderårig arbetskraft. Denna fabrik har jag därför betraktat som särskilt intressant att studera med avseende på arbetarrekryteringen sedd ur hushållens synpunkt. Det är som framgått i tidigare kapitel annars ofta svårt att finna systematiska data om de yngsta arbetarna i textilindustrin.[24]

Strömma bomullsspinneri startades 1831 och driften kom i gång 1833-34. Det var den första och största industrin i Blekinge under första hälften av 1800-talet. 1850 var 283 arbetare anställda, varav 58% under 15 år.[25] Arbetarna var alltså i stor utsträckning minderåriga. De arbetade främst vid bomullspinneriet, där grovt bomullsgarn spanns med hjälp av throstle-spinnstolar, som var enkla att sköta. Men fabriken hade också ett pappersbruk, ett färgeri och blekeri, en mekanisk verkstad och en kvarn. Eftersom fabriken låg på landsbygden, försågs den med arbetarbostäder och en skola för barnen, vars lärare var anställd av fabriken.[26]

A. Bomullsarbetarna

Fabriksbarnen och övriga arbetare vid Strömma är förtecknade dels på mantalsuppgifter, dels i husförhörslängden under fabriken. Den första mantalsuppgift, som upptog arbetare även för bomullsspinneriet, gällde 1833. Den upptog 38 anställda, varav 23 kvinnor och 15 män. Männen var i stor utsträckning arbetare i den mekaniska verkstaden. Den genomsnittliga åldern för både män och kvinnor var högre än för de arbetare (huvudsakligen barn och ungdomar) som enbart upptogs i husförhörslängden. Man torde kunna utgå från att dessa först rekryterade arbetare åtminstone delvis var avsedda som arbetsledare och/eller utbildare av de yngre arbetarna. Bland de första arbetarna var en spinnare från Lundby (där det fanns bomullsfabrik) med familj och tjänstefolk, som stannade till sin död 1848 och hela tiden stod separat upptagen främst på uppgiften. Under honom följde så fabriksarbetarna, de gifta och ogifta var för sig. För 1834 upptogs

77 arbetare (inklusive 4 för arbete i kvarnen), härav 50 kvinnor och 27 män. 42 (15 män och 27 kvinnor) var kvar även under 1835, dvs drygt hälften av både kvinnor och män. Den omsättning som framgår av mantalsuppgiften, är alltså mycket stor. Där ingår ändå inte de flesta av barnarbetarna. För 1835 upptogs 107 arbetare: 63 kvinnor, 44 män. För 1840 upptogs 92 arbetare: 51 kvinnor och 41 män. Av männen var fem verkstadsarbetare och fem drängar vid mjölkvarnen. En del manliga arbetare i kvarn, mekanisk verkstad och några i textilfabrikens olika avdelningar var gifta. På mantalsuppgiften för 1834 stod fem av 50 kvinnliga arbetare upptagna såsom hustrur. Enbart arbetare (fabriksgossar och fabriksflickor) i åldrarna 16 år och äldre är upptagna.

Husförhörslängden upptar betydligt fler barn än mantalsuppgifterna. För att ta reda på vilka skikt som sände barnen till bomullsfabriken och vilken plats fabriksarbetet hade i barnens liv, har jag undersökt de arbetare, som står antecknade i de tre volymerna för Asarums socken efter fabrikens grundande, dvs en period på cirka femton år. Det innebär att jag följt de flesta barn under hela perioden. De som börjat vid fabriken några år efter dess start har följts i motsvarande antal färre år. Somliga slutade under perioden; ytterst få fortsatte inom fabriken i vuxen ålder. Däremot var det en del, som kom tillbaka en eller flera gånger och arbetade i fabriken under flera perioder med avbrott för pig- eller drängtjänst. Det gällde främst flickorna.

B. Arbetarnas ålder

I husförhörslängden (hfl) för Asarums socken 1836-41 står totalt 129 manliga och 95 kvinnliga arbetare upptagna. De flesta hade börjat arbeta vid fabriken under 1834 eller 1835, dvs under dess två första verksamhetsår.

För 121 manliga och 86 kvinnliga arbetare har åldersuppgift påträffats. Bortfallet utgör 7,6%, men fördelar sig snett över könen, så att 6,6% av pojkarna och 10,5% av flickorna inte påträffats. De som kunnat påträffas fördelade sig över åldrar som framgår av tabell 8.9.

Mer än hälften av arbetarna var under 16 år. De står mestadels inte upptagna på mantalsuppgiften för fabriken. Bland de manliga arbetarna ingick en mindre grupp vuxna yrkesutbildade arbetare, bl a en engelsman, som var med vid fabrikens start. I huvudsak var emellertid dessa arbetare de ungdomar, som arbetade vid bomullsspinneriet som fabriksgossar respektive fabriksflickor.[27]

41% av flickorna och 55% av pojkarna var under 15 år då de började

Tabell 8.9. Arbetarnas ålder då de började vid fabriken. Strömma bomullsspinneri. 1830-talet. Procent.

	Femårsintervall			Tioårsintervall	
Ålder	*Män*	*Kvinnor*	*Ålder*	*Män*	*Kvinnor*
- 9	4,1	2,3	- 19	86,7	83,7
10-14	50,4	38,4	20-29	11,6	14
15-19	32,2	43	30-39	1,7	1,2
20-24	8,3	12,8	40-	0	1,2
25-29	3,3	1,2			
30-34	0	0			
35-39	1,7	1,2			
40-44	0	1,2			
	100	100		100	100
N	121	86		121	86

Källa: Husförhörslängd.

vid fabriken. 84 % av flickorna och 87 % av pojkarna var under 20 år då de började. I genomsnitt var pojkarna 15,1 år gamla då de började, och flickorna 16 år. Denna siffra inkluderar två änkor, 35 respektive 43 år gamla. Utan dem blir genomsnittet 15,4 år, eller ungefär samma som för männen. Den yngste arbetaren var en 8-årig pojke; annars var de yngsta 9 år. 18 pojkar och 12 flickor hade ännu inte fyllt 12 år.

C. Fabriksarbetets plats i barnens liv

Hur länge stannade barnarbetarna vid fabriken?[28] Pojkarna stannade i genomsnitt 4 år. Dessutom hade två stycken (åtminstone) återkommit till fabriken efter något eller några års drängtjänst. Flickorna stannade i genomsnitt 3,3 år vid fabriken, alltså något kortare tid.[29] Det var emellertid fler av dem, som återvände till fabriken efter pigtjänst något eller några år. Det gällde minst 8 av 61 jämfört med två av 82 män. En återvände i flera omgångar till fabriken. Några pojkar hade hunnit med något eller några års drängtjänst, redan innan de kom till Strömma. I huvudsak var emellertid alltså fabriksarbetet en genomgångsfas för barnen.

Av kvinnorna var det 10, som endast arbetade ett år eller mindre vid fabriken. 13 st stannade kvar i fem år eller längre i första omgången. Dessa flickor var i genomsnitt 18,6 år då de slutade. De flesta flickor som slutade, återvände aldrig till fabriken. De tog i stället pigtjänst, som ofta byttes varje eller vartannat år. De flyttade i samband därmed ofta till någon av grannförsamlingarna, sällan längre bort. Av dem som uppgift saknas för har som ovan nämnts några enstaka stannat vid fabriken. Men av åldersfördelningen ovan framgår också att ytterst få var kvar efter några och 20 år. De enstaka äldre kvinnorna var änkor och hade börjat vid fabriken i vuxen ålder. De flickor som började vid tidig ålder stannade längre perioder. De 9 som var 12 år eller yngre då de började, stannade i genomsnitt 5,8 år vid fabriken.[30]

Av de manliga ungdomarna står många upptagna som lärlingar. Det visar att de åtminstone potentiellt ansågs kunna få utbildning inom fabriken. Några fortsatte också i vuxen ålder i färgeri, blekeri, mekanisk verkstad eller vid kvarnen. Men de flesta slutade som vi sett liksom flickorna efter ett antal år.

I huvudsak var barnarbetet en genomgångsfas, som inte innebar utbildning till ett framtida mer kvalificerat yrke.[31]

D. Barnarbetarnas framtid – vad blev det av dem?

Vad gjorde de forna barnarbetarna, då de slutat vid Strömma bomullsfabrik?

Tabell 8.10. Barnarbetarnas framtid.

Flickor	Antal	Andel	*Pojkar*	Antal	Andel
Kvar på orten	44	77,2	*Kvar på orten*	54	66,7
varav i pigtjänst	40		varav vid fabriken	4	
inhyses	2		torpare	1	
hos föräldrar	2		husman	1	
Flyttat till grannförsamling	10		båtsman	7	
Flyttat till Stockholm resp Norrköping	2		arb, husägare	1	
På spinnhuset	1		drängtjänst	17	
			hantv lärling	13	
			artill, husar	3	
			sjöman	7	
			inhyses	4	
			Flyttat till grannförsamling	17	
			Flyttat till Göteborg, Trelleborg, Norrköping, Mjölby	6	
N	57		N	81	

Källa: Husförhörslängder.

Av 57 kvinnor, som kunnat spåras, hade 40 pigtjänst hos bönder, torpare m fl. Ytterligare 10 hade flyttat till Karlshamn eller andra närbelägna församlingar. Sannolikt hade även de något slags pigtjänst, men det har här inte undersökts närmare.

77 % av dem var kvar i församlingen, sedan de slutat vid fabriken. Fyra hade gift sig och en var sambo, dvs 7 %. De gifta kvinnornas förvärvsarbete framgår inte av materialet. 11 % hade barn. Totalt sett var det 17 % av kvinnorna som hade familj (man och /eller barn).

Av 81 män som lämnat fabriken, tog 17 drängtjänst. Somliga av dem flyttade till andra församlingar. Ytterligare 17 flyttade till andra närbelägna orter utan att uppgift om yrke eller tjänst angetts. Sex män flyttade till mer avlägsna orter. Det var fler män än kvinnor, som lämnade orten. Men de flesta män stannade också kvar på orten. Av de 68 % som stannade kvar på orten, blev fyra blev inhyses, sju blev sjömän och sju båtsmän. Av dessa hade flera först tjänat som dräng i flera år, och ett par stycken hade varit lärlingar men hoppat av. En av dem som blev militärer utbildade sig först till färgaregesäll. Inte mindre än 13 st (eller 16 %) blev lärlingar inom olika hantverk (flera tunnbindare och smeder men även skomakare, kakelugnsmakare och timmerman). En hann också bli gesäll under perioden.

18 av männen gifte sig, en var sambo, och alla dessa utom en hade barn. Totalt sett var det 33 % av de kvarvarande männen, som bildade familj under perioden. Tre hade hustrur, som förde med sig utomäktenskapligt barn. Eftersom barnen inte senare legitimerats, torde fadern vara någon annan än den kvinnorna senare gift sig med. Det skulle kunna tyda antingen på att det inte betydde någon större deklassering att ha utomäktenskapligt barn – eller kanske mer sannolikt att männen (liksom kvinnorna i fråga) inte hade stora valmöjligheter på äktenskapsmarknaden, dvs även männen stod redan lågt ned på den sociala skalan. Tre hade vidare dött. Några hade råkat illa ut på annat sätt: en var intagen på kurhuset och två hade straffats.

Dubbelt så stor andel av männen som av kvinnorna hade bildat familj. Men av de kvinnor som fått familj, hade cirka hälften troligen inte gjort det frivilligt. Med andra ord, de hade utomäktenskapliga barn.

E. Kvinnors och mäns framtidsmöjligheter

En jämförelse mellan män och kvinnor visar en påfallande bredd i det senare yrkesvalet för männen, medan kvinnorna i princip hade att välja mellan pigtjänst och giftermål. Desto mer anmärkningsvärt framstår det som att så få av kvinnorna gift sig under perioden. Det var vidare enbart männen, som kunde skaffa sig en egen torva, utbildning eller annan tjänst än den vanliga årstjänsten som dräng. Om även sjömännen räknas in, var det 30 män (eller 37 %) som på ett eller annat sätt hade ordnat sin försörjning genom annat än drängtjänst. Till dem kommer en liten andel, som stannat vid fabriken och utbildat sig till färgare eller något annat. För detta fåtal var fabriksarbetet en ingång till avancemang eller "karriär". Men för de flesta män och alla kvinnor (utom en eller två) var det fråga om en tillfällig försörjningskrok, som man kunde få som minderårig och som man möjligen återvände till en eller ett par gånger vid behov, men som man i regel lämnade definitivt efter några år.

Det är därför rimligt att tänka sig att dessa barns fabriksarbete snarare var avsett som ett tillskott till ursprungsfamiljens ekonomi. De kom till fabriken direkt från föräldrahemmet och deras bakgrund var som nedan skall visas sådan att familjerna framstår som särskilt utsatta i olika avseenden, särskilt ur försörjningssynpunkt. Däremot var det inte fabriksarbetet som erbjöd framtida försörjning för dessa människor, när de själva bildade familj eller skulle försörja sig. Inkomsten var sannolikt för liten för att föda en vuxen. Fabrikens rekrytering gällde heller inte vuxna i någon högre grad.

Detta intryck förstärks av att de familjer, som sände barn till fabriken, i regel sände flera barn dit samtidigt och/eller i rad. Av 38 flickor vilkas familjeförhållanden undersökts, hade åtminstone 34 ett eller – oftare – flera syskon där. En kvinna hade båda sina barn där. En hade även en kusin där. Av 79 män som undersökts hade 76 syskon vid fabriken. En hade en fostersyster där. Av 6 gifta män hade en två barn vid fabriken.

Vi har ovan kunnat konstatera någon skillnad mellan flickor och pojkar när det gäller varaktighet i fabriksarbetet och ålder. Pojkarna tycks börja i yngre år och stanna något längre än flickorna. Är det fråga om en skillnad på grund av deras kön? Eller finns det möjligen någon skillnad i deras övriga sociala bakgrund? Vilka familjer hade i regel flera barn i fabriksarbete?

F. Social och geografisk bakgrund

Det som ovan sagts om att arbetarna i regel kom i syskonskaror till fabriken direkt från föräldrahemmet, pekar i riktning mot en lokal rekrytering av barnarbetare, något som ju verkar rimligt överhuvudtaget när det gäller så unga människor. Låt oss undersöka den geografiska rekryteringen hos arbetarna.

Tabell 8.11. Geografisk rekrytering till Strömma bomullsfabrik. Procent.

Födelseort	*Pojkar*	*Flickor*	*Samtliga*
Asarum	65	59,1	62,5
Karlshamn	20,8	9,1	15,9
Övriga Blekinge	10,8	27,3	17,8
Övriga län	2,5	4,5	3,4
England	0,8	0	0,5
	100	100	100
N	120	88	208

Källa: Husförhörslängder.

Asarum och Karlshamn är angränsande församlingar. Om de slås ihop här, framstår männens rekrytering som geografiskt avsevärt mycket mer begränsad än kvinnornas. Särskilt gäller det den andel, som kom från Karlshamn. Dubbelt så stor andel män som kvinnor kom därifrån. I gengäld kom drygt 1/4 av kvinnorna från Blekinges landsbygd mot bara knappt 11% av männen. Rekryteringen från andra län var obetydlig; enstaka personer var födda i församlingar på andra sidan småländska gränsen. Möjligen antyder det att landsbygdspojkarna hade lättare att finna arbete inom jordbruket än flickorna.

Vilka sociala skikt rörde det sig om?

Tabell 8.12. Social rekrytering. Strömma bomullsspinneri. 1830-talet. Procent.

Faderns yrke	*Pojkar*	*Flickor*	*Samtliga*
jordägare	5,5	0	3,8
halvproletärer	65,8	64,5	65,4
hantverkare och andra kval arb	5,5	3,2	4,8
övriga proletärer	23,3	32,3	26
N	73	31	104

Källa: Födelseböcker.

Yrkesstrukturen präglades av fabrikens lokala rekrytering av barn från Blekinges kust. Blekinge dominerades av småbrukar- och fiskarbefolkning.[32] Det var som väntat främst kustens proletära och halvproletära skikt, vilkas barn rekryterades till bomullsspinneriet. Några pojkar var bondsöner och något fler pojkar än flickor var hantverkarbarn. Bland övriga proletärer var gruppen inhyses särskilt stor. Elva pojkar och sju flickor hade en far, som alltså saknade både fast arbete och egen bostad eller jord och som i stället bodde hos någon annan och sannolikt försörjde sig på diversearbete. Andelen flickor från rent proletär bakgrund var betydligt större än andelen pojkar. Det kan möjligen ha att göra med att pojkarna kunde se fabriksarbetet som en möjlighet till yrkesutbildning, vilket kunde locka även andra skikt att skicka sina barn dit. Emellertid var en del fäder och många mödrar inte i livet, då barnen började sitt fabriksarbete. Vi skall undersöka familjesituationen närmare.

G. Arbetarhushållens sammansättning

I ett samhälle, där männen som sådana har högre löner och monopol på de flesta yrkesutbildningar och bättre betalda arbeten, är kvinnors möjligheter inom lönearbetet relativt sett systematiskt underordnade och mer begränsade. Vi skulle kunna vänta oss att ett hushåll där barnen lönearbetade från mycket unga år, var ett hushåll, där försörjningsansvaret av olika skäl inte kunde bäras av de vuxna ensamma. Ett sådant skäl kan vara att antalet barn var särskilt stort, särskilt i förhållande till inkomstmöjligheterna. Ett annat skäl kan vara att de vuxnas inkomstmöjligheter var särskilt små, även om barnantalet inte var så stort. Ett tredje skäl kan vara att antingen fadern eller modern avlidit, och en enda person kunde få en vuxens inkomst. Var det fadern som saknades, var det ekonomiska avbräcket naturligtvis allvarligare, eftersom mäns inkomstmöjligheter var avsevärt mycket större än kvinnors. Moderns död kunde emellertid ha svåra sociala konsekvenser. För en lönearbetande man utan möjlighet till hjälp med hushållsarbete, barnpassning m m blev det oftare nödvändigt att lämna bort barnen, dvs att familjen splittrades, medan ensamma mödrar i större utsträckning lyckades hålla ihop familjen efter mannens död.[33]

Låt oss därför undersöka i vilken grad barnarbetarna kom från mans- eller kvinnoledda hushåll och i vilken omfattning den ena av föräldrarna saknades i deras familjer. (Se tabell 8.13.)

43 av 111 barnarbetare (nära 40 %) hade endast ena föräldern i livet. Ungefär en tredjedel av dem var barn till änkor. De ojämförligt flesta av de ensamförsörjande vuxna var kvinnor. Det kan noteras att en rad barn, som började vid fabriken under dess första två år, alldeles nyss (samma år eller något år tidigare) hade mist sina fäder. Fabriken måste ha erbjudit en välkommen försörjningsmöjlighet för dessa familjer, särskilt som det oftast gällde barnrika familjer. I synnerhet

Tabell 8.13. Hushållsföreståndarens civilstånd i hushåll med barnarbetare. Andel.

	Pojkar	*Flickor*	*Samtliga*	*N*
Fadern änkling	2,5	12,9	5,4	6
Modern änka	33,8	29	32,4	36
Modern ogift	0	3,2	0,9	1
Två föräldrar	63,8	54,8	61,3	68
	100	100	100	
N	80	31		111

Källa: Husförhörslängder.

kanske fabriken var ett alternativ för de barn, som eventuellt var för unga för att vara till större nytta i vanlig pig- eller drängtjänst.

Men de flesta av barnen – 61% – hade båda föräldrarna i livet. Kanske fanns andra faktorer, som gjorde deras försörjningssituation utsatt. Vi skall närmare undersöka familjernas storlek.

H. Hushållens storlek

De 80 undersökta pojkarna kom från familjer med i genomsnitt 4,3 hemmavarande barn. De 36 flickorna kom från familjer med i genomsnitt 3,9 barn hemma.

Det är vidare anmärkningsvärt att det i många av barnarbetarnas familjer fanns handikapp, sjukdom, kriminalitet eller dödsfall genom olyckor. Några blev själva arbetsoförmögna, medan de arbetade eller sedan de slutat vid fabriken.

I jämförelse med fabriksflickorna ovan var det en stor andel av de först rekryterade kvinnorna, som gifte sig och/eller fick barn. Det framgår av en undersökning av den först inlämnade mantalsuppgiften.[34] De var i genomsnitt 21,8 år, när de slutade vid fabriken. De var alltså lite äldre än de ovan diskuterade flickorna, som i genomsnitt var 19,3 år, då de slutade. Möjligen är det åldern, som här slår igenom. I övrigt tycks nämligen de kvinnliga arbetarna 1833 ha kommit från samma typ av utsatta miljöer som de yngre flickorna. Tre kom från familjer som förestods av en änka och tre hade föräldrar, som befriats från skatt, därav någon med epilepsi. En blev föräldralös medan hon arbetade på Strömma, och systern som fött ett dödfött barn hamnade – samma år som modern dog – på spinnhuset i Norrköping för stöld.

I. Sammanfattning
Många barn och ungdomar arbetade vid Strömma bomullsspinneri. De kom till största delen från proletära och halvproletära familjer med många barn, med modern (eller i viss grad fadern) som ensam vuxen försörjare och/eller som ofta hade genomgått kriser av olika slag, såsom sjukdom, olyckor, handikapp, straff för brott eller förseelser. Det var med andra ord i hög utsträckning fråga om hushåll som av olika skäl drabbats av nedsatt försörjningsförmåga och/eller social utslagning. Då fick barnen rycka in och bidra till hushållets försörjning genom fabriksarbete.

Barnarbete som sådant var inte anmärkningsvärt mot bakgrund av barnens traditionella insocialisering och utbildning inom jordbruk och andra arbetsområden på den tiden, då familjemedlemmarna ofta arbetade tillsammans. Men arbetet i bomullsspinneriet tycks ha varit en typ av arbete, som kanske just på grund av sin genomgångskaraktär (sin karaktär av födkrok men som regel inte livsinsats) och sin rekrytering av yngre barn vände sig till familjer från utsatta miljöer. Rekryteringens inriktning tyder i varje fall inte på att arbetet har varit särskilt attraktivt. Vi har i tidigare kapitel vidare sett att det här i motsats till den tidiga ylleindustrin inte var familjeorganiserat.

Mekaniska verkstäder

I de mekaniska verkstäderna borde vi i enlighet med det inledande resonemanget kunna vänta oss att träffa på högre avlönade, kvalificerade arbetare. Vi har ovan sett att 1/3 av dem på 1830-talet var gifta och hushållsföreståndare. På 1860-talet hade de gifta männens andel ökat till hälften. Vi bör då kunna vänta oss att också försörjningsansvaret ökade över tiden.

Tabell 8.14. Hushållsposition och försörjningsansvar. Mekaniska verkstäder. Manliga arbetare. Procent.

Civilstånd m m	*1832*	*1845*	*1859*
gift	35,7	44,9	55,6
därav med barn	66,7	83,9	90
ogift	64,3	50,7	27,8
bor hos föräldrar	0	4,3	16,7
N	42	67	18

Källa: Mantalsuppgifter, husförhörslängder för von Rosens verkstadi Nyköping 1832, Malcolms i Norrköping 1845, Hallströms i Köping 1859.

Urvalet upptar ett fåtal mekaniska verkstäder av olika typer från olika år, även om det rör sig om samtliga nystratde efter urvalets kriterier. Man bör inte generalisera alltför hårt utifrån denna tabell. Men den tydliga tendensen i tabellen ovan är att andelen gifta arbetare ökade mellan olika tidpunkter i de olika verkstäderna. Detsamma gällde andelen gifta arbetare, som hade barn.

För jämförelses skull kan tilläggas att 68% av de 54 arbetarna i Holmbergs mekaniska verkstad i Lund år 1871 var gifta. Övriga uppgifter om deras familjebildning saknas.

I verkstaden 1832 var 64% ogifta, däribland alla lärlingarna, ritarna och verkmästaren. Samtliga arbetskarlar var gifta; de var också de äldsta. Ingen under 25 år var gift, vilket bör ses mot bakgrund av den genomsnittliga vigselålder på 28 år vi konstaterat i kapitlets inledning för metall- och träarbetare. Ingen bodde hos föräldrarna. Mer än hälften av arbetarna var ogifta 1845, och närmare 40% av dem var familjefäder. 1859 var 56% gifta och alla av dem hade barn. Några av de ogifta bodde hos föräldrarna.

Övrig industri

Låt oss också se på några andra branscher under den andra undersökningsperioden. Antalet undersökta fabriker här ger inte underlag för några som helst generaliseringar. De omfattar heller inte några stora arbetargrupper. Men som exempel från andra branscher duger de.

A. Tobaksindustri

Arbetarna i Walls tobaksfabrik har spårats i kyrkoböckerna med avseende på familje- och boendeförhållanden. 13 av 15 män och 17 av 18 kvinnor har påträffats. De tyska gesäller som fanns vid fabriken står endast undantagsvis upptagna i hfl.

Tabell 8.15. Arbetare efter ställning i hushållet och kön. Walls tobaks- och snusfabrik, Norrköping 1857. Procent.

	Ensambo	*Gift*	*Hos föräldrar*	*Annat*		*N*
Män	69,2	7,7	23,1	0	100	13
Kvinnor	23,5	0	70,6	5,9	100	17
Totalt	43,3	3,3	50	3,3	100	
N	13	1	15	1		30

Källa: Mantalsuppgift, husförhörslängd.

Skillnaden i hushållssituation mellan män och kvinnor är här frapperande. Vi kan kontrastera de 70% ensamboende männen med de 70% flickor, som bodde hos sina föräldrar. Männen var i stor utsträckning hantverkare, som kom flyttande långväga i från. Flickorna som var lokalt rekryterade, assisterade dem i arbetet och bidrog med sin inkomst till föräldrahushållets försörjning. Ett visst inslag av faderlösa ungdomar fanns också vid fabriken.

B. Litografisk industri

Tabell 8.16. Arbetare efter ställning i hushållet och kön. Litografiska AB, Norrköping 1860. Procent.

	Ensambo	*Gift*	*Hos föräldrar*	*Annat*	*N*
Män	31,3	37,5	25	6,3	16
Kvinnor	72,7	9,1	18,2	0	11
Totalt	48,1	25,9	22,2	3,7	100
N	13	7	6	1	27

Källa: Mantalsuppgift, husförhörslängd.[35]

1/3 av männen och 3/4 av kvinnorna bodde ensamma. 1/4 av männen och något färre kvinnor bodde hos sina föräldrar, En dryg tredjedel av männen var gifta.[36]

Sammanfattning: hushållet möter fabriken

De flesta fabriksarbetare var ogifta under båda perioderna men i ännu högre grad under den senare perioden. Klädesfabrikerna hade den största andelen gifta arbetare under första delen av 1800-talet. Dessa var alla män, i huvudsak hantverksutbildade. De hade hjälp i arbetet av kvinnor, barn ochungdomar, ibland sina egna familjemedlemmar. Också i tobaksfabrikerna var arbetsorganisationen sådan, även om gesällerna där ofta kom långväga ifrån, medan deras medhjälpare var lokalt rekryterade.

Fabriksarbetet i textilindustrin fick med mekaniseringen alltmer prägel av biinkomst för ensamstående kvinnor, som bodde i sina föräldrahem. Fabrikslönens karaktär av biinkomst hade förstärkts, vilket måste ha varit ett problem för dem som var hänvisade till den för sin försörjning. Det fanns också de som på denna lön även måste försörja barn. Några hyrestillägg hade inte kvinnorna. Fabriksarbetet fick härigenom i stor utsträckning ett slags karaktär av biinkomst i hushållen via ungdomsarbetet, ungefär som barnarbetet i de tidiga bomullsspinnerierna varit.

I de mekaniska verkstäderna fanns arbetare av två slag – alla män. Gesällerna var ännu på 1830- och 1840-talen i stor utsträckning unga, ensamstående män. Diversearbetarna var äldre och i högre utsträckning gifta. Längre fram under andra hälften av 1800-talet gifte sig fler. Lönerna hade höjts relativt andra yrkesgrupper. Kvalificerat metallarbete hade bibehållits som hantverk och avskilt sig från textilyrkena, där hantverket ersatts av maskiner och okvalificerade men specialiserade arbetare. Verkstadsarbetarnas löneläge var nu relativt sett betydligt högre än övriga fabriksyrkens. Dessa hantverkarkategorier hade tidigare i stor utsträckning varit ogifta och flyttat över långa avstånd i landet. Det kan ses som ett gesällbeteende. Löneläget och den sociala rekryteringen var annars ungefär likartade för de olika hantverkararbetarna. Det fanns dock en viss reproduktion inom smedyrket mellan generationer.

De som gifte sig var i regel äldre än sina hustrur, vilket skilde dem från övriga arbetarkategoriers äktenskap, där hustrun vanligen var äldre än mannen. Diversearbetarna i de mekaniska verkstäderna, som i regel var äldre, var under den tidiga perioden i högre grad gifta. Klädesarbetarnas giftermålsålder anslöt däremot till övriga fabriksarbetares. Det kan möjligen stå i samband med att de var beroende av lönearbetet vid klädesfabrikerna och att de saknade smedgesällers och snickargesällers tradition att vidareutbilda sig i olika verkstäder, ofta på stora avstånd från varandra. Det skulle i så fall kunna tyda på att klädesarbetarna snabbare uppfattade sig mer som lönearbetare än som fria hantverkare. Deras sociala rekrytering kan också ha spelat in: de kom ju i högre utsträckning än smedgesällerna och motsvarande arbetare från proletär och halvproletär miljö utan hantverkstraditioner.

Männens utbildning och ställning i arbetet tycks alltså påverka deras giftermålsålder och åldersskillnaden i äktenskapen. Det har inte varit möjligt att undersöka hustrurnas yrkesbakgrund på motsvarande sätt här. Materialet har tyvärr stora brister i det avseendet. Man skulle mycket väl kunna tänka sig att på 1800-talet liksom i vår tid relationen mellan kvinnors utbildning och lönearbete å ena sidan och deras mäns hade betydelse inte bara för hennes eventuellt fortsatta lönearbete utan också för den ålder hon gifte sig i och hennes partners ålder. Att metall- och träarbetare gifte sig med yngre kvinnor torde ha inneburit att kvinnorna inte hade lika lång arbetserfarenhet och inte lika stor sparad slant som de äldre kvinnorna. Möjligen var deras sociala ursprung sådant att fadern kunde kompensera för detta. Det har här inte undersökts. Men mannens yrkesställning och lön tillät honom sannolikt att fästa mindre avseende vid detta. Å andra sidan hann hustrurna i detta skikt få fler barn än de som gifte sig i högre ålder. Det vore intressant att undersöka i vilken utsträckning det var detta skikt av yrkesskolade arbetare, som krävde familjeförsörjarlön senare under seklet.

De kvinnliga textilarbeterskornas löner var däremot lägre jämfört med de tidiga klädesfabrikernas hantverkarlöner. I växande utsträckning rekryterades unga kvinnor, som delade hushåll med föräldrar och ofta även syskon. Men somliga arbeterskor var ensamma om försörjningsansvar för barn. Gifta kvinnor har i undersökningen påträffats i mycket liten utsträckning.

Rosenbaum hävdar att den proletära familjeformen utbildades först mot slutet av 1800-talet. Men min undersökning visar att den i Sverige åtminstone också uppträdde tidigt. Vi behöver bara betrakta de familjer, vilkas barn arbetade vid Strömma fabrik. Även om många familjer under industrikapitalismens framväxt snarast var halvproletära, dvs torpare o d, som ännu hade visst samband med jordbruksmiljön.

Men i en hel del fall hade redan den generation, som varit torpare, helt proletariserats och flyttat till staden, där även hustrur och i synnerhet barnen kunde få arbete.

Man måste också – som Rosenbaum påpekar – skilja mellan norm/familjeideal och verkligheten. Hon säger det apropå den borgerliga familjen. Men jag tror att det är minst lika viktigt när det gäller arbetarklassens övre skikt. Det är de som först får ekonomisk möjlighet att efterlikna det borgerliga idealet med manlig familjeförsörjarlön och ideologin om kvinnan i hemmet. Det är sannolikt mot denna bakgrund man får se diskussionen om familjeförsörjarlön.

En viktig skiktning bland fabriksarbetarna är därför den som under seklet tycks växa fram mellan metall/träarbetare och textilarbetare och deras tendentiellt olika villkor både i arbete och hushåll. Senare under seklet kom metallarbetarna att i flera avseenden kunna avskilja sig tydligt från textilarbetarna och andra arbetargrupper, vilka nu i stället utgjorde den stora, mer homogena massan eller kollektivarbetarna i fabrikerna. Textilarbetarna arbetade vid maskiner på större arbetsplatser under en central arbetsledning, oftast med stycklön. De var nu i högre grad ett lokalt rekryterat självreproducerande skikt, även om en stor del fortfor att rekryteras från landsbygden.

Arbetet i de mekaniska verkstäderna bibehöll däremot sin karaktär av hantverk och ökade snabbt det sociala och ekonomiska avståndet till de egentliga textilarbetarna. Vi har i tidigare kapitel kunnat konstatera en polarisering mellan textila kollektivarbetare och reparationsverkstädernas hantverkare, särskilt när det gäller lönen. Men i detta kapitel har vi också sett en tendens till ökad familjebildning bland verkstadsarbetarna. Och redan tidigt under seklet kunde man se en skillnad i giftermålsmönster i det att metall- och träarbetarna närmade sig det borgerliga familjeidealet med en yngre hustru.

Här finns också den konkurrens mellan män, som Hanne Haavind talar om, nämligen från metallarbetarnas sida i förhållande till borgarklassens män: de vill "utjämna klasskillnaderna" genom att få ha hemmafru och utbilda sina söner.[37] Samtidigt tjänar denna strävan till att avskilja sig som skikt från övriga arbetarklassen till en arbetararistokrati.

I två avseenden kan jag nu utveckla Rosenbaums analys. Först finns det faktum att hon hela tiden utgår från en s k fullständig kärnfamilj, dvs en idealtyp per produktionssätt, klass eller skikt. Det fanns många hushåll som inte innehöll en sådan kärnfamilj, t ex mor och barn eller kanske mor och barn som inneboende hos någon släkting eller annan, syskon som delade hushåll osv. Många bodde helt ensamma. Alla dessa försörjningsenheter bör särskiljas från dem som åtnjuter åtminstone en mansinkomst. Kvinnolöner var svårare att försörja sig själv eller en familj på.

För det andra kan olika hushålltypers arbetskraftsutbud sättas i samband med olika typer av fabriksproduktion eller manufakturproduktion. Rosenbaum gör en grov kategorisering, även om också hon särskiljer välavlönade proletärer typ metallarbetare. Man kan också särskilja barnarbetare i klädes- respektive bomullsfabrikerna, lärlingar och olika sorters kvinnoarbeten. De ungas arbete ingick oftast i ursprungsfamiljens ekonomi, men särskilt när modern var änka eller om familjen hade särskilt många hemmavarande barn, så måste de yngre arbeta. Kausalsambandet är dock knappast utrett. Möjligen hade man fler barn hemma där det fanns arbete för dem.

9. Sammanfattande diskussion

Undersökningens svar

Arbetsprocessens förändring

I hantverksfabrikerna var produktionen beroende av hantverksutbildade arbetares yrkeskunskaper. I klädesfabrikerna var specialiseringen mellan arbetsmoment i produktionsprocessen långt driven. Men hantverket var fortfarande basen för tillverkningen. Ledningen över det konkreta arbetet sköttes av hantverkaren i varje avskilt arbetsmoment. Han assisterades av kvinnor och barn. Kvinnor skötte också vissa för- och efterberedande moment. Det fanns en yttre produktkontroll från hallrätten och särskilt ekonomisk ledning från kapitalägaren. Men det var de direkta producenterna, som behärskade arbetsprocessen.

I tex klädesfabrikerna kan en äldre familje- eller hushållsbaserad arbetsenhet spåras, som ännu präglade arbetets organisation och i viss mån anställningsform och lönesättning i hantverksfabrikerna. Andra hantverksfabriker såsom repslagerierna och de mekaniska verkstäderna med sina gjuterier var också beroende av utbildade och erfarna arbetare för sin produktion. Men dessa var helt manliga arbetsplatser.

På 1830-talet hade vissa mekaniska hjälpmedel införts i förberedande och efterberedande moment. Med system av valsar underlättades arbetarnas insats men minskade deras möjligheter att nyansera behandlingen av produkten. Drivkraften var ännu manuell. Vattenkraft användes i viss mån. Ångkraften användes främst till värme. Först senare började den användas som komplement vid dålig vattentillgång, för att i samband med mekaniseringen och strukturomvandlingen på 1850-talet generellt appliceras som central drivkraft.

I 1830-talets mekaniserade bomullsspinnerier och i det mekaniserade bomullsväveriet i Rydboholm hade arbetet en annan organisation, som pekade fram emot det moderna fabriksarbetets form. Den arbetsledande funktionen var helt avskild från de direkta producenternas massa. Den låg främst på hantverksutbildade arbetsledare (spinnare, vävare) eller på uppsyningsmän. Arbetarna utgjorde ett enhetligt kollektiv, vars medlemmar utförde likartade arbetsuppgifter. Det krävdes inte längre hantverkskunnighet eller utbildning av arbetarna.

Tekniken i de tidiga bomullsspinnerierna var anpassad till arbetskraften, som till största delen utgjordes av barn. Throstle-spinnmaskinen, som särskilt användes till tillverkning av grövre garn, var enkel att sköta. Den utvecklades med tiden till större snabbhet och fler spindlar, vilket ställde större krav på arbetarna. När mekaniseringen krävde en vuxens krafter och överblick, vände man sig i stället till kvinnlig arbetskraft.

Mekaniseringen av arbetsprocessen skedde för att sänka lönekostnaden, öka produktiviteten och även kontrollen över arbetsprocessen. Det blev aktuellt i samband med en kraftig efterfrågeökning på grövre, billigare kvaliteter, särskilt av vävnader. Den teknik som valdes för den typen av produktion anpassades till en mindre kvalificerad, billigare men vuxen arbetskraft. Unga kvinnor rekryterades under den senare hälften av 1800-talet till throstle-spinnstolar, mekaniska vävstolar och överskärerier. Men mekaniseringen innebar inte entydigt en förenklad arbetsprocess. I mulspinningen kvarstod länge ett manuellt moment, som ställde krav på utbildning och låg till grund för högre löneanspråk. Mulspinnarna var män.

Det var särskilt hantverkarna, som orsakade en stor del av lönekostnaden i klädesfabrikerna. Genom att införa mekaniserade vävstolar kunde man omdefiniera yrket, ändra kvalifikationskraven och rekrytera en arbetskraft utan hantverksutbildning och utan krav på den lön som hantverkarna hade.

Under andra hälften av 1800-talet dominerade de mekaniserade fabrikerna textilindustrin, även om också hantverksfabriker länge fanns kvar. De arbetsledande funktionerna hade ytterligare utökats och specialiserats. Den hierarkiska principen med kön och ålder som allokeringsprinciper var systematiskt och ännu tydligare genomförd. Men nu var arbetsorganisationen anpassad till den industrikapitalistiska massproduktionens arbetsprocess. Familjen var inte längre arbetsenhet eller anställd som sådan. Den präglade inte heller längre själva arbetsprocessen. I stället fanns specialiserade maskinpassare och deras ofta hantverksutbildade arbetsledare och maskinvårdare. Arbetsledarna och maskinvårdarna hade en klart avskild gynnad position. Arbetet var nu mer kontinuerligt, integrerat och hierarkiserat.

Denna typ av arbetsorganisation kan inte främst hänföras till en överlag förändrad samhällsmiljö. Den fanns redan i de tidit mekaniserade bomullsspinnerierna och i Rydboholms mekaniserade bomullsväveri i mitten av 1830-talet. Dessutom fanns den äldre hantverksbaserade produktionstypen kvar under senare hälften av 1800-talet och uppvisade då samma typ av arbetsorganisation som de tidiga hantverksfabrikerna. Det tycks alltså inte ha varit den allmänna samhällsutvecklingen eller förändringar i industrikapitalismens genomslag i allmänhet, som avgjorde arbetsorganisationens och arbetsdelningens utformning – annat än indirekt: det var mekaniseringsgraden som direkt gav utslag i en förändrad produktionsprocess och därmed en förändrad könsarbetsdelning. Det var i sin tur ändrade marknadsförhållanden och produktionsbetingelser, som utgjorde bakgrunden till strävan efter standardiserad produktion av grövre kvaliteter för en massmarknad till så billig kostnad som möjligt. Teknologins tillämpning kan diskuteras utifrån den nationella efterfrågan, arbetskraften och andra produktionsbetingelser. Den stigande lönenivån har särskilt framhållits som betydelsefull både för befolkningens ökade köpkraft och för fabriksägarnas intresse att sänka lönekostnaden. Att den nya tekniken redan var utvecklad och tillämpades i andra länder bör ha haft betydelse.

Könsarbetsdelningens förändring

Redan i 1830-talets hantverksfabriker förelåg en strikt uppdelning av arbetsuppgifter och positioner mellan män och kvinnor. Uppdelningen var dels horisontell mellan branscher och arbetsmoment inom branscher. Men den var också hierarkisk på två sätt. Dels hade män i större utsträckning självständiga, kvalificerade och bättre betalda arbetsuppgifter och yrken, dels hade de monopol på arbetsledande positioner. Kvinnors arbete var i allmänhet underordnat. Kvinnoarbetet i de omekaniserade klädesfabrikerna gällde främst beredning av ull och avsyning av det färdiga klädet. Det kunde också gälla assisterande uppgifter. I sådant arbete var deras lön beroende av vävarens eller spinnarens arbetsinsats.

En viktig orsak till den manliga dominansen var att männen monopoliserade hantverksutbildningen inom skråna. Men hall- och manufakturlagstiftningen medgav att andra personer anställdes, vilkas utbildning kunde begränsas till manufakturernas specifika behov. Därmed blev det möjligt för fabriksägare att försöka rekrytera annan arbetskraft än tidigare och att ändra villkoren.

Det fanns försök från ägarnas sida att i hantverksfabrikerna bryta det traditionella manliga monopolet på vissa hantverk. I sidenvävningen lyckades det för fabriksägarna i slutet av 1790-talet att ersätta de manliga sidenvävarna i Stockholm med billigare kvinnlig arbetskraft. I början av 1800-talet misslyckades ett försök att ersätta både klädesvävare och andra manliga yrkesgrupper i klädesfabrikerna med kvinnor trots stöd från den statliga manufakturdiskontfonden och från den lokala hallrättens ledamöter, dvs fabrikörerna i Norrköping. Eventuellt har det också funnits ett försök med kvinnliga lärlingar i en tobaksfabrik i Kristianstad. Men de försvann snabbt från fabriken.

Möjligen är dessa tre exempel toppen på ett isberg. Bristen på utbildade hantverkare och den billigare kvinnolönen bör ha varit två starka incitament för att försöka rekrytera kvinnor. Men bristen på källmaterial gör det svårt att undersöka problemet. Av samma skäl är det också vanskligt att försöka dra slutsatser om de omedelbara orsakerna till nederlagen i de två sistnämnda fallen. Jag har kunnat konstatera att kvinnliga klädesvävare fanns kvar i Normalfabriken så sent som i början av 1830-talet, dvs några år före fabrikens konkurs, även om man då enligt uppgift delvis återgått till traditionell könsarbetsdelning. En avgörande skillnad mellan de två försöken med vävningen var dock att sidenväverskorna fick lägre lön än sina manliga kolleger och alltså konkurrerade ut dem därigenom, medan klädesväverskorna fick samma lön och betalade samma avgift för sin utbildning som männen. Dessutom finns uppgifter om att de utbildade klädesväverskorna senare lärde ut hantverket för billigare pris än Normalfabriken. Det var en källa till irritation, men det är svårt att bedöma om det kan ha varit skäl nog för att sluta rekrytera kvinnor. Det bör ha varit i fabriksägarnas intresse att utöka de utbildades antal. De som kunde ha skäl att klaga var de som drabbades av konkurrensen, nämligen de gesäller som dels lärde upp lärlingar och vanligen fick ta emot avgiften, dels hade intresse av att begränsa konkurrensen i yrket. Situationen kan ha påmint om den som gällde de mulspinnare i England, som lyckades fördröja ringspinningens införande. Efterfrågan på kläde växte under perioden, produktionen expanderade och på kort sikt kan arbetskraftsbristen och beroendet av de redan anställda gesällerna ha gjort det svårt för fabriksägarna att motsätta sig eventuella krav på manligt monopol.

Det var säkert heller inte någon slump att mekaniseringen av yllevävningen gick särskilt långsamt just i Norrköping, där de allra flesta av landets handvävare fanns. I det genomgångna materialet antyds dock inte något motstånd mot den nya vävtekniken i yllebranschen, vilket naturligtvis inte behöver betyda att sådant saknades. Samtidigt som mekaniska vävstolar började anskaffas, fanns det dock länge kvar en arbetsmarknad för handvävare. Dels hade en del fabriker både handvävning och mekanisk vävning, dels fortsatte man att nygrunda hantverksfabriker med den traditionella tekniken och yrkesstrukturen. En del handvävare avgick med ålderns rätt. Slutligen har det visat sig att en del av ylleväverskorna i mekaniserad produktion var döttrar till handvävare, vilket skulle kunna ha mildrat handvävarnas attityd till mekaniseringen. Hushållet fick genom dotterns arbete fortfarande en inkomst från vävning.

Kvinnornas arbetskraft togs således till slut i anspråk i större omfattning i själva fabrikerna – men inte som utlärda handvävare. I stället kunde nu de lägre lönerna till kvinnorna motiveras med att deras yrkesskicklighet vid de mekaniserade vävstolarna inte motsvarade handvävarnas de manliga klädesvävarnas vid handvävstolarna.

I samband med teknisk förändring tycks det ha varit lättare att ersätta män med kvinnor. I vissa typer av vävning hade redan tidigare anställts kvinnor. Det gällde vävning av kasimir, korderoj och på jacquardvävstol, dvs grövre kvaliteter respektive en typ av programmerad vävstol för mönstervävning. Kasimir och korderoj vävdes av både kvinnor och män. Där förekom lika lön, men oftast hade kvinnorna mindre än hälften av männens lön. Under den senare perioden var dessa typer av vävning helt kvinnliga.

I samband med strukturomvandlingen av textilindustrin på 1850-talet övergick man vidare i den gamla yllestaden Norrköping i stor utsträckning till bomullstillverkning – en bransch, som i stort sett saknade traditioner i staden. Den var nu helt mekaniserad. De flesta spinnmaskiner var throstle-stolar, en mindre del mulstolar. Att även mekaniserade vävstolar krävde kunnighet och erfarenhet visar det faktum att en rad nystartade bomullsfabriker rekryterade nyckelarbetare från redan etablerade mekaniserade fabriker. Redan tidigare under 1800-talet hade bomullsfabrikerna och i viss mån klädesfabrikerna inkallat hantverkare från utlandet. Även i andra branscher som litografisk industri och tobaksfabriker förekom utländska hantverkare. Fabriksägare och hantverksgesäller reste också utomlands för att utbilda sig och ta del av nya idéer och uppfinningar.

Spinningens mekanisering skedde efter olika tekniska principer. De enklare spinnmaskinerna hade skötts av barn. I de svenska bomullsspinnerierna dominerade under hela seklet throstle-spinnstolarna i antal över mulstolarna. Till dem rekryterades kvinnor. Arbetarens uppgift vid throstle-spinnstolen bestod i att laga trådar som brast och att ersätta fyllda spolar med tomma. Det var en maskinbetjänande uppgift, som krävde koncentration, uppmärksamhet, överblick, snabb uppfattningsförmåga och reaktionsförmåga och smidighet.

Mulspinnstolar blev vanliga i ullspinnerierna på 1840-talet och infördes senare även i bomullsspinnerierna, även om de inte var lika många som throstle-spinnstolarna. De måste länge dras för hand, vilket krävde fysisk styrka och uthållighet. Även sedan det momentet kunnat mekaniseras, måste spindelns hastighet regleras för hand och samordnas med mulvagnens och avrullningen av garnet skötas för hand. Det momentet låg till grund för mulspinnarnas högre lön och mer ansedda position. Mulspinnstolarna styrdes av arbetarna, medan throstle-spinnstolarna styrde arbetarna. Män rekryterades till de förra, kvinnor till de senare. Det bekräftar uppfattningen att kontrollen över tekniken betraktats som en manlig domän. De egentliga maskinskötararbetena, som krävde mycket arbetskraft och vilkas lönekostnad man därför hade särskilt intresse av att begränsa, överläts på kvinnlig arbetskraft.

Verkstadsarbetarna behöll och förstärkte sin ekonomiska och sociala position i förhållande till övriga arbetare. Det får ses mot bakgrund av att deras arbete behöll sin hantverkskaraktär samtidigt som just deras yrkeskunnighet blev mer efterfrågad och mer betydelsefull som förutsättning för produktionsmedlens utveckling och vård. Kontrollen av tekniken på olika plan och utvecklingen av produktionsmedlen var i praktiken fortfarande ett manligt monopol.

En viktig bakgrund till förändringen av arbetsorganisationen var att en outbildad, billig typ av arbetskraft fanns att tillgå. Genom den rådande utformningen av det sociala könssystemet hade kvinnorna som kategori av tradition haft lägre lön, även då de utförde samma arbete som män. I regel var dock arbetsuppgifterna hårt definierade som antingen manliga eller kvinnliga. Vissa arbetsuppgifter förknippades med kvinnlighet, andra med manlighet. Den samhälleliga ideologi som förknippade fysisk kraft och behärskande av tekniken med den sociala manligheten tillhandahöll ett könsspecifikt kampmedel i hantverkarnas strävan att begränsa konkurrensen. Det traditionella manliga monopolet på hantverksutbildningarna var en kraftfull hjälp, i den mån hantverksskicklighetens betydelse kunde bibehållas i fabrikerna.

Man skulle kunna säga att de manliga hantverkarna hade ett dubbelt motiv att utestänga kvinnor från sina hantverk. Yrkets anseende och villkor var i det existerande sociala systemet beroende av att kvalifikationsnivå och lönekrav kunde upprätthållas men också av att det förknippades med det överordnade könet. I båda fallen gällde det att begränsa tillträdet till yrket.

Det fanns alltså ett samband mellan de manliga hantverkarnas strävan att höja sig och kvinnornas underordning i lönearbetet – mellan arbetararistokratins framväxt och könsarbetsdelningens utformning under industrikapitalismens framväxt.

Redan utifrån arbetsprocessens utveckling i olika branscher kan vi betrakta de teknikstyrande och teknikvårdande arbetsuppgifterna som en viktig bas för uppkomsten av en arbetararistokrati. Utvecklingen av könsarbetsdelningen styrker detta. Maskinkonstruktörerna och -vårdarna skulle kunna betraktas som en framväxande arbetararistokratis kärna, medan andra teknikstyrande yrkesgrupper hörde till dess periferi. Ju närmare konstruktionsarbetet en arbetare står, desto bättre position. Och i den innersta kretsen är det trångt. Det är en manlig bastion av yrkeskunniga hantverkare, medvetna om sitt värde. De egentliga kollektivarbetarna, vilkas relativa utbytbarhet i maskinskötararbetena först legat till grund för uppfattningen om fabriksarbetarnas homogenisering, bestod i huvudsak av kvinnor. I ju högre grad arbetsuppgiften hade karaktär av massarbete och var reellt underlagd, desto sannolikare var det att den utfördes av en kvinna.

Arbetararistokratin skilde sig från massan av arbetare genom sin privilegierade, självständiga position i själva arbetet, genom sina yrkeskvalifikationer och sina lönevillkor. Även i fråga om social och geografisk bakgrund kan skillnader iakttas. Under den första delen av 1800-talet präglades verkstadsarbetarna snarast av ett gesällbeteende. De var ungkarlar som flyttade över långa avstånd mellan verkstäder på olika orter. Senare under seklet var de i växande grad familjefäder.

Hushållets betydelse för arbetsorganisationens utformning

Hushållet kan sägas ha betydelse på två plan i denna undersökning, dels som mönster i arbetsprocessen (produktionen), dels som försörjningspool (reproduktionen).

I de tidiga klädesfabrikerna hade arbetsorganisationen ännu prägel av en hushållsbaserad produktion, där den manlige hantverkaren som husfader var yrkesutbildad och arbetsledare. Han bistods i förberedande och assisterande arbetsuppgifter av övriga hushållsmedlemmar. Omfattningen av anställningen av familjer är svår att uppskatta. Källmaterialet tillåter inga bestämda beräkningar. Men det uppvisar spår av en hushållsorganiserad arbetsprocess, dels i själva arbetets organisering, dels i anställnings- och löneförhållanden. Även arbetarförteckningarnas utformning ger en antydan om förekomsten av hushållsbaserade arbetsenheter. Samma principiella arbetsorganisation präglade fabriker i andra branscher, som grundade sig på olika hantverk, t ex tobaksfabrikerna. Även där assisterades hantverksutbildade män av barn och ungdomar, som de också länge rekryterade själva.

I de mekaniserade bomullsfabrikerna var organiseringsprincipen från början en annan. Arbetet organiserades där på basis av unga kollektivarbetare, som skötte maskiner under ledning av vuxna, ofta hantverksutbildade män, ibland rena uppsyningsmän. Men principen för över- och underordning var fortfarande densamma. Den var nu opersonlig, abstraherad och systematiserad och integrerad i själva arbetsprocessen. De unga kvinnorna betjänade inte längre män utan maskiner. Även skillnaderna i ålder och erfarenhet bör ha förstärkt det redan ojämna auktoritetsförhållandet mellan hantverksutbildade män och outbildade kvinnor i fabrikerna.

Lönernas spännvidd var nu större mellan yrken i fabrikerna och även inom en och samma yrkeskategori hade antalet lönelägen ökat.- De skillnader mellan kontantlöner som fanns, förstärktes av naturaförmånernas fördelning.

Under den första hälften av 1800-talet utgjorde naturalöner generellt en liten andel av stadsindustriarbetarnas löner. På landsbygden var naturaandelen traditionellt mycket stor, både i jordbruks- och i fabriksarbete. Kost och logi utgjorde där större delen av lönen. För lärlingar var det traditionellt den enda lönen de fick under den första delen av sin lärotid. Vid fabrikerna var naturaandelen emellertid endast 6-7% av bruttolönen. Den tillföll i regel främst de högre avlönade arbetarna, dvs de som hade motsvarande medianlön eller högre. Men även andra kunde ha sådana förmåner. Jag har satt det i samband med tjänstehjonslagstiftningen och det husbondeansvar, som stipulerades för de årsanställda. Det gällde i synnerhet dem som varit anställda länge hos samma husbondefolk.

Under senare hälften av 1800-talet tycks naturaförmåner ha övergått till att bli en mer renodlad och selektiv arbetsgivarstrategi. Det skedde inte bara på de orter (bruksorter och andra lantliga, isolerade miljöer) där det tidigt blev en strategi för att binda arbetare till orten och på längre sikt möjliggöra en lägre lönenivå på grund av arbetsgivarens monopolsituation. Även i städer med större, diversifierad arbetsmarknad tillämpades ett system, där en stor andel av lönen (20-30%) utgick i form av naturaersättningar, särskilt bostad och värme. Det var nu ett tydligare avgränsat privilegium för högre avlönade, erfarna arbetare. Polariseringen i rekrytering kan sägas ha åtföljts av en polarisering i lönevillkor. Naturaersättningar kunde från att ha gällt ett helt hushåll nu övergå till att bli medel för att segmentera och knyta till sig vissa yrkeskategorier. En stor andel av lönen utgick i en (natura)form, som försvårade rörligheten bland arbetarna och ökade deras beroende (t ex för bostad i bostadsbristens Norrköping) av kapitalägarna.

I undersökningen har diskuterats huruvida den tidiga fabrikens organisation kan betraktas som segmentering. Slutsatsen blev att det snarare var hushållsstrukturen och den av det äldre samhället härigenom etablerade arbetsdelningen efter stånd, kön och i viss mån ålder, som var den ledande principen. De karriärgångar som kan urskiljas, sammanfaller i princip med den lärogång som fanns. Även om klädesfabrikerna byggde på hantverkskunnighet, förekom det att hantverksutbildade arbetare radikalt bytte arbete. De som bytte arbetsplats inom samma hantverk, behöll dock vanligen eller förbättrade sitt löneläge. Arbetsledande hantverksmästare kunde också ofta vara exempel på socialt avancemang från den lantliga underklassen via hantverksutbildningen och karriär inom fabriken. Det fanns en stor omsättning av arbetare vid dessa fabriker på 1840-talet. Det var vanligt att en arbetare flyttade mellan klädesfabriker under sitt liv. Det är förmodligen mot den bakgrunden man får se fabriksägarnas naturaförmåner. Omfattningen av flyttningar har dock inte närmare bestämts i undersökningen.

På 1870-talet fanns också en viss andel kvalificerade arbetare, som genom fabriksarbete klart förbättrat sin sociala ställning i förhållande till fadern. Fortfarande var det till största delen den lantliga underklassen som övergick till att bli en urban underklass. De kvinnliga arbetarna hade ingen möjlighet till avancemang inom fabriken. De kunde byta mellan olika typer av vävstol, vilket påverkade inkomstmöjligheterna. Och de kunde övergå från noppning till vävning eller överskärning. Men arbetsledarna var alla män, i regel hantverksutbildade. Reparationsarbetarna skilde sig i huvudsak från de övriga genom sina villkor och sin bakgrund. Den administrativa personalen skilde sig helt till social bakgrund och villkor från arbetarna i produktionen.

I 1830-talets klädesfabriker förekom att barn- och ungdomsyrken fungerade som ingångsyrken, som kunde leda till vidare arbete och utbildning inom fabriken. Det stod i skarp kontrast till förhållandet i det samtida mekaniserade bomullsspinneriet, vars barnarbetare endast i undantagsfall fanns kvar som vuxna vid fabriken. Klädesfabriken var beroende av de vuxna männens hantverk, medan bomullsspinneriet byggde på okvalificerat barnarbete.

Det tycks ha funnits olika intressen vad gäller kvinnoarbetets utformning. Enstaka fabriksägare försökte med varierande resultat bryta den etablerade könsarbetsdelningen – främst som ett led i att sänka lönekostnaden. Genom mekaniseringen lyckades man definitivt till största delen ersätta manliga hantverkare med kvinnliga kollektivarbetare. Det gällde dock inte yrken som fortfor att vara hantverksbaserade och hade starka organisationstraditioner. Rötterna till den senare periodens segmentering kan sökas i den äldre könsrelaterade organiseringen, som hade hushållets makt- och ansvarsfördelning som grundprincip.

Att kollektivarbetarna var lättare utbytbara, medan de yrkesskickliga hantverkarna var en bristvara i ett Sverige, där de flesta arbetade i jordbruket, var en viktig bakgrund.

Hushållets arbetsorganisation kan sägas ha varit strukturellt mönsterbildande för arbetet i hantverksfabrikerna, där ännu inga nya moment integrerats. Den äldre organisationstypen innehöll både regressiva och progressiva element, där de progressiva är de som pekar framåt mot den nyare formuleringen. De regressiva elementen kan sägas vara de, som representerar den äldre organisationsstrukturen. Bland dem finns både sådana som inte längre duger utan är hindrande för den nya organisationsstrukturen – och sådana som lever kvar.

Hushållet som arbetsorganisation hade – liksom den hantverksmässiga arbetsprocessen överhuvudtaget – begränsningar inbyggda vad gäller produktionens omfattning, snabbhet och standardisering. Kapitalägaren kontrollerade inte hela arbetsenheten, även om den var anställd som sådan och arbetade tillsammans under hans tak. Det var i stället den manlige hantverkaren som bestämde sina assistenters arbetstakt. Den direkta relationen till samtliga anställda måste ha varit viktig för att kapitalägaren skulle ha full kontroll över produktionen.

Det har visat sig att auktoritetsstrukturen och värdehierarkin var stabila principer, som omformulerades. Just dessa element torde vara djupt lagrade i individernas identiteter, bekräftade genom arbetets organisering. De utgör ideologier, som baserats i tidigare materiella förhållanden och fixerats i lag. Den abstrakta principen och arbetsprocessens grundelement levde kvar i den kapitalistiska arbetsprocessen från hushållets arbetsprocess och -organisation.

Kapitalägarna kunde till sin fördel använda den tidigare struktureringen av arbetet efter kategorier av människor och olika värdering av kvinnors och mäns arbetsinsatser. Denna tidigare arbetsdelning hade i sin tur disponerat de sociala könen på olika sätt, så att kvinnligheten och manligheten både faktiskt påverkats av och socialt identifierats med olika typer av arbete. Vidare kunde även de manliga arbetarna – åtminstone de mer välbeställda – till sin fördel använda denna skiktning.

Den kvinnliga arbetskraften, som föredragits särskilt på grund av traditionen att ge den lägre lön, var lättare utbytbar på grund av lägre kvalifikationskrav i och med mekaniseringen av vävning och överskärning. Samtidigt fanns det många arbetarhushåll som behövde extra inkomster – inkomster som inte reproducerade en individ helt, men som innebar ett komplement till hushållets försörjning. Särskilt gällde det om hushållet inte innehöll en manlig individ, som på grund av sitt kön hade högre lön och möjlighet till bättre betalda yrken och arbeten – eller som har en hushållsföreståndare, som inte omfattades av den framväxande arbetararistokratins bättre löner och naturaersättningar.

Hushållet som försörjningsstrategi

Grundantagandet om att hushållen i olika klasser och skikt skilde sig åt har bekräftats. Hushållet hade på 1800-talet i borgarklass och arbetarklass inte längre direkt producerande uppgifter såsom det hade bland bönder, hantverkare och förlagsarbetare. Produktionen låg i princip utanför hushållets ram. Men där slutar likheterna.

Det proletära hushållet saknade materiella resurser till en borgerlig livsstil, dvs en icke förvärvsarbetande hustru, fokusering på barnens socialisation och utbildning m m. I arbetarklassen som var hänvisad till lönearbete som försörjningsmedel, var möjligheterna till kontinuerligt lönearbete samt lönens storlek avgörande. Familjens eller hushållets medlemmar utgjordes av lönearbetare eller potentiella lönearbetare med sinsemellan olika möjligheter till lönearbete av olika typer. Det gällde för hushållet att tillsammans fördela sina insatser i det nödvändiga (betalda och obetalda) arbetet på bästa möjliga sätt.

Det fanns olika varianter av den proletära familjeformen i olika skikt. Bland kvalificerade hantverkare antog den särskilt längre fram under 1800-talet en form, som tycks ha haft åtminstone yttre förutsättningar (mannens lön, makarnas giftermålsålder och åldersskillnad mellan makarna), som påminde om det borgerliga hushållets. Fattigare skikt dominerades av den rent proletära familjeformen, som bestod av två försörjare eller ensamförsörjande kvinnor och barn. Den senare familjen fanns redan tidigare i och med det kapitalistiska produktionssättets början. Barnarbetarnas hushåll är ett exempel, även om många av dem tillhörde hushåll, som snarast var halvproletära och ännu hade en fot kvar i jordbruket.

För de proletära hushållen gällde det främst att klara den dagliga försörjningen. Kvinnor som blivit änkor, flyttade ihop med andra änkor, med sina vuxna barn om de hade några, eller med andra släktingar. De kunde också ta in fosterbarn, vilket bidrog till försörjningen. Även i arbetarklassen disponerade mannen hustruns inkomst, vilket säkert kunde vara problematiskt för många kvinnor. Men ett större problem var sannolikt de låga kvinnolönerna och svårigheten att kombinera barnomsorg med lönearbete. Det var heller inte självklart för arbetarkvinnan att gifta sig och ingå i ett hushåll med en man och hans högre inkomst. En växande andel kvinnor hade ensamma försörjningsansvar för barn. De fabriksarbetande männen var däremot sällan ensamma med försörjningsansvaret för barn. Ett fåtal änklingar med barn finns i urvalet. Men ogifta män kunde lättare än kvinnorna undandra sig ansvar för de utomäktenskapliga barn de fick.

Arbetarnas rekrytering

För arbetarhushållen på landet bör det klart högre löneläget vid fabrikerna jämfört med jordbruket ha utgjort ett motiv för att övergå till sådant arbete. Det fanns också en regionalt varierande men mot slutet av seklet generellt växande tendens att jordbrukets ökande kommersialisering och kapitalisering gjorde att särskilt åkerbrukande jordbruk efterfrågade mindre av kvinnors och barns och mer av mäns arbetskraft. Att kvinnors löner ökade snabbare än mäns mot slutet av seklet tydde på att jordbruket mött en ökad konkurrens om kvinnlig arbetskraft från fabriker och från borgerliga hem. De flesta kvinnor tycks dock inte ha flyttat direkt in till stadens fabriker från sin födelseort på landet. Det var ofta först efter någon eller några flyttningar, sannolikt mellan pigtjänster, som de unga kvinnorna blev fabriksarbeterskor. Det har här undersökts särskilt för Norrköping. Det fanns också bl a i malmöfabrikerna ett inslag av nyss proletariserade torparfamiljer, som flyttat in till staden från landsbygden, sedan fadern blivit arbetskarl eller något liknande. Deras barn bidrog genom att arbeta vid bomullsfabrikerna, särskilt spinneriet. Rekryteringsmönstret där påminner alltså om det vid Strömma bomullsspinneri 30 år tidigare.

Fabrikerna erbjöd förmodligen ett mer kontinuerligt arbete än jordbruket, kanske särskilt för hustru och barn. Barnens inkomstmöjligheter där innebar ett så pass stort bidrag till försörjningen att det bör ha varit en grund för allvarligt övervägande om att flytta.

Handvävarna rekryterades i stor utsträckning från den omgivande landsbygden. Möjligen var de något oftare födda i Norrköping. Arbetarfamiljerna i staden var sannolikt bättre informerade än folk på landet om de möjligheter till hantverksutbildning, som fabrikerna erbjöd. Annars var klädesvävarna liksom övriga tidiga fabriksarbetare barn främst till landsbygdens proletärer och halvproletärer. De flesta norrköpingsarbetare kom från landsbygden i Östergötland och i viss mån Södermanland, medan malmöfabrikernas arbetare kom från landsbygden i Malmöhus län. Endast ett fåtal kom från Kristanstads län. Den sociala strukturen i dessa två regioner präglades av att en i särklass stor och växande andel av befolkningen tillhörde jordbrukets underklasser: torpare eller husmän, backstugusittare, inhyseshjon och tjänstehjon. Av de tre sistnämnda kategorierna var kvinnorna i majoritet i större delen av landet. De minderåriga tjänstehjonen spelade vidare en större roll just i dessa regioner.

Fabrikernas rekrytering av arbetare bör vidare ses mot bakgrund av den starka ökningen av åldersgruppen mellan 15 och 30 år under 1830- och 1840-talen samtidigt med att jordbruket drabbades av dåliga skördar och allmänt tryckta konjunkturer. Även i Blekinge län, dit Strömma bomullsspinneri förlades, ökade andelen proletärer under 1830-talet. Under klädesfabrikernas stora nygrundningsperiod fanns alltså ett kraftigt ökat arbetskraftsutbud samtidigt som arbetsmöjligheterna minskade inom jordbruket. Det gällde särskilt några av de viktigaste områdena för textilindustrins expansion.

Inom vävningen betydde mekaniseringen att yrket måste anses ha blivit starkt förändrat – dekvalificerat jämfört med klädesvävarhantverket. I den nya mekaniserade vävningen anställdes en ny kategori arbetare. Från att tidigare ha anställt hantverksutbildade män, som i stor utsträckning var gifta och hade familj, övergick man till att anställa unga flickor utan hantverksutbildning. De bodde ofta i föräldrahemmet. Arbetarna kom fortfarande främst från den närbelägna landsbygden men i ökande utsträckning från själva fabriksorten.

De hantverksutbildade arbetarna i mekaniska verkstäder, tobaksfabriker och litografisk fabrik kom i större utsträckning långväga ifrån. Det gällde även arbetsledarna, som ofta var hantverksmästare. Men den största skillnaden i socialt ursprung fanns mellan arbetare och arbetsledare å ena sidan och bokhållare och andra administratörer å den andra. De senare hämtades ur samma skikt som fabriksägarna.

Fabriksarbetet hade under senare hälften av seklet genom mekaniseringen i större utsträckning än tidigare blivit en biinkomst i de proletära hushållen, inte en huvudinkomst. I det tidiga bomullsspinneriet var det redan så. Barnarbetarna där kom från hushåll, som i hög grad hade särskilt stora försörjningsproblem. Deras löner måste ses som biinkomster. Men flera barns arbete bör ha gett hushållet motsvarande en vuxens inkomst.

Det utbredda barn- och ungdomsarbetet har i likhet med gifta kvinnors förvärvsarbete utanför hemmet ibland tolkats som den proletära familjens upplösning. Det borde snarare kunna tolkas som en förstärkning av det proletära hushållet, särskilt under andra hälften av 1800-talet. Dels innebar det sannolikt att ungdomar (särskilt döttrar) bodde hemma längre och ingick i föräldrarnas hushåll. Dels innebar det en ekonomisk förstärkning för ursprungsfamiljen. Det behöver inte betyda att det var trevligare för de inblandade att bo kvar länge och att få en lön, som innebar att de inte kunde bilda eget hushåll. Men det kan knappast tolkas som en upplösningstendens hos den proletära familjen. Däremot kan (behovet av) ungdomarnas inkomster ha påverkat maktförhållandena inom familjen i riktning mot en utjämning. Husfadern var därför förmodligen inte lika enväldig som i borgarhushållet. Alternativet var att barnen i de fattigaste skikten fick börja tjäna piga eller dräng. Eftersom det arbetet i princip skedde inom ramen för ett annat hushåll, innebar det att de måste flytta hemifrån vid mycket unga år.

Det tycks ha varit strukturell förändring, som tvingade individerna att handla på ett nytt sätt, att ändra sin praktik. Den sociala förändringen torde ha yttrat sig för individerna som en nödvändighet att finna alltmer kontinuerligt lönearbete – för så många hushållsmedlemmar som möjligt. Somliga familjer flyttade från torpen in till städerna, ofta för diversearbete, vilket var det lättast tillgängliga lönearbetet för en outbildad person från landet. Kombinationen av egen teg eller täppa och lönearbete övergick i en rent proletär tillvaro. Senare sökte man sig till fabriksarbete eller lät barnen börja vid fabriken.

Möjligheten för barnen att få anställning i fabrik bör ha varit ett incitament till flyttning för många hushåll. Barnen blev fabriksarbetare och mötte troligen nya krav på kontinuitet och disciplin i arbetet. Arbetsorganisationens auktoritetsprinciper och könsarbetsdelning torde de dock ha känt igen. Kanske underlättade den t o m övergången.

Slutsatser

Från formell till strukturell styrning till positioner

Undersökningen har gällt en period av övergång mellan två system. Industrikapitalismen och dess arbetsorganisation växte fram i den förkapitalistiska, strängt reglerade ekonomin, som dominerades av jordbruket men också inkluderade andra näringar. De detaljerade institutionella ramarna för ägande och arbete i det äldre samhället bröts successivt ned och marknaden övertog uppgiften att fördela resurser och arbete på individer. Denna förändring innebar samtidigt att hushållet och släkten gradvis mist viktiga positioner, som i stället överfördes på individen.

Emellertid styrdes marknaden dels av de tidigare rådande maktförhållandena och resursfördelningen, dels av informella styrkeförhållanden, som fick större betydelse, när det tidigare lagsystemet upp-luckrades. Individerna sålde sin arbetskraft över en marknad, och deras arbetsförhållanden reglerades genom det fria avtalet med kapitalägaren. Avtalen kom att präglas av parternas olika förhandlingspositioner. Senare försökte individerna på olika sätt stärka sin förhandlingsposition, främst genom organisering och andra konkurrensbegränsande strategier. En annan faktor som komplicerade utvecklingen var övergången från hushållet till individen som arbetsenhet. Släktens funktion förändrades också men mer långsiktigt och informellt.

Under en övergångsperiod i slutet av 1700-talet och första hälften av 1800-talet uppstod allt större grupper av lönearbetare, som stod utanför tjänstehjonslagstiftningen. Det hade blivit möjligt att försörja sig på annat än årstjänst: det fanns en växande rörlig arbetsmarknad. Det avgörande arbetstvånget låg nu i ägandeförhållandena, som hänvisade de egendomslösa till att sälja sin arbetskraft till dem som ägde jord eller andra produktionsmedel. Det var inte längre främst inom hushållet, som man skulle eller kunde söka sin försörjning. Det var i växande utsträckning på arbetsmarknaden. Arbetet organiserades inte längre utifrån hushållets gemenskap och auktoritetsstruktur. Det organiserades i kollektiv skala med bevarande av auktoritetsprinciperna men med ett annat förfrämligat förhållande till arbetsprocessen.

Kapitalägaren hade till en början kvar husbondeansvaret men frigjorde sig successivt från det. Husfaderligheten övergick till en arbetsgivarstrategi gentemot arbetarna och en ideologi om samhörighet inom ramen för ett maktförhållande och en tillägnelserelation (i dold underordning).

När lönearbetet utbredde sig kom husbondeväldet i kris. Kapitalägare var fortfarande husbönder, men lönearbetande män kunde nu bilda familj och blev därmed både husbönder i förhållande till sin familj (hushåll) och underordnade i förhållande till kapitalägaren. Kvinnors entydiga underordning fortsatte. Men genom att hushållet inte längre var utgångspunkten för arbetsorganisationen och anställningsförhållandena, slog deras lägre löner hårt mot dem. Många män kom i en ambivalent situation mellan patriarkalism (husbondevälde) och patriarkat (mansvälde). Könssystemet överordnade dem men klassystemet underordnade dem.

Arbetsdelningen mellan könen kom också i kris genom att kvinnors lägre löner (som individer) gjorde dem mer attraktiva som lönearbetare i somliga arbetsuppgifter. Det institutionella monopolet för männen saboterades så att säga av deras också institutionaliserade högre lön. Man skulle kunna tala om privilegier i konflikt.

Den gamla konkurrensbegränsningen sattes ur spel genom avregleringen av ekonomin och upphävandet av näringsförbudet för kvinnor m fl. Yrkesarbetarnas gamla skråorganisationer upplöstes. Kapitalägarna ersatte utbildade hantverkare med billigare, specialutbildade kvinnor i den standardiserade massproduktionens tempoarbeten.

Det skikt av kvalificerade och privilegierade män, som ovan kallats arbetararistokrati, kan förväntas ha varit de, som först sökte efterlikna borgerlighetens hushållsbildning och hemförhållanden och dessutom ha haft materiella möjligheter till det. Var det bland metallarbetarna och arbetsledarna som familjeförsörjaridealet främst drevs och tillämpades inom arbetarklassen?

Om den institutionella regleringen hade stor betydelse i det äldre samhället, så har de strukturella förhållandena avgörande betydelse i det nya. Det är inte längre formella regler som underordnar kvinnor i lönearbete och i aktivt kapitalistskap. Numera finns i stället väl utvecklade informella strategier både för styrning av ekonomiska och kulturella resurser och för styrning av yrkespositioner och arbetsuppgifter till olika kategorier och till individer från olika skikt och släkter. Även nu har kvinnor och män olika möjligheter i olika klasser och skikt. Även nu styrs vi till olika områden, positioner och resurser. Fortfarande har också släkten stor betydelse, särskilt för arv men också för tillträde till olika sociala miljöer och styrning till olika yrkesvägar och positioner.

Industrikapitalismens effekter för det sociala könssystemet

Det sociala könssystemet verkar på flera nivåer. Äktenskapet, kärnfamiljen, hushållet och släkten är formella organisationer för det sociala könssystemet. De förenar biologisk och socioekonomisk reproduktion med olika betoningar. De enheterna organiserade de flesta verksamheter i det äldre samhället. När de ekonomiska verksamheterna i allt högre grad församhälleligades, lönearbetet bredde ut sig och den offentliga sfären fick större betydelse, följde principerna för det sociala könssystemet med och anpassades till den nya produktionsorganisationen. Det formellt reglerade könssystemet upplöstes successivt. En rad reformer likställde kvinnor och män i viktiga avseenden under perioden. De gifta kvinnorna var dock under den här undersökta perioden ännu inordnade under mannen i äktenskapet (målsmanskapet), i kärnfamiljen (dvs i förhållande till barnen) och i hushållet (under husbondeväldet).

Men könssystemet levde kvar i nya former. Delvis innebar den formella likställdheten en omformulering av könssystemet. Men grundprincipen om kvinnornas underordning var densamma, även om mer informella mekanismer styrde den.

I lönearbetet tillät manufakturlagstiftningen att både kvinnor och män anställdes i fabrikerna. Könsarbetsdelningen i fabriksarbetet blev ändå strikt och systematisk, även om undantag förekom. När den moderna fabriksproduktionen infördes, skedde det på ett sätt som utnyttjade att det fanns olika typer av arbetskraft och förstärkte polariseringen mellan dem. Det nya produktionssättet krävde att kapital och arbetskraft blev rörliga – att marknaden blev fri. Det lämnade fritt spelrum för strukturella styrkeförhållanden och informella strategier. Utmärkande för den avreglerade marknaden blev strävan efter konkurrensbegräsningar och faktiska monopol. I den kampen hade människorna mycket ojämlika möjligheter. Den tidigare formella styrningen övergick i en informell och strukturell styrning.

Det sociala könssystemets effekter för industrikapitalismen

Hade det sociala könssystemet i sin tur någon betydelse för industrikapitalismens framväxt och den utformning den fick? Här måste diskussionen inskränka sig till effekterna för arbetets och arbetarklassens utveckling.

Hur påverkade det sociala könssystemet arbetsorganiseringen i fabrikerna och de sociala mönstren i de skikt, som med sina händer framställde det fabrikörerna sålde?

Avregleringen av den mansdominerade ekonomin medförde en period, då det var möjligt för kvinnor att konkurrera med män om samma uppgifter i lönearbetet. Särskilt gällde detta arbetsuppgifter, som undergick förändring och som inte redan var könspräglade – eller också arbetsuppgifter som kapitalägarna sökt hänvisa till kvinnor, främst för att kvinnolönerna traditionellt var lägre. Snart nog uppstod emellertid en strävan efter nya former av konkurrensbegränsning från männens (främst de kvalificerade) sida. Det är i de samverkande intressena mellan dessa män (som hade en stark ställning på grund av bristen på kvalificerad arbetskraft) och kapitalägarna, som segmenteringstendenserna under andra hälften av 1800-talet skall ses.

Både i borgerligheten och i arbetarklassen kan man säga att sexualiteten, samlevnaden och barnafödandet var organiserade på männens villkor – men på olika sätt. Relationen till männen var avgörande för kvinnor i båda klasserna. Gemensamt för kvinnorna var att de födde barn och att de som gifta stod under mannens makt och myndighet. Borgarklassens kvinnor var för sin försörjning beroende av männen. De hade som omyndiga endast villkorlig tillgång till familjens försörjningsmedel/kapital, och ytterligt få andra försörjningsmöjligheter var tänkbara. De proletära kvinnorna hade möjlighet till lönearbete men på andra och mindre gynnsamma villkor än männen i sin klass. De var för en bättre försörjning också beroende av männen.[1]

Hushållet och släkten fungerade som ett socialt skyddsnät. Olika hushållsformer över tiden pekar på de olika strategier man hade för att överleva. Varje kris i hushållet innebar risk för att det skulle splittras.

Bland lönearbetarna hade kvinnors underordning effekten att begränsa konkurrensen om fördelaktiga arbetsuppgifter och om den andel av överskottet, som utgick i löner i samhället. Samtidigt begränsades kvinnornas arbetsmarknad och konkurrensen ökade på de arbetsområden, dit de hänvisades.

Segmentering och uppdelning av arbetsmarknaden mellan kategorier har i ekonomisk forskning antagits vara lönsam för kapitalägarna. Genom denna splittring kunde ett mindre skikt svårundgängliga, kvalificerade och välorganiserade arbetare bindas fastare till det enskilda företaget och till systemet som sådant på bekostnad av de breda skikten av mer undgängliga och lättare utbytbara lönearbetare. Den totala lönekostnaden skulle på detta sätt ha nedbringats, samtidigt som den stora massans lägre löner gjorde det möjligt att höja det lilla oumbärliga skiktets löner.

Här har särskilt behandlats könsuppdelningen och kvinnornas underordning i ett sådant sammanhang. Till den allmänna uppdelningen mellan mer och mindre kvalificerade arbetare kommer då även könsuppdelningens effekter. Kvinnors lägre löner gav möjligheter att ytterligare sänka lönekostnaderna genom att ersätta män med traditionellt lägre avlönade kvinnliga arbetare.[2]

Könsuppdelningen i arbetarklassen torde därför ha bidragit till kapitalackumulationen i samhället. Genom att skapa skiktningar inom arbetarklassen, som gjorde det möjligt för kapitalägarna att behandla olika kategorier olika och att spela ut kvinnor och män mot varandra, torde den också ha bidragit till att stärka den tidiga borgarklassen.

Mekanismerna bakom det sociala könssystemets reproduktion

I vilken utsträckning kvinnors underordning kan ses som en effekt medvetna strategier på aktörsplanet kan diskuteras. Det finns undersökningar som kartlagt och analyserat den systematiska förekomsten av sådana artikulerade strategier från särskilt de yrkeskvalificerade manliga arbetarnas sida, i synnerhet genom deras organisationer, vilkas syfte varit att minska utbytbarheten mellan i synnerhet kvinnliga och manliga arbetare. Det finns också undersökningar som påvisat mer subtila mekanismer på aktörsplanet, informella strategier som reducerat konkurrensen genom att skärpa uppdelningen av arbetet. Det är i den dagliga praktiken som strukturerna återskapas.

Tillträdet till auktoritetsbaserade positioner och kvalificerade utbildningar var svårare att åstadkomma, eftersom de skikt som där hotades av ökad konkurrens om positionerna hade större makt att bekämpa kvinnors rättigheter med. Även ideologiska skäl gjorde det svårt att acceptera kvinnor i auktoritetsbaserade positioner.[3] Den starka ideologin om kvinnligt respektive manligt arbete blev också ett vapen mot kvinnornas lika rätt.

Genom mäns och kvinnors olika möjligheter och rättigheter i förhållande till samhällets produktionsmedel och andra försörjningsmedel och i förhållande till släktets biologiska reproduktion, antingen dessa regleras formellt eller informellt, skapas en ram för deras handlande – ett system av över- och underordning. Formella organisationer är fortfarande äktenskapet, kärnfamiljen och släkten även om deras betydelse och formerna för dem ändrats sedan 1800-talet.[4] Genom dem organiseras viktiga delar av könssystemet. I lönearbetet och den offentliga sfären har informella strukturer skapats, som också reproducerar det sociala könssystemets principer.

Undersökningsresultaten pekar på att det sociala könssystemet har en viktig, ingripande funktion i ekonomisk-historisk utveckling.

Social förändring – innovation, omformulering eller kontinuitet?

Det förkapitalistiska produktionssättets etablerade sociala relationer, dess formella sociala könssystem men också hushållets organisering med vittgående konsekvenser för könens olika möjligheter till ägande och arbete, bidrog starkt till kvinnors strukturella underordning inom det industrikapitalistiskt organiserade arbetet och hushållet.

I övergångsperioden mellan det formellt och det informellt reglerade systemet för att styra arbete och kapital uppstod möjlighet till förändring. Utfallet bestämdes av styrkeförhållandena på varje nivå och i varje situation. Jag har försökt att peka både på betydelsen av kontinuiteten och diskontinuiteten. Kontinuiteten företräds här av hushållet som den etablerade och starkt könsdifferentierande organisationsformen. Diskontinuiteten företräds av lönearbetet, vars mer opersonliga karaktär och nya utformningar tycks ge möjligheter att försöka ändra de gamla mönstren. Resultatet kan ytligt se ut som en starkt förändrad könsarbetsdelning. Men granskas den närmare, framgår att grundprincipen om kvinnornas underordning har bestått. Den har utvecklats och blivit tydlig, eftersom kvinnorna samlats som kollektivarbetare i fabrikerna.

I efterhand kan man samtidigt se lönearbetet som ett led i deras lösgörande från hushållet med dess personliga beroendeförhållanden och husbondevälde. I fabriken stod de under fabriksägarens och arbetsledarnas makt. Men lönerelationen och penningformen pekade fram emot möjligheten till en större ekonomisk och personlig självständighet än tidigare.

Bilagor

1. Urvalets fabriker. Namn och typ av fabrik. År för vilka uppgifter medtagits

Fabriker grundade 1830-40:
TEXTILFABRIKER
Norrköping:

Acharius mek ullspinneri, klädesfabrik	1834
Arosenius mek ullspinneri, klädesfabrik, färgeri	1832, 1833, 1834, 1837
Asplund klädesfabrik	1833, 1834, 1835, 1837
Blombergh klädesfabrik	1836, 1837, 1838, 1845
W M Ekelund klädesfabrik	1839, 1840, 1842, 1845
J F Eklund klädesfabrik	1835, 1836, 1837, 1847
E Jacobsson & Son klädesfabrik	1832, 1833, 1834, 1835
Hj Leopold klädesfabrik	1835, 1836, 1839, 1845
C J Lindgren mek ullspinneri, klädesfabrik	1834, 1835, 1836, 1837
Lysholm klädesfabrik	1839, 1840
A & G Sandberg klädesfabrik	1834, 1835, 1843, 1845
Swedelius mek ullspinneri, klädesfabrik	1832, 1833, 1834, 1836
Nic Söderberg klädesfabrik	1833, 1834, 1835, 1839
A J Wahlberg klädesfabrik	1836, 1837, 1838, 1845
C G Östergren klädesfabrik	1833, 1836, 1842, 1845
Carlsson & Wiberg klädesfabrik	1838, 1839, 1840, 1845

Stockholm

Casparsson bandfabrik	1838, 1839
Fagerlin bandfabrik	1835, 1837
Göransson klädesfabrik	1835, 1836, 1837
Hedenbergh klädesfabrik	1839, 1841
Kuhlman strumpfabrik	1839, 1840
Lamm sidenfabrik	1835, 1836
Thim bomull- och linnefabrik	1835

Göteborg	
Gibson & Keiller segelduksfabrik	1836, 1837, 1840, 1845
Hennig färgeri	1833, 1835, 1836
Hennig bomullsspinneri	1835, 1836, 1840, 1843
Övriga städer	
Rosendahl & Åberg klädesfabrik, Alingsås	1838, 1839, 1840
Indebetou klädesfabrik, Nyköping	1834, 1835, 1836
Landsbygden	
Nääs' mek ullspinneri, klädesfabrik, Älvsborgs län	1837, 1838, 1839, 1840
Nääs' bomullsspinneri, Älvsborgs län	1837
Strömma bomullsspinneri, Blekinge län	1833, 1834, 1840, 1845
Rydboholm mekaniserat bomullsväveri, Älvsborgs län	1838, 1839, 1840, 1845
ICKE-TEXTILFABRIKER	
Norrköping	
G Eklund sockerbruk	1839, 1840, 1844, 1845
Alex Malcolm mekanisk verkstad	1838, 1839, 1840, 1845
Stockholm	
Bachmann & Plath sockerbruk	1835, 1836
Bendix såp- och tvålfabrik	1836, 1838
Övriga städer	
Carlsson, Skänninge repslageri	1841
von Rosen, Nyköping mekanisk verkstad	1832
Engman, Hudiksvall tobaksfabrik	1841

Fabriker grundade 1853-1863

TEXTILFABRIKER	
Norrköping	
Eneström & Apelstam klädesfabrik	1856, 1857
Nyborg klädesfabrik	1856, 1857, 1858
Pettersson & Lind klädesfabrik	1862, 1863, 1870
Richman klädesfabrik	1856, 1858, 1859
Henrik Sandberg klädesfabrik	1862, 1863, 1864
Wellenius klädesfabrik	1856, 1857, 1858
Korderojfabriken klädesfabrik	1860, 1861, 1862, 1870
Hultström trikåvävnadsfabrik	1859, 1860, 1861
Norrköpings bomullsväveri	1854, 1855, 1861

Holmens bruks AB bomullsspinneri, bomullsväveri, pappersbruk, smide	1858, 1859, 1860
Drags ylleväveri	1855, 1863, 1870, 1877
Malmö	
Malmö bomullsväveri	1859, 1863, 1865, 1869
Malmö bomullsspinneri	1862
Övriga städer	
Charles Hill, Alingsås bomullsväveri	1863, 1864, 1865
Kampenhofs AB, Uddevalla bomullsspinneri, bomullsväveri, färgeri	1860, 1861, 1862
ICKE-TEXTILFABRIKER	
Norrköping	
Wall & Co snus- och tobaksfabrik	1857
Litografiska AB	1860, 1861, 1862
Stockholm	
Ekman mekanisk fabrik för träarbeten	1860
Lagerberg gjuteri och mekanisk verkstad	1860
Övriga städer	
Gussander, Gävle bryggeri	1859, 1860, 1861
Malmsten, Jönköping rullgardinsfabrik	1862, 1863
Backström, Jönköping tapetfabrik	1863, 1864, 1865
Munksjö pappersbruk, Jönköping	1863
Hallström, Köping gjuteri, mekanisk verkstad	1859
Pettersson, Landskrona järngjuteri	1863, 1864, 1865
Fiedler, Kristianstad tobaksfabrik	1862, 1863, 1864
Landsbygden	
Lyckeby, Lösen, Blekinge län järngjuteri, smedja, mekanisk verkstad	1862

2. Mantalsuppgifternas källvärde

Mantalsuppgifterna för Norrköping har visat sig vara de bäst bevarade, mest överskådliga och systematiskt uppställda. Uppgifterna för Stockholm upptar i högre utsträckning än på andra håll enabrt s k inom hus boende arbetare, vilket gör dem i motsvarande mindre grad användbara i detta sammanhang. Mantalsuppgifterna för Göteborg är mycket dåligt bevarade för 1830-talet. De tre förteckningar över arbetare, som påträffats för den tiden, härrör inte från mantalsuppgifterna utan från husförhörslängd och mantalslängd. De har ändå fått ingå i urvalet för att göteborgsregionen skall bli representerad i urvalet.

För 1850-talet och senare finns utmärkta mantalsuppgifter men endast en fabrik kan då räknas till de nystartade i Göteborg, och för den finns inte uppgift bevarad. För landsbygden finns mantalsuppgifter bevarade i betydligt mindre utsträckning än för städerna. Eftersom relativt sett färre fabriker nygrundas på landsbygden på 1830-talet än under perioden 1853-63, är resultatet i fråga om mantalsuppgifter totalt sett bättre då än under 1850-talet, då bortfallet är stort. Därtill bidrar också att flera av landsbygdsfabrikerna som grundas på 1830-talet är småningom stora, väletablerade sådana och kanske därför bättre registrerade och lättare att finna än småfabriker, som kanske bara funnits några år.

I Malmö har de nygrundade företagen mestadels varit mycket små. Hantverket tycks dominera nygrundningen, vilken sålunda fallit utanför ramen för denna fabriksundersökning. I Göteborg nygrundas heller inte några fabriker, som motsvarar undersökningens kriterier. Jonsered grundar visserligen ett nytt spinneri, men detta är inte särskiljbart i mantalsuppgiften med avseende på arbetarna. I Malmö grundas på 1830-talet bara två fabriker, som fyller mina kriterier, och för ingendera finns uppgift bevarad.

Totalt sett finns annars under den tidiga perioden relativt jämn fördelning av nygrundade fabriker över regioner. I jämförelse kan den senare perioden – 1853-63 – sägas vara präglad av att de flesta fabriker grundas utanför de större städerna. Det är svårare att finna mantalsuppgifterna för landsbygden, och de är i mindre utsträckning bevarade än för städerna, vilket lett till att bortfallet för den senare perioden också är större. Som regel är annars de bevarade mantalsuppgifterna för denna period av bättre kvalitet och mer enhetligt utformade än för tidigare perioder. För båda perioderna gäller att norrköpingsfabrikerna kunnat täckas helt vad gäller mantalsuppgifter.

3. Yrkeskoden

Följande grupper har legat till grund för undersökningen av social rekrytering:

Grupp 1 a	jordägare
1 b	arrendatorer, frälsebönder
Grupp 2	större kapitalägare (ej jordbruk)
Grupp 3	småborgare, mjölnare (äger produktionsmedel inom jbrk), självständiga hantverkare med anställda
Grupp 4	övriga hantverkare (glasmästare m fl), sockenhantverkare
Grupp 5	högre och lägre arbetsledare, tekniker och högre administration, tekniska elever
Grupp 6	ideologiska tjänstemän (lärare, klockare), lägre militära befäl, sjöbefäl, lägre administration och handelsyrken
Grupp 7	halvproletära skikt i jbrk (torpare, husmän, båtsmän), husägare
Grupp 8	gesäller och andra kvalificerade hantverkare
Grupp 9	övriga kvalificerade hantverksarbetare
Grupp 10	okvalificerade men specialiserade arbetare (inkl lärlingar)
Grupp 11	okvalificerade diversearbetare
Grupp 12	lägre militärer, väktare, vakter och andra proletärer i repressiva funktioner
Grupp 13	stadens proletära skikt (offentligt anställda), sjömän m fl, proletära skikt i jbrk (drängar, pigor, statare, stattorpare, backstugusittare, inhyseshjon, änkor och hustrur i lägre skikt)
Grupp 14	borgerliga ogifta kvinnor (mamsell, jungfru), hantverkaränkor
Grupp 15	arbetslösa (försvarslösa m fl)

Noter

Inledning

1. Anthony Giddens, *Central Problems in Social Theory. Action, Structure and Contradiction in Social Analysis*, London 1979.

Kapitel 1

1. Se diskussion i Lennart Schön: *Från hantverk till fabriksindustri. Svensk textiltillverkning 1820-1870.* Kristianstad 1979; och i Maxine Berg, *The Age of Manufactures, 1700-1820.* London 1985.

2. Friedrich Engels: *Om statens, privategendomens och familjens ursprung*, Arbetarkultur 1969. Alexandra Kollontaj: *Kvinnans ställning i den ekonomiska samhällsutvecklingen*, Gidlunds 1971.

3. Se Anita Göransson: Arbete och makt: en kritisk granskning av begreppen arbete, produktion och produktionssätt i Eva Aniansson m fl (red): *Vetenskap, patriarkat, makt. Rapport från Kvinnouniversitetet*, Akademilitteratur 1982.

4. Se t ex Karl Marx: *Kapitalet*, del I, Staffanstorp 1970, s 427-428 och Friedrich Engels: *Den arbetande klassens läge i England: från egna iakttagelser och autentiska källor*, Göteborg 1983.

5. Enligt honom hade även Marx den uppfattning, som läggs fram i t ex Engels 1969.

6. Engels 1969.

7. Ruth Bohman har diskuterat ungefär denna problematik i artikeln Den marxistiska myten om kvinnoarbetet i *Kvinnovetenskaplig tidskrift* 1980:1. Hon påpekar där att idén om familjen som arbetande enhet, som ökar mannens produktionsförmåga, "tydligt har sina rötter i ett annat produktionssystem än det nuvarande" (s 61). Hon tolkar det dock som en sammanblandning av kvinnor som lönearbetare med kvinnor som arbetskraftsreproducenter. Jag tolkar det alltså i stället som att det är just övergången från familjearbete till individarbete, som blandas ihop av Marx.

8. Se t ex Marx 1970, s 342-344.

9. Se Chris Middleton, Patriarchal Exploitation and the Rise of English Capitalism, i Eva Gamarnikow, David Morgan, June Purvis, Daphne Taylorson (eds), *Gender, Class and Work*, London 1983.

10. Detta har påpekats för mig av Ingvar Johansson. Ämnet har behandlats i John Roemer, *Analytical Marxism*, Cambridge 198?. Även Anna Jónasdóttir kan sägas anknyta till detta synsätt i diskussionen om grunden för kvinnors underordning i vårt samhälle. Se längre fram i kapitlet.

11. Ett exempel på sådan teoribildning är Heidi I Hartmann: Det olyckliga äktenskapet mellan feminism och marxism, i Hillevi Ganetz m fl (red): *Feminism och marxism – en förälskelse med förhinder?* Stockholm 1986. (Ursprungligen publicerad i *Capital and Class* no 8 1979.) Se vidare Sandra Harding: Instabiliteten i den feministiska teoribildningens analytiska kategorier, *Kvinnovetenskaplig tidskrift* 1987:2-3.

12. Det finns vidare olika uppfattningar om huruvida de båda könens olika uppgifter i den biologiska reproduktionen ger upphov till en essentiell kvinnlighet respektive manlighet, en skillnad som antingen betingas direkt av de olika reproduktiva erfarenheterna eller som förmedlas under den tidigaste identitetsskapande socialisationen, då barnet antingen upplever sig som likt eller olikt den omedelbara vårdaren – i vår kultur vanligtvis modern. Se t ex Eva Lundgren: Feministisk teori – grundval för nya vetenskapliga paradigm? och Evelyn Fox Keller: Systemet genus/vetenskap, eller: Förhåller sig kön till genus som naturen till vetenskapen? båda i *Kvinnovetenskaplig tidskrift* nr 2-3 1987.

13. Kollontaj 1971.

14. Se t ex Christer Winberg: *Folkökning och proletarisering. Kring den sociala strukturomvandlingen på Sveriges landsbygd under den agrara revolutionen,* Lund 1977; och Gunnar Heinsohn, Rolf Knieper, Otto Steiger: *Människoproduktionens historia,* Lund 1983.

15. Se främst Shulamith Firestone, *The Dialectic of Sex. The Case for a Feminist Revolution,* New York 1970; Kate Millett: *Sexualpolitiken,* Stockholm 1971.

16. T ex Millett 1971, Firestone 1970.

17. Mary O'Brien, *The Politics of Reproduction,* London och Boston 1981.

18. Denna riktning kritiserades för att utelämna klassaspekten.

19. Claude Lévi-Strauss, *The Elementary Structures of Kinship,* Boston 1969. Jfr även diskussion och hänvisningar till etnografisk litteratur i Rayna Rapp Reiter, The Search for Origins: Unraveling the Threads of Gender Hierarchy, i *Critique of Anthropology,* no 9-10 1977, särskilt s 13.

20. Gayle Rubin, The Traffic in Women: Notes on the 'Political Economy' of Sex, i Rayna R Reiter (ed), *Toward an Anthropology of Women,* New York och London 1975.

21. Reproduktion kan definieras på tre olika sätt. Dels kan man avse den biologiska reproduktionen av släktet (från generation till generation), dels kan man mena reproduktionen av arbetskraften (från dag till dag), dels kan det betyda den sociala reproduktionen av samhället som sådant med maktförhållanden och allt (här anses t ex utbildningssystemet ha en viktig ställning). Hur man än definierar begreppet är det emellertid så att kvinnor på grund av biologi och samhällelig arbetsdelning intar en särskilt betydelsefull position i reproduktionen – i alla dess tre bemärkelser. Se Felicity Edholm, Olivia Harris, Kate Young, Conceptualising Women, *Critique of Anthropology,* 1977:9-10, s 104.

22. Christine Delphy, *The Main Enemy. A Materialist Analysis of Women's Oppression,* Women's Research and Resources Centre, London 1977.

23. Delphy 1977; och Heidi Hartmann, The Family as the Locus of Gender, Class, and Political Struggle: The Example of Housework, i *Signs:*

Journal of Women in Culture and Society, vol 6, no 3, 1981.

24. T ex Mariarosa Dallacosta och Selma James, *The Power of Women and the Subversion of Society*, Falling Wall Press, London 1971.

25. Se Veronica Bennholdt-Thomsen: Subsistenzproduktion und erweiterte Reproduktion. Ein Beitrag zur Produktionsweisendiskussion. *Gesellschaft: Beiträge zur Marxschen Theorie* 14, Frankfurt am Main 1981. Hon påpekar att redan Rosa Luxemburg ställde frågan om betydelsen av produktionsförhållanden och skikt *utanför* kapitalförhållandet för kapitalets ackumulationsprocess.

26. John Harrison, The Political Economy of Housework, *Bulletin of the Conference of Socialist Economists*, Winter 1973. Som ännu ett exempel på denna typ av stödjande produktionssätt i samexistens med det kapitalistiska (hans term är client mode of production) nämner han staten.

27. Marielouise Janssen-Jurreit: *Sexism. Manssamhällets ideologi och historia*. Stockholm 1979.

28. Christine Delphy, 1977.

29. Heidi Hartmann: Kapitalismen, patriarkatet och könssegregationen i arbetet, i *Kvinnovetenskaplig tidskrift* nr 1-2 1981b; och Hartmann 1986.

30. Andra såsom Firestone måste dock sägas mena att det är fråga om ett enda system, fastän könsstrukturen inom detta är överordnat. Klassuppdelningen är ju enligt henne avledd härur.

31. Begreppet avser mäns tendens att hellre söka varandras sällskap och godkännande än kvinnornas. Kvinnor betraktas däremot som heterosociala; även de söker i första hand männens sällskap och godkännande. Orsaken är att män som regel har större makt och auktoritet än kvinnor. Se Jean Lipman-Blumen, Toward a Homosocial Theory of Sex Roles: an Explanation of the Sex Segregation of Social Institutions, i *Signs*, vol 1, no 3 1976.

32. Iris Young: Det tvåhövdade resultatet av parningen mellan marxism och feminism, i *Zenit* nr 5 1981.

33. Anna Jónasdóttir: Patriarkat, marxism och tvåsystemteori, i *Häften för kritiska studier*,nr 4 1987.

34. För en översikt av debatten se Christer Lundh: *Levnadsstandarden – indikatorer och mått. Engelsk och svensk debatt om lönearbetarnas villkor 1750-1850*. Meddelanden från Ekonomisk-historiska institutionen, Lunds universitet, nr 29 1983.

35. Ivy Pinchbeck, *Women Workers and the Industrial Revolution 1750-1850*, London 1977 (1930), s 313.

36. Se t ex Mary Lynn McDougall, Working Class Women During the Industrial Revolution, 1780-1914; och Theresa M McBride, The Long Road Home. Women's Work and Industrialization; båda i Renate Bridenthal, Claudia Koonz (eds), *Becoming Visible. Women in European History*, Boston 1977.

37. Se t ex Maxine Berg 1985.

38. Se t ex Lennart Schön: *Industrialismens förutsättningar*. Ekonomisk-historiska institutionen, Lunds universitet.

39. Se t ex Orvar Löfgren: *Arbetsfördelning och könsroller i bondesamhället – kontinuitet och förändring*. Etnologiska institutionen, Lund 1975.

40. Jfr t ex Rydboholms bomullsfabrik i Marks härad, Älvsborgs län. När Kampenhofs i Uddevalla på 1850-talet frågade efter fem väverskor, som

skulle kunna komma till deras fabrik, gick det inte att uppbringa fem flyttningsvilliga kvinnor vid fabriken. I stället sände man i väg fem unga pojkar, "som något sysslat med vävning". Hallrättens i Borås arkiv. Se även O Mannerfelt, H Danielson: *Sven Eriksons och Rydboholms fabrikers historia 1834 - 1866*. Borås 1924. Om förlagsarbetet i Marks härad se vidare Christer Ahlberger: *Vävarfolket. Hemindustrin i Mark 1790-1850*. Institutet för lokalhistorisk forskning. De sju häradernas kulturhistoriska förening. Göteborg 1988.

41. Om förlagsarbetet och dess familjeformer se även Heidi Rosenbaum: *Formen der Familie,* Frankfurt am Main, 1982; och Hans Medick, The proto-industrial family economy: the structural function of household and family during the transition from peasant society to industrial capitalism, i *Social History* no 3 1976.

42. Jfr diskussionen om den duala ekonomins betydelse i t ex Latinamerika i dag. Se t ex Veronica Bennholdt-Thomsen 1981.

43. Inge Svensson: Hantverk och industri jämte levnadsförhållanden och arbetsmarknad i Malmö under perioden 1820-1870. I Oscar Bjurling (huvudred): *Malmö stads historia,* del III. Malmö 1981. S 247-248.

44. Jämför diskussionen längre fram om den rekryteringsstrategi som Lowell-fabrikerna i Waltham, Massachusetts, använde i början av 1800-talet.

45. Mannerfelt, Danielson 1942. Se även Borås hallrättsprotokoll 1838, Borås hallrätts arkiv. Specification å Wäfflickor som äro wid Rydboholms Fabrik. Borås Stadsarkiv.

46. Se Middleton 1983.

47. Jfr a a.

48. Att så var fallet i andra länder har visats av Louise Tilly, Occupational structure, women's work, and demographic change in two French industrial cities, Anzin and Roubaix, 1872-1906, i Jan Sundin, Erik Söderlund (eds), *Time, Space and Man,* Uppsala 1979; Hans Medick 1976; och John Holley, The two family economies of industrialism: factory workers in Victorian Scotland, i *Journal of Family History,* Spring 1981. Se även Arthur Redford, *Labour Migration in England,* 1800-1850, Manchester 1976 (1926). Passim, särskilt kapitel 4.

49. Se t ex Holley 1981.

50. Ett exempel på undersökning från denna nivå är Anita Göransson: Den könsliga arbetsdelningen och dess strategiska konsekvenser, i *Sociologisk forskning* nr 3-4 1978.

51. Exempel på undersökning på denna nivå är Hartmann 1981b.

52. Som exempel kan tas Gerd Lindgrens undersökningar i *Kamrater, kollegor och kvinnor - en studie av könssegregeringsprocessen i två mansdominerade organisationer,* Research Reports from the Department of Sociology, University of Umeå, Umeå 1985.

53. Se t ex Hanne Haavind: Makt og kjaerlighet i ekteskapet, i Runa Haukaa, Marit Hoel och Hanne Haavind (red): *Kvinneforskning: bidrag til samfunnsteori,* Oslo 1982; Hanne Haavind: Förändringar i förhållandet mellan kvinnor och män, i *Kvinnovetenskaplig tidskrift* nr 3 1985; Margot Bengtsson: Identifikation, kön och klass, i *Kvinnovetenskaplig tidskrift* nr 1 1985.

Kapitel 2

1. Se bilaga 2 för en närmare diskussion av material och urval. För en kartläggning av förekomsten och kvaliteten hos mantalsuppgifterna för åren 1800 - 1900 se A Göransson: 1800-talets mantalsuppgifter, i *Arkiv, forskning och samhälle*, Svenska Arkivsamfundets skriftserie nr 19 (1976).

2. Intensivundersökningens urval omfattar följande fabriker: 8 omek klädesfabriker i Norrköping 1845 (Blombergh, W M Ekelund, J F Eklund, Hj Leopold, A och G Sandberg, A J Wahlberg, C G Östergren, Carlsson & Wiberg); Drags yllefabriks AB 1877, Strömma bomullsspinneri 1845, Rydboholms bomullsväveri 1845, Malmö bomullsväveri 1859 och spinneri 1862; Malcolms mek verkstad 1845, Köpings mek verkstad 1859 och Landskrona mek verkstad 1863, G Eklunds sockerbruk 1845, Walls tobaks- och snusfabrik 1857 och Litografiska fabriken 1860, de båda sistnämnda i Norrköping. Mantalsuppgifterna upptar totalt 1 698 arbetare i textilfabriker och 387 arbetare i andra branscher.

3. Se bilaga 1 för en förteckning över samtliga i urvalet ingående fabriker.

4. Lennart Jörberg, *Growth and Fluctuations of Swedish Industry, 1869-1912*, Lund 1961.

5. Nils Wohlin: *Den jordbruksidkande befolkningen 1751-1900*, Stockholm 1909. Statistisk-demografisk studie på grundval af de svenska yrkesräkningarna. Emigrationsutredningen. Bilaga IX.

6. *Historisk statistik för Sverige*. Del 1. Befolkning. 1720-1967. Statistiska Centralbyrån, Stockholm 1969. Tabellerna 3 och 4.

7. A a. Tabell 8.

8. A a. Tabell 17. Angående deras klasstillhörighet, se Gunnar Qvist: Ett perspektiv på den s k kvinnoemancipationen i Sverige, i Qvist: *Konsten att blifva en god flicka. Kvinnohistoriska uppsatser*. Helsingborg 1978. S 177 ff.

9. Qvist 1978, s 177-179.

10. A a, s 178.

11. Wohlin 1909.

12. Yngve Fritzell: Yrkesfördelningen 1840-1855 enligt Tabellverket jämfört med andra källor, i *Statistisk tidskrift* nr 5 1973.

13. En kritisk granskning av statistikens behandling av gifta kvinnors yrkesarbete har gjorts av Anita Nyberg i Vad är förvärvsarbete? i *Kvinnovetenskaplig tidskrift* nr 1 1987. Eftersom både män och kvinnor och ungdomar till överväldigande del arbetade i jordbruket under hela 1800-talet, är det främst redovisningen av deras respektive arbetsinsatser som tas upp. Nyberg påpekar att hustrurs arbete av somliga skribenter inte räknas, av andra räknas hustrurs och söners men inte döttrars osv. Om samtliga deltagande familjemedlemmars arbete konsekvent anses som yrkesmässigt, framstår en bild av kvinnors yrkesarbete på en jämn, hög nivå med en svacka cirka 1930-50-talen (den s k hemmafruperioden). Om kvinnors arbete i jordbruket inte medräknas, framstår emellertid det kvinnliga förvärvsarbetet som en sen företeelse; det blir då snarast en funktion av familjejordbrukets avveckling. I min undersökning är det dock enbart fabriksarbetet, som undersöks.

14. De absoluta talen måste tas med försiktighet. Avsikten är här att visa storleksordningen.

15. Lennart Jörberg: *Kvinnliga arbetare inom svensk industri 1872-1912. En statistisk översikt.* Meddelande från Ekonomisk-historiska institutionen, Lunds universitet, nr 19 1981.

Kapitel 3

1. Denna uppfattning styrks t ex av Heidi Rosenbaum 1982 och Martha May, Bread before roses: American workingmen, labor unions and the family wage, i Ruth Milkman (ed), *Women, Work and Protest. A Century of U S Women's Labor History,* Boston 1985, s 3 ff. Se även Anita Göransson: Bröd och rosor: lönearbete och kvinnliga strategier, i *Historisk tidskrift* nr 1 1987.

2. E J Hobsbawm, *Labouring Men,* London 1976 (1964), kap 15.

3. A a, s 278.

4. Pelling påpekade vidare att de bäst kvalificerade och organiserade skikten tvärtom var de mest militanta – inte de sämst ställda. Han pekade t ex på gruvarbetarna i Bolivia. Man skulle också kunna ta gruvarbetarna i Sverige som exempel. Se Pelling, *Journal of Economic History,* 37. Detta är en problematik som också varit föremål för forskarnas intresse. Se t ex John Fosters studie *Class Struggle and the Industrial Revolution. Early capitalism in three English towns.* London 1974. Se även Savilles recension i Socialist Register 1974. Foster hävdade just att 1830-talets engelska hantverksarbetare var militanta och strävade efter en samhällsomdaning. Han tolkar skeendet som diskontinuitet. Saville menar dock i sin recension att dessa hantverksarbetares strävan snarast regressiv, eftersom den gick ut på att bevara de privilegier gruppen haft i det äldre samhället som hantverkare. Han skulle kunna sägas tolka skeendet som kontinuitet.

5. Henry Mayhew, *London Labour and the London Poor,* New York 1968, vol III, s 221.

6. Foster 1974.

7. Se t ex May 1985.

8. Se t ex Friedrich Engels 1983; Marit Hoel: *Den kvinnelige arbeiderklassen.* Oslo 1983.

9. Hobsbawm har dock påpekat att andelen kvinnor och barn på ett yrkesområde kan användas som supplementär metod att finna arbetararistokrater. Fakta kan dock tolkas på olika sätt, påpekar han. Metoden förutsätter därför att man på förhand vet vilken tolkning som passar, vilket starkt minskar dess värde. En hög andel kvinnor och barn kan antingen innebära att lönenivån på området är allmänt låg eller att det finns en stor "svans" av deklasserade hantverksarbetare. Men man vet inte av detta vilken betydelse arbetararistokratin har på området. Från somliga yrken är kvinnor helt utestängda, så där får i stället andelen pojkar studeras på motsvarande sätt. Hobsbawm 1976, s 310 ff.

10. Gary Becker, A Theory of the Allocation of Time (1965) och Jacob Mincer, Labor Force Participation of Married Women: A Study of Labor Supply (1962), båda omtryckta i Alice H Amsden, *The Economics of Women and Work,* Harmondsworth 1980.

11. Laura Oren, The Welfare of Women in Labouring Families: England, 1860-1950, i Mary Hartman, Lois W Banner (eds), *Clio's Consciousness Raised,* New York 1974.

12. Se Hartmann 1981a.

13. Walter Korpi: *Arbetarklassen i välfärdskapitalismen.* Stockholm 1978.

14. Margareta Matovic: *Stockholmsäktenskap,* Stockholm 1984.

15. Se härom Donald J Treiman, Heidi I Hartmann (eds), *Women, Work, and Wages: Equal Pay for Jobs of Equal Value,* Washington D C, 1981.

16. Se t ex M Reich, D M Gordon, R C Edwards, A Theory of Labor Market Segmentation, i Alice H Amsden (ed), *The Economics of Women and Work,* Harmondsworth 1980. Se även R D Barron, G M Norris, Sexual Divisions and the Dual Labour Market, i D L Barker, S Allen (eds), *Dependency and Exploitation in Work and Marriage,* London 1976.

17. Begreppet statistisk diskriminering söker förklara det faktum att en enskild kvinna diskrimineras – inte som individ utan för att hon tillhör en kategori, som statistiskt sett brukar vara mindre produktiv eller på något annat sätt sämre ur arbetsgivarens synpunkt. Det vore alltför dyrbart för arbetsgivaren att kontrollera varje individ med avseende på detta, så han tar det säkra för det osäkra och diskriminerar hela kategorin. Om diskrimineringsteorier, se Mats Lundahl, Eskil Wadensjö, *Unequal Treatment. A Study in the Neoclassical Theory of Discrimination,* London 1983. Se även Cynthia B Lloyd, Beth Niemi, *The Economics of Sex Differentials,* New York 1979; Cynthia B Lloyd, Sex, *Discrimination and the Division of Labor,* New York 1975.

18. Clara Zetkin: Minnen om Lenin (1924-25), i Folke Schimanski (red): *Kvinnan och revolutionen.* Texter om 200 års kamp för kvinnlig frigörelse, Helsingfors 1972; s 236 ff.

19. Att gifta kvinnor inte förvärvsarbetade är i sin tur åtminstone delvis en chimär. Gifta kvinnor arbetade visserligen inte i fabrikerna i någon högre utsträckning. Men de hade många andra möjligheter till inkomster, vilket visats av senare års undersökningar. Se Qvist 1960 och Christine Lindquist 1987. Vidare utförde de flesta obetalt arbete.

20. Sylvia Walby, *Patriarchy at Work. Patriarchal and Capitalist Relations in Employment,* Polity Press 1986.

21. Hartmann 1981b; Hartmann 1986.

22. Hartmann 1981b.

23. William Lazonick, Industrial relations and technical change: the case of the self-acting mule, i *Cambridge Journal of Economics,* nr 3 1979.

24. Lindgren 1985.

25. Jonathan Zeitlin, Craft regulation and the division of labour: engineers and compositors in Britain 1890-1914, PhD thesis, Warwick University 1981. Ref av Cockburn 1985a , s 132.

26. R W Connell, *Gender and Power,* Sydney 1987, t ex p 180 ff. Se även Mats Lindqvist: *Klasskamrater,* Lund 1987 (ss 48, 132, 134, 165), passim.

27. Cynthia Cockburn 1985a. Cockburn har särskilt studerat den grafiska branschen med avseende på teknisk förändring och könsarbetsdelning. Se Cynthia Cockburn, *Brothers. Male Dominance and Technological Change.* London 1983. Även andra branscher diksuteras ur detta perspektiv i Cynthia

Cockburn, *Machinery of Dominance. Women, Men and Technical Know-how.* London 1985b.

28. I exempelvis mekaniska verkstäder och annan (mansdominerad) metallindustri finns i dag traverser och andra hjälpmedel till tunga transporter. I (det kvinnodominerade) vårdarbetet krävs fysisk styrka för att lyfta och vända patienter. Det har dock inte lagts till grund för arbetets lönemässiga värdering eller använts som argument för att utestänga kvinnor från vårdarbete. Kvinnor har också både förr och nu arbetat med hårt kroppsarbete i jordbruket (med att bära ved och vatten m m eller att dra plogen) och i gruvdrift och annan industri just med transporter, lastning, lossning och andra arbetsintensiva moment (mursmäckor i Sverige förr, indiskt dammbygge 1988).

Se även om sjuksköterskeyrkets utformning Eva Gamarnikow, Sexual Division of Labour: the Case of Nursing, i Annette Kuhn, AnnMarie Wolpe (eds), *Feminism and Materialism. Women and the Modes of Production,* London 1978. Där hävdas att yrket skapades som semiprofession för mellanskiktskvinnor i en förhandling eller byteshandel, där kvinnorna å sin sida erkände det manliga monopolet på den medicinska professionen.

29. Milkman 1985. Passim.

30. Om arbetsuppgifters värdering se Gunhild Kyle: *Gästarbeterska i manssamhället,* Lund 1979; om kvalifikationsbegreppet se Anne Phillips, Barbara Taylor, Sex and Skill. Notes toward a Feminist Economics, i *Feminist Review* no 6:1980.

31. Louise A Tilly, Joan W Scott, *Women, Work and Family,* New York 1978.

32. Gunnar Qvist 1960.

33. A a.

34. A a, s 84, 286.

35. Peter B Doeringer, Michael J Piore, *Internal Labor Markets and Manpower Analysis,* Lexington, Mass, 1971.

36. Tabellen bygger på mantalsuppgifter från tre olika tidpunkter per fabrik (för några fabriker dock endast ett eller två år). Varje arbetare är medtagen endast en gång.

37. Qvist 1960, s 327.

38. T ex David F Noble: *Teknologi och klassmakt.* Arkiv studiehäften 12, 1982. Se även bidragen i Donald MacKenzie, Judy Wajcman (eds), *The Social Shaping of Technology,* Philadelphia 1985. Katherine Stone: *Klassmakt och arbetsdelning,* Arkiv studiehäften 4, 1977.

39. Se t ex Stephen Marglin, What Do Bosses Do? The origins and functions of hierarchy in capitalist production. I André Gorz (ed), *The Division of Labour,* Harvester Press 1978. Se också MacKenzie, Wajcman 1985.

40. För en diskussion av protofabrikerna se Lennart Schön 1979.

41. Andrew Ure, *The Philosophy of Manufactures,* London 1835. Charles Babbage, *On the Economy of Machinery and Manufactures,* London 1832. En rad inlägg från 1800-talets skribenter på området har samlats och återutgivits i Maxine Berg (ed), *Technology and Toil in Nineteenth Century Britain,* London 1979.

42. F W Taylor: *Rationell arbetsledning. Taylorsystemet,* Uppsala 1913.

43. Marglin 1978.

44. Lazonick 1975. Se även Lazonick 1979.

45. Hobsbawm 1976.

46. Edith Abbott, *Women in Industry. A Study in American Economic History*, Source Book Press 1970 (S Appleton & Co 1910), Helen Sumner, *Report on Condition of Woman and Child Wage-Earners in the United States*: Vol IV: History of Women in Industry in the United States, Washington Government Printing Office 1910 el 1911, Elizabeth Baker, *Technology and Women's Work*. Columbia University Press 1964, Lazonick, a a 1979.

47. Harry Braverman: *Arbete och monopolkapital. Arbetets degradering i det tjugonde århundradet*, Stockholm 1977. Paul Thompson, *The Nature of Work. An Introduction to Debates on the Labour Process*, London 1983.

48. Se tex Bengt Berglund: *Industriarbetarklassens formering. Arbete och teknisk förändring vid tre svenska fabriker under 1800-talet*, Meddelanden från Ekonomisk-historiska institutionen vid Göteborgs universitet, Göteborg 1982; Kerstin Norlander: Könssegregerad arbetsdelning och facklig politik, i *Arkiv* 1984:29-30; Lynn Karlsson, Ulla Wikander: *Kvinnoarbete och könssegregering i svensk industri 1870 – 1950: tre uppsatser*, Uppsala Papers in Economic History, 1985, Research Report No 9. Lena Sommestad: Från mejerska till mejerist, i *Historisk tidskrift* nr 1 1987; Lars Olsson: *Då barn var lönsammma*, Borås 1980; Lars Magnusson: *Arbetet vid en svensk verkstad: Munktells 1900-1920*. Det svenska arbetets historia I, Lund 1987; Maths Isacson: *Verkstadsarbete under 1900-talet. Hedemora verkstäder före 1950*. Lund 1988; Alf Johansson: *Stocka sågverk*, Lund 1988.

49. Se Berglund 1982, Olsson 1980, Karlsson, Wikander 1988. Karlsson och Wikander har noterat de sociala maktförhållandenas betydelse även för könsarbetsdelningen. De har kritiserat Jörberg och Berglund, vilka tolkar arbetsdelningen mellan könen som beroende av kvinnors beteende. Se även Sommestad 1988.

50. Se t ex Frances Collier, *The Family Economy of the Working Classes in the Cotton Industries, 1784-1833*, Manchester 1965.

51. Löfgren 1975.

52. Se Ivy Pinchbeck 1977; Ure 1835 cit av Abbott 1970.

53. Se Gunnar Qvist 1977, ss 145-180.

54. Se Neil Smelser, *Social Change and the Industrial Revolution*, University of Chicago Press 1959; Abbott 1970, Baker 1964.

55. Se Redford, 1976 (1926), s 20 ff.

56. I Marks härad i Sverige var det dock kvinnorna som vävde bomull i hemmen. Men de kunde knappast betraktas som arbetsledare, då ingen spinning eller spolning förekom i hemmen. Så sent som på 1920-talet vävde både barn och vuxna kvinnor. Att kvinnors vävning gav familjerna ett ekonomiskt tillskott, stärkte deras ställning, enligt Ahlberger 1988.

57. Lazonick 1975. Se även E P Thompson, *The Making of the English Working Class*, Pelican 1963; och Pinchbeck 1930.

58. Frances Collier 1965.

59. Se Sidney Pollard, *The Genesis of Modern Management. A Study of the Industrial Revolution in Great Britain*, 1965. Särskilt kapitlet The Adaptation of the Labour Force. Se även Christopher Hill, *Reformation to Industrial Revolution*, The Pelican Economic History of Britain. Vol 2.

Harmondsworth 1967, p 261. Redford 1976, s 24 ff; Pinchbeck 1977, s 184 ff.

60. Se Marglin 1978.

61. Frances Collier 1965. B L Hutchins, *Women in Modern Industry*, G Bell & Sons Ltd 1915. Pinchbeck 1930.

62. Abbott 1970, Baker 1964.

63. Abbott 1970.

64. Baker 1964.

65. Enligt Henry C Carey, citerad av Abbott 1970.

66. Båda uppgifterna ur a a.

67. A a; Sumner 1910. De citerar även U S Census Reports 1900 och 1905.

68. Thomas Dublin, *Women at Work. The Transformation of Work and Community in Lowell, Massachusetts, 1826-1860*, New York 1979.

69. Norrköpings hall- och manufakturrätts protokoll från syn av Arosenius' Normalfabrik 1814.

Kapitel 4

1. Framställningen bygger här i viktiga drag på Schön 1979 och av samme författare *Textilfabrikernas uppkomst i Sverige 1820-70. Engelsk konkurrens och inhemsk förändring*. Meddelande från Ekonomisk-historiska institutionen, Lunds universitet, nr 20 1981.

2. Schön 1979 och 1981. Passim.

3. Schön 1981, s 13.

4. Excerpter ur 40 bouppteckningar för sammanlagt 41 avlidna personer i Norrköpings stad 1802 – 1877, därav 28 personer ur fabrikörs-, grosshandlar- och brukspatronskiktet, två ur hantverkargruppen och sju arbetare (inklusive en överskärargesäll och en exekutionsvaktmästare.) De omfattade 19 kvinnor och 22 män.

5. Schön 1979. Passim.

6. Schön 1981, s 12.

7. A a, s 14.

8. Arthur Montgomery: *Industrialismens genombrott i Sverige*. Stockholm 1969 (1947), s 137.

9. Den uppfattningen har lagts fram av t ex Edvard Bull: *Arbeiderklassen blir till (1850-1900). Arbeiderbevegelsens historie i Norge*, 1. Tiden Norsk forlag, Oslo 1985, s 160.

10. Tom Söderberg 1968, s 167.

11. De större värdena representeras i bouppteckningarna av färgstoffer, råull, kläden under bearbetning och lager av färdigvaror. Värdet av maskiner och redskap uppgick som regel till endast någon bråkdel av dessa. En klädesvävstol kunde upptas till mellan 2 rdr och 7,50 rdr rgs, medan en vanlig vävstol för hembruk vanligen var billigare, t ex 2 rdr inklusive tillbehör. Källa: Bouppteckningar, Norrköping.

12. Fabrikssocieteten i Norrköping. Protokoll av den 3 december 1846: förslag till petition till KMT i fråga om förbudssystemets utbyte emot skyddstull för yllefabrikater.

13. Detta var dock ett särdrag hos Norrköpings bomullsindustri, enligt

Lennart Schön, som utifrån befintliga monografier hävdar att det i det övriga landet främst var köpmän, som stod bakom grundandet av mekaniserade bomullsfabriker. Även i Norrköping fanns köpmän med i denna process. Schön 1979, s 131 f.

14. Wilhelm Carlgren: *Drags yllefabrik 1642-1942. En minnesskrift.* Stockholm 1942.

15. Födelseböcker 1770-1850, Hedvigs församling, Norrköping. Ringborg. Svensk släktkalender.

16. A Göransson: Fabrikörer, flickor och förmögenheter. Om den svenska borgerlighetens framväxt 1750-1850. Opublicerat manuskript, 1987.

17. Montgomery 196, s 140.

18. Det framgår av mantalsuppgifternas adressuppgifter för fabrikerna. Se även Tom Söderberg i Helmfrid, Kraft 1968.

19. Enligt uppgift använde t ex Gryt endast 1/8 av den tillgängliga strömkraften. Söderberg i Helmfrid, Kraft 1968, s 170 f.

20. Söderberg 1968, s 171-2. Jfr Carlgren 1942, s 58 f; E Lundmark: *En hundraårig bomullsindustri.* Stockholm 1952, s 37 ff.

21. Söderberg 1968, s 125.

22. Söderberg 1968, s 209 f. Spinnlönen sänktes t ex på spinnhuset.

23. Ingemar Johansson: *Strejken som vapen. Fackföreningar och strejker i Norrköping 1870-1910,* Kristianstad 1982.

24. Fabrikssocieteten i Norrköping: protokoll av den 3 december 1846. Fabrikörerna uppmanades att motverka arbetslösheten genom att avskaffa övertidsarbete, i första hand behålla äldre arbetare med familjer och att inte nyrekrytera arbetare från landsbygden, så länge det rådde arbetslöshet i staden.

25. Söderberg 1968, s 218 f.

26. Kommerskollegii årsberättelser. Fabriker m m.

27. Kgl Befallningshavande i Östergötlands län: femårsberättelser. 1838-43. Uppgiften från Hall- och Manufakturrätten i Norrköping, även refererad i protokoll av den 3 december 1846, Norrköpings Fabrikssocietet.

28. Erik Gullberg: Norrköpings kommunalstyrelse 1719-1862, i Helmfrid, Kraft: *Norrköpings historia,* Stockholm 1968, s 105.

29. Johansson 1982.

30. Schön 1979, s 152 ff.

31. A a, s 152 ff.

32. A a, s 157.

33. *Norrköpings tidningar,* juli 1850.

34. Söderberg 1968, Schön 1979.

35. Lennart Jörberg: *Den svenska ekonomiska utvecklingen* 1861-1983, Meddelanden från Ekonomisk-historiska institutionen, Lunds universitet, nr 33 1984.

36. Landshövdingens femårsberättelser, Östergötlands län 1840-45.

37. Landshövdingens femårsberättelser, Älvsborgs län 1850.

38. Thommy Svensson (red), Göteborg 1985.

39. Gunnar Berg, Ingvor Berg: *Nääs – kort historik,* Alingsås 1979.

40. Fr Hertzman: *Norrköping och dess omgifningar,* Norrköping 1861.

41. A a.

42. Uppgiften ur *Norrköpings tidningar* från 1857. Jfr fabriksstatistiken,

som anger en mästare, 76 mantalsskrivna arbetare och 74 kvinnor och barn, totalt 157 anställda.

43. Hertzman 1861.

44. *Norrköpings tidningar* nr 103, december 1857.

45. A a.

46. *Norrköpings tidningar*, november 1856; Hertzman 1861.

47. Hilding Hellemar, Axel Johanson, Ingvar Aurell (red): *Alingsås – staden vi bygger. Anteckningar vid ett jubileum, utgivna av Alingsås stad*, Borås 1969.

48. Inge Svensson 1981, s 245 ff.

49. Hertzman 1861, ss 22 ff.

50. Skildringen av arbetet i klädesfabrikerna bygger på S T Kjellberg: *Ull och ylle*, Lund 1943, där inget annat anges.

51. Genom kamning reddes ullen på längden, så att håren lade sig längs med varandra. Man skulle få fram själva strängen i ullen. Det korta, grova hår, som fastnade i kammen, blandades med annan grov ull till fris och grova bojer. Tråden blev fin, trind och jämn utan att vara lurvig. Den spanns på en liten spinnrock och blev då hårdare snodd och finare men också starkare. Den behövde inte valkas.

52. *Norrköpings tidningar*, november 1853.

53. Hall- och manufakturrättens i Norrköpings arkiv. Protokoll. 1835.

54. Beskrivningen av throstle- och mulstolarnas funktionssätt nedan har hämtats från Isaac Cohen, Workers' control in the cotton industry: a comparative study of British and American mule spinning, i *Labor History*, Vol 26, No 1, Winter 1985.

55. Kjellberg 1943, sid 371.

56. Söderberg 1968, s 125 f.

57. Se även skrivelse av den 14/4 1752 från Stockholms rådkammare till Kommerskollegium (Manufakturkontoret), som föreslår strängare bevakning av särskilt spinnerskor. KF 21/12 1771, Om spinnerislögden och näringen i riket.

58. Schön 1979. Söderberg anser dock att det s k nya spinnhuset även fick en viss industriell betydelse genom att verkschefen rationaliserade spinningen. Söderberg 1968, s 131 f.

59. Ett s k korrektionshus fanns under förra hälften av 1800-talet. Dit hade t ex Carl Arosenius förlagt en del arbete. Drags yllefabrik använde sig från 1855 av straffängelsets interner såsom arbetskraft 30 interner arbetade med vävning moten ersättning av 10 sk 8 rst bko om dagen. År 1862 flyttades fångarna från fabrikens vindvåning till fängelset. Tio vävstolar stod där då man 1877 beslöt överlåta kontraktet på en annan fabrikör. Motiven var avsättningssvårigheter och den dåliga kvaliteten hos fångarnas tillverkning. Drags yllefabriks AB. Styrelseprotokoll den 29/5 1855, januari 1878.

60. Se t ex Qvist 1960. Se även rapport nedan från hallrättens syn av Carl Arosenii Normalfabrik 1814.

61. Drag AB. Styrelseprotokoll, maj 1867.

62. Kjellberg 1943, s 382.

63. A a.

64. Drag AB. Styrelseprotokoll 1855-1872.

65. V Millqvist i *Nordisk familjebok*, Stockholm 1904.

66. Qvist 1960, s 331. Han hänvisar till Svenska industriföreningens tidskrift 1838 s 347.

67. A a, s 18.

68. A a.

69. A a.

70. Bewis öfwer Besigtning å Klädesfabriken Pro Patria, undertecknat av Hall- och manufakturrättens ordförande borgmästaren samt övriga ledamöter den 16 december 1814.
Hall- och manufakturrättens i Norrköping arkiv.

71. Kommerskollegii Årsberättelser. Fabriker m m. 1821. Qvist 1960, s 330. Kjellberg 1943, s 501.

72. Söderberg 1968, s 165.

73. I brist på bevarade mantalsuppgifter har detta kunnat konstateras genom uppgifter i vigselboken för Hedvigs församling. Där anges att två väverskor hos assessor Arosenius gift sig, den ena med en snickargesäll, den andra med en överskärare vid en annan klädesfabrik.

74. Edith Abbott, *Women in Industry. A Study in American Economic History*. Source Book Press 1970 (D Appleton & Co 1910); Elizabeth Baker, *Technology and Women's Work*. Columbia University Press 1964.

75. Jfr enkätsvaren till Tull-och traktatkommittén av 1876.

76. A a. Svar från bomullsfabriker.

77. A a.

78. Isaac Cohen: Workers' control in the cotton industry: a comparative study of British and American Mule Spinning. I *Labor History*, Winter 1985, Vol 26, No 1. S 57.

79. Torsten Gårdlund: *Industrialismens samhälle*, Stockholm 1955, s 127.

80. A a, s 127.

81. A a, s 322.

82. Maths Isacson, Lars Magnusson: *Vägen till fabrikerna. Industriell tradition och yrkeskunnande i Sverige under 1800u-talet*, Malmö 1983, s 12, 32 och passim.

83. Boel Berner framhåller att ritaryrket på 1860-talet krävde praktisk erfarenhet. Den teoretiska utbildningen fick de enligt samtida uppgifter skaffa sig utanför praktikarbetet. Men det motsäger inte att ritarnas ställning skilde sig från övrigas. Även bokhållarkarriären innebar praktisk erfarenhet. Boel Berner: *Teknikens värld. Teknisk förändring och ingenjörsarbete i svensk industri*. Kristanstad 1981, s 143. Om bokhållaryrkets ställning se Göransson 1987b.

84. Strikt sett grundades den utanför undersökningsperioden. Men den har legat till grund för en pilotundersökning i projektet, vars resultat är lämpliga att ta med.

85. Se Horst Kern, Michael Schumann: *Industriearbeit und Arbeiterbewusstsein*, Frankfurt am Main 1977, s 74 ff.

86. Denna framställning bygger på Isacson, Magnusson 1983. S 12 f, 32 och passim.

87. Under 1980-talet har en rad studier av metallarbetare av olika slag publicerats. Se t ex Maths Isacson, Lars Magnusson: *Vägen till fabrikerna. Industriell tradition och yrkeskunnande i Sverige under 1800-talet*, Malmö 1983; Lars Magnusson: *Arbetet vid en svensk verkstad: Munktells 1900-1920,*

Lund 1987. Två av tre behandlade branscher i Bengt Berglunds undersökning gäller också metallarbete: *Industriarbetarklassens formering*, Göteborg 1982. Denna branschs fackliga organisering har också tilldragit sig stort intresse. Om metallarbetarnas yrkeskultur se Mats Lindqvist: *Klasskamrater. Om industriellt arbete och kulturell formation 1880-1920*, Lund 1987. Det finns en stark tradition i svensk ekonomisk-historisk och historisk forskning om denna yrkesgrupp. Se Ulf Olsson: *Lönepolitik och lönestruktur. Göteborgs verkstadsarbetare 1920-1949*. Meddelanden från Ekonomisk-historiska institutionen vid Göteborgs universitet 19, Göteborg 1970; Träarbetarna är den arbetargrupp som därutöver rönt störst uppmärksamhet. Se Bo Gustafsson: *Den norrländska sågverksindustrins arbetare 1890-1913. Arbets- och levnadsförhållanden*. Ekonomisk-historiska studier nr 1, Uppsala 1965; Jörgen Björklund: *Strejk, förhandling, avtal. Facklig aktivitet, arbets- och levnadsvillkor bland sågverksarbetare i Västernorrland 1875-1914*, Umeå Studies in Economic History, no 1. Umeå 1976.

88. Isacson, Magnusson 1983, s 32.
89. A a, s 32.
90. A a. Kapitlet om rekrytering.
91. Jfr Lindqvist 1987.
92. Kommerskollegii Årsberättelser. Fabriker m m. Ser 2-4. 1830.
93. Denna framställning bygger på Arne Munthe: Tobakshanteringens allmänna utveckling i Sverige under 1800-talet, i *Minnesskrift utgiven med anledning av Svenska tobaksmonopolets tjugofemåriga verksamhet* den 1 juni 1940. Stockholm 1940 s 140 ff. Se även Lars Olsson 1980.
94. Munthe 1940, s 143.
95. A a; Olsson 1980, s 56.
96. Elmquist H: *Arbetsstatistiska studier rörande den svenska tobaksindustrien*, Stockholm 1899, s 25. Enligt honom och även enligt Gunnar Qvist fanns i äldre förordningar stadgat att vid rikets fabriker som regel endast manliga arbetare skulle anställas. Endast om det inte fanns manliga arbetare tillgängliga eller om män av någon anledning inte befanns lämpliga för arbetet i fråga, kunde kvinnor få anställas. Elmquist hänvisar till Kungligt brev till kommerskollegium den 9 dec 1790. Jfr Qvist 1960.
97. Elmquist 1899, s 25.
98. *BiSOS* D J Fabriker och manufakturer. 1878-1884.

Kapitel 5

1. Lars Olsson har genom sin undersökning av barnarbetet gjort det troligt att redovisningen inte nödvändigtvis överensstämde med verkligheten. Olsson 1980.
2. Hjalmar Sellberg: *Staten och arbetarskyddet 1850-1919. En studie i svensk socialpolitik*, Uppsala 1950, s 11 ff.
3. Sellberg 1950.
4. Olsson a a 1980, Sellberg 1950, s 29 ff.
5. Olsson 1980.
6. Sellberg, s 49.

7. Enligt KF angående minderårigas användande i arbete vid fabrik, hantverk eller annan hantering. Se Olsson 1980.

8. Inga arbetare under 15 år står upptagna med namn på mantalsuppgiften för Malmö bomullsspinneri. Men längst ned anges i klump att 30 gossar och 24 flickor under 16 år var anställda. Deras exakta ålder är naturligtvis omöjlig att kontrollera, eftersom individerna inte kan identifieras i materialet. Deras antal skall dock läggas till ovanstående personer. Totalt bör alltså kunna sägas att 69 manliga och 82 kvinnliga arbetare fanns vid fabriken 1862, dvs 54% kvinnor. Av dem som upptagits på mantalsuppgiften med namn var 60% kvinnor. 29% av kvinnorna och 44% av männen var under 16 år.

9. Dessa arbetare är de som finns upptagna på mantalsuppgiften för år 1845. Fabriksstatistiken uppger dock att 250 personer var anställda detta år, varav 189 väverskor. Totalt sett skulle alltså 76% åtminstone ha varit kvinnor 1845 – att jämföra med mantalsuppgiftens 60% kvinnor. De som inte står upptagna på mantalsuppgiften är sannolikt främst tillfälligt anställda.

10. Den första mantalsuppgift efter grundandet, som påträffats för denna fabrik härrör från 1854, men även uppgifterna från 1855 och 1861 har använts i denna delundersökning.

11. Mantalsuppgifterna från Malmö bomullsfabriker upptar inte åldersuppgifter. Denna information har därför hämtats ur husförhörslängden. Alla personer har inte kunnat identifieras med säkerhet i detta material. 18 av 97 arbetare i bomullsspinneriet 1862 har inte återfunnits i hfl; av 46 män har 15,2% inte påträffats och av 69 kvinnor har 15,9% inte påträffats. Bortfallet är alltså jämnt fördelat mellan könen.

12. Av arbetarna som finns upptagna på mantalsuppgiften för Malmö bomullsväveri för år 1859 har tre av 32 män och 13 av 38 kvinnor inte kunnat återfinnas i hfl. Det innebär ett bortfall av 9% av männen och 34% av kvinnorna. Inga minderåriga är separat angivna såsom vid spinneriet.

13. På mantalsuppgifterna för 1854 och 1855 specificerades yrkena. Kvinnorna står undantagslöst som väverskor, männen mestadels som arbetare, men somliga som snickare, maskinist osv. På mantalsuppgiften för 1861 står däremot samtliga arbetare uptagna som fabriksarbetare, varibland en hel del kan identifieras som väverskor, snickare osv från de tidigare uppgifterna.

14. Mantalsuppgiften året därpå upptar de manliga lärlingarna men inte de kvinnliga.

15. Så hade åtminstone mot slutet av 1800-talet cigarrmakarna i mycket varierande grad biträde av vickelmakare, liksom antalet beredningsarbetare i förhållande till cigarrmakare varierade betydligt mellan regioner. Se Elmquist 1899, s 18. I Gävleborgs och Östergötlands län var det då ungefär var tredje cigarrmakare som hade hjälp av vickelmakare, medan det var betydligt ovanligare i Malmöhus län (inklusive Malmö), där endast var åttonde cigarrmakare hade sådant biträde. Det kan vara en sådan skillnad som ger utslag i olika könsfördelning i de två fabriker, som här tas upp.

16. En närmare redovisning av den indelning, som legat till grund för kodningen av sociala skikt, finns i en bilaga.

17. Då materialet kan vara otydligt när det gäller kvalifikationsnivå, har de arbetare som uttryckligen står som gesäller fått utgöra en egen grupp.

Detta är emellertid ett minimikriterium, eftersom samma personer ibland kan stå som gesäller ett visst år eller i ett visst källmaterial men som t ex klädesvävare, smedarbetare e d utan gesällbeteckningen ett annat år eller i ett annat källmaterial. Eftersom somliga personer finns medtagna enbart i uppgifter för år, då gesällskap inte angivits och sådant inte kan förutsättas för alla yrkesgrupper, där det kan förekomma, så har jag skilt mellan gesäller och övriga kvalificerade hantverksarbetare. I de flesta fall – men inte i alla – kan dock grupperna läggas ihop.

18. Den höga siffran för arbetsledning i mek bomullsbranschen måste ses mot bakgrund av att mantalsuppgiften uppger samtliga arbetsledare men inte alls alla övriga arbetare.

19. Siffrorna för andelen arbetare på olika kvalifikationsnivåer vid den mekaniska bomullsfabriken påverkas starkt av att där finns den största gruppen arbetsledare i förhållande till övriga arbetare som upptagits på mantalsuppgiften, jämfört med övriga fabriker under perioden.

20. Främst är det Holmens bruk och Norrköpings bomullsväveri m fl större fabriker, som åstadkommer denna snedvridning. Där dominerade det okvalificerade arbetet.

21. Klassificeringen av dessa arbetare skulle kunna förfinas med hjälp av de löneuppgifter, som kunnat påträffas. I den mekaniserade yllefabriken hade reparationsverkstadens arbetare generellt sett betydligt högre löner än arbetarna i själva textilproduktionen (utom arbetsledarna där). 13 metallarbetare (8 järnarbetare, två smeder, två järnsvarvare och en maskinist) hade cirka dubbelt så hög lön som en plåtslagare och två andra järnarbetare, varav den ene i hfl står som arbetskarl. Sju träarbetare (fem timmermän och två snickare, varav en var gesäll enligt hfl) hade också betydligt högre löner än tre andra snickare, dock bara cirka en tredjedel mer. Av de tre var dock också en gesäll. Dessa uppgifter om löner samt uppgifter från andra källor (främst hfl) om gesällskap har legat till grund för min generella placering av metall- och träarbetarna bland de kvalificerade hantverksarbetarna. En minoritet har därigenom hamnat fel, antingen genom att de i själva verket hade uppgifter som diversearbetare e d eller genom att de var relativt nyanställda och i själva verket (ännu) inte kommit i åtnjutande av det högre löneläget. Färgeriarbetarna är en annan grupp som hade högre löner, men som jag här räknat som okvalificerade specialiserade. Det var en liten grupp. Totalt sett har jag funnit 24 arbetare, som hörde till reparationsverkstaden, varav de flesta hade betydligt högre löner än övriga, särskilt i förhållande till de egentliga textilarbetarna. För att precisera uppdelningen mellan kvalificerade och okvalificerade kan man alltså dels kontrollera yrkesuppgiften i hfl eller andra material, som oftare har en titel som hänför sig till utbildningen (mantalsuppgiften är ofta mer orienterad mot arbetsuppgiften i fråga), dels kontrollera löneläget för personen i fråga, om möjligt. I tabellen ovan ingår f ö bland de kvalificerade hantverksarbetarna ett antal handvävare från åren 1855 och 1863, då Drags ännu hade både mekaniska och handvävstolar.

22. Uppgifterna hämtade från mantalsuppgifter för åren 1838-40 och 1845.

23. Även deras namnskick skiljer sig marknat från övrigas, både för- och efternamn.

24. Mantalsuppgifterna för Rydboholms fabrik upptar för denna tidiga

period endast en liten del av de enligt KKs fabriksberättelser sysselsatta arbetarna, sannolikt i huvudsak dem som var mantalsskrivna vid fabriken. Det är främst de manliga (huvudsakligen engelskfödda) arbetsledarna och hantverkarmästarna, lärlingar, bokhållare samt totalt sett 54 väverskor. Enligt reglerna skulle dock även icke mantalsskrivna arbetare uppges på mantalsuppgifterna.

25. O Mannerfelt, H Danielson: *Sven Eriksons och Rydboholms Fabrikers Historia 1834-1866*. Borås 1924.

26. Anna Svenson har också påpekat detta, vilket Lennart Schön har tolkat som att arbetslösa väverskor från Göteborg rekryterats till Rydboholm. Schön 1979.

27. Qvist har noterat att även de mekaniska vävstolarna krävde skicklighet hos arbetarna. Han refererar särskilt till en uppgift om att det var brist på "inövade väverskor" vid Rydboholm ur Svenska Industriföreningens tidskrift 1839, s 56.Qvist 1960, s 331.

28. En av vävarna var född i England och borde kanske snarast betraktas som arbetsledare. Här har emellertid endast de, som uttryckligen står som vävmästare e d medtagits bland dessa.

29. Enligt brev citerat i Mannerfelt, Danielson 1924.

30. Denne var son till en soldat i ett torp i Örby och gjorde alltså karriär via vävaryrket i fabrikerna.

31. Källa: Mantalsuppgifter, husförhörslängd.

32. Enligt registrerad ansökan av den 22 januari 1856 från J G Wall om att få tillverka snus, tobak och cigarrer. Norrköpings Fabriksförenings Protocoll Åren 1856-1858, A Ia:13, Norrköpings Stadsarkiv.

33. Elmquist 1899, s 19.

Kapitel 6

1. KMTs Hallordning och allmänna Factorierätt för alla, Stockholm 1739; KMTs förnyade Hallordning, Stockholm 1770.

2. Hallordningen 1770: III artikeln, par 2.

3. Qvist 1960 s 213 ff. Däremot motarbetades kvinnors burskap som handelsidkare på det lokala planet, särskilt i Norrköping, av Handelssocieteten. Se Qvist 1960, s 223.

4. Per Nyström: *Stadsindustrins arbetare före 1800-talet*. Stockholm 1955.

5. Närmare ett år hade förflutit, innan en arbetare protesterade mot lönens storlek. Hallrätten krävde i detta fall bevis om vad som överenskommits, men då ingendera parten trots flera uppskov kunde förete bevis, förföll målet, dvs fabriksägaren fick rätt.

6. Burskap var fram till 1864 den lagliga rätten att utöva ett yrke i stad och åtnjuta de förmåner, som tillkom borgare. Burskap sökte man och fick av magistraten. Om man var hantverkare skulle man efter sin gesälltid (i regel 3 år men kortare för gifta män) tillverka ett s k mästerstycke under överinsyn av "behörige skådemästare". (A V Kinberg i *Nordisk familjebok*, Stockholm 1905.)

7. Artikel VI, par 13.

8. Hall- och manufakturrättten i Borås. Protokoll. 1844.

9. Dvs 13,5 öre per sträng respektive 0,75 rdr om dagen.
10. Hall- och manufakturrätten i Norrköpings. Protokoll. 1854.
11. Lennart Jörberg, *A History of Prices in Sweden 1732-1914*, Lund 1972. Vol I och II. Gustaf Utterström: *Jordbrukets arbetare*, Stockholm 1957. Del I.
12. Se hallrättens protokoll år 1853. Men det kan inte uteslutas att det varierade fråm år till år. År 1845 angavs i fabriken inga naturatillägg, men 1853 fanns det alltså.
13. Så framgår i hallrättsmaterialet från 1845 års norrköpingsfabriker att bruksägaren Swartz gav större andel naturalön än andra, även till arbetarna i sina stadsbaserade fabriksproduktioner. Det var säkert praktiskt, eftersom han hade tillgång till t ex säd, som kunde ges i lön. Likaså framgår av detta material men också av tullkommitténs enkätsvar 30 år senare att textilmanufakturer strax utanför staden i hög utsträckning gav kost och logi och annan naturalön i motsats till manufakturer och fabriker i städerna. Städerna kunde naturligtvis förse arbetarna liksom övriga invånare med sådana varor och tjänster som en fabrikör på landsbygden däremot själv måste tillhandahålla, för att få och behålla arbetskraften. Det sätt varpå detta skedde, utvecklades snabbt till en strategi för att både ekonomiskt och ideologiskt skapa identifikation med företaget hos arbetarna.
14. Själv vill jag undvika termen *förmån* i sammanhanget, eftersom den antyder att det var fråga om en gåva utan samband med någon arbetsinsats.
15. Gustaf Utterström: Befolkningsutveckling och arbetsmarknadsförhållanden, 1815-1870, i Sigvard Montelius, Gustaf Utterström, E Söderlund: Arbetare och arbetarförhållanden. *Fagerstabrukens historia*, Uppsala 1959.
16. Hertzman 1861, ss 23 f.
17. Tull- och traktatkommittén av 1876. Enkätsvar. Väverier och spinnerier.
18. A a.
19. Dessa ersättningar värderades av Drags till 125-175 kr för 1877 och 300 kr för följande år. De avskaffades 1907. Se Gösta Bagge, Erik Lundberg, Ingvar Svennilson, *Wages in Sweden* 1860-1930. Stockholm 1933, s 544 f.
20. Styrelseprotokoll för Drags yllefabriks AB 17/9 1855, 28/7 1856, 16/12 1867.
21. Styrelseprotokoll, Drags AB, den 21 januari och den 27 mars 1878.
22. Även detta framgår av enkätsvaren till 1876 års tull- och traktatkommitté.
23. En sådan måltid kostade 12 öre och bestod av 1/3 kanna köttsoppa med kött eller ärter med fläsk samt 1/2 skålpund bröd. Hertzman 1861, s 23.
24. I hallrättens folkförteckning från oktober 1845 finns 113 spinnare upptagna, alla män. Löneuppgifter anges för 105 personer. För 39 st anges arbetsförtjänst per vecka. Medianvärdet för den är 6,84 rdr. För 66 anges stycklön, vars medianvärde är 1,25 skilling per sträng. Spinning av inslagsgarn betingade högre lön än kätting, t ex 1,5 sk/stg för inslag, 1 sk/stg för kätting. Av de 66 har 20 hyra m m dessutom. Av dessa 20 har 15 medianlön eller högre. Av de 39 har 7 hyra m m, varav 5 har medianlön eller högre. Ett fåtal lärlingar, mästare och spinnare som uttryckligen skulle avlöna sina medhjälpare ur den angivna lönen, har här inte tagits med.

25. Beräknat på grundval av 104 klädesvävare och 15 andra vävare.

26. Av 315 förtecknade vävare 1845 var 241 klädesvävare, 55 vävare, 14 korderojvävare, 4 kasimirvävare och en vävmästare (anställd i en fabrik med både klädesvävning och korderojvävning). Klädesvävarna var alla män, korderoj och kasimir vävdes främst av kvinnor. Under rubriken vävare finns 47 män och 8 kvinnor, vilket möjligen antyder att det delvis rörde sig om klädesvävare även här. För 306 personer finns löneuppgift. För 33% anges lön per inslagen sträng, för 28% per smitt, för 2% per aln och för 36% arbetsförtjänst per tidsenhet, främst veckoförtjänst. För 11 personer anges både styck- och veckolön. Samtliga av de 11 hade 7 sk per inslagen sträng. Sedan en vävmästare och 15 vävare och korderojväverskor undantagits, återstår 104 personer med medianlönen 7,50. Av dem hade 23 hyra m m, varav 8 hade medianlön eller högre förtjänst. De 15 vävarnas medianförtjänst var 3,50. För 102 som lön per inslagen sträng anges för, var medianvärdet 7 sk. 34 av dem har hyra m m. 24 av dem har medianinkomst eller mer. För 79 personer (utom lärlingar och kasimirvävare och sådana som avlönar andra ur sin lön) som fick lön per 100 per smitt var medianlönen 1,5 sk. 23 hade hyra m m, varav 14 hade medianlön eller mer. Totalt hade alltså 80 av 285 uttryckligen hyra också. Av dem hade 46 medianförtjänst eller mer. Dessa siffror ligger till grund för andelarna i tabellen. Endast för 36 klädesvävare anges hyresbeloppets storlek, i genomsnitt 19,17 per år eller 0,37 i veckan.

27. Se t ex jungfrurna Pihlgrens strumpväveri. Hall- och manufakturrätten i Norrköping: protokoll 1843.

28. Kontrakt mellan fabrikör Arosenius och verkmästare Andersson av den 14/12 1834. Bilaga till hallrättens protokoll 1836, Norrköpings hall- och manufakturrätts arkiv.

29. Uppgift om manliga jordbruksarbetares löner har hämtats ur Jörberg 1972. Daglönen för 1845 i Östergötland anges där till 0,56 rdr, vilket jag multiplicerat med 6 arbetsdagar. Eftersom Jörberg inte anger några uppgifter för kvinnliga arbetare, har jag konstruerat dem på annat sätt. Ur Utterström 1957 har jag hämtat uppgifter om mäns och kvinnors löner i jordbruksarbete i olika församlingar i Östergötland under 1800-talet. Eftersom kost tillkommer och ibland enstaka andra naturaersättningar, vilka kan vara svåra att uppskatta i kontanter, särskilt över tid, så har jag enbart använt *relationen* mellan mäns och kvinnors kontantlöner. Utterström lämnar uppgifter om kontanta jordbrukslöner för sju församlingar för sinsemellan olika år mellan 1849 och 1857. I genomsnitt hade kvinnorna 38,5% av männens löner (minsta andel var 25%, högsta var 53,5%), vilken andel använts här. För Nässja församling 1857 inkluderar beloppet kost och där fick pigorna 70% av drängarnas lön. Om även den inkluderas i underlaget för genomsnittslönen blir genomsnittslönen i stället 42,4% av drängarnas lön. I beräkningen har vidare antagits att relationen mellan mans- och kvinnolöner var densamma under jämförelseåren. Underlaget redovisas inte närmare här.

30. Se mantalsuppgifter och husförhörslängder, t ex för Norrköping under perioden. En jämförelse med hallrättens folkförteckningar visar att husrum och hyresbidrag kunde ges även till arbetare som hyrde privat. Fri bostad innebar dock ofta att arbetaren (särskilt arbetsledarna) var inhyst i fabriksägarens fastighet.

31. Anita Göransson: Fabrikörer, flickor och förmögenheter. Manuskript. Ekonomisk-historiska institutionen, Umeå universitet, 1987.

32. Fabrikssocieteten i Norrköping: Protocoller 1842-46.

33. *Norrköpings tidningar,* juli 1850.

34. Bagge m fl, 1933, s 544.

35. Se t ex Per Nyström: *Stadsindustriens arbetare före 1800-talet,* Stockholm 1955.

36. Se Ivy Pinchbeck, *Women Workers and the Industrial Revolution, 1750-1850,* London 1977 (1930); Neil J Smelser, *Social Change in uthe Industrial Revolution. An Application of Theory to the Lancashire Cotton Industry, 1770-1840,* London 1972 (1959). Se även kritik av Smelser i M M Edwards, R Lloyd-Jones, N J Smelser and the Cotton Factory Family: a Reassessment, i *Textile History and Economic History.* Essays in Honour of Miss Julia de Lacy Mann (N B Harte, K G Ponting, eds), Manchester 1973.

37. Pinchbeck 1977. I engelskt material framgår det av löneuppgifter. I svenskt material kan det framgå avdagsverksuppgifter.

38. Hall- och manufakturrätten i Norrköping. Protokoll. 1854.

39. Genomsnittssiffrorna inkluderar enstaka stolar, där t ex elever vävt med lite lägre förtjänst.

40. Bagge m fl 1933, s 544.

41. Styrelseprotokoll med instruktion, Drags AB, den 28 april 1879.

42. Styrelseprotokoll, Drags AB, den 3 december 1874.

43. Styrelseprotokoll, Drags AB, den 16 juli 1855.

44. Styrelseprotokoll, Drags AB, den 17 september 1855.

45. Styrelseprotokoll, Drags AB, den 28 juli 1856.

46. Styrelseprotokoll, Drags AB den 16 december 1867.

47. Styrelseprotokoll, Drags AB, den 21 januari 1878.

48. Styrelseprotokoll, Drags AB, den 27 mars och 23 april 1878.

49. Styrelseprotokoll, Drags AB, den 22 juli 1878.

50. Styrelseprotokoll, Drags AB, den 29 juli 1878.

51. Styrelseprotokoll, Drags AB, den 3 och 24 mars 1879.

52. Styrelseprotokoll, Drags AB, den 4 april 1879.

53. Styrelseprotokoll, Drags AB, 1874.

54. Jag har använt Jörbergs prisindex och satt 1845-49 = 100. Då blir 1875-79 = 141. Se Jörberg 1972. Del II, tabell XIX:11, s 350. Vissa varor som potatis ingår visserligen inte. För mitt syfte är jämförelsen tillräcklig. Jämförelsen måste ändå bli grov, eftersom löneskillnaderna inom fabrikerna är så stora att även konsumtionens sammansättning säkert varierar mycket mellan olika skikt och yrkesgrupper och kön.

55. Uppgifterna för Carlsson och Swartz har hämtats från Hall- och manufakturrättens i Norrköping arkiv, folkförteckningar från 1845. Övriga uppgifter härrör från tull- och traktatkommiténs enkätundersökning.

56. Se Söderberg 1968, Utterström 1957

57. Här har antagits att stripare, uppsättare och vickelmakare, som var ungdomsyrken och kvinnoyrken motsvarade vad manliga ungdomar 1845 gjorde i Swartz' fabrik mot en lön av 2 rdr i veckan. Denna lön var 1845 en generell ungdomslön för assisterande arbetsuppgifter även i textilfabrikerna.

58. Tull- och traktatkommittén av 1876. Enkätsvar. Hantverk.

59. Heidi Hartmann betonar dock – liksom Hanne Haavind och R W

Connell – att könssystemet även innefattar en konkurrens mellan män om positioner i ett hierarkiskt system.

60. Gifta kvinnor fick denna rättighet 1874.

61. 1876 års tull- och traktatkommittés enkätsvar visar detta.

62. Piore 1975.

63. Se Doeringer och Piore 1971; Edwards, Gordon och Reich 1975 ; Barron och Norris 1976.

64. Barron och Norris 1976. Se även Heidi Hartmann 1986, s 33.

65. Hall- och manufakturrättens i Norrköping arkiv. Fabriksförteckningar för 1845.

66. De skäl som anges är de som i försvarsstadgan anges som giltiga försvar.

67. Jfr även flickor och pojkar vid Strömma bomullsspinneri i kapitel 8.

68. Det förekommer i mitt material från 1830-talet enstaka kvinnliga spinnerskor, maskindragare och även två klädesväverskor. De är dock klara undantag som bara uppträder enstaka år under 1830-talet. År 1845 fanns kvinnliga väverskor men aldrig klädesväverskor. Möjligen fanns en viss uppluckring under 1830-talet. Men något som tyder på motsatsen är exemplet med Normalfabriken, som ju var ett öppet och medvetet brott mot praxis när det gäller arbetsdelningen mellan könen.

69. Jag har beräknat genomsnittligt antal nyanställda dividerat med genomsnittligt antal anställda samt genomsnittligt antal som slutat dividerat med gensomsnittligt antal anställda. Kvoterna har sedan dividerats och gett ett grovt mått på omsättningen under perioden.

70. Jfr Mayhew.

71. Enkätsvar till Tull-och traktatkommittén av 1876.

Kapitel 7

1. Arthur Redford, *Labour Migration in England, 1800-1850*. Manchester, tredje upplagan 1976 (1926), s 66. Passim.

2. A a, s 68 ff. Redford refererar i sammanhanget även till Adam Smith, Steffen och Mantoux.

3. Push-effekten har också betonats av Karl Marx och Maurice Dobb, som betonade de strukturella effekterna av jordbrukets utveckling i en polarisering mellan jordägare och jordlösa. Se K Marx: *Kapitalet*, del I, ss 655 ff; M Dobb, *Studies in the Development of Capitalism*, London 1948, s 233.

4. J D Chambers, Enclosure and Labour Supply, *Economic History Review*, 2nd ser. 1953:5. En översikt av den brittiska enclosure-debatten har getts av N F R Crafts i Enclosure and Labour Supply Revisited, i *Explorations in Economic History*, 1978:15. Debatten utmynnade i någorlunda enighet om att både push- och pull-faktorer haft betydelse.

5. Gustaf Utterström: Region och social struktur under förra hälften av 1800-talet, i Rolf Adamsson, Lennart Jörberg (red): *Problem i svensk ekonomisk historia*, Lund 1972, s 85 ff.

6. Gunnar Fridlizius, Population, Enclosure and Property Rights, *Economy and History*, Vol XXII, 1979:1.

7. Utterström 1972, s 96.

8. Schön 1981, s 15 f.

9. Utterström 1972, s 90-91.

10. Gösta Bagge, Erik Lundberg, Ingvar Svennilson, Wages in Sweden, 1860-1930. Vol II. *Wages, Cost of Living, and National Income in Sweden, 1860-1930*. Stockholm 1935, s 176 och passim.

11. Bagge m fl 1935, s 183 ff.

12. A a, s 198.

13. A a, s 200 ff.

14. Utterström 1957, s 820 ff; Jörberg 1972, s 337.

15. Utterström 1957.

16. A a.

17. I Svennilson, *Wages in Sweden, 1860-1930*, 2, Stockholm Economic Studies, No 3 b, s 120, 141 f.

18. Utterström 1957, s 812.

19. Ernst Söderlund: *Hantverkets arbetare*, s 123, 276 ff. Se även Lars Edgren: *Lärling, gesäll, mästare. Hantverk och hantverkare i Malmö 1750-1847*, Lund 1987.

20. Utterström 1957, s 828.

21. A a.

22. Se t ex Pinchbeck 1977 (1930), Introduction samt passim; Tilly och Scott 1978, passim.

23. Se t ex Andrew Ure, *The Philosophy of Manufacturers*, London 1835; Ivy Pinchbeck 1977 (1930), som också citerar *A Present to the Servant Maid* från 1743: "...endast en dumbom skaffar sig en hustru, vars bröd måste tjänas ihop enbart genom hans arbete och som själv inte bidrar till det med något." Pinchbeck har i sin tur hämtat citatet ur Dorothy George, *London Life in the Eighteenth Century*, Kegan Paul & Co 1925, ss 168-9.

24. Så kan t ex i dagsverksjournaler uppges antalet dagsverken utan att det specificeras vem i hushållet som utfört dem.

25. Pinchbeck 1977, Introduction och Part I, passim.

26. A a, s 4.

27. Jörberg 1972.

28. Utterström 1957.

29. Eli Heckscher: *Sveriges ekonomiska historia från Gustav Vasa*, Stockholm 1935-49, del II:1, s 153, 158 ff, 161.

30. Exempel på ett familjeförsörjartänkande finns hos C A Wetterbergh (pseudonymen Onkel Adam): *Penningar och arbete*, från 1847.

31. Eli Heckscher, Stockholm 1935-49, del II:1, s 153, 158 ff, 161; Utterström 1957, del I, not 139, s 371.

32. På Björnö gods i Stockholms län och Brokind i Östergötlands län steg dränglönerna motsvarande inflationen under de första decennierna på 1800-talet. På Björnö släpade kvinnornas löner till en början starkt efter, medan de följde inflationen bättre vid Brokind. Den starkaste lönehöjningen kom dock efter inflationsperioden. Då blev kvinnolönerna på Brokind t o m högre i förhållande till dränglönerna än vad de varit vid seklets början. På Björnö återställdes relationen i stort sett till vad den varit då. Utterström konstaterar motsvarande eftersläpning av kvinnors löner vid ett gods i Uppland under 1810-talet och i Värmland under 1850-talet. Han påpekar att

en sådan eftersläpning överhuvudtaget var vanlig under 1850-talet (liksom under en period på 1700-talet).

33. Jörberg 1972, Utterström 1957.

34. Bagge m fl 1935, s 120.

35. Werner Conze: *Die Bildung der Klassen der industriellen Arbeiterschaft in Deutschland.* Third International Conference of Economic History. Munchen 1968, Vol 1.

36. Geografisk rekrytering har undersökts för det mindre urval, som här kallats intensivundersökningen. Denna omfattar cirka 2000 personer. Beträffande social rekrytering har uppgifter för 746 personer påträffats.

37. Dock kan nämnas att 11 arbetare var födda i Kalmar län, medan 15 kom från Södermanlands län och 6 från Älvsborgs län respektive från Stockholms stad.

38. Den tabellen är dock inte redovisad här.

39. För år 1845 redovisas här data från Hj Leopolds, C G Östergrens och A J Wahlbergs fabriker. Uppgifterna för 1894 bygger på Karl Key-Åbergs undersökning, där siffran 59 gäller arbetare från "gränsprovinserna Småland, Närke och Södermanland" och 21 gäller övriga Sverige. Han anger ingen uppgift för utrikes födda. Se Key-Åberg 1896, s 84. Hans undersökning omfattar inte alla anställda arbetare utan ett urval hämtat från fyra olika fabriker. Mina undersökningar omfattar däremot samtliga anställda. De inkluderar även förmän och mästare.

40. Observera att perioderna mellan undersökningsåren är olika långa. Mellan 1845 och 1877 förflyter 32 år, medan perioden 1877 till 1894 endast är cirka hälften så lång – 17 år.

41. Pinchbeck 1977, s 185.

42. För år 1833 har Asarum/ Karlshamn särskilts från övriga Blekinge län. Det visar sig att detta år 19 personer var födda i Asarum, 11 i angränsande Karlshamn och endast en person i övriga länet. Totalt var 77 % av de 39 arbetarna födda i Blekinge län inklusive orten, där fabriken låg.

43. Arbetarna under rubriken Övriga Sverige utgörs av en man från Asarum, av sitt nummer – 2 – i arbetarlistan att döma tidigt anställd vid Kampenhofs; en färgare och blekare född i Luleå, som varit utrikes 1856-59 och flyttade till Linköping 1861; samt slutligen en kvinna från Hallands län.

44. För nio stycken har uppgift om födelseort inte kunnat påträffas, vilket innebär ett bortfall på 8 %. Vidare är de flyttningar som här kunnat konstateras naturligtvis endast de som framgår av källmaterialet, dvs i huvudsak de som registrerats i form av ändrad kyrkoskrivningsort. Det är mycket troligt att kortare kringsflyttningar förekom förutom de mer permanenta. Det framgår ibland av materialet, dock inte systematiskt.

45. Michael J Piore, Notes for a Theory of Labor Market Stratification, i Richard C Edwards, Michael Reich, David M Gordon (eds), *Labor Market Segmentation.* D C Heath 1975; Peter B Doeringer, Michael J Piore, *Internal Labor Markets and Manpower Analysis,* Lexington, Mass, D C Heath 1971; Pierre Bourdieu, *La distinction. Critique sociale du jugement,* Paris 1979. Utdrag ur denna och andra texter i Pierre Bourdieu: *Kultursociologiska texter.* Stockholm 1986; Peter Wilmott, Michael Young, *Family and Kinship in East London,* Harmondsworth 1962 (1957); Rosenbaum 1982.

46. Jfr undersökningar refererade i Rosenbaum 1982 samt Dublin 1979.

Kapitel 8

1. En effekt av familjeformen för industrikapitalismen som man brukat peka på är dock att rekryteringen av kvinnors och barns arbetskraft skedde via familjerna. Härmed avses sannolikt via männen i deras dubbla egenskap av husfäder och den hantverksmässiga arbetsprocessens huvudpersoner, dvs i praktiken som förmedlare mellan fabrikens efterfrågan och hushållets utbud. Anderson 1971, 1980; Tilly och Scott 1978. Se även Smelser 1972.

2. Rosenbaum 1985, s 492.

3. A a, s 381 ff, s 251 ff.

4. Hämtat ur Göransson 1987 b.

5. A a.

6. Förutom de par som finns upptagna i tabellen nedan har nio pappersarbetare och deras hustrur medtagits som underlag för genomsnittsålder. Deras antal ansågs dock för litet för att tas med i tabellen över åldersskillnad.

7. Se även David Gaunt: *Familjeliv i Norden*, Malmö 1983, s 18.

8. Tabellen bygger på uppgifter om samtliga 27 fabriksarbetare, 27 klädesvävare, 10 överskärare, 11 spinnare, 2 strumpvävare och 3 färgare, som gifte sig i Hedvigs församling respektive samtliga 47 fabriksarbetare och 40 klädesvävare, som gifte sig i Olai under perioderna i fråga. Både lärlingar och gesäller är medtagna.

9. Det förhållandet att hustrun ofta var äldre eller åtminstone jämngammal med mannen har för den senare delen av 1800-talet noterats av Gustaf af Geijerstam, som menade att det var välbekant när det gällde allmogen på landsbygden och förklarade det med att "praktiska synpunkter (- -) nödvändigtvis måste spela en öfvervägande roll vid ingåendet af äktenskap" för dessa klasser. "Mannen föredrager af naturliga skäl en mogen kvinna, som eger förmåga att i hemmet understödja hans ekonomiska sträfvanden, framför en ung, oerfaren flicka, hvars friska fägring ej kan vara enbart bestämmande vid hans val af maka". (Gustaf af Geijerstam: *Anteckningar om arbetarförhållanden i Stockholm*. Lund 1973 (1894), s 59.) Hur kvinnan väljer diskuteras inte.

10. Tabellen bygger på uppgifter samtliga om 10 träarbetare (snickare, timmermän – främst gesäller) och 4 metallarbetare (smeder m fl) från Olai och 12 träarbetare och 12 metallarbetare (främst smedgesäller av olika slag) från Hedvig, som gifte sig under perioden.

11. Rosenbaum, s 439, 476 ff, 484.

12. Norman 1983.

13. Winberg 1977, s 215.

14. Gaunt 1983, s 18.

15. Se dock Rosenbaum 1982, s 426, där hon hävdar att de låga kvinnolönerna tvingade många fabriksarbetande unga kvinnor att bo kvar hos föräldrarna.

16. Hit har räknats företrädesvis gifta män och änkor/änklingar med fler hushållsmedlemmar samt ogifta män eller kvinnor med fler hushållsmedlemmar, vanligtvis barn.

17. Se t ex Key-Åberg 1896, tabell 5, som bl a upptar boendeförhållanden bland yllearbetare i Norrköping 1894. S 36 ff. Se även af Geijerstam 1973, s 39 ff. Han har där kartlagt boendeförhållande för olika kategorier av arbetare

1894. 41 av 83 ogifta kvinnor och en av 15 ogifta män bodde inneboende enligt hans undersökning.

18. Den högsta andelen ensamboende hade Rydboholms mekaniserade bomullsfabrik. Här är dock det undersökta arbetarantalet mycket litet igen.

19. Fem hustrur står också separat upptagna på mantalsuppgiften för 1834 från Strömma. Det kan jämföras med 45 ogifta kvinnor, 23 ogifta män och 4 gifta män samma år.

20. Kategorin under rubriken Annat står för följande boendevarianter: en man var fosterbarn i en familj, och en kvinna var inneboende hos en väninna. Av de ensamboende männen var en änkling. Av kvinnorna var två änkor och fyra hade fött utomäktenskapliga barn, som emllertid dött för två av dem. De gifta kvinnorna utgjordes här av två hustrur, vilkas män flyttat till okänd ort samt en kvinna, som står upptagen som kyrkotagen som hustru till en järnarbetare, men tydligen blev det inget mer sedan. I praktiken var alltså dessa tre kvinnor ensamboende. Siffran har därför satts inom parentes.

21. Av de sex kvinnor, som bodde hos föräldrarna, var två döttrar till änkor och en tredje hade ett utomäktenskapligt barn. Av de 15 män, som bodde hos föräldrarna, var tre söner till änkor. De tre gifta kvinnorna var i praktiken ensamförsörjare.

22. Jfr Rosenbaum s 426.

23. Männen under rubriken Annat bodde tillsammans med syskon. Kvinnorna under samma rubrik bodde också med syskon eller med väninnor. Tre kvinnor var gifta och tre var sambor, alla under rubriken Gifta här. Av de 83, som bodde hos föräldrarna, hade fem utomäktenskapliga barn. Av de 76 kvinnorna, som bodde ensamma, hade 8 haft utomäktenskapliga barn som dött.

24. I Norrköpings hallrätts fabriksberättelser finns uppgifter för 1845, men de kan inte antas vara fullständiga för de yngsta barnen. Dock finns där även mycket unga barn förtecknade. Bland spolare och hasplare m fl var 60-65 % mellan 12 och 15 år. De yngsta som upptas var 10 år. De arbetade dock tillsammans med vuxna, ibland ännu sina föräldrar eller syskon.

25. Sven Björnsson: *Blekinge. En studie av det blekingska kulturlandskapet.* Lund 1946, s 195.

26. Det framgår av husförhörslängden.

27. Här har enbart tagits med de arbetare, som står upptagna i hfl och inte i mantalsuppgiften (mu). Om vi i stället ser närmare på de arbetare, som står upptagna på mu för 1833, visar det sig att de (som alltså torde vara de som först rekryterades till den nya bomullsfabriken) skiljer sig från övriga arbetare i flera avseenden. Det var 15 män och 23 kvinnor, som stod på mu. Männen var i genomsnitt 18,5 år, då de började. Bland dem fanns en spinnare från Lundby, som arbetade kvar till sin död 1848. Kvinnorna var i genomsnitt 18 år. De flesta av männen arbetade i den mekaniska verkstaden och gifte sig med fabriksarbeterskor, som därigenom kom att stå kvar under fabriken i hfl. 8 av männen och 7 av kvinnorna gifte sig under perioden. Det första året rekryterades arbetare med ungefär samma geografiska fördelning som senare. Kvinnorna kom i stor utsträckning från Asarum, men några kom från andra län. Männen kom från Karlshamn eller i Asarum i huvudsak. Den sociala rekryteringen skilde sig dock. Uppgift har påträffats för 27

personer, varav 44% proletärer, 30% halvproletärer, 19% hantverkare och 7% från jordägande bakgrund. Inslaget av hantverkare och andra rena proletärer var betydligt större än för hfl:s barnarbetare.

28. Detta gäller alltså dem, som registrerades i hfl. Det är inte osannolikt att det fanns barn, som arbetade kortare tider utan att hinna registreras i hfl. Uppgifterna om anställningens varaktighet får alltså tas inte som ett exakt mått på omsättningen utan snarare som en indikator på fabriksarbetets betydelse i arbetarnas liv och på vilken arbetskraft fabriken rekryterade. Vidare bör observeras att det fåtal, som stannade vid fabriken utöver den undersökta perioden inte tagits med här. Ett mycket litet fåtal stannade kvar efter att ha lärt sig till olika vuxenyrken inom fabriken. Och somliga som börjat vid fabriken mot undersökningsperiodens slut och alltså fortfarande arbetade där enligt den här senaste undersökta hfl, har inte här undersökts. Här får vi en bild av vad de gjorde som slutade under denna period. Uppgifter om varaktighet har påträffats för 82 manliga och 61 kvinnliga arbetare.

29. Här har två flickor, som stannade mindre än ett år, räknats in för ett år vardera. Siffran är alltså möjligen något i överkant.

30. Siffran förrycks något av en 11-åring, som stannade i 10 år. Utan henne blir genomsnittet 5,3 år.

31. Lars Olsson har konstaterat detsamma för de branscher under en senare del av 1800-talet, som han undersökt, nämligen cigarr-, tändsticks- och glastillverkning.

32. Utterström 1972. s 89.

33. Dessa tendenser har noterats även av Marja Taussi Sjöberg: *Dufvans fångar,* Stockholm 1986; och Gro Hagemann: "Kvinners relative fattigdom under det bestaaende system", i Sawyer, Göransson 1987.

34. Här har enbart tagits med de arbetare, som står upptagna i husförhörslängden och inte på mantalsuppgiften. De arbetare som står upptagna på mantalsuppgiften (och som torde vara de först rekryterade till den nya fabriken) skiljer sig från de övriga i flera avseenden. Det var 15 män och 23 kvinnor. Männen var i genomsnitt 18,5 år, då de började. Bland dem fanns en spinnare från Lundby, som arbetade kvar till sin död 1848. Kvinnorna var i genomsnitt 18 år. De flesta av männen arbetade i den mekaniska verkstaden och gifte sig med fabriksarbeterskor, som därigenom kom att stå kvar under fabriken i husförhörslängden. 8 av männen och 7 av kvinnorna gifte sig under perioden. Det första året rekryterades arbetare med ungefär samma geografiska fördelning som senare. Den sociala rekryteringen skilde sig dock. Uppgifter har påträffats för 27 personer, varav 44% från proletär, 30% från halvproletär, 19% från hantverkare och 7% från jordägande bakgrund. Inslaget av hantverkare och rena proletärer var betydligt större än för husförhörslängdens barnarbetare.

35. Bortfall: fem av 21 män, de flesta tyska gesäller, har inte kunnat påträffas i hfl. Två av 13 kvinnor har heller inte kunnat påträffas i hfl.

36. Av de män, som bodde hos föräldrarna, var en son till en änka. Mannen under rubriken Annat var inneboende hos en arbetskamrat. Av de ensamboende kvinnorna var en änka med barn. Den kvinna som enligt hfl var gift, bodde ensam och var enligt mu änka.

37. Martha May 1985.

Kapitel 9

1. Till det sociala könssystemets utformning i borgerligheten planerar jag att återkomma i ett annat sammanhang.

2. Denna löneskillnad var tidigare institutionell och formell. Efter avtalet mellan SAF och LO 1960 om att lika lön för lika arbete successivt skulle införas, kvarstår dock en löneskillnad mellan kvinnor och män, som kan främst tillskrivas en ojämlik uppdelning av arbetsuppgifter, skilda beteckningar för samma arbetsuppgifter beroende på vilket kön som utför dem och sådana faktorer som att senioritetsregler för avancemang gynnar män m m.

3. I början av 1920-talet genomfördes slutligen en rad reformer, som gjorde kvinnor formellt likställda med män i viktiga juridiska och politiska avseenden. Kvinnor fick rösträtt 1918-21 och tillträde till även högre offentliga tjänster genom den s k behörighetslagen 1923. Undantagna var dock präst-, militär- och domaryrkena – dvs yrken som innebär en avgörande ideologisk, repressiv respektive juridisk auktoritet. Kvinnors underordning inom äktenskapet upphävdes 1920.

4. Kapitalet och välfärdsstaten organiserar ju numera en del av de uppgifter, som förut låg på hushållet.

Referenser

A. Otryckt material

Riksarkivet

Kommerskollegii arkiv.

Skrivelser från Kommerskollegium till KMT angående lån ur Manufakturdiskontfonden till Carl Arosenius, 1806, 1808, 1812, 1815, 1818, 1821, 1835. Inklusive bilagor.

Kammarkontoret. Årsberättelser. Fabriker m m, ser 2-4.

Kammararkivet. Länsräkenskaper. Gävleborgs län 1859-1861, Älvsborgs län 1836-39, 1860-65, Södermanlands län 1832, Kristianstads län 1862-64, Västmanlands län 1859, Jönköpings län 1862-65, Blekinge län 1862. Litt H: KMTs befallningshafvandes femårsberättelser 1822-55 för Östergötlands och Älvsborgs län.

Tull- och traktatkommitténs av 1876 arkiv. Del 1-5.

Bomulls- och yllefabriker, mekaniska verkstäder, tobaksfabriker, träförädlingsindustrier.

Civildepartementets arkiv: Konseljakt av den 18 juli 1856 nr 11.

Patent- och registreringsverket. Bolagsbyrån.

Aktiebolagsregistret 1897-1972 nr 1327.

Lunds landsarkiv

Malmöhus läns landskontor. Mantalsuppgifter 1862-65.

Kristianstads läns landskontor. Mantalsuppgifter 1862-64.

Blekinge läns landskontor. Mantalsuppgifter 1833-45.

Malmöhus län: födelseböcker för 66 församlingar.

Kristianstads län: födelseböcker för 9 församlingar.

Blekinge län: födelseböcker för 7 församlingar, husförhörslängder för Asarums och Karlshamns församlingar.

Malmö stadsarkiv

Rådhusrättens och magistratens arkiv. Mantalsuppgifter 1859-69.

Caroli, Petri och Pauli församlingar, Garnisonsförsamlingen.

Slottsfögderiet: husförhörslängder, födelseböcker.

Vadstena landsarkiv

Östgöta läns landskontor. Mantalsuppgifter 1832-61.

Rådhusrättens och magistratens arkiv, Norrköping: Mantalsuppgifter 1861-77.

Hall- och manufakturrättens i Norrköping arkiv: Ser B. Liggare m m. Fabriksberättelser 1831-41, folkförteckningar angående fabrikerna 1845-46, protokoll 1808-36.

Konkursakt för Carl Arosenius 1835-36.
Bouppteckningar, spridda år, 1802-77.
Hedvigs och Olai församlingar, Norrköping: husförhörslängder 1830-80, födelseböcker 1770-1855, död- och begravningsböcker. Hedvigs församling. Vigselboken 1822-40. Olai församling. Vigselboken 1822-32.
Östergötlands län. Födelseböcker för 89 församlingar.
Jönköpings län. Födelseböcker för 5 församlingar.
Kronobergs län. Födelseböcker för 3 församlingar.
Kalmar län. Födelseböcker för 12 församlingar.
Drags yllefabriks ABs företagsarkiv. Styrelseprotokoll 1854, bolagsstämmoprotokoll 1854-89, lönebok 1877/78, personalförteckningar 1868-1900.

Göteborgs landsarkiv
Göteborgs och Bohus läns landskontor. Mantalslängder 1833-45.
Älvsborgs läns landskontor. Mantalsuppgifter 1837-45.
Gustavii och Karl Johans församlingar: husförhörslängder, födelseböcker.
Älvsborgs län. Födelseböcker för 25 församlingar.
Kinnarumma församling: in- och utflyttningslängder.
Skaraborgs län. Födelseböcker för 5 församlingar.
Rydboholms ABs företagsarkiv. Löneräkenskaper 1838-45.

Uppsala landsarkiv
Södermanlands läns landskontor. Mantalsuppgifter 1832-36.
Södermanlands län. Födelseböcker för 13 församlingar.
Uppsala län. Födelseböcker för 4 församlingar.
Västmanlands län. Födelseböcker för 9 församlingar.
Örebro län. Födelseböcker för 6 församlingar.

Stockholms stadsarkiv
Rådhusrättens och magistratens arkiv. Mantalsuppgifter 1835-41, 1860.

Norrköpings stadsarkiv
Hall- och manufakturrättens i Norrköping arkiv: Protokoll 1822-32, 1843-55 inklusive bilagor.
Fabrikssocietetens i Norrköping Protocoller 1842-46.
Norrköpings Fabriksförenings Protocoll åren 1856-1858, 1871-77.
Fabriksberättelser 1842-48.

Borås stadsarkiv
Borås hallrätt: protokoll 1838, 1845. Specification å Wäfflickor som äro wid Rydboholms Fabrik m m.

B. Tryckt material

Bidrag till Sveriges officiella statistik: Litt DJ: Fabriker och manufakturer. 1863-1884.
K-G Hagström: Ylleindustriens produktionsförhållanden. Tull- och traktat-

kommitténs utredningar och betänkanden XXVII, *SOU* 1924:35.
K-G Hagström: Bomullsindustriens produktionsförhållanden. Tull- och traktatkommitténs utredningar och betänkanden II, Stockholm 1921.
Historisk statistik för Sverige. Del 1. Befolkning, 1720-1967. Statistiska Centralbyrån, 1969, 2 uppl.
Skråordningen. Stockholm 1720.
KMTs Hallordning och allmänna Factorierätt för alla, Stockholm 1739.
KMTs förnyade stadga och förordning angående Tienstefolck och Legohion, Stockholm 1739.
KMTs förnyade allmänna Manufactur- och handtwärkeri Privilegier, Stockholm 1739.
Riksens högloflige Ständers Manufactur Contoirs Publication angående de här i staden inrättade Spin-scholar, Stockholm 1739.
KMTs förnyade Hallordning, Stockholm 1770.
KMTs Commerce Collegii kungörelse angående Fabrikques Idkares skyldighet at hos Hall Rätten inskrifwa sina arbetare, Stockholm 1786.
KMTs nådiga Legostadga för husbönder och Tienstehion, Stockholm 1833.
Fabriks- och hantverksförordningen, Stockholm 1846 (SFS 1846:39).
Näringsfrihetsförordningen, Stockholm 1864.
Norrköpings tidningar, 1812, 1850-60.

C. Litteratur

Abbott Edith, *Women in Industry. A Study in American Economic History*. Source Book Press 1970 (S Appleton & Co 1910).
Adamsson Rolf, Jörberg Lennart (red): *Problem i svensk ekonomisk historia*, Lund 1972.
Ahlberger Christer: *Vävarfolket*. Institutet för lokalhistorisk forskning, De sju häradernas kulturhistoriska förening, Göteborg 1988.
Allen Sheila, Barker Diana L (eds), *Dependency and Exploitation in Work and Marriage*, London 1976.
Almquist Jan Eric: *Svensk rättshistoria. II. Familjerättens historia*. Stockholm 1962.
Andersson Bo, Svensson Thommy: *Boken om Jonsered. Samhälle och idrott*, Göteborg 1985.
Anderson Michael, Sociological history and the working-class family: Smelser revisited, i *Social History*, October 1976.
Anderson Michael, *Family Structure in Nineteenth Century Lancashire*, Cambridge 1971.
Aniansson Eva, Borgström Eva, Holm Ulla-Carin, Wikander Ulla, Winlund Elisabeth, Åberg Ingrid (red): *Rapport från Kvinnouniversitetet. Vetenskap, patriarkat och makt*, Stockholm 1983.
Bagge Gösta, Erik Lundberg, Ingvar Svennilson, Wages in Sweden, 1860-1930. Vol II. *Wages, Cost of Living, and National Income in Sweden, 1860-1930*. Stockholm Economic Studies. Stockholm 1935.

Baker Elizabeth, *Technology and Women's Work*. New York 1964.

Barron R D, Norris G M, Sexual Divisions and the Dual Labour Market, i Allen Sheila, Diana Leonard Barker (eds), *Dependence and Exploitation in Work and Marriage*, Kent 1976.

Becker Gary, A Theory of the Allocation of Time (1965), i Alice H Amsden, *The Economics of Women and Work*. Harmondsworth 1980.

Bengtsson Margot: Identifikation, kön och klass, i *Kvinnovetenskaplig tidskrift* nr 1 1985.

Bennholdt-Thomsen Veronica: Subsistenzproduktion und erweiterte Reproduktion. Ein Beitrag zur Produktionsweisendiskussion. *Gesellschaft: Beiträge zur Marxschen Theorie* 14, Edition Suhrkamp, Frankfurt am Main 1981.

Bennholdt-Thomsen, Towards a Theory of the Sexual Division of Labor, i Joan Smith, Immanuel Wallerstein, Hans-Dieter Evers (eds), *Households and the World-Economy*, London 1986.

Berg Gunnar, Berg Ingvor: *Nääs – kort historik*, Alingsås 1979.

Berg Maxine, *The Age of Manufactures, 1700-1820*, London 1985.

Berg Maxine (ed), *Technology and Toil in Nineteenth Century Britain*, London 1979.

Berglund Bengt: *Industriarbetarklassens formering. Arbete och teknisk förändring vid tre svenska fabriker under 1800-talet*. Göteborg 1982.

Berner Boel: *Teknikens värld. Teknisk förändring och ingenjörsarbete i svensk industri*. Lund 1981.

Björklund Jörgen: *Strejk, förhandling, avtal. Facklig aktivitet, arbets- och levnadsvillkor bland sågverksarbetare i Västernorrland 1875-1914*, Umeå Studies in Economic History, No 1 1976.

Björnsson Sven: *Blekinge. En studie av det blekingska kulturlandskapet*, Lund 1946.

Bohman Ruth: Den marxistiska myten om kvinnoarbetet, i *Kvinnovetenskaplig tidskrift* 1980:1.

Bourdieu Pierre: *La distinction. Critique sociale du jugement*, Paris 1979.

Braverman Harry: *Arbete och monopolkapital. Arbetets degradering i det tjugonde århundradet*, Stockholm 1977.

Bridenthal Renate, Koonz Claudia (eds), *Becoming Visible. Women in European History*, Boston 1977.

Bull Edvard: *Arbeiderklassen blir till (1850-1900)*. Arbeiderbevegelsens historie i Norge, 1. Oslo 1985.

Carlgren Wilhelm: *Drags yllefabrik 1642-1942. En minnesskrift*. Stockholm 1942.

Chambers J D, Enclosure and Labour Supply, i *Economic History Review*, 2nd ser, No 5, 1953.

Cockburn Cynthia, *Brothers. Male Dominance and Technological Change*, London 1984.

Cockburn Cynthia, The material of male power, i MacKenzie Donald, Judy Wajcman (eds), *The Social Shaping of Technology*, Philadelphia 1985a.

Cockburn Cynthia, *Machinery of Dominance. Women, Men and Technical Know*-how, London 1985b.

Cohen Isaac, Workers' control in the cotton industry: a comparative study of British and American mule spinning, i *Labor History*, Vol 26, No 1, Winter 1985.

Collier Frances, *The Family Economy of the Working Classes in the Cotton Industries, 1784-1833*. Manchester 1965.

Connell R D, *Gender and Power*, Sydney 1987.

Conze Werner: *Die Bildung der Klassen der industriellen Arbeiterschaft in Deutschland*. Third International Conference of Economic History. Munchen 1968, Vol 1.

Crafts N F R, Enclosure and Labour Supply Revisited, i *Explorations in Economic History*, No 15 1978.

Dallacosta Mariarosa och Selma James, *The Power of Women and the Subversion of Society*, Falling Wall Press, London 1971.

Delphy Christine, *The Main Enemy. A Materialist Analysis of Women's Oppression*. Women's Research and Resources Centre, London 1977.

Dobb Maurice, *Studies in the Development of Capitalism*. London 1948.

Doeringer Peter B, Michael J Piore, *Internal Labor Markets and Manpower Analysis*, Lexington, Mass, 1971.

Dublin Thomas, *Women at Work. The Transformation of Work and Community in Lowell, Massachusetts, 1826-1860*. New York, 1979.

Edgren Lars: *Lärling, gesäll, mästare. Hantverk och hantverkare i Malmö 1750-1847*. Lund 1987.

Edholm Felicity, Harris Olivia, Young Kate, Conceptualising Women, i *Critique of Anthropology*, No 9-10 1977.

Edwards M M, R Lloyd-Jones, N J Smelser and the Cotton Factory Family: a Reassessment, i N B Harte, K G Ponting (eds), *Textile History and Economic History. Essays in Honour of Miss Julia de Lacy Mann*. Manchester 1973.

Edwards Richard C, The Social Relations of Production in the Firm and Labor Market Structure, i Edwards Richard C, Michael Reich, David M Gordon (eds), *Labor Market Segmentation*, Lexington, Mass, 1975.

Ekdahl Lars: *Arbete mot kapital: typografer och ny teknik – studier av Stockholms tryckeriindustri under det industriella genombrottet*. Stockholm 1984.

Elmquist H: *Arbetsstatistiska studier rörande den svenska tobaksindustrien*, Stockholm 1899.

Engels Friedrich: *Om familjens, privategendomens och statens ursprung*. Stockholm 1969.

Engels Friedrich: *Den arbetande klassens läge i England: från egna iakttagelser och autentiska källor*. Göteborg 1983.

Firestone Shulamith, *The Dialectic of Sex. The Case for a Feminist Revolution*, New York 1970.

Foster John, *Class Struggle and the Industrial Revolution. Early industrial capitalism in three English towns*. London 1977 (1974).

Fox Keller Evelyn: Systemet genus/vetenskap, eller: förhåller sig kön till genus som naturen till vetenskapen? *Kvinnovetenskaplig tidskrift* nr 2-3 1987.

Fridlizius Gunnar, Population, Enclosure and Property Rights. *Economy and History*. 1979, Vol XXII:1.

Fritzell Yngve: Yrkesfördelningen 1840-1855 enligt Tabellverket jämfört med andra källor, i *Statistisk tidskrift* 1973:5.

Gamarnikow Eva, Sexual Division of Labour: the Case of Nursing, i Kuhn Annette, Wolpe AnnMarie (eds), *Feminism and Materialism. Women and the Modes of Production*, London 1978.

Gamarnikow Eva, David Morgan, June Purvis, Daphne Taylorson (eds), *Gender, Class and Work*, London 1983.

Ganetz Hillevi, Evy Gunnarsson, Anita Göransson (red): *Feminism och marxism – en förälskelse med förhinder?* Stockholm 1986.

Gaunt David: *Familjeliv i Norden*, Malmö 1983.

af Geijerstam Gustaf: *Anteckningar om arbetarförhållanden i Stockholm*. Lund 1973 (Stockholm 1894).

Giddens Anthony, *Central Problems in Social Theory. Action, Structure and Contradiction in Social Analysis*, London 1979.

Gullberg Erik: Norrköpings kommunalstyrelse 1719-1862, i Helmfrid Björn, Kraft Salomon: *Norrköpings historia*, IV, Stockholm 1968.

Gustafsson Bo: *Den norrländska sågverksindustrins arbetare 1890-1913. Arbets- och levnadsförhållanden*. Stockholm 1965.

Gårdlund Torsten: *Industrialismens samhälle*, Stockholm 1955.

Göransson Anita: 1800-talets mantalsuppgifter, i *Arkiv, forskning och samhälle*, Svenska Arkivsamfundets skriftserie nr 19 (1976).

Göransson Anita: Den könsliga arbetsdelningen och dess strategiska konsekvenser, i *Sociologisk forskning* 1978:3-4.

Göransson Anita: Arbete och makt: en kritisk granskning av begreppen arbete, produktion och produktionssätt, i Aniansson Eva, Borgström Eva, Holm Ulla-Carin, Wikander Ulla, Winlund Elisabeth och Ingrid Åberg (red): *Rapport från Kvinnouniversitetet. Vetenskap, patriarkat och makt*. Stockholm 1982.

Göransson Anita: Innovation och institution. Om receptionen av kvinnohistoria och kön som analytisk kategori, i Sawyer Birgit, Anita Göransson (red): *Manliga strukturer och kvinnliga strategier. En bok till Gunhild Kyle*. Borås 1987a.

Göransson Anita: Fabrikörer, flickor och förmögenheter. Om den svenska borgerlighetens framväxt 1750-1850. Manuskript. Ekonomisk-historiska institutionen, Umeå universitet 1987b.

Göransson Anita: Bröd och rosor: lönearbete och kvinnliga strategier, i *Historisk tidskrift* nr 1 1987c.

Haavind Hanne: Förändringar i förhållandet mellan kvinnor och män, i *Kvinnovetenskaplig tidskrift* nr 3 1985.

Haavind Hanne: Makt og kjaerlighet i ekteskapet, i Runa Haukaa, Marit Hoel, Hanne Haavind (red): *Kvinneforskning: bidrag til samfunnsteori*, Oslo, 1982.

Hagemann Gro: "Kvinners relative fattigdom under det bestaaende system, i Sawyer B, A Göransson (red): *Manliga strukturer och kvinnliga strategier. En bok till Gunhild Kyle*. Borås 1987.

Hallström Carl Otto, Omar Hallström: *Ur Köpings mekaniska verkstads historia,* Köping 1948.

Hammarskjöld C G: *Lösdrifvare och deras behandling,* Lund 1866.

Harding Sandra: Instabiliteten i den feministiska teoribildningens analytiska kategorier, i *Kvinnovetenskaplig tidskrift* 1987:2-3.

Harrison John, The Political Economy of Housework, i *Bulletin of the Conference of Socialist Economists,* Winter 1973.

Hartmann Heidi I, The Family as the Locus of Gender, Class, and Political Struggle: The Example of Housework, i *Signs: Journal of Women in Culture and Society,* Vol 6, No 3, 1981a.

Hartmann Heidi I: Kapitalismen, patriarkatet och könssegregationen i arbetet, i *Kvinnovetenskaplig tidskrift* nr 1-2 1981b.

Hartmann Heidi I: Det olyckliga äktenskapet mellan feminism och marxism, i Hillevi Ganetz, Evy Gunnarsson, Anita Göransson (red): *Feminism och marxism – en förälskelse med förhinder?* Stockholm 1986.

Heckscher Eli F: *Bidrag till Sveriges ekonomiska historia.* Stockholm 1926.

Heckscher Eli F: *Svenskt arbete och liv.* Stockholm 1968.

Heinsohn Gunnar, Knieper Rolf, Steiger Otto: *Människoproduktionens historia,* Lund 1983.

Hellemar Hilding, Axel Johanson, Ingvar Aurell (red): *Alingsås – staden vi bygger. Anteckningar vid ett jubileum, uutgivna av Alingsås stad,* Borås 1969.

Helmfrid Björn, Kraft Salomon (red): *Norrköpings historia. IV. Tiden 1719-1870.* Stockholm 1968.

Hertzman Fredrik, Ludvig Ringborg (utg): *Anteckningar om Norrköpings stad,* Norrköping 1851.

Hertzman Fredrik: *Norrköping och dess omgifningar,* Norrköping 1861.

Hill Christopher, *Reformation to Industrial Revolution.* The Pelican Economic History of Britain. Vol 2. Harmaondsworth, 1967.

Himmelweit Susan, Simon Mohun, Domestic labour and capital, i *Cambridge Journal of Economics,* No 1 1977.

Hobsbawm E J, *Labouring Men,* London 1964.

Holley John C, The Two Family Economies of Industrialism: Factory Workers in Victorian Scotland, i *Journal of Family History,* Vol 6, No 1, Spring 1981.

Hoel Marit: *Den kvinnelige arbeiderklassen.* Oslo 1983.

Hutchins B L, *Women in Modern Industry.* G Bell & Sons 1915.

Isacson Maths: *Verkstadsarbete under 1900-talet. Hedemora verkstäder före 1950,* Lund 1988.

Isacson Maths, Lars Magnusson: *Vägen till fabrikerna. Industriell tradition och yrkeskunnande i Sverige under 1800-talet.* Malmö 1983.

Janssen-Jurreit Marielouise: *Sexism. Manssamhällets ideologi och historia.* Stockholm 1979.

Johansson Ingemar: *Strejken som vapen. Fackföreningar och strejker i Norrköping 1870-1910,* Kristianstad 1982.

Johansson Alf: *Stocka sågverk.* Arkiv 1988.

Jónasdóttir Anna: Patriarkat, marxism och tvåsystemteori, i *Häften för kritiska studier,* nr 4 1987.

Jörberg Lennart, *Growth and Fluctuations of Swedish Industry, 1869-1912,* Lund 1961.

Jörberg Lennart, *A History of Prices,* 1750-1914. Vol I och II. Lund 1972.

Jörberg Lennart: *Den svenska ekonomiska utvecklingen 1861-1983,* Meddelande från Ekonomisk-historiska institutionen, Lunds universitet, nr 33 1984.

Jörberg Lennart: *Kvinnliga arbetare inom svensk industri 1872-1912. En statistisk översikt.* Meddelande från Ekonomisk-historiska institutionen, Lunds universitet, nr 19 1981.

Karlsson Lynn, Wikander Ulla : *Kvinnoarbete och könssegregering i svensk industri 1870-1950: tre uppsatser.* Uppsala Papers in Economic History, Research Report No 9, 1985.

Karlsson Lynn, Wikander Ulla : Om teknik, arbetsdelning och ideologi som formare av kvinnors – och mäns – arbetsvillkor, i *Historisk tidskrift* 1987:1.

Kern Horst, Schumann Michael: *Industriearbeit und Arbeiterbewusstsein,* Frankfurt am Main 1970.

Key-Åberg Karl: *Inom textilindustrien i Norrköping sysselsatta arbetares lönevilkor och bostadsförhållanden.* Skrifter utgifna af Lorénska stiftelsen. Stockholm 1896.

Kjellberg Sven T: *Ull och ylle,* Lund 1943.

Kollontaj Alexandra: *Kvinnans ställning i den ekonomiska samhällsutvecklingen,* Gidlunds 1971.

Korpi Walter: *Arbetarklassen i välfärdskapitalismen,* Stockholm 1978.

Kuczynski Jurgen: *Arbetarklassens uppkomst.* Aldus/Bonniers 1967.

Kuhn Annette, Wolpe AnnMarie (eds), *Feminism and Materialism. Women and the Modes of Production,* London 1978.

Kyle Gunhild: *Gästarbeterska i manssamhället,* Lund 1979.

Lazonick William, *Marxian Theory and the Development of the Labor Force in England,* PhD-diss. Harvard University 1975 (stencil).

Lazonick William, Industrial relations and technical change: the case of the self-acting mule, i *Cambridge Journal of Economics,* No 3 1979.

Lévi-Strauss Claude, *The Elementary Structures of Kinship,* Boston 1969.

Lindgren Gerd: *Kamrater, kollegor och kvinnor – en studie av könssegregeringsprocessen i två mansdominerade organisationer,* Research Reports from the Department of Sociology, University of Umeå, Umeå 1985.

Lindquist Christine: Kvinnor i tvåförsörjarfamiljen. Gifta krögerskor och månglerskor i Stockholm under första delen av 1800-talet, i Sawyer B, Göransson A (red): *Manliga strukturer och kvinnliga strategier.* En bok till Gunhild Kyle. Borås 1987.

Lindqvist Mats: *Klasskamrater. Om industriellt arbete och kulturell formation 1880-1920.* Malmö 1987.

Lipman-Blumen Jean, Toward a Homosocial theory of Sex Roles: an Explanation of the Sex Segregation of Social Institutions, i *Signs: Journal of Women in Culture and Society,* Vol 1, No 3, 1976.

Lloyd Cynthia B, Beth Niemi, *The Economics of Sex Differentials.* New York 1979.

Lloyd Cynthia B, *Sex, Discrimination and the Division of Labor*, New York 1975.
Lundahl Math, Eskil Wadensjö, *Unequal Treatment. A Study in the Neo-classical Theory of Discrimination*. London 1983.
Lundgren Eva: Feministisk teori – grundval för nya vetenskapliga paradigm? *Kvinnovetenskaplig tidskrift* nr 2-3 1987.
Lundh Christer: *Levnadsstandarden – indikatorer och mått. Engelsk och svensk debatt om lönearbetarnas villkor 1750-1850*. Meddelanden från Ekonomisk-historiska institutionen, Lunds universitet, nr 29 1983.
Lundmark E: *En hundraårig bomullsindustri*, Stockholm 1952.
Löfgren Orvar: *Arbetsfördelning och könsroller i bondesamhället – kontinuitet och förändring*, Etnologiska institutionen, Lund 1975.
MacKenzie Donald, Judy Wajcman (eds), *The Social Shaping of Technology*, Philadelphia 1980.
Magnusson Lars: *Arbetet vid en svensk verkstad: Munktells 1900-1920*. Det svenska arbetets historia 1. Lund 1987.
Mannerfelt D, H Danielson: *Sven Eriksons och Rydboholms fabrikers historia 1834-1866*, Borås 1924.
Marglin Stephen, What Do Bosses Do? The origins and functions of hierarchy in capitalist production, i André Gorz (ed), *The Division of Labour*, Harvester Press 1978.
Marx Karl: *Kapitalet*. Del I. Staffanstorp 1970.
McBride Theresa M, The Long Road Home. Women's Work and Industrialization, i Bridenthal Renate, Koonz Claudia (eds), *Becoming Visible. Women in European History*, Boston 1977.
McDougall Mary Lynn, Working Class Women During the Industrial Revolution, 1780-1914, i Bridenthal Renate, Koonz Claudia (eds), *Becoming Visible. Women in European History*, Boston 1977.
Matovic Margareta: *Stockholmsäktenskap*, Stockholm 1985?
May Martha, Bread before roses: American workingmen, labor unions and the family wage, i Milkman Ruth (ed), *Women, Work and Protest. A Century of U S Women's Labor History*, Boston 1985.
Mayhew Henry, *London Labour and the London Poor*, New York 1968, Vol III.
Medick Hans, The proto-industrial family economy: the structural function of household and family during the transition from peasant society to industrial capitalism, i *Social History*, No 3 1976.
Middleton Chris, Patriarchal Exploitation and the Rise of English Capitalism, i Eva Gamarnikow, David Morgan, June Purvis, Daphne Taylorson (eds), *Gender, Class and Work*, London 1983.
Milkman Ruth (ed), *Women, Work and Protest. A Century of U S Women's Labor History*, Boston 1985.
Millett Kate: *Sexualpolitiken*, Stockholm 1971.
Mincer Jacob, Labor Force Participation of Married Women: A Study of Labor Supply (1962), i Alice H Amsden (ed), *The Economics of Women and Work*, Harmondsworth 1980.
Molyneux Maxine, Beyond the Domestic Labour Debate, i *New Left Review* No 116 1979.

Montgomery Arthur: *Tjänstehjonsstadgan och äldre svensk arbetarpolitik under 1800-talet,* Stockholm 1951.
Montgomery Arthur: *Industrialismens genombrott i Sverige.* Stockholm 1947.
Munthe Arne: Tobakshanteringens allmänna utveckling i Sverige under 1800-talet, i *Minnesskrift* utgiven med anledning av Svenska tobaksmonopolets tjugofemåriga verksamhet den juni 1940. Stockholm 1940.
Noble David F: *Teknologi och klassmakt,* Arkiv studiehäften 12, Lund 1982.
Nordisk Familjebok 1904-05.
Norlander Kerstin: Könssegregerad arbetsdelning och facklig politik, i *Arkiv* 1984:29-30.
Norman, Hans: Stor rörlighet – liten förändring. Livet i den agrara köpstaden Örebro årtiondena runt 1800, i H Norman (red): *Den utsatta familjen.* Kristianstad 1983.
Nyberg Anita: Vad är förvärvsarbete? i *Kvinnovetenskaplig tidskrift* 1987:1.
Nyström Per: *Stadsindustrins arbetare före 1800-talet.* Stockholm 1983 (1955).
O'Brien Mary, *The Politics of Reproduction,* London och Boston 1981.
Olsson Lars: *Då barn var lönsamma,* Borås 1980.
Olsson Ulf: *Lönepolitik och lönestruktur. Göteborgs verkstadsarbetare 1920-1949.* Meddelanden från Ekonomisk-historiska institutionen vid Göteborgs universitet 19, Göteborg 1970.
Oren Laura, The Welfare of Women in Labouring Families: England, 1860-1950, i Mary Hartman, Lois W Banner (eds), *Clio's Consciousness Raised,* New York 1974.
Pelling H, King Labor – British Working Class, 1850-1914, i *Journal of Economic History,* 37 (3).
Phillips Anne, Barbara Taylor, Sex and Skill. Notes toward a Feminist Economics, i *Feminist Studies* No 6 1980.
Pinchbeck Ivy, *Women Workers and the Industrial Revolution, 1750-1850,* London 1977 (1930)..
Piore Michael J, Notes for a Theory of Labor Market Stratification, i Edwards Richard C, Michael Reich och David M Gordon (eds), *Labor Market Segmentation,* Lexington, Mass, 1975.
Pollard Sidney, *The Genesis of Modern Management. A Study of the Industrial Revolution in Great Britain.* Harmondsworth 1968.
Qvist Gunnar: *Kvinnofrågan i Sverige 1809-1846. Studier rörande kvinnans näringsfrihet inom de borgerliga yrkena,* Kvinnohistoriskt arkiv 2, Göteborg 1960.
Qvist Gunnar: Ett perspektiv på den s k kvinnoemancipationen i Sverige, i *Historisk tidskrift* 1977, ss 145-180.
Redford Arthur, *Labour Migration in England, 1800-1850.* Revised and edited by W H Chaloner. Manchester 1976 (1926).
Reiter Rayna Rapp, The Search for Origins: Unraveling the Threads of Gender Hierarchy, i *Critique of Anthropology,* No 9-10 1977.
Reich M, D M Gordon, R C Edwards, A Theory of Labor Market Segmentation, i Alice H Amsden (ed), *The Economics of Women and Work,* Harmondsworth 1980.

Ringborg Edward: *Till Norrköpingskrönikan.* Del IV, Norrköping 1921.
Roemer John, *Analytical Marxism,* Cambridge 1987.
Rosenbaum Heidi: *Formen der Familie. Untersuchungen zum Zusammenhang von Familienverhältnissen, Sozialstruktur und sozialem Wandel in der deutschen Gesellschaft des 19. Jahrhunderts.* Frankfurt am Main 1982.
Rubin Gayle, The Traffic in Women: Notes on the 'Political Economy' of Sex, i Rayna R Reiter (ed), *Toward an Anthropology of Women,* New York och London 1975.
Salomonsson I, K Zelei Kumm: *Kvinnor söker burskap – några norrköpingskvinnors levnadsöden under 1800-talets första hälft,* Linköpings universitet 1985/86.
Saville John, Class Struggle and the Industrial Revolution, i *Socialist Register* 1974.
Sawyer Birgit, Göransson Anita (red): *Manliga strukturer och kvinnliga strategier. En bok till Gunhild Kyle.* Borås 1987.
Schimanski Folke (red): *Kvinnan och revolutionen. Texter om 200 års kamp för kvinnlig frigörelse,* Helsingfors 1972.
Schön Lennart: *Industrialismens förutsättningar,* Ekonomisk-historiska institutionen, Lunds universitet, u å.
Schön Lennart: *Textilfabrikernas uppkomst i Sverige 1820-70. Engelsk konkurrens och inhemsk förändring.* Meddelande från Ekonomisk-historiska institutionen, Lunds universitet, nr 20 1981.
Schön Lennart: *Från hantverk till fabriksindustri. Svensk textiltillverkning 1820-1870.* Kristianstad 1979.
Sellberg Hjalmar: *Staten och arbetarskyddet 1850-1919. En studie i svensk socialpolitik.* Uppsala 1950.
Sjögren Ivar W: *Den svenska rättshistoriens allmänna del,* Lund 1962.
Smelser Neil J, *Social Change in the Industrial Revolution. An Application of Theory to the Lancashire Cotton Industry, 1770-1840.* London 1972 (1959).
Sommestad Lena: Från mejerska till mejerist, i *Historisk tidskrift* 1987:1.
Stadin Kekke: *Småstäder, småborgare och stora samhällsförändringar. Borgarnas sociala struktur i Arboga, Enköping och Västervik under perioden efter 1680.* Uppsala 1979.
Stedman-Jones Gareth, Class Struggle and the Industrial Revolution, i *New Left Review,* No 61 1975.
Stone Katherine: *Klassmakt och arbetsdelning,* Lund 1977.
Stone Lawrence, The Rise of the Nuclear Family in Early Modern England. The Patriarchal Stage, i Charles E Rosenberg (ed), *The Family in History,* University of Pennsylvania 1975.
Sumner Helen, *Report on Condition of Women and Child Wage-Earners in the United States*: Vol IV: History of Women in Industry in the United States, Washington Government Printing Office 1911.
Sundbärg Gustaf: *Emigrationsutredningen,* Bilaga V, Stockholm 1910.
Svensson Inge: Hantverk och industri jämte levnadsförhållanden och arbetsmarknad i Malmö under perioden 1820-1870. I Bjurling Oscar (huvudred): *Malmö stads historia.* Del 3. Malmö 1981.

Svensson Thommy: Japansk företagsledning och svensk brukstradition, Arkiv
Söderberg Tom: *Hantverkarna i brytningstid* 1820-1870, Stockholm 1955.
Söderberg Tom: Norrköpings sociala och ekonomiska historia, i Björn Helmfrid, Salomon Kraft (red): *Norrköpings historia*. Del IV, Stockholm 1968.
Söderlund Ernst: *Hantverkarna*, del II. Den svenska arbetarklassens historia, Stockholm 1949.
Taussi Sjöberg Marja: *Dufvans fångar*. Stockholm 1986.
Taylor F W: *Rationell arbetsledning. Taylorsystemet*. Uppsala 1913.
Treiman Donald J, Heidi I Hartmann (eds), *Women, Work, and Wages: Equal Pay for Jobs of Equal Value*. Washington D C, 1981.
Thompson E P, *The Making of the English Working Class*, Harmondsworth 1968.
Thompson Paul, *The Nature of Work. An Introduction to Debates on the Labour Process*, London 1983.
Tilly Louise A, Joan W Scott, *Women, Work and Family*. New York 1978.
Tilly Louise, Occupational Structure, Women's Work and Demographic Change, i Sundin Jan, E Söderlund (eds), *Time, Space and Man*, Stockholm 1979.
Utterströn Gustaf: *Jordbrukets arbetare*, del I och II. Den svenska arbetarklassens historia. Stockholm 1957.
Utterströn Gustaf: Befolkningsutveckling och arbetsmarknadsförhållanden, 1815-1870, i Sigvard Montelius, Gustaf Utterström, Ernst Söderlund: *Fagerstabrukens historia*, Uppsala 1959.
Utterström Gustaf: Region och social struktur under förra hälften av 1800-talet, i Adamsson Rolf, Jörberg Lennart (red): *Problem i svensk ekonomisk historia*, Lund 1972.
Walby Sylvia, *Patriarchy at Work. Patriarchal and Capitalist Relations in Employment*. Polity Press 1986.
Wetterbergh Carl Anton (pseud Onkel Adam): *Penningar och arbete*. Genremålning af Onkel Adam. Norrköping 1847.
Wilmott Peter, Young Michael, *Family and Kinship in East London*, Harmondsworth 1962 (1957).
Winberg Christer: *Folkökning och proletarisering. Kring den sociala strukturomvandlingen på Sveriges landsbygd under den agrara revolutionen*, Lund 1977.
Wohlin Nils: *Den jordbruksidkande befolkningen 1751-1900*. Statistiskdemografisk studie på grundval af de svenska yrkesräkningarna. Emigrationsutredningen. Bilaga IX. Stockholm 1909.
Young Iris, Det tvåhövdade resultatet av parningen mellan marxism och feminism, i *Zenit* 1981:5.
Zetkin Clara: Minnen om Lenin (1924-25), i Folke Schimanski (red): *Kvinnan och revolutionen. Texter om 200 års ukamp för kvinnlig frigörelse*, Helsingfors 1972.
Örnberg L M V (red): *Svensk slägt-kalender*, Stockholm 1885-88.

Summary

From Family to Factory

Technology, Division of Labour, and Stratification in Swedish Factories, 1830-1877

During the 19th century industrial capitalism was established in Sweden. The factory system and the spreading of waged labour created a work organization and social relations that still characterize the Swedish society today.

This study is about the changes in the class and gender system that the new production system and the new labour process created.

The factory system was first applied in the textile industry. During the first half of the 19th century the dominant forms of industrial production were handicraft, the putting-out system, and manufacture. In manufacture the labour process was centered around a skilled skilled handicraft worker/journeyman (weaver, spinner) who was assisted by women and youths and children, sometimes his own family but during this period more often somebody else's. The growth of a mass home market for consumer goods in textiles and the rise in wages created the basis for mechanization of production. The mechanized factory was characterized by a developed division of labour and specialization of collective workers, mainly young women under supervision of skilled older men.

In Chapter 1 the theoretical background is discussed. A historical materialist perspective is used in combination with recent feminist approaches concerning the shape and role of the gender system. The implications of gender theory for theories on industrialization are briefly discussed. The three main problems of the study are then outlined, namely the gender division of labour and its changes, the household as a traditional pattern of work organization and as a unit of income pooling; and the social and geographical origin and the social reproduction of factory workers as a stratum. I argue that the old power structures, including the gender system, strongly influenced the forms that industrial capitalism assumed. Mechanization in the sense of applying a central power source is used as the indicator of the establishment of industrial capitalism.

Two main types of production are contrasted in the investigation: the manufacture and the mechanized factory. In the manufacture the labour process is characterized by handicraft skill and organized around a skilled male worker assisted by women and children – but also by a wage-labour relationship between the worker and the factory-owner. In the mechanized factory the modern industrial labour process has been established and the female collective worker at her machine is usually the central production unit. Individuals – not families – are employed in wage labour.

In Chapter 2 the method and materials used are presented and discussed. The investigation is based on a study of more than 5_000 individual workers in 66 factories, big and small, mechanized and non-mechanized in different industries, regions and periods during the 19th century. The workers have been studied with respect to their sex, age, qualifications and jobs, household position and responsibility for children. They have also in part been studied with respect to wages and other employment conditions, and social and geographical background.

Since the selection of factories includes mechanized cotton spinneries and a mechanized cotton weaving factory from the 1830s, as well as handicraft-based manufactures from the 1850s, it should be possible more or less to isolate the effects of the mechanization factor from the general development of industrial capitalist society and urbanization in the study.

Other smaller selections of factories or workers have been made for the study of more specific problems, for instance the wage-structure in the cloth-factories of Norrköping in 1845, the turnover of workers in some small factories, and the background and future of child workers in a cotton spinning factory.

In Chapter 3 theories of divisions and stratification among factory workers are discussed. It is argued that the labour aristocracy debate might fruitfully be related to the debate on the gender division of labour. Different theories on the causes of the gender division of labour are then discussed. It is concluded that theories of the modern labour market are of limited relevance to a study of a historical period when the division and evaluation of labour were structured around the household as a labour and income unit and also formally regulated according to class and gender. However, the class and gender systems were changing and the labour market grew during the period studied.

Then a brief survey is made of the gender division of labour in different types of factories. It is concluded that there was a systematic gender division that was connected with the degree and type of mechanization, as it often changed drastically when production was mechanized. Finally therefore the social character of technological change is discussed in this chapter. Some earlier studies of the gender division of labour and of struggles over technological change are discussed.

In Chapter 4 the labour process in different industries is studied. First the textile industry is discussed. The development of the mass home market and the rise of real wages are seen as the background for mechanizing the industry. The factory owners and factories are also studied. The labour process is described in detail as well as the changes made by mechanization and the changes in the division of labour. An early attempt to train women to do all kinds of skilled jobs in a cloth factory is discussed. The state supported this experiment which was looked upon as a means of saving male labour to agriculture. The products made by the women handicraft workers were of supreme quality. After some time, however, the factory turned back to employing men, and the reasons for this are discussed in the chapter. Finally a comparison is made of technologies, markets and labour force in the English and Swedish textile industries. Mechanization is found not to be a simple factor that explains a female dominated labour process. Different technologies are connected with different gender divisions of labour. For instance, in spinning the male mule spinner was defined as a skilled handicraft worker, while the throstle spinners were seen as unskilled, often children or young women. The labour process, production and workers of metal workshops and tobacco factories are also described in this chapter. Workshops continued to be dependent on handicraft skills. When the construction and maintenance of machinery became vital to growing parts of industry, the demand for skilled metal and wood workers grew and wages rose.

In Chapter 5 the factory workers studied are described. First the gender structure of the labour force in different industries and in different jobs is studied. It is concluded that manufactures based on handicraft were dominated by skilled male workers assisted by women and children, who were less skilled. However, this was not as rigidly upheld in the 1830s as it was to become later. For the wool and tobacco industries it might be argued that the labour unit was based on the family unit using the labour division and authority structure traditionally connected with the family. Metal and wood work were exclusively male jobs. Then the age structure of the workers is studied. In mechanized textile factories women were usually younger than in non-mechanized factories, while men were usually older. This is assumed to be related to the changed job structure. In early cotton spinning factories child workers were supervised by male handicraft workers and foremen. Lastly in this chapter the job structure in different industries is studied. Jobs are divided into skilled, semi-skilled and unskilled with the help of criteria such as position in the labour process (supervising, independent, or supervised), training and experience, and place in the production process (preparing, transforming, or after-treatment). There are hazards connected with defining skills in a class and gender structured labour organization. But it is concluded that the source material does not allow better criteria than those mentioned above. The percentage of trained workers accordingly is found to be high in wool and metal manufactures, while unskilled work dominated the mechanized factories. However, mechanized textile factories also had a large number of skilled workers, mainly though metal workers and other machine-tending workers and constructors. In the first mechanized Swedish cotton weaving factory the labour structure is found to be similar to the one in later mechanized factories, while on the other hand the non-mechanized wool manufactures of later years were still characterized by the old handicraft-based labour unit. Foundries and metal workshops were all male workplaces during the whole period. In tobacco industries the gender structure depended on whether cigarmakers were assisted by young girls or not. Even if one tobacco factory in the 1860s tried to employ women apprentices, this experiment seems to have ended very soon. The principle of male monopoly of handicrafts and other superior or independent jobs was upheld, even if the manufacture and factory owners had the formal right to employ anyone, regardless of sex.

In Chapter 6 wages and other employment conditions are studied. It is stressed that manufacture and factory owners had the right to employ and train any worker of their choice, regardless of sex. Manufactures were privileged by the state in many ways. Apprentices were accepted by the court of manufacturers (hallrätt), were trained for three years and they paid for their training. When they hade acquired a certain prowess they were paid wages for their work.

The payment of wages in kind or in addition to the actual wages is discussed. During the first half of the 19th century free lodgings (or part of the rent) and wood were commonly an element of the wages paid to the workers, particularly the best paid workers but not exclusively to them. It was usually 5-7 % of their total income. This was a benefit that women and children enjoyed only if they shared a household with a man who received it, which was not unusual. No women workers in the town industries seem to have had this kind of benefit in their own right. But the lists of workers and their wages imply that families were sometimes employed together. The wages in assistant jobs were dependent on the productivity of the male weaver or spinner. Only a small part of the workers lived in lodgings owned by the employer. In rural industries free lodgings in the employer's buildings seem to have been common, sometimes for women and children too. In metal workshops and foundries practically all workers except the newly employed were paid benefits.

The highest wages were paid to weavers and spinners. Many workers also had either free lodgings or part of the rent paid by the factory owner. Such contributions were paid mainly to workers with wages above average – but in some extent also to unskilled workers with lower wages. In rural industries most workers received free lodgings and often food as part of their wages. In these factories the journeymen were usually married. I have interpreted this form of paying wages partly in kind, as a leftover from the old system of employment, according to which the servant/worker was a member of the master's household and worked mainly for food, shelter and occasional clothing. This system allowed the master to exploit the workers at a maximum.

The wool manufactures of 1845 are contrasted with a mechanized wool factory from 1877. In the mechanized factory many male workers lived in the employer's houses, but only very few women workers. This payment in kind was now a substantial part of some workers' wages – 20-30 % of their total income. The workers who received the highest benefits were – beside the bookkeepers, etc – mainly skilled foremen and metal, wood and machine workers. Other male workers were also given this kind of benefit, but none of the women weavers and shearers who formed the larger part of the workers. Not even the skilled embroideresses had this benefit. This is interpreted as a development of an old element in the patriarchal household system where both men, women and children were the responsibility of the employer – into a selectively used employer's strategy restricted to key workers and other attractive labour. Neither in the manufactures nor in the mechanized factories was there a connection between family size and size of benefit.

In manufacture – wool, metal, etc – the highest wages were paid to cloth-weavers and spinners. Iron and wood workers were not far behind. Women and youths had jobs that were usually paid about half or a third of men's wages, depending on whether the men were unskilled or skilled.

But in mechanized factories metal and wood workers were easily the better paid, while mechanization had depressed wages for weaving and spinning, although not as much as would later be the case toward the end of the century. While some of the male jobs were better paid now, much because of the large benefits given to them, women weavers could earn as much as some men workers, but only if they worked hard. The piecework system made this possible.

Finally in this chapter it is discussed whether the division of labour in the early manufactures or in the mechanized factory could be defined as segmentation according to modern labour market theory. It is concluded that the old household organization of the labour process and the hierarchy within the household might be seen as a kind of proto-segmentation. But segmentation theory should be reserved for the type of factory which is represented by mechanized textile factories. In the course of discussion a study is presented of the high turnover of workers in the early manufactures during their first years of existence. Also, it is shown that a number of skilled handicraft workers radically changed handicraft or jobs. However most of those who changed jobs within their handicraft received the same or better wages in their new jobs.

In Chapter 7 the social and geographical origin of the factory workers is studied. Wages were generally lower in agriculture than in factories. During the 1830s and 1840s when many factories were founded there was a strong increase in the age groups that came into the labour market in order to earn a living. There was a particularly large and rapid increase of proletarian and semi-proletarian strata in agriculture in the regions where these factories were founded, for instance Östergötland, the county surrounding the textile city of Norrköping. It is found that the majority of the factory workers in the study came from these strata. But there were differences in social origin between workers in different jobs and factories. Skilled metal workers were more often the sons of skilled handicraft workers, sometimes smiths. Also skilled workers or journeymen often moved over great distances. Some came from abroad. Particularly metal workers seem to have shown a journeyman's behavior, often moving from one town to another in the course of their training. In contrast cloth-weaver journeymen were stable, at least partly because their labour market was to a great extent located to Norrköping. During the greater part of the century most of the workers were born in the countryside, even if a growing percentage of Norrköping workers were born in that city. In most newly founded factories however the owners recruited a number of experienced workers from already established factories (male handicraft workers as well as women weavers from other mechanized factories) which is interpreted as a sign that even so-called unskilled factory work required training. It is also a sign of the shortage of skilled industrial workers and the abundance of unskilled people that could no longer get their livelihood from agriculture, at least not as well as they could in the factories.

A detailed study is presented of child workers in cotton spinning during the 1830s. They seem to have been recruited from particularly poor households. Half of the boys and 38 % of the girls were between 10 and 14 when they started to work, and they usually stayed for 3-4 years in factory work. Hardly any of them became factory workers when they grew up. Child work is therefore interpreted as a proletarian strategy of subsistence.

Finally the inter-generational reproduction of factory workers is briefly discussed. It is concluded that factory training and work for some men meant social advancement as compared with their fathers' positions. But it seems to have been more common for sons of skilled fathers to become skilled workers than it was for the sons of unskilled fathers or fathers who owned land. The same tendency was true for women workers, even if they were very few in skilled positions. Women weavers in mechanized wool production are studied with regard to their migration. It is concluded that many of them came to the city from other towns than their town of birth. Also a group of them were daughters of skilled handicraft weavers. While bookkeepers and other administrators came from the same social strata or indeed the same families as the factory owners, skilled handicraft masters often had a background similar to that of the common workers.

In Chapter 8 the household positions of workers and their responsibility for children is studied. The age at marriage of women and men among workers of different kinds is compared with that of men and women among factory owners and merchants in the city of Norrköping during the first decades of the 19th century. While the bourgeois pattern is that the women were very young and the men relatively old and probably economically established, the opposite was true among workers. Working-class men were usually younger than their wives, except among metal and wood workers where the tendency of men to marry wives younger than themselves was clear but the age difference not as great as in the bourgeois class. As to the present study, most skilled wool workers in the early manufactures were married, while metal workers were not. In the factories and workshops from the latter half of the century a growing number of them were married and had children, which should be seen at least partly as an effect of their being older, particularly in the mechanized factory where long experience was needed. In the mechanized cotton factories the vast majority of workers were not married; they were usually very young. The foremen and machine-tenders however had families. Very few married women seem to have worked in factories during the period studied. In the cotton factories of Malmö, Göteborg and Uddevalla there was a small number of married women, but none are mentioned in the lists from the factories in Norrköping until later in the century. In mechanized factories a growing number of particularly female workers are found to be living with their parents. It is concluded that factory work was to a growing extent becoming a subsidiary income, not the main income of the household. This tendency was true in the early cotton spinneries too, where children helped provide for their families. In the mechanized wool factory 1/5 of the women workers were sole providers for their children, as compared with 6 % of the men. It is concluded from this study that there were different types of working-class households; in some households the man had a good position and a good income which may in time have allowed a housewife system and non-working children in this stratum. But to many households the work and incomes of all members were vital to sustenance. This was particularly true when the household lacked the male adult or when it had many small children to provide for. The different types of households and different household members had different opportunities to wage labour, which may have influenced their migration. This aspect however remains to be investigated.

In Chapter 9 the results of the investigation are summed up and briefly discussed. Even though mechanization meant a homogenization of the factory workers deep divisions were created by industrial capitalism, in the form af a labour aristocracy and a continued gender divison of labour, that meant the subordination of women. I argue that the rise of a labour aristocracy – largely consisting of skilled metal and wood workers needed to attend to and to construct the machinery in mechanized factories – and the gender division of labour, where women continued to fill subordinated positions, are but two sides of the same coin – the reformulation of the class and gender system in connection with the rise of the new industrial capitalist system of production. Women's dominance among the collective workers and the male monopoly of labour aristocratical positions were expressions of the industrial capitalist reformulation of the gender system.

The formally regulated system of distributing resources and work was liquidated and replaced by an informal system, where the shaping, distribution and remuneration of work were decided by immediate power relations and the market.

The growing demand for textile products and the relatively high wages of hand-weavers should have been reasons enough for factory owners to try to employ women who were traditionally paid less. There seems to have been several attempts from factory owners to change the gender division of labour. Weaving coarse materials and using jacquard machines was mostly women's work and much less paid than cloth-weaving. Silk weaving had been turned over to women in the 1790s as silk factories changed their production to less complicated patterns and products. Only too late did male silk weavers understand that it was the women's cheaper wages that lay behind this. Even if there is very little trace of male resistance in the source materials to the training of women for skilled jobs, the substitution of women for male hand-weavers in the wool industry did not succeed until the mechanization through application of steam or water power during the 1850s – in spite of a state-supported attempt to do so. The mechanization of wool weaving was very slow however, particularly in Norrköping that had the largest number of skilled hand-weavers. On the other hand there was a demand for hand-weavers for a very long time, since wool manufactures using the old technology continued to be founded well into the latter half of the century.

Furthermore, the gender division of labour seems to have been determined by the relationship between worker and technology. Machines that assisted the worker were usually controlled by men, while machines that were assisted by the worker were served by women. The control of technology and of construction work is seen to be ideologically tied to masculinity, which forms a mighty tool in the effort of skilled men to limit the competition for their jobs while at the same time keeping the job status at a high level. The gender system that identifies femininity with unskilled jobs as low value labour would endanger the job's status, should women be allowed to enter.

The old gender system was formally organized, not only in marriage, family, household, and kinship – but also in the rest of society. The household was the central unit of work organization, and its social relations and authority structure set the pattern that survived and was taken over by the new system, albeit in a more abstracted, collective but also more systematic way. The principle of women's subordination is found to have been stable. In the new system young women were subordinated to older men – and to the machines. In the new gender system marriage, family and kinship remained important organizations of gender. But the household as a labour unit was slowly dissolving into individual wage workers. The family work for a family wage became the individual's work for an individual wage. The lower wage of women was then turned into a means of competition that gave women factory jobs but at the same time a lower standard of living or dependence on their father, husband, or other male relatives.

While thus industrial capitalism influenced the new gender system, the old gender system influenced the forms that industrial capitalism assumed, for instance the division of labour, regional variations in the types of industrialization, the profitability of mechanization and the forms that the labour aristocracy took.